Heinz Hug

Die Grüne Falle

WIE DER ÖKOLOGISMUS UNSERE GESELLSCHAFT VERGIFTET

WELTBUCH

"SAPERE AUDE! HABE MUT,
DICH DEINES VERSTANDS ZU BEDIENEN."
Immanuel Kant, 1784

WELTBUCH Verlag GmbH
Sargans/Schweiz

2. Auflage, Deutsch, 10/2023
ISBN 978-3-907347-06-5

www.weltbuch.com

Titelgestaltung und Buchsatz: Dirk Kohl

Abbildungen/Tabellen/Grafiken:
zur Verfügung gestellt durch Dr. Heinz Hug
(Quellenangaben, soweit notwendig, auf der jeweiligen Abbildung, Tabelle bzw. Grafik. Falls eine Abbildung/Tabelle/Grafik nicht ausreichend urheberrechtlich ausgewiesen wurde, bitten wir dies zu entschuldigen und bitten ggf. um Mitteilung, um dies in folgenden Auflagen zu korrigieren.)

Gedruckt auf Naturpapier

INHALTSVERZEICHNIS

EINLEITUNG

Warnung: Sollten Sie unter chronischer Humorlosigkeit leiden, pfeffrig-saftige Beschreibungen der Ökohysterie unerträglich finden und dazu noch gläubiges Mitglied der Öko-Kirche sein, treten Sie das Buch gleich in die Tonne. Sie regen sich nur unnötig auf. Trotz allem ist der Verfasser kein Aluhut-Träger, glaubt auch nicht, dass die Firma Moderna zumindest in Teilen das Covid-19-Virus entwickelt hat (Daily Mail vom 23.2.2022). Vielmehr ist er gegen Corona geimpft – sogar mehrfach –, also auch kein AfD-Abgeordneter, was an sich nicht ehrenrührig ist.

Auch wenn es Anhängern der Ökokirche nicht passt, das Buch ist keine krude Verschwörungstheorie, wie Berufsaufreger unter Schnappatmung stammeln, wenn ihnen nichts mehr einfällt. Abgesehen davon, dass das laute Geschrei „Verschwörungstheorie" der wirksamste Selbstschutz der Zeitgeistschöpfer ist, geht die moderne Umweltpolitik nicht auf die „Grünen" oder Greenpeace und Co. zurück, sondern auf den ehemaligen US-Präsident Richard Nixon, der die NATO hierfür instrumentalisierte. Das kann jeder nachlesen, der sich die Mühe macht, nach einschlägigen Veröffentlichungen des Nordatlantikpakts um 1971 und später z. B. in der Deutschen Nationalbibliothek zu suchen. Selbst im Internet wird man fündig, wenn man unter *„James R. Huntley Man's Environment and the Atlantic Alliance"* googelt.

Alle Aussagen belege ich Punkt für Punkt mit über 900 Literaturstellen. Öko-Sprechtüten werden etwas von „grauer Literatur" tröten. Nun ja, wenn *Medical Tribune*, offiziell zugängliche *Veröffentlichungen der NATO*, das Geschichtsmagazin *Damals*, *Lan-*

cet, Nachrichten aus der Chemie, angewandte Chemie, Bulletin of the American Meteorological Society, das *Deutsche Ärzteblatt* und Lehrbücher wie *„Allgemeine und spezielle Pharmakologie"* aus dem BI-Verlag usw. zur „grauen Literatur" zählen, dann sei es so.

Mit welch volkspädagogischen Tricks die neue Religion Ökologismus vor ca. 50 Jahren in die Welt gesetzt wurde, berichtet in der *FAZ* die an der RWTH Aachen lehrende Historikerin Prof. Elke Seefried[1]. Schaut man hinter die Kulissen, merkt man, dass es sich um eine Form des „organisierten Lügens" handelt. Folgt man der jüdischen Philosophin Hannah Arendt, ist „**organisiertes Lügen**" eines der wesentlichen Kennzeichen eines totalitären Systems. Leider wird in dem ausgezeichneten *FAZ*-Artikel der Geschichtsprofessorin die NATO und der US-Präsident Richard Nixon vergessen.

Soweit die Vorbemerkung. Im Februar 2008 gab ich ein Interview zur Erstauflage des Buches „Die Angsttrompeter" für das Internetmagazin Media-Mania. Hier in gekürzter Form:

„**Media-Mania.de:** *Herr Dr. Hug, Sie haben mit „Die Angsttrompeter" ein Buch vorgelegt, in dem Sie die Umweltpolitik der westlichen Welt scharf angreifen. Die Praktiken der Ökos in Politik, Umweltschutzorganisationen und Medien vergleichen Sie mit den Hexenverfolgungen des Mittelalters und der frühen Neuzeit. Zudem vertreten Sie die Ansicht, der aktuellen Umweltpolitik und -gesetzgebung mangle es an einer naturwissenschaftlichen Basis. Bitte begründen Sie kurz diese Vorwürfe, die ja durchaus „starker Tobak" sind.*

Heinz Hug: Was wie starker Tobak klingt, ist nichts anderes als die Beschreibung des Ist-Zustandes. Gut gemeinte Absichten des Umweltschutzes mutierten zu einem bösartigen Polit-Apparat, der mit ähnlichen Methoden arbeitet wie seinerzeit die Betreiber des Hexenwahns: das Angst und Panik vor dem Unerklärlichen Schüren, Heucheln sowie Manipulieren.

Im ausgehenden Mittelalter ging es um Macht und um nichts anderes als die Macht. Und so verhält es sich auch heute. Nur sind es nicht mehr die Päpste, sondern die Politiker, die in einer Demokratie durch Wahlen zur Macht gelangen wollen. In Diktaturen ist dies übrigens nicht notwendig, weshalb man vom Umweltschutz in der ehemaligen UdSSR und deren Satellitenstaaten kaum etwas hörte.

Im Zeitalter des Hexenwahns wurde behauptet, alte Frauen würden auf dem Besen reitend durch Zauberei die Feldfrüchte verderben, das Vieh krank machen, Unfruchtbarkeit herbeiführen und Unwetter verursachen. Zum Beleg ihrer Behauptungen bediente sich die Inquisition der „Wissenschaft" – jedenfalls dessen, was man damals für Wissenschaft hielt. Genauer gesagt: Sie ließ sich von Gelehrten juristischer und theologischer Fakultäten Gutachten und Schriften anfertigen, in denen die vollkommen unhaltbaren Thesen des Hexenwahns „wissenschaftlich" belegt wurden. Ein Beispiel ist der „Hexenhammer" der Dominikanermönche und Gelehrten Heinrich Kramer und Jakob Sprenger von der theologischen Fakultät zu Köln.

Heute arbeitet die internationale Panikindustrie, die ich als Ökoquisition bezeichne, weniger mit Juristen und Theologen als vielmehr mit Naturwissenschaftlern zusammen. Diese messen mit Hilfe der „instrumentellen Analytik" Ultragiftstoffspuren im 0,000.000.001g-Bereich und werden prompt seit den Sechzigerjahren überall fündig. Kein Wunder, denn die moderne chemische Ultraspurenanalytik hat sich erst ab diesem Zeitpunkt so richtig entwickelt und bekommt heutzutage durch die Entwicklung der Computertechnologie stetig neuen Schwung. Nun kommt das Vorsorge- bzw. Vorsichtsprinzip zum Tragen. Es legt als Grenzwert 1/100 der Dosis fest, bei der auch beim empfindlichsten Organismus keinerlei Wirkung feststellbar ist. Das ist Politik[a] und hat mit Naturwissenschaft nichts, aber auch gar nichts zu tun! Und der Glaube (!), die Überschreitung eines derart blasphemisch niedrig angesetzten Grenzwertes würde eine Gesundheitsgefährdung darstellen, ist Ökologismus reinsten Wassers – eine Religionsneugrün-

---

[a] Es handelt sich um die *regulative Toxikologie*, ein politisches Regulierungsinstrument, mit deren Hilfe man alle mögliche Bevormundung begründen und Hysterie auslösen kann.

dung unseres säkularisierten Zeitalters. Die Kirchen werden leerer, die Spendenkassen der Umweltbewegung (Greenpeace und Co.) werden voller. Mit dem gesunden Menschenverstand im Sinne des „Common Sense" hat das überhaupt nichts mehr zu tun. Insofern besteht eine Schnittmenge zwischen der Inquisition und der *Ökoquisition*: Die Inquisition berief sich auf die „reinen Lehren" der damaligen katholischen Kirche – die Ökoquisition beruft sich auf den Ökologismus ...

Längst ist die Wissenschaft zur Zugehfrau der Politik geworden. Betrachtet man sich Hohepriester des Ökologismus, so findet man reihenweise Nichtnaturwissenschaftler – besser gesagt: naturwissenschaftliche Komplettlegastheniker, denen ein Klimaforscher von einem so genannten renommierten Institut alles erzählen kann. Angefangen bei Erhard Eppler über Volker Hauff, Gerhard Schröder, Wolfgang Thierse bis hin zu Siegmar Gabriel, kann keiner die naturwissenschaftlichen Hintergründe des Ökologismus auch nur annähernd nachvollziehen und vor allem einmal kritisch hinterfragen: Ist das auch alles wahr? Selbst der einstige Chef von Greenpeace, Thilo Bode, ist von solchen Kenntnissen vollkommen unbeleckt. Dafür sind alle diese Personen ach so eloquent. Eloquenz übrigens ersetzt nicht den Charakter (vgl. Gerhard Schröder, Joschka Fischer ...).

Media-Mania.de: *Welche Maßnahmen im Rahmen des Umweltschutzes der vergangenen Jahrzehnte erachten Sie grundsätzlich als sinnvoll? Gibt es weiteren Handlungsbedarf?*

Heinz Hug: Um nur zwei wesentliche zu nennen: Da wäre zum einen die Luftreinhaltung und zum anderen der Schutz der Gewässer. Daneben gibt es noch eine Reihe weitere wie der schonende Umgang mit Ressourcen. Natürlich gibt es zusätzlichen Handlungsbedarf. Der größte Beitrag zum Umweltschutz wäre eine internationale Konvention zur *Reduktion der Erdbevölkerung*. Hier wären noch größere Anstrengungen notwendig als beim Klimaschutz. Im Gegensatz zu diesem wären sie sogar sinnvoll. Die Untätigkeit auf diesem Gebiet belegt eindeutig die vollkommene Insuffizienz der politischen Führung – und zwar weltweit.

Um nicht missverstanden zu werden: Ich mag Kinder, sogar sehr. Und gerade deshalb bin ich für weniger Menschen auf der Erde und zwar nicht allein aus Umweltschutzgründen. Nein, es geht um das Recht auf Leben und körperliche Unversehrtheit. Abgesehen davon schafft eine geringere Besiedlung mehr Freiraum für den Einzelnen und damit auch mehr „Wohlbefinden". Auch das ist wichtig für die Zukunft unserer Kinder.

Es ist an einer Hand abzuzählen: Die Mangelversorgung der stetig wachsenden Bevölkerung schwacher Volkswirtschaften wird bislang unvorstellbare Wanderungsbewegungen hervorrufen, die keineswegs friedlich verlaufen werden. Importierte Bürgerkriege und steigende Kriminalität in den Einwanderungsländern sind vorprogrammiert und unabwendbar. Wollen wir das unseren Kindern und Enkeln zumuten? Multikulti ist der größte Selbstbetrug unverantwortlich handelnder Gutmenschen. Wenn Deutschland schon ein Einwanderungsland ist, weshalb wählen wir dann nicht diejenigen aus, die zu uns kommen? Weshalb dulden wir eine Einwanderung in unsere Sozialsysteme von Menschen, die oftmals gar nicht vorhaben, hierfür jemals eine Leistung zu erbringen? Oder die nicht in unsere Gesellschaft integrierbar sind, weil sie bewusst eine Parallelgesellschaft anstreben?

Ich kann mich des Eindrucks nicht erwehren, dass Politiker mithilfe von Ersatzhandlungsfeldern wie dem Umweltschutz – der sich schon längst totgesiegt hat – von ihren eigentlichen Aufgaben ablenken. Wann will eigentlich die Menschheit anfangen zu „vergreisen", wenn 9 Milliarden auf dem Globus leben, wenn es 15 Milliarden sind oder wenn sich 30 Milliarden Menschen mit allen zur Verfügung stehenden Waffen gegenseitig an den Kragen gehen? ....

Media-Mania.de: *Krebs hat Ihren Angaben zufolge, die ja auf seriösen Untersuchungen basieren, als Ursache nur in geringem Umfang Umweltgifte und -einflüsse wie Asbest, Acrylamid, Elektrosmog und so fort?*

Heinz Hug: Das ist richtig. Als die Umweltschutzbewegung vor ca. 40 Jahren auf die Beine kam, wurden Krebsängste von den Panikmachern geschürt. Heute weiß man dank der Genomforschung, den Fortschritten der Virologie, der Genetik und der Toxikologie, dass Krebs zu über 98 % nichts mit Chemikalien, Radioaktivität aus Kernkraftwerken, Elektrosmog und Co. zu tun hat. Will man das Restrisiko, das für jeden Betroffenen der 100 %-Fall ist, ebenfalls beseitigen, dann muss man die Industriegesellschaft abschaffen. Zunächst käme es nur zu einer Komfortminderung, danach zu ausgeprägter Mangelversorgung und schließlich zum Artensterben – diesmal aber wäre es der Mensch.

Media-Mania.de: *Sie stehen mit Ihren ökokritischen Veröffentlichungen ziemlich „alleine" da. Fühlen Sie sich manchmal wie ein Geisterfahrer? Ist es tatsächlich möglich, dass in Wirklichkeit „all die anderen" die Geisterfahrer sind?*

Heinz Hug: Ich stehe ganz und gar nicht als Geisterfahrer da. Um nur ein paar Beispiele zu nennen: Da wäre zunächst der Däne Björn Lomborg („Apocalypse – No!"). Dann gibt es eine Reihe mutiger Journalisten wie Dirk Maxeiner und Michael Miersch („Lexikon der Ökoirrtümer") und Edgar Gärtner („Öko-Nihilismus – Eine Kritik der Politischen Ökologie"). Auch der tschechische (ehemalige) Präsident Václav Klaus wäre zu nennen („Blauer Planet in grünen Fesseln. Was ist bedroht: Klima oder Freiheit?"). Nicht zu vergessen ist zudem Paul K. Driessen („Öko-Imperialismus"). Und ganz aktuell Horst-Joachim Lüdecke („CO_2 und Klimaschutz. Fakten, Irrtümer und Politik"). Ich könnte noch unzählige weitere nennen, vor allem auch aus dem angelsächsischen Raum.[b] Nein, es gibt einen auf den Ökologismus bezogenen anschwellenden Bockgesang. Genug

[b] Der U. S. Senate Minority Report zur Anhörung über die Ursachen der globalen Erwärmung von 2008 zählt über 700 internationale Wissenschaftler auf, die der Treibhausgashypothese skeptisch gegenüberstehen. Darunter mehrere Nobelpreisträger wie der Physiknobelpreisträger von 1973 Ivar Giaever. Dieser sieht sich seither großem politisch inszenierten Druck ausgesetzt und wird als unglaubwürdig dargestellt.

ist genug. Da, wo des Guten zu viel geschieht, wird es zur Plage. Ähnlich wie das Mühlchen am Meeresgrund, das unaufhörlich Salz mahlt, weil der Kapitän, der auf kriminellem Weg in seinen Besitz gelangte, das Zauberwort zum Abstellen vergaß.

Media-Mania.de: *Was ist Ihrer Meinung nach die Ursache dafür, dass sich die Bevölkerung so bereitwillig den von den Politikern und Verbänden über die Medien geschürten Ängsten hingibt?*

Heinz Hug: Da ist zum einem der archaische Urtrieb des Menschen, an etwas zu glauben. Dieses Verhalten wird durch die weit verbreitete naturwissenschaftliche Legasthenie unterstützt. Hinzu kommt eine gewisse Lustangst am täglichen Weltuntergang und die Sucht nach Tatarenmeldungen....

Media-Mania.de: *Bitte fassen Sie in wenigen Sätzen zusammen, wie eine sinnvolle Umweltpolitik Ihrer Meinung nach gestaltet werden sollte.*

Heinz Hug: Sinnvolle Umweltschutzmaßnahmen hatte ich bereits oben genannt. Deshalb konzentriere ich mich auf Überflüssiges: Die Mülltrennung (in der jetzigen Form) ist aufzugeben. Ausnahmen wären Papier und Glas. Der Müll gehört energetisch genutzt. Nicht zuletzt, um die Ressourcen fossiler Brennstoffe zu schonen. Die Förderung alternativer Energien (Windmühlen und Photovoltaik) müsste eingestellt werden. Im Gegenzug wären die Laufzeiten der Kernkraftwerke zu verlängern. Die deutschen Kernkraftwerke sind weltweit die sichersten.

Die Bevölkerung muss über die Folgen mangelnder Energieversorgung aufgeklärt werden. Im Anschluss daran ist die Angst vor der Kernenergie zu nehmen, um die Bereitschaft zum Bau neuer Reaktoren zu fördern. Finnland und andere Länder sind uns hier weit voraus.

Die Endlagerstätten für Atommüll sind in Betrieb zu nehmen. Steinsalzlager, die seit Millionen von Jahren stabil und ohne Grundwassereinbruch existieren, lassen erwarten, dass sie weitere Millionen Jahre mit eingelagertem Atommüll existieren. Die thermodynamischen Studien zur Abwärmeproblematik sind abgeschlossen und belegen die Sicherheit dieser Lagerstätten.

Die Bioethanolerzeugung als Sprit-Zwangsbeimischung ist aufzugeben. Ackerflächen sind zur Ernährung der Weltbevölkerung notwendiger. Das Gleiche sollte mit dem so genannten Klimaschutz geschehen. Es handelt sich um eine gigantische Geldvernichtungsmaschine, bei der bis 2020 fünfhundert Milliarden Euro ausgegeben werden sollen, um den Temperaturanstieg auf 0,001 °C zu begrenzen.

Die „Feinstaub-Verordnung" bewirkt nichts. Es ist nicht zu leugnen: Feinstaub unterhalb von 10 pm (0,000.000.001 cm) dringt bis in die Lungenbläschen (Alveolen) ein. Die Folgen sollen Allergien, Herz- und Kreislauferkrankungen sein. Streng genommen müsste man dann auch den Bäumen Pollenflug im Frühjahr verbieten. Die einschlägigen Studien zum Feinstaub beruhen auf selektierten Statistiken (Data-Dredging), deren Aussagen in vielen Teilen fragwürdig sind. Ein wissenschaftlich bewiesener biologischer Wirkungsmechanismus existiert nicht. Die ganze Feinstaub-Diskussion erinnert an das Waldsterben und die DDT-Hysterie und wird in einigen Jahren ad acta gelegt sein.

Die geltenden Umweltgesetze sind teilweise widersprüchlich. Deshalb müsste ihre Notwendigkeit spätestens aller fünf Jahre überprüft werden.

Das Vorsichts- bzw. Vorsorgeprinzip ist aufzugeben. Stattdessen ist das „Nachbesserungsprinzip" einzuführen, das nach dem „Trial-and-Error-Verfahren" arbeitet. Es ist ein altes, vernünftiges Konzept und wird zu Recht in allen Staaten, die sich die luxuriöse Ökokosmetik Europas nicht leisten können, noch immer angewandt. Die freiwerdenden finanziellen Ressourcen sollten unterentwickelten Staaten zugute kommen. Dabei ist streng darauf zu achten, dass das Geld auch bei der Bevölkerung landet und nicht auf Schweizer Nummernkonten der jeweils regierenden Kleptokraten. Alle Forschungsergebnisse, die zu den Grundlagen der Umweltschutzgesetzgebung werden können, müssen falsifizierbar sein. Vermutete Risken sind zurückzuweisen.

Sowohl in den armen Ländern der Dritten Welt als auch in den entwickelten Industrieländern sind Programme zur Minderung der Bevölkerung einzuleiten. Dies kann nur im Rahmen internationaler Konventionen geschehen und muss streng kontrollierten humanitären Kriterien unterliegen, die die Würde des Menschen wahren."

Soweit das Interview. Für einen Umweltschutz mit Maß und Ziel lasse ich mich in Stücke reißen! Was nervt, ist der pervertierte Umweltschutz in Form des Ökologismus; es ist der politkriminelle Missbrauch der exakten Naturwissenschaften, um mittels grüner Ökogespenster (Bild 1) totalitäre politische Ziele durchzusetzen.

Bild 1:
Des Panik-Michels Familie
(nach CLB 44, 1993)
© Wolfgang Hasenpusch/CLB

Immer empfindlichere Messmethoden haben sich zwischenzeitlich zu einem Bombengeschäft entwickelt und münden darin, dass Umweltgrenzwerte mehr an der gestiegenen Empfindlichkeit der Messgeräte (Instrumentelle Analytik) orientiert werden als an der tatsächlichen Gefährdung (Bild 2).

Bild 2: „Business und Partner" in Aktion. „Dieses Jahr brauchen wir auch wieder so ein paar Schlagzeilen. Meine Herren machen sie sich auf die Suche!"

Allein die deutschen Hersteller von Analysen und Labortechnik erzielten 2020 bei einer Wachstumsquote von 1,9 % einen Umsatz von 9,67 Mrd. Euro. 2021 lag das weltweite Marktvolumen bei 56 Mrd. Euro. Eine Fachzeitschrift resümiert: „Die Nachfrage aus Deutschland hat aufgrund der politischen Rahmenbedingungen maßgeblich zum Umsatzwachstum beigetragen.“ [22]

Nur um des schieren Machterhalts willen – nicht um dem Volk zu dienen – nutzte die ehemalige Kanzlerin Angela Merkel den Schuld-, Neid- und Gutmenschenkomplex der meinungsbildenden Deutschen in Kindergärten, Schulstuben, Lehrsälen und Redaktionsbüros aus, die frohe Botschaft vom links-grün-alternativen Lebensstil zu verkünden. Im Ergebnis wurde die ehemals konservative, wirtschaftsfreundliche CDU unter ihrer Führung zu einem linksrotierenden Öko-Gesangsverein, der sogar bei der sprachbevormundenden Political-Correctness und dem Gender-Gaga mitmacht. Da „die Mitte" gemäß der Merkel-Doktrin grün-alternativ-links ist und deshalb dem mit gesundem Menschenverstand ausgestatteten, wertkonservativen Teil der Wählerschaft die politische Heimat fehlte, wurde Frau Merkel zur Geburtshelferin der AfD. Eigenständiges Denken à la AfD – Pfui! Der „größten Klimakanzlerin aller Zeiten" (GröKaZ) die Gefolgschaft zu versagen! Da ist kämpferisch-engagierte Empörung angesagt und die wohlfeile Nazi-Gebetsmühle anzuwerfen. Das aber ist ebenso falsch am Platz wie völkische Dampfplauderei!

Frau Merkel bediente sämtliche linksradikale und grüne Narrative: 2022 sollte nach ihrem Wunsch dem letzten deutschen Kernkraftwerk die Kraft ausgehen. Deutschland ist ihr zufolge ein Einwanderungsland[c], denn im September 2015 ließ die Ex-Kanzlerin eigenmächtig unter Bruch der Dublin-III-Regeln einen Flüchtlings-Tsunami über Deutschland schwappen. Zur Rettung der Euro-Blechmünzen schob sie den Griechen Milliarden um Milliarden unters Kopfkissen – ist ja nicht ihr Geld. Die Meinungsfreiheit geriet, gelenkt von politisch-korrekter Hand, so unter Druck[d], dass selbst konservative Medien wie die FAZ auf öko-links getrimmt wurden[e] – Bessermenschen nennen das die Modernisierung der Gesellschaft.

---

[c] Ein inniger Wunsch der Grünen, allen voran Claudia Roth.

[d] Fast die Hälfte der Deutschen gaben 2021 an, ihre Meinung zu bestimmten Themen nur noch vorsichtig zu äußern. Tabuthemen seien vor allem der Islam sowie die Ausländerkriminalität (vgl. Intensivtäter aus zugewanderten Großfamilien, die hauptsächlich von staatlicher Unterstützung leben).

[e] Am 19. März 2019 wurde Holger Steltzner aus dem Herausgeberkreis der FAZ entfernt. Zuvor hatte er in der Zeitung, hinter der immer ein kluger Kopf stecken soll, zwei kritische Artikel (1. Februar 2019 „Klimaschutzreligion" und 15. Februar 2019 „Klimareligion mit Ablasshandel") veröffentlicht.

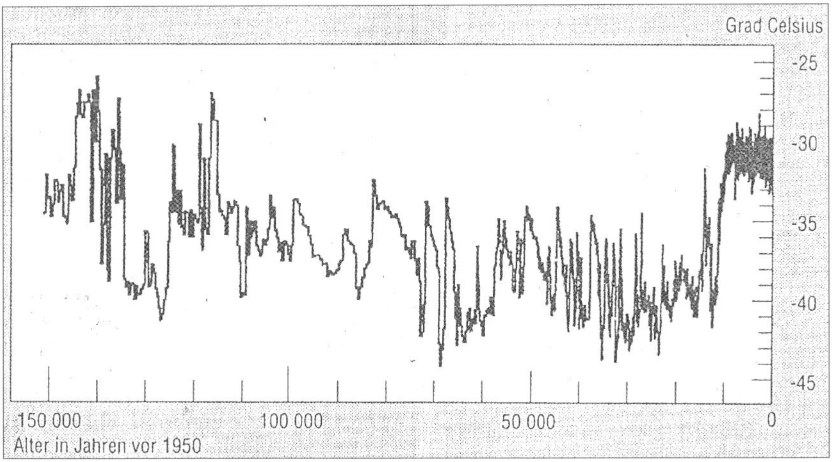

Bild 3: Sprunghafte Klimaänderungen während der letzten 150.000 Jahre (Antarktis)

Der Autoproduktionsstandort Deutschland wurde unter Merkels Regierung massiv zugunsten der marktunfähigen E-Mobilität unter Druck gesetzt (E-*Immobilität*: 4 Stunden fahren – ohne Heizung im Winter und Klimaanlage im Sommer – danach eine Stunde laden – zurück ins Postkutschenzeitalter). Die Abhängigkeit von russischem Gas, von Gazputin Schröder[f] eingeleitet, wurde von der Klima-Kanzlerin während ihrer Regierungszeit vertieft. Apropos „gefeierte Klima-Kanzlerin". Jeder, der nur den leisesten Zweifel an der Treibhausgas-Hypothese äußert, wird von der Ökoquisition blödsinnigerweise als „Klimaleugner" niedergemacht. Niemand leugnet das Klima! Es ändert sich auf natürlichem Wege ständig – in der Vergangenheit und gegenwärtig (s. Bild 3).

Im Gegensatz zu den aufgezeichneten und bekannten Klimaschwankungen **gibt es nicht einen einzigen naturwissenschaft-**

[f] Schröder verdiente bei Gazprom anfänglich 210.000 Euro und bekam 2022 nach eigenen Angaben etwas weniger als 600.000 Euro im Jahr (Berliner Morgenpost 1. März 2022). Erst infolge des Ukraine-Kriegs wurde Druck gemacht. Das zeigt die perfide Vorgehensweise der links-grünen Journaille. Lothar Späth musste 1991 zurücktreten wegen eines lächerlichen Segeltörns, der dem damaligen baden-württembergischen CDU-Ministerpräsidenten von der Fa. SEL bezahlt wurde. Er war halt in der falschen Partei.

lichen Beweis für die politisch festgelegte Behauptung, das Klima wird von „Treibhausgasen" gesteuert. Alles, was man hat, ist lediglich eine **Korrelation** zwischen Temperaturanstieg und atmosphärischem Treibhausgasgehalt (Bild 4).

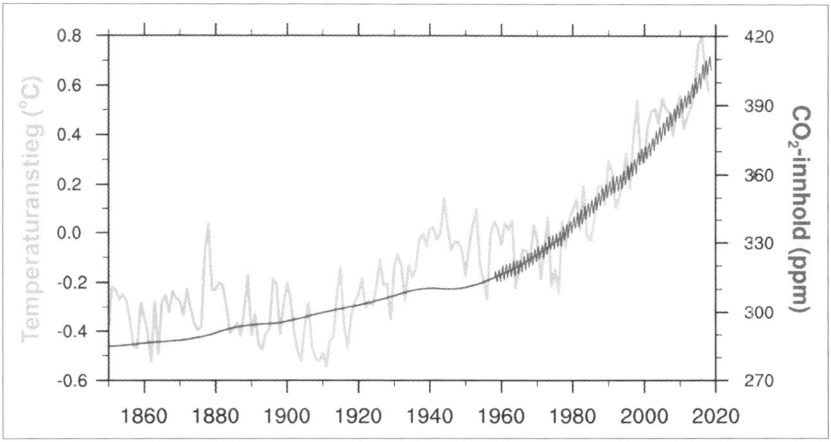

Bild 4: CO_2-Emission und Temperaturanstieg

Korrelationen sind übrigens eine Voraussetzung für einen behaupteten Zusammenhang, aber kein Beweis! Jeder, der glaubt, Korrelationen seien ein Beweis, sollte unbedingt den Konsum von Käse meiden, denn er läuft Gefahr, von seiner Bettwäsche stranguliert zu werden (Bild 5).

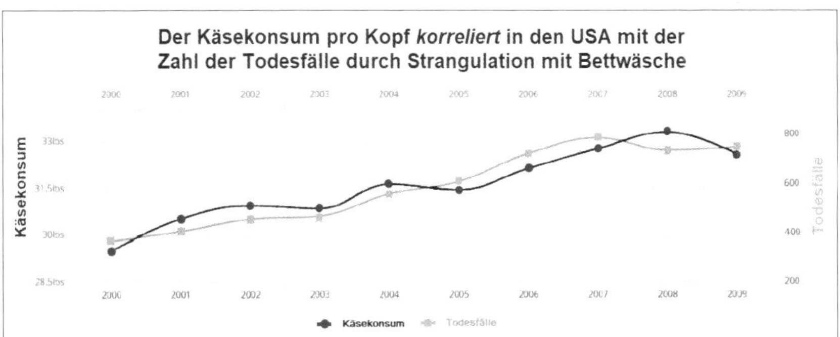

Bild 5: Käsekonsum und Todesfälle durch Ersticken im Bett (nach Tyler Vigen)

Von besonderem Interesse ist die Korrelation im Bild 6. Es zeigt die mit 68 hochwissenschaftlichen Klimamodellen berechnete Temperaturerhöhung der Weltmeere im Vergleich zum tatsächlichen Verlauf.

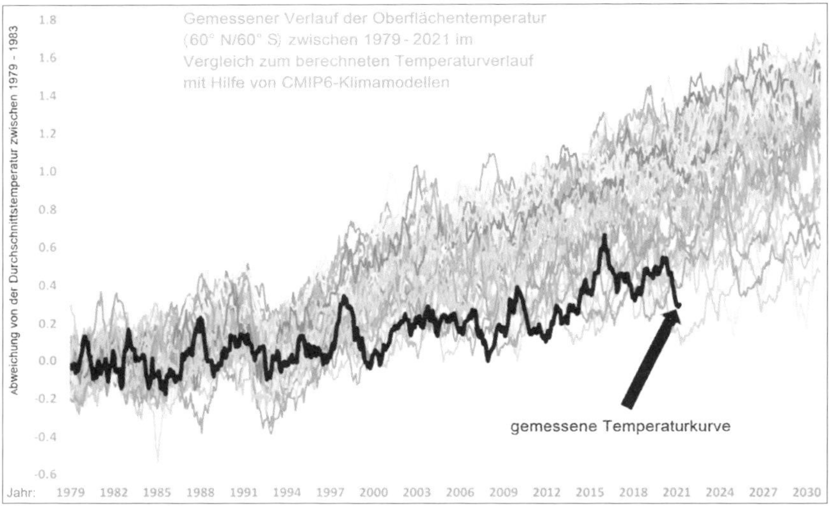

Bild 6: Climate Modeling meets Reality[18]

Alle Computerklimamodelle in Bild 6, für deren Entwicklung es 2022 sogar einen Nobelpreis gab, basieren auf der Treibhausgashypothese. Tatsächlich wurde der Nobelpreis an Giorgio Parisi, Syukuro Manabe und Klaus Hasselmann nicht für den naturwissenschaftlich sauberen Beweis der „Klimasteuerung durch Treibhausgase" vergeben, sondern für bahnbrechende Beiträge zum Verständnis komplexer Systeme, zu denen die physikalisch-mathematische Modellierung des Erdklimas zählt. Der erste Preisträger beschäftigte sich mit der Physik der Ordnung und Unordnung komplexer physikalischer Systeme, der zweite, Syukuro Manabe, entwickelte grundlegende Rechenalgorithmen zur treibhausgasbasierten Klimamodellierung und der dritte Preisträger, Klaus Hasselmann, wurde für eine Statistikarbeit belohnt.

Hasselmann unterscheidet zwischen *natürlicher Klimaänderung* (natural varibility) und *anthropogener Klimaänderung* (anthropogenic change). Weil beide Phänomene sich über mehrere Jahrzehnte entwickeln, haben sie eine niedrige Frequenz (low-frequency). Diese niedrigfrequenten Klimaänderungen sind zu unterscheiden von kurzfristigen Hochfrequenzereignissen (high-frequency), die landläufig dem Wetter zuzuordnen sind (z.B. Dürrejahre, Überschwemmungskatastrophen, Hitzeperioden). Bild 7 zeigt das Prinzip, wobei die „Nulllinie" einer Temperatur von 15 °C entspricht (Näheres im Kapitel 10). Die schwarz eingezeichneten Flächen sind niedrigfrequente Klimaänderungen. Die nach oben und unten erfolgenden scharfen Ausschläge entsprechen hochfrequenten Ereignissen.[2]

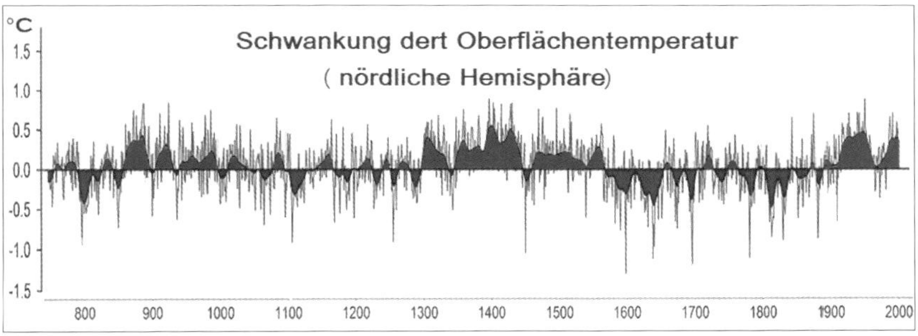

Bild 7: Oberflächentemperatur zwischen 800 und 2000

Sehr gut ersieht man aus dem Bild 7, es war also durchaus schon einmal so warm wie heute. Man erkennt das mittelalterliche Klimaoptimum um 1400 herum und die kleine Eiszeit im 16. – 17. Jahrhundert. Sie zählen zu den natürlichen Klimaänderungen, während der niederfrequente Bereich nach 1900 der anthropogenen Klimaänderung zugeschrieben wird.

Nun kommt das Problem, das Hasselmann mittels Computerklimamodellierung anging. Was ist eine „normale" Wetteranomalie, und was ist auf Treibhausgase zurückzuführen? Der Arbeitshypothese nach sollen normale kurzfristige Wetteränderungen („*Grundrauschen*") durch schwache Signale des anthropogenen Klimawandels überlagert sein. Dem Grundrauschen werden also der Theorie zufolge *sehr schwache* Signale des anthropogen verursachten Klimawandels aufgepfropft.

Allgemein spricht man in der Messtechnik und in der Instrumentellen Analytik (s. Kapitel 6) vom *„Signal-Rauschverhältnis"*, wenn sehr schwache Signale durch starkes Grundrauschen überlagert werden (Fachsprache: Signal to noise ration = s/n-ratio). Mit Hilfe hochentwickelter Klimamodelle (vgl. Bild 6) und unter Berücksichtigung der Signal-Rausch-Verhältnisse konnte Hasselmann etwa ab 1985 den Fingerabdruck des anthropogenen Klimawandels mit 95 %-iger Wahrscheinlichkeit[g] nachweisen[3,4,5,6].

Diese 95 %-Wahrscheinlichkeit muss man sich unbedingt näher anschauen. In Bild 8a findet man, abgesehen von zwei Ausreißern einen überzeugenden Beweis, dass der **vermutete** „wahre Wert" – der mit den meisten Treffern – im 95 %-Wahrscheinlichkeitsbereich liegt. Übertragen bedeutet das: mit 95 %iger Wahrscheinlichkeit ist der steigende atmosphärische Gehalt von „Treibhausgasen" für den momentan stattfinden Klimawandel verantwortlich. Das Ganze hat nur einen Haken, alle Messpunkte in 8a) liegen weit entfernt vom tatsächlichen wahren Wert. Man spricht in diesem Fall von einem **systematischen Fehler**. Bezogen auf die Klimaforschung ist dies die vollkommen unzulängliche Berücksichtigung der Variabilität des **Wolkenbedeckungsgrads** der Erde in den Klimamodellen.

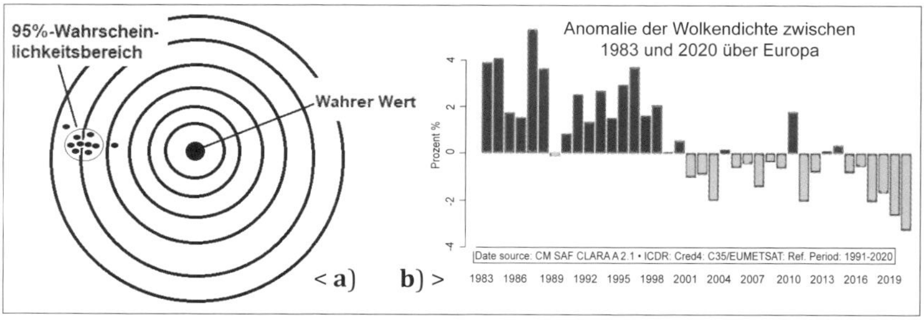

Bild 8: a) 95 %Wahrscheinlichkeit versus systematischer Fehler
b) Wolkendichte und Hitzeperiode[24] nach 2000

---

[g] Wer's genauer wissen will: Da man in der Messtechnik und natürlich auch in der chemischen Analytik den „wahren Wert" einer analytischen Bestimmung niemals kennt, definiert man einen „Vertrauensbereich". Der „95%-Vertrauensbereich" berücksichtigt die doppelte Standardabweichung (*s*), genauer: +/- 2*s*. In ihm vermutet man mit 95 %-iger Wahrscheinlichkeit den „wahren Wert". Ein Vertrauensbereich von 100% ist Unsinn, denn dann würden alle gefundenen Messwerte dem vermuteten „wahren Wert" entsprechen! So viel zur hundertprozentigen Sicherheit.

Tatsächlich wird der Einfluss der sich stets ändernden **globalen Wolkenbedeckungsdichte** von den Klimaforschern relativiert. Weil es nicht in die politisierte Klimaforschung passt, gibt es auch keine global normierten kontinuierlichen Messreihen, seit man Satelliten zur Beobachtung zur Verfügung hat. Wie aus dem Bild 8b) hervorgeht, war die Wolkenbedeckung über Europa zwischen 1983 und 2000 relativ hoch um im Zeitraum 2000 bis 2019 entsprechend abzusinken. Die Sonne strahlte „erbarmungslos" auf den Globus nieder, und was am problematischsten ist: Wasser hat eine sehr hohe Wärmekapazität. Dies führt wiederum dazu, dass die Meere sich nach einer von geringerer Wolkenbedeckung verursachten Hitzeperiode nur langsam wieder abkühlen.

Es ist also kein Wunder, weshalb im Auftrag der Politik forschende Klimawissenschaftler 2023 von der Geschwindigkeit der Erderwärmung überrascht wurden. Tatsächlich haben Forscher wie Friis-Chistensen, Svensmark und Nir Shaviv auf den Zusammenhang zwischen kosmischer Strahlung, Wolkenbedeckungsgrad und Erderwärmung mit guten Argumenten hingewiesen (s. Kapitel 10). Da es aber um die Glaubwürdigkeit der Politik und um ein politikaffines Milliardengeschäft (Fotovoltaik, Windmühlen, Ökoabgaben ...) sowie um gutbezahlte Professorenstellen an renommierten Instituten geht, werden die Forschungsergebnisse der genannten Wissenschaftler massiv bekämpft.

Bedauerlicherweise leiden Computerklimamodelle trotz Nobelpreis nach wie vor an Überhitzung. Deshalb wird zur Anpassung der Modelle an die Realität eifrig nachgefeilt – „Tuning the Models" nennen die Rechenkünstler das[11]. Aber auch das hilft nicht viel, denn weder die Hitzewellen in den USA vor ca. 90 Jahren („Dust Bowl", s. S. 289) noch die kleine Eiszeit oder das mittelalterliche Klimaoptimum können mit treibhausgasbasierten Klimamodellen nachvollzogen werden.

Leider sind schwache, dem Grundrauschen aufgepfropfte Signale auch in der Vergangenheit nichts Ungewöhnliches. So berichten mehr als 300 zeitgenössische Quellen aus dem Jahr 1540 von einer gigantischen Dürrekatastrophe mit extremen Hitzewellen in ganz Europa[7]. Brunnen und Flüsse vertrockneten, ganze Viehbestände verendeten, und in Basel habe man zeitweise zu Fuß den Rhein überqueren können. Sogar noch zur Weihnachtszeit konnten Kinder bei Schaffhausen im Rhein schwimmen. Auch das ist interessant: Am 10. Juli 1968 zerlegte ein Tornado mit Orkanböen von bis zu 300 km/h große Teile von Pforzheim. 2400 Gebäude wurden beschädigt – oder ganz zerstört. Auch außerhalb Europas tat sich einiges. In den Dreißigerjahren, zur Zeit des „Dust Bowls", herrschten in New York ungewöhnlich hohe Temperaturen. Am 5. Juli 1934 wurden bis zu 55 °C im Schatten gemessen!

Am 16. Mai 2013 teilte Barack Obama über Twitter mit, 97% der Wissenschaftler stimmen überein: „Der Klimawandel ist eine Tatsache, er ist menschengemacht und gefährlich". Was ist dran? Die Geschichte geht auf den Kognitionspsychologen John Cook zurück, der 2013 exakt 11.944 wissenschaftliche Veröffentlichungen zum gerade stattfindenden Klimawandel mit Hilfe von Assistenten auswerten ließ[8,9,10]. Jene Beiträge, deren Autoren nach der subjektiven (!) Meinung der Beurteiler keine aussagekräftige Stellung zur Ursache des Klimawandels bezogen, wurden verworfen.[23] Dies waren immerhin 66 % der Beiträge. Die übrig gebliebenen, willkürlich ausgewählten 4.014 Beiträge wurden in pro und contra aufgeteilt. Davon bezogen nur 118 Veröffentlichungen die contra- und 3896 die pro-Position. Daraus zog John Cook die Schlussfolgerung, dass 97 % der Klimawissenschaftler die These vom treibhausgasverursachten Klimawandel unterstützen. So etwas kommt dem organisierten Lügen sehr nahe.

Mich erinnert der felsenfeste Glaube breiter Bevölkerungsschichten an den von 97% der Wissenschaftler „bewiesenen" tödlichen Klimawandel durch Treibhausgase an den festen Glauben ganzer Landstriche in Rumänien an blutsaugende Vampire und Untote. Zum Vampirbiss-Schutz hängt man an Häuserwänden und Eingängen Knoblauch auf, denn Vampire vom Schlage Graf Draculas können Knoblauch überhaupt nicht ausstehen. Dem Narrativ zufolge ist das eindeutig bewiesen und gilt als „Settled Science", denn in der gesamten Geschichte wurde niemals ein Haus mit aufgehängten Knoblauchsträußchen von Vampiren heimgesucht. Obwohl es absolut unmöglich ist, das Gegenteil zu beweisen, gibt es auch dort einige unwissenschaftliche, naive Zweifler, die tatsächlich meinen, der Vampirbesuch wäre auch ohne Knoblauch unterblieben. Man nennt sie Vampirleugner!

Dem Narrativ zufolge werden Klimaleugner von der Erdölindustrie gesponsert. So soll der 2020 verstorbene Physiker und IPCC-Gegner Fred Singer 10.000 $ von Exxon erhalten haben. Die gleiche Firma spendete zwischen 2007 und 2015 insgesamt 1,87 Millionen Dollar an Kongressabgeordnete, die die Hypothese vom anthropogen verursachten Klimawandel ablehnten.

Was aber wird Klimaforschern für ihre schweißtreibende Arbeit so in die Tasche gestopft, und wer verdient noch daran? In der ersten Regierungsperiode spendierte Barack Obama 150 Milliarden Steuergelder für grüne Energie- und Klimaforschung[12]. Nach Angaben der Journalistin Natalie Burg wurden 2019/2020 von Regierungen und privaten Spendern weltweit 321 Milliarden für den gleichen Zweck lockergemacht[13]. Nach offiziellen Quellen ließ 2017 die US-Regierung für Klimaforschung noch 13,2 Milliarden springen. Und das trotz Donald Trump.

Richtig Kohle wird aber mit alternativen Energien und dem CO_2-Zertifikathandel geschaufelt – eine in einigen Ländern geltende Regelung, die mit dem Kyoto-Abkommen von 2005 in Gang gesetzt wurde. Leider können Privatanleger CO_2-Zertifikate nicht direkt erwerben, denn nur Unternehmen, die den Kaufpreis an die Verbraucher weiterreichen, dürfen die „Verschmutzungsrechte" vom Staat kaufen.

Über einen verschwurbelten Weg gelangen aber auch Investmentfonds an die sakrosankten CO_2-Ablassbriefe. Der Großinvestor Soros hat sich nicht zufällig die CO_2-Hökerei als Spekulationsobjekt ausgesucht und meint, der Markt sei wenig transparent und für Spekulationen anfällig. Soros wörtlich: „Deshalb ist er (der CO_2-Emissionszertifikatehandel) so beliebt bei Finanztypen wie mir."

Ein Spitzenverdiener der Ökopriesterschaft ist Al Gore, der peinlich darauf achtet, in der Außenwelt nicht als Profiteur des Klimaschutzes dazustehen. Als der ehemalige Vizepräsent von Bill Clinton 2000 den Wahlkampf um das Amt des US-Präsidenten verlor und das Weiße Haus George W. Bush überlassen musste, war er beinahe pleite. Seine Zukunft sah Gore als Medienunternehmer, Berater und Finanzinvestor, was ihm 2007 zu einem Vermögen von 100 Millionen verhalf, das zwischenzeitlich auf 300 Millionen geschätzt wird.[14] Einen nicht unbeträchtlichen Beitrag dazu erbrachte sein Engagement für den Klimaschutz u. a. mit seinem Buch „Eine unbequeme Wahrheit", das auch verfilmt wurde[h]. Bereits 2013 kassierte er für eine Klimapredigt ein Vortragshonorar von 175.000 Dollar[15]. Angeblich spendet Al Gore solche Einkünfte für Umweltprojekte. Selbst wenn das wahr ist, verdient er prächtig an der Klimahysterie, denn sein gemeinsam mit einem Goldman-Sachs-Banker gegründeter milliardenschwerer Investmentfond „Generation Investment Management" (GIM) handelt zwar auch mit Allerweltsfirmen wie BP und Nestlé. Das große Geld aber verdient GIM mit „umweltschonenden" Branchen wie Wind- und Solarkraft und vor allem mit dem CO_2-Zertifikathandel im großen Stil.

Die *Wirtschaftswoche* schrieb: „Fonds und Investmentbanken gehen CO_2-Wetten ein, Weltverbesserer kassieren mit angeblich klimaschonenden Projekten in der Dritten Welt ab, Betrüger ergaunern sich Steuervorteile. Die Rechnung begleichen wir alle – als Stromkunden und Steuerzahler[16]." 90% der Abgashökerei werden von der US-Terminbörse CME (Chicago Mercantile Exchange) und ihren Tochterfirmen kontrolliert. Alle kassieren ab! Morgan Stanley, Goldman Sachs, T. Rowe sowie Price Black.

---

[h] 2007 entschied ein Londoner Richter am High Court, dass Al Gores Film über den Klimawandel an britischen Schulen wegen wissenschaftlicher Ungenauigkeiten nicht unkommentiert gezeigt werden darf. Etliche Graphiken seien alarmistisch und ungenau. Auch gäbe es keine Hinweise auf Eisbären, die wegen des Klimawandels ertrinken. Wie aggressiv die Ökojunkszene vorgeht, belegt der Fall der Professorin Susan Crockford, die 2019 von ihrer kanadischen Hochschule verwiesen wurde, weil sie in Veröffentlichungen und Vorträgen belegte, dass die Eisbären vom Klimawandel nicht bedroht sind. Betrug die Eisbärpopulation 1960 zwischen 4.000 und 14.000, so lag sie 2020 zwischen 27.000 und 37.000.[17] Als Beleg für das Eisbärsterben wurde in den Medien ein vollkommen abgemagerter Eisbär gezeigt. Wie sich später herausstellte, starb das Tier an einer auszehrenden Krebserkrankung.

Nie zuvor hat sich die Naturwissenschaft derart als bezahlte Zugehfrau in den Dienst von Politik und Großkapital gestellt wie mit dem „Klimaschutz", dessen zentrales Merkmal das organisierte Lügen ist, das keine andere Meinung mehr zulässt. Diesbezüglich ist hervorzuheben: Die Gleichschaltung der in den Medien veröffentlichten Meinung ist ein wichtiges Erkennungszeichen eines totalitären Systems. So rechtfertigte Putin im Februar 2022 seinen Angriffskrieg auf die Ukraine mit dem Argument, dort seien Nazis am Werk, die es zu bekämpfen gälte. Im Sinne des organisierten Lügens verbreiten alle Medien in Russland dieses Narrativ. Große Teile des russischen Volks glauben das. Einer der größten Politgangster des 20. Jhd. schrieb über das organisierte Lügen:[19] „Selbstverständlich findet keine Debatte darüber statt, ob die Politik falsch oder richtig ist, die wir machen.... Aber wenn wir sehen, dass im Volke die von uns für richtig befundene Politik noch nicht genügend verwurzelt ist, so sorgen wir für eine Verbesserung der Argumente, die für diese Politik sprechen."

Ein schönes Beispiel organisierten Lügens wurde präsentiert, als Computer-Hacker am 17. November 2009 über 1000 interne E-Mails und Datenfiles der IPCC-Klimaforscher ins Internet stellten: „Climate-Gate"[21]. Aus den E-Mails ging hervor, wie Forscher des Weltklimarates (IPCC) tricksen, unpassende Veröffentlichungen verhindern und unliebsame Fakten unterdrücken. Da beispielsweise das mittelalterliche Klimaoptimum nicht in den Kram passt, schrieb Jonathan Overpeck, einer der leitenden Verfasser des IPPC-Klimaberichts: „We have to get rid of the Medieval Warm Period".

Die Angst der jungen Leute, die unter dem Eindruck der IPCC-Desinformationswalze stehen, ist durchaus nachvollziehbar, wenn sie mal wieder ein „Fridays for Future" – oder ein „Last Generation"-Event abfackeln. Dass sie von der Politik und geschäftstüchtigen Klimawandelkrämern missbraucht werden, kommt ihnen dabei nicht in den Sinn. Aldous Huxley schrieb einmal über die „Büßertobsucht": „Zum Schluss wird ... kein anderer Weg gelassen als der Rückzug aus der Vernunft; (der) angeborene Hang zum Büßertum macht sich ... geltend, und ... endet in tobsüchtiger Selbstfolter und selbstmörderischer Verzweiflung. Und so (k)leben[i] sie alle Tage unglücklich und unzufrieden bis an ihr seliges Ende."[20]

Bleibt nur noch anzumerken: Essen Sie nicht zu viel Fleisch. Sie wissen doch, Rinder rülpsen und furzen das Klima kaputt. Natürlich nur die 11,3 Millionen aus deutscher Viehhaltung, während die 305,5 Millionen heiligen Kühe in Indien ihre Blähungen klimaneutral ablassen. So, jetzt gehen Sie zum Metzger, holen sich mal ein ordentliches Rumpsteak und lassen die tiefgläubigen Anhänger des reinen und veganen Ökologismus weiter Körner kauen.

Ach so, sie sind vielleicht verärgert und wundern sich über den polemisch-satirischen Ton dieses Buchs. Dieses Stilmittel hatte ich bereits in den in den Vorgängerpublikationen gewählt, um den Lesern und natürlich auch den Leserinnen einen Spiegel vorzuhalten, um ihnen zu zeigen, wie lächerlich sie sich machen, wenn sie den aus Ökosprechtüten dröhnenden Narrativen folgen.

Diese Narrative dienen nur dazu, eine bevormundende und freiheitsfeindliche Politik mittels eines schleichenden Staatsstreiches zu etablieren.

[i] Das „k" habe ich ironischerweise hinzugefügt. Schließlich kleben sich die „Last Generation"-Leute auf der Straße fest aus Protest gegen „klimaverpestende" Autos. Abschließend lassen sie sich auf Steuerzahlers Kosten polizeilich von der Straße kratzen.

ZUM GELEIT

In den letzten 200 Jahren setzte eine rasante Vermehrung der Erdbevölkerung ein. Um die Wende vom 17. zum 18. Jahrhundert wurde die Weltbevölkerung auf zirka 0,5 Milliarden Menschen geschätzt. 1825 soll es zirka eine Milliarde gewesen sein. 1952 wurden 2,5 Milliarden Menschen gezählt, gegenwärtig sind es 6,3 Milliarden, und in zirka 20 Jahren wird die Erde mit acht Milliarden Menschen bevölkert sein. Parallel mit der Vermehrung verläuft eine zunehmende Verstädterung der Menschheit. 47 % dieser Menschen, nämlich 2,9 Milliarden, leben in Städten oder urbanisierten Regionen, in Europa sind es sogar schon 73 %.

Die Energie- und Rohstoffsituation für die Nahrungsproduktion und die Technik ist derzeit dadurch gekennzeichnet, dass sich der Produktionszyklus einerseits wegen der raschen Zunahme der Weltbevölkerung und der finanziellen Gewinnsucht der Industrieländer schneller dreht als der Regenerationszyklus der Natur. Dies führte unter anderem zu erheblichen, weltweiten Umweltbelastungen und Überlebensbedrohungen. Deshalb müssen die Menschen ihre Rolle und Stellung innerhalb des biologischen Systems begreifen lernen. Sie sind nicht Mittelpunkt der Natur, sondern nur ein Glied in einer langen Kette von Entwicklungsphasen und damit den Gesetzen des biologischen Systems unterworfen. Daraus resultiert eine naturwissenschaftlich-technische Herausforderung, der man ohne industrielle Produktion und subtile Erkenntnisse im Sinne der Gesetze von der Natur nicht gerecht werden kann. Ein Naturmystizismus ist dabei ebenso wenig hilfreich wie technokratische Unbekümmertheit. Die Produktion von Waren, Gütern und die Energienutzung dienen letztendlich dazu, die Bedürfnisse der wachsenden Zahl von Menschen nach sauberem Trinkwasser, Nahrungsmitteln, Kleidung, Wohnung und Gesundheitsfürsorge zu sichern. Die hierzu eingesetzten Prozesse müssen sich an den thermodynamischen Hauptsätzen und Naturgesetzen orientieren und nicht an der Gewinnmaximierung einiger Produzenten.

Leider bewirkt die heute so stark gepriesene Globalisierung unter dem Gesichtspunkt einer Behandlung der zu schonenden Umwelt und Natur genau das Gegenteil. Die weltumfassende Vernetzung bedeutet nämlich auch eine Globalisierung der Risiken. Weil der private und geschäftliche moderne Tourismus Reisenden ermöglicht, in Regionen mit fremden Mikroorganismen zu gelangen, denen ihr Immunsystem aber nicht gewachsen ist, kommt es zu schweren Erkrankungen mit oft tödlichem Ausgang. Aids (Acquired Immuno-Deficiency Syndrome), Ebola, Hepatitis, Marburg-Fieber, BSE (Bovine Spongiforme Enzephalopathie) und die Vogelgrippe sind einige bekannte Beispiele. Gefährdet sind auch Bevölkerungsgruppen, die vor kriegerischen und bürgerkriegähnlichen Auseinandersetzungen in friedliche Gegenden flüchten müssen, die aber ein anders geartetes mikroorganistisches Umfeld aufweisen. Schwierigkeiten in der Anpassung der Immunsysteme zwischen den aufnehmenden und aufgenommenen Bevölkerungsgruppen sind die Folge.

Ein ebenso großes Risiko sind die weit gespannten Transportströme von Nahrungsmitteln und deren Rohstoffen zwischen allen Ländern der Welt. Sie werden in großem Maßstab zu Halbfertigprodukten industriell verarbeitet und als Schnellgerichte angeboten. Dabei hat ein Nahrungsmittel vielfach Tausende Kilometer unter hohem Energieaufwand zurückgelegt. Zwischendurch wurde es noch einige Zeit in Kühlhäusern gelagert, bevor es vom Endverbraucher verspeist wird. Eine einzige Infektion reicht aus, um sehr viele Menschen einer ganzen Region wegen der weit verzweigten Verteilungsketten (Catering) der Lebensmittel erkranken zu lassen. Die immer wieder auftretenden Salmonellosen sind nur allzu bekannt.

Die zunehmende Weltbevölkerung bedeutet auch einen höheren Aufwand an Hygiene und Gesundheitsvorsorge beziehungsweise

-fürsorge. Landwirtschaft, Nahrungsmittelindustrie, Produzenten von Pflanzenschutzmitteln, Biotechnologie- und Pharmaunternehmen sowie Kosmetikfirmen sind zur Lösung der skizzierten Probleme in gleichem Maße gefordert. Sie begegnen und ergänzen sich in dem weit gespannten interdisziplinären Gebiet der Ökologie. Diese ist eine fachübergreifende Wissenschaft, die sich mit den komplexen Wechselwirkungen der Kräfte der Natur, ihrer biologischen Systeme, des Menschen und der von ihm geschaffenen Technologien befasst. Ihre Aufgabe ist es, die Gesetze dieser Wechselwirkungen zu erkennen und die Regenerationsfähigkeit der Natur mit allen ihren Fließgleichgewichten zu erhalten. Leider ist der Begriff Ökologie zum *Ökologismus* verengt und ideologisiert worden. Dadurch wurde er gleichzeitig politisiert und zu Parteiprogrammen degradiert. Infolgedessen wird die bedeutsame Wissenschaft der Ökologie als Hülse missbraucht, um die Menschen im Sinne einer bestimmten Ideologie zu manipulieren. Es soll politische Macht errungen und die noch bestehende Demokratie zur Autokratie verändert werden.

Dieses Buch wendet sich an die Öffentlichkeit, um die derzeitige gesellschaftspolitische Auseinandersetzung über die unterschiedlichen Auslegungen und Bewertungen der naturwissenschaftlichen Erkenntnisse in ihrer industriellen, landwirtschaftlichen, ernährungsphysiologischen und medizinischen Anwendung offenzulegen. Es weist, mit heißem Herzen und pointierten Formulierungen geschrieben, auf die zunehmenden ideologischen Gegensätze – die Dichotomie – zwischen der Waren und Güter produzierenden Industrie und den in politischen Parteien organisierten systemverändernden Bevölkerungsgruppen hin.

Jeder, egal ob in der Politik, Wirtschaft, Technik oder privaten Bereich, sollte sich in der Pflicht fühlen, die Regenerationsfähigkeit der Natur zu erhalten und mit Energien, Roh-, Werk- und Wirkstoffen sparsam umzugehen. Sonst wird die Natur sich zunehmend dem Menschen verweigern.

Prof. Dr.-Ing. Vollrath Hopp
Ehrenmitglied der Universität Rostock, Dreieich, Frühjahr 2006

VORWORT

Das Buch ist eine erweiterte Teilauflage der „Angsttrompeter" von 2006. Viele Kapitel sind mit geringfügigen Änderungen aus der Originalausgabe übernommen worden, da die genannten Fakten nach wie vor richtig sind und ich nichts zurückzunehmen habe. So ist der Klimawandel real, aber nicht menschengemacht (s. Einleitung und Kap. 10). Da sich seit 2006 im Tollhaus Deutschland viel getan hat, was dem Land mehr zum Schaden als zum Vorteil gereichte, habe ich wichtige Erweiterungen hinzugefügt.

Der politische Schaden reicht bis um 1970 zurück und nahm vor 30 Jahren mit „Rio 92" richtig Fahrt auf. Zum größeren Knall kam es 1998, als sich Helmut Kohl noch einmal zur Bundestagswahl stellte. Er schätzte seine Beliebtheit vollkommen falsch ein mit dem Ergebnis, dass Rot-Grün mit Gerhard Schröder und Joschka Fischer haushoch die Wahl gewannen. Bei einem alten VHS-Videorecorder konnte man das Band vorspulen, wenn der Film schlecht war. Bei Rot-Grün war das leider nicht möglich. Sofort wurde die Energie verteuert – sechsstufige Ökosteuer nebst Stromsteuer. Unter dem Motto „Energie verteuern, Arbeit verbilligen" sollten die Sozialversicherungsabgaben auf Löhne gesenkt werden bei gleichzeitiger Erhöhung der Spritsteuer. Was ist davon geblieben? Außer einem Grundsockel für höhere Benzin- und Dieselpreise – nichts. Zudem veranlassten grüne Minister eine leichtfertige Vergabe von Visa. Infolgedessen wurden unzählige kaum integrierbare Migranten in das Land gespült, die weder eine Arbeit aufnehmen noch in ihre Heimat zurückkehren wollten. Zum Überfluss sorgte Schröder für Arbeit in China, indem er beispielsweise Manager großer Industriefirmen im Regierungsflieger in das Land der aufgehenden Sonne mitnahm. Die Verhandlungen der Wirtschaftsführer waren äußerst erfolgreich mit der Folge einer verstärkten Arbeitsplatzverlagerung nach China. Gleichzeitig sorgte Schröder für ein kleines Taschengeld dafür, dass Deutschland vom russischen Erdöl und Erdgas abhängig wurde. 2002 hoffte man den rot-grünen Albtraum endlich los zu sein. Da stellte sich rechtzeitig zur Bundestagswahl eine Flutkatastrophe im Osten des Landes ein. Medienwirksam spielte Schröder in Gummistiefeln den Nothelfer und wurde prompt vom Hochwasser der Elbe wieder ins Kanzleramt gespült.

Es kam noch schlimmer, denn der größte Blechschaden in der Zeit zwischen 2006 und jetzt wurde dem Land von der „Klimakanzlerin" Angela Merkel zugefügt, die 16 Jahre regierte und virtuos die Öko-Angsttrompete spielte. Sie hat nicht nur ein grünes Wolkenkuckucksheim errichtet, sondern manchen sozialpolitischen und gesellschaftspolitischen Blödsinn vorangetrieben, der seinesgleichen mit der Laterne sucht. Ohne Schüren von Ökoängsten hätte Frau Merkel das nicht geschafft. Sie war nicht nur Honeckers Rache, sondern die effektivste rot-grüne Persönlichkeit im Kanzleramt, die Deutschland jemals hatte. Zudem machte sie die CDU zu einer zweiten SPD und stahl damit wertkonservativen Wählern die politische Heimat.

Hans-Hermann Tiedje, der ehemalige Berater Helmut Kohls, schrieb am 20.08.2018 über Frau Merkel in der *Neuen Zürcher Zeitung*: „Auf viele wirkt sie inzwischen wie eine Grabplatte, die sich auf Deutschland gelegt hat. Jeder dritte Hartz-IV-Empfänger ist mittlerweile ein Zugezogener." Tiedje schreibt weiter: „Von den vielen angeblich eingetroffenen syrischen Ärzten ist wenig zu sehen, umso mehr zu spüren von zugereisten nordafrikanischen Kriminellen .... Wer Zustände präzise nennt, wird zum Nazi erklärt. Alles wird beschönigt", so Tiedje weiter, „durch Merkels Helferszene in den Medien, die sich beständig neue unverdächtige Formulierungen einfallen lassen, die aus einem X ein U machen."

Frau Merkel ist inzwischen – schlechte – Geschichte. Der 2022 von Wladimir Putin vom Zaun gebrochene Ukrainekrieg ist real. Was dessen Ursache angeht, sehen viele in der Osterweiterung der

NATO. Auch möchte Putin, laut seines Beraters Sergej Karaganow (*t-online* am 16.06.2023) die Übertragung des westlichen Lebensstils auf Russland verhindern. Die „Democrats“, die in den USA traditionell den linken Part spielen, sind von einem unglaublichen Sendungsbewusstsein befallen. Sie meinen, alles US-amerikanische sei glanz- und wertvoll, weshalb es über den gesamten Globus verbreitet werden muss. Das geht mit dem US-Wirtschaftsgebaren los („Business und Partner“ als Prototyp des trickreich-gerissenen Geschäftsmanns), weiter mit der Bildungspolitik (Abitur als Regelabschluss), der Umweltpolitik („Nachhaltigkeit“ als Reinkarnation der Planwirtschaft) und der Gesellschaftspolitik (Gendern als aktuelle Clownerie). Alles trägt die Handschrift der „Democrats“. Dazu muss man wissen, dass der Einfluss dieser US-Elite weit in die UNO hinein reicht. Die Konferenz von Rio 92 trägt die Handschrift der US-Demokraten, die auch dann die Politik prägen, wenn sie einmal nicht den Präsidenten stellen. Außerdem unterhalten „demokratische“ US-Elitenclans der Ost- und Westküste unzählige Think-Tanks, die man getrost als Schnapsideenfabriken bezeichnen darf. Sie liefern politische Handlungskonzepte wie die der Osterweiterung.

Eine nicht unwichtige Rolle spielt auch der militärisch-industrielle Komplex, vor dem 1961 der scheidende US-Präsident Eisenhower warnte. Im Verlauf des Zweiten Weltkriegs hatten etliche sehr vermögende amerikanische Familien entdeckt, dass man mit der Entwicklung und dem Verkauf von Panzern, Kriegsflugzeugen usw. sehr viel Geld verdienen kann. Diese Gelddruckmaschine ward nach Kriegsende zunächst stillgelegt. Das passte natürlich überhaupt nicht. Mit dem Argumentationsstrang des drohendem Wirtschaftskollapses nebst Arbeitsplatzverlust nahm der militärisch-industrielle Komplex Einfluss auf Politiker und sorgte an Stelle diplomatischer Lösungen für militärische Einsätze. Das markanteste Beispiel dürfte der Vietnam-Krieg sein. Interessant ist, dass Eisenhower nicht Ross und Reiter nennt, sondern vage von einem „Komplex“ spricht. Deshalb wird er auch als Verschwörungstheoretiker gehandelt, ein Argument, mit dem sich im Hintergrund agierende Strippenzieher schützen.

Selten geben sich die Taktgeber moderner politischer Strömungen offen zu erkennen. So etwa bei den um 1970 plötzlich auftauchenden Anti-Kernkraft-Protesten, der abgedrehten 68er Bewegung, dem Political-Correctness-Neusprech, den sich epidemisch ausbreitenden Tempo-30-Zonen, der Globalisierung, der Genderpolitik, dem behindertengerechten Umbau öffentlicher Einrichtungen, dem schrulligen „Woke"-Kasperltheater, dem Christopher-Street-Happening, der Einen-Welt-Bewegung und vielem mehr. Bohrt man nach, landet man meist bei geisteswissenschaftlichen Fakultäten US-amerikanischer Elitehochschulen der Ost- und Westküsten sowie bei der UNO.

Der Linkstrend der US-Eliten darf nicht mit dem Apparatschik-Sozialismus ehemaliger Diktaturen verwechselt werden, die sich hinter dem Eisernen Vorhang versteckten. Die im Gegensatz dazu stehende eigentümliche Form des westlich-amerikanischen Psycho-Sozialismus 68er Prägung fing bereits mit Franklin D. Roosevelt an. Seine Frau Eleonore hatte maßgeblichen Einfluss auf den Präsidenten. Als bekennende linke Feministin wurde sie von Roosevelts Nachfolger beauftragt, die Programme und Grundsätze der UN zu entwickeln. Damit prägte sie ganz entscheidend die volkspädagogisch-linke Grundströmung der UNO.

Bereits Freda Utley beschrieb 1952 in ihrem Buch „Kostspielige Rache", wie in Westdeutschland nach 1945 auf Betreiben der US-Demokraten eine linksdrehende Gesellschaftspolitik etabliert werden sollte. Zunächst verlief alles ganz unauffällig. Wiederaufbau und Wirtschaftswunder waren angesagt. Aber die Saat war gelegt. So erhielt auf Betreiben der US-Militärregierung (OMGUS) der Kommunist Emil Carlebach im August 1945 die Lizenz für die *Frankfurter Rundschau*, das Leib- und Magenblatt progressiver Lehrer der 68er Generation. Nicht nur die *Frankfurter Rundschau*, sondern fast alle westdeutschen Medien heizten um 1970 massiv die Umweltängste an. Wer die okkulten Antreiber dieser Öko-Hysterie waren, werden künftige Historiker klären müssen.

Es ist ganz offensichtlich, dass die Machtübernahme eines undemokratischen, sozialpädagogisch-psychoanalytisch geprägten Politapparats über die grüne Schiene erfolgte. Nur so konnte eine bis etwa 1970 gut funktionierende Demokratie nach und nach in eine latent-totalitäre Demokratur verwandelt werden. Heute wird jeder, der wertkonservativ ist, als rechtsradikal gebrandmarkt, wenn nicht gar als Nazi verschrien. Dem Narrativ der real existierenden Demokratur nach sind demokratische Parteien prinzipiell linksgestrickt, und Demokratie ist eine Staatsform, bei der die Belange von Minderheiten über die der Mehrheit gestellt werden.

Da die meisten Ökorenner wie das Waldsterben, BSE-Hysterie, Artensterben und Klimakatastrophe der Stabilisierung eines scheindemokratischen Politapparats dienen, bleiben Sie kritisch, lassen sich nicht entmündigen, glauben der veröffentlichten Meinung nicht ungeprüft alles und gebrauchen vor allem Ihren gesunden Menschenverstand. Fragen Sie sich immer: Ist das auch alles wahr?

Die vorliegende 2. Auflage wurde unter Berücksichtigung von wertvollen Leserhinweisen überarbeitet. Es bleibt aber dabei: Die grüne Bewegung lebt von Ultraspurenmessungen. Beispielsweise leitete bis 1966 eine Chemiefabrik im japanischen Minamata jahrelang 81 t hochtoxisches Quecksilber in ein Gewässer. Die erheblich belasteten Fische daraus wurden verzehrt mit der Folge von schweren, teils tödlich verlaufenden Vergiftungen. Heute hat man nach der Trinkwasserverordnung den Grenzwert auf 0,000.001 g/Liter festgelegt, weil dieser mittels einer sehr empfindlichen Messmethode (ICP/OES) noch sicher messbar ist.

Ähnlich verhält es sich mit der momentan stattfindenden Klimaänderung, die jeder mit wachen Sinnen beobachten kann. Die Zuordnung dieses natürlichen Vorgangs auf Treibhausgase beruht auf spektroskopischen Ultraspureneffekten, die mittels Supercomputer zur Katastrophe hochgerechnet werden.

Heinz Hug,
Wiesbaden im Oktober 2023

PRÄLUDIUM

1953 – endlich Ferien. Weg von Bayern, weg vom Land. Ab zu den Großeltern nach Wiesbaden. In so einer Großstadt gibt es Läden gleich um die Ecke und sogar Kaufhäuser mit Rolltreppen. Kein kilometerweites – ökokorrektes – Radeln bei Wind und Wetter zum Kolonialwarenladen der Huber, Babett'. Die Freunde warten auch schon. Mit denen kann man im Hof Murmeln spielen, und Bäcker Kyritz im gleichen Haus verkauft dick mit Zuckerguss bestrichene Amerikaner – herrlich.

Am übernächsten Morgen, es war im August 1953, stand ich beim Kaufmann Noll und ließ mir 1 l Milch in die Kanne abmessen. „Grauenhaft", sagte eine Wiesbadenerin im besten hessischen Platt neben mir, „jetzt haben die in Amerika schon wieder so eine fliegende Untertasse, so ein UFO oder wie die das nennen, beobachtet." „Ja", meinte Herr Noll, „ich hab' es heute morgen auch schon im Radio gehört. Wahrscheinlich sind Marsmenschen durch die Atombombenversuche angelockt worden." „Natürlich", erwiderte die Frau, „bei meinem Mann auf der Arbeit sagen sie's auch. Ein amerikanischer Professor hätte sogar Beweise dafür, dass Marsmenschen uns besuchen. Sogar die Hitzewelle vor sechs Jahren soll von den Atombomben kommen[a]. Ich mein', die Überschwemmung in Bayern hat auch was damit zu tun."

---

[a] Die *Neue Züricher Zeitung* berichtete am 6. 6. 1997, dass 1947 das absolute Hitzerekordjahr war, das auch durch die heißen Sommer der Neunzigerjahre bei weitem nicht erreicht wurde. Drei Hitzewellen fegten über Europa hinweg, deren letzte am 20. September 1947 zu Ende ging. In Zürich wurden am 29. Juli 1947 ungewöhnliche 37,8 °C gemessen. Damals wurde ein Zusammenhang mit dem Einsatz und dem Test von Atomwaffen vermutet.

Ich wusste nicht recht, was UFO's und Atombomben waren, aber mir wurde es mulmig. Wenn es in der Zeitung steht, muss etwas dran sein. Außerdem hatte ich selbst erlebt, wie es 1953 wochenlang Bindfäden in der Nähe von Freilassing geregnet hatte. Ein kleiner Bach wurde zum reißenden Fluss. Weil der permanente Sturm das Dach unseres Hauses beschädigte, klatschte der Putz in meinem Zimmer von der Decke.

Seit dem Teststopp-Vertrag von 1963 sind oberirdische Atomwaffenversuche Geschichte. Der Glaube, unser Klima wird durch „die Technik" verändert, ist geblieben. Nur wurde die Atombombe mittlerweile durch die verheerende „Klimagasbombe" abgelöst, die aber offensichtlich, wie sich zeigen lässt, nur in den Computern der Klimaforscher spukt. Der naive *Glaube* an Medienmeldungen und die *Angst* vor der Technik sind geblieben.

Weil unsere Milchstraße 60 Milliarden Planetensysteme enthält, von denen zwischen 10.000 und 10 Milliarden bewohnbar sein könnten, ist die Existenz außerirdischer Lebensformen nicht ganz ausgeschlossen. Der bekannte britische Astronom David Hughes geht von 4 Milliarden erdähnlicher Planeten aus und der Physik-Nobelpreisträger Murray Gell-Mann ist sich sogar sicher, dass irgendwo fremde Intelligenzen existieren[1]. Über deren Entwicklungsstadium kann man allerdings nur spekulieren. Ob sie noch in der Steinzeit leben, gerade beim blutigen Hexenwahn angekommen sind oder sich schon bis zum psychedelisch-sanften Ökowahn durchgerungen haben, lässt sich nicht sagen. Vielleicht sind es auch wirklich kritisch-intelligente Lebewesen, die nicht leichtgläubig jeder Medienmeldung auf den Leim gehen und sich nicht als Erwachsene zum Ökotanzbär abrichten lassen, sondern die Technik und Chemie als überlebensnotwendige Strategie verstehen.

Spielfilme, die um 1950 die Marsmenschenhysterie befriedigten, verstauben heute in Archiven oder flimmern spätabends ab und an als wacklige Schwarz-Weiß-Alienklamotte über die Bildschirme. Geblieben ist die *Glaubenssucht*, der die vor etwa 100.000 Jahren aus der primitiveren Vorläuferform Homo sapiens hervorgegangene Gattung *Homo sapiens sapiens* besonders eifrig frönt. Die Glaubensmanie ist offensichtlich ein existenzielles Grundbedürfnis, das Priestern, Gurus, Weltverbesserern und politischen Eiferern die Macht gibt, den Menschen alles, aber auch wirklich alles einzuschwätzen. Und das Schönste: Jedes Exemplar des Homo sapiens sapiens, das einer Glaubensgemeinschaft wie etwa der grünen Bewegung angehört, hält sich für besonders erleuchtet.

Nicht zuletzt deshalb haben Sekten – wie die der „Kosmischen Lebensschule" – reichlich Zulauf[2]. Die Anhänger lassen sich vom Raumschiff-Kommandanten Mairadi vom Wohnplaneten Chuli beflügeln. Dieser verheißt, der Öko-Landbau diesseits schaffe das Nirwana im Jenseits – in ewiger öko-korrekter Seligkeit, amen. Natürlich ist bei der Sekte das Schlachten von Tieren verpönt, denn: „Alles Göttliche ist in Tieren und Pflanzen – und auf eine sehr einfache Art auch in Steinen. Wer in den Garten geht, spürt das." Jeder, der diesem Öko-Ritual folgt, hat einen sicheren Raumschifffensterplatz ergattert und kann am Tage des Jüngsten Klimagas-Gerichts zusehen, wie die Erde im CO_2-Fieber verglüht. Apokalypse – wow!

Besonderen Schub bekommt die Irrationalität, wenn sie wie beim Grünwahn in ein wissenschaftliches Mäntelchen gewickelt wird. 1997 gewann ein junger Student einen Wettbewerb. Er konnte nachweisen, wie schnell die Krone der Schöpfung den *kritischen, gesunden Menschenverstand* ablegt, wenn Alltagserfahrungen als Risiken wissenschaftlich verbrämt werden. Dazu bat er 50 Exemplare der Gattung Homo sapiens sapiens, eine Entschließung zu unterschreiben, damit die chemische Verbindung „Dihydrogenoxid" verboten würde. Er behauptete, die Substanz

- könne Schweißausbrüche und Erbrechen auslösen,
- sei Hauptbestandteil des sauren Regens,
- könne im gasförmigen Zustand starke Verbrennungen verursachen,
- trüge zur Erosion des Bodens bei,
- könne bei unbeabsichtigtem Einatmen den Menschen töten,
- vermindere die Wirksamkeit der Bremsen von Autos und
- sei in Tumoren beim Endstadium von Krebspatienten nachgewiesen worden.

86 % der gefragten Passanten waren bereit, eine Eingabe zu unterschreiben, damit die gefährliche Chemikalie verboten würde. Sechs Personen wollten sich nicht festlegen, und nur eine einzige Person erkannte das gefährliche „Dihydrogenoxid" als simples Wasser[3].

Die *Glaubenssucht* des Homo sapiens sapiens feiert tagtäglich fröhliche Urständ wie beispielsweise 2001 auf der Paracelsus-Messe. Dort fanden „Heilsteine" und Magnetschmuck mit pulsierenden Magnetfeldern gegen Gelenkschmerzen reißenden Absatz. Bei Stirnhöhlenentzündung sollen „Ohrkerzen" helfen. Nach Angaben des Herstellers – der möglicherweise seine Weihnachtsbeleuchtung außerhalb der Saison loswerden wollte – verursacht die flackernde Flamme einen pulsierenden Unterdruck. Dieser soll durch sanfte Massage des Trommelfells die Krankheitskeime vertreiben[4]. Der Patient braucht sich die angezündete Medizin nur ins Ohr zu stecken und dann in Seitenlage den Heilvorgang genießen. (Hoffentlich schläft er nicht ein, sonst gibt's heiße Ohren.) Übrigens: Zu Risiken und Nebenwirkungen fragen Sie ihren Apotheker mit seiner Brandsalbe oder Ihren HNO-Arzt.

Besondere Aufmerksamkeit verdienen Dynamos für „torsionische Felder", über die das russische Militär angeblich verfügt. Dies sollen kreisende Körper sein, die Heilkräfte besitzen und so geheim sind, dass man weder ihre genaue geographische Lage noch ihren wirklichen Zweck kennt. Sie sind sogar so geheim, dass man nicht einmal weiß, ob sie überhaupt existieren. Dennoch finden sich pfiffige Geschäftsleute, die in Russland für 40 Dollar „torsionische Minigeneratoren" als Heilmittel verhökern[5]. Wie gesagt, der Homo sapiens sapiens glaubt alles, wenn nur genügend Hokuspokus drum herum gemacht wird.

Torsionische „Heilgeneratoren" kommen der zwischenzeitlich beerdigten „Positivliste" von Rot-Grün aus dem Jahr 2002 recht nahe. Trotz knapper Kassen empfahl die ehemalige Gesundheitsministerin Ulla Schmidt, Phytotherapeutika, Homöopathika und Anthroposophika in die Liste aufzunehmen. Im Gegensatz zu Giftstoffen, die von den Schlotbaronen der Pharmaprofitindustrie verhökert werden, sollte bei den „sanften Medikamenten" der Wirksamkeitsnachweis entfallen, weil „Arzneimittel der besonderen Therapieeinrichtungen .... entsprechend den Kriterien dieser Therapieeinrichtungen beurteilt wurden“[6,7].

Gemäß den Vorstellungen von Rot-Grün sollten „verordnungsfähig“ sein: Colon suis (Schweinedarm – aus Leberwurst vom Ökometzger?), Cor fetalis bovis (fetales Rinderherz), Gunpowder, Hodenextrakte, Lapis albus (weißer Stein – der Stein der Weisen?), Mucosa oculi suis (Schleimhaut des Schweineauges – guten Appetit!), Prostata bovis, viel Schwefel, Testes juveniles bovis (jugendliche Rinderhoden), aber auch Schweinehoden oder gar der Anus bovis (A....loch der Kuh – hoffentlich BSE-frei!). Dazu gesellen sich Brechwurz (denkt man schon an die nächste Bundestagswahl?), Blutegelextrakte, Gold und Potenzholz, wobei die Haut weiblicher Rinderfeten nebst Schweinezahn das „chemiefreie“ Wirkstoffangebot der rot-grünen Positivliste abrunden. Es ist so: Die schönsten Satiren schreibt das Leben!

Bei solch einer leckeren Positivliste gerät die mystische Ökogemeinde ganz aus dem Kranken-Häuschen. Fürchtet aber gleichzeitig, dass die „Wirkstoffe“ in reiner Form zu stark seien. Deshalb muss unbedingt „potenziert“ werden. Bei diesem Vorgang schlägt der Apotheker zur Erzielung der „besonderen Wirkung“ das esoterische Mischgefäß zehnmal gegen den Erdmittelpunkt auf den Boden (hoffentlich geht nichts zu Bruch, sonst verätzt konzentriertes A...loch die Fliesen im Offizin). Wäre es nach der Gesundheitsministerin gegangen, sollten die Arbeitnehmer mit ihren Beiträgen für diesen Hokuspokus herhalten. Man fasst es nicht. Wo bleiben die schwarze Katze, die bucklige Frau, der Kreuzgang und das Käuzchengekrächze um Mitternacht? Weshalb ist das nicht in die Positivliste aufgenommen worden? Haben weiße Salbe und mitternächtlicher Käuzchenruf etwa keine Heilwirkung?

Sehr wahrscheinlich haben die Anhänger der grünen Glaubenskongregation den Beginn der Aufklärung vor 200 Jahren nicht recht zur Kenntnis genommen. Somit ist es nicht allzu verwunderlich, wenn Krista Sager 1999 als Hamburger Wissenschaftssenatorin (!) den „First World Qi Gong Congress“ eröffnete. Punkt 9 Uhr sollte es losgehen, „denn genau um diese Zeit, so altchinesische Berechnungen, würden große kosmische Energien auf Hamburg niedergehen". Nach der Eröffnungsrede der grünen Politikerin konnte man sich für 75 DM die „schlechten Energien" aus den Haarspitzen schneiden lassen. Jutta Ditfurth berichtet: „Fünf Qi-Gong Meister liefen brüllend durchs Publikum und wedelten mit Armen und Beinen das Qi unter die Leute[8]." Angesichts des spätmittelalterlichen Hokuspokus soll ein krebskranker Mann sogar in Ekstase gejauchzt haben.

Wer an kosmische Energien und die Heilkraft des Anus bovis glaubt, ist natürlich auch fest von der völligen Wahrheit des Ökohorror-Hochkonzentrats überzeugt, das seit etwa 1970 aus Orwellschen Sprechtüten auf die Bevölkerung eindröhnt. In Wahrheit wurde die Menschheit selten derart auf den Arm genommen wie mit der neuzeitlichen Ökohysterie. Diese ist streng zu unterscheiden vom Umweltschutz mit Maß und Ziel, der auf der *Wissenschaft Ökologie* aufbaut und nicht auf dem grün-alternativen *Ökologismus*. Dieser ist eine *New-Age-Religion*, die von hysterischen Ökogottesdiensten lebt und die absurdesten Glaubensartikel über Elektrosmog, Schadstoffe, Klima und Nachhaltigkeit vertritt. Würde es sich dabei um ein liebenswertes Öko-Hare-Krishna-Happening mit wallenden Gewändern handeln, könnte man noch darüber hinwegsehen. Das ist es aber nicht. Der Ökologismus ist nämlich zur abgabenpflichtigen Staatsmonopol-Religion entartet, der man sich nicht entziehen kann, womit das urdemokratische Grundrecht der Glaubensfreiheit aufgehoben wurde.

Der Wissenschaftsjournalist Gärtner brachte es einmal auf den Punkt (FAZ, 19.5.2004): „Die Vorsilbe ‚Öko' im Begriff Öko-Steuer bezieht sich nicht auf das zukunftsoffene Bild einer Wissenschaft, sondern auf eine dogmatische Religion, den Ökologismus. Niemandem würde es in Deutschland einfallen, Ungläubige zur Zahlung einer Kirchensteuer zu verpflichten. Doch für den Ökologismus soll das nicht gelten. Der Begriff Ökologismus, der bei uns noch bis in die Achtzigerjahre gebräuchlich war, um Ökoideologien gegenüber der wissenschaftlichen Ökologie abzugrenzen, ist inzwischen leider aus dem deutschen Vokabular verschwunden. Ohne Not hat die schweigende Mehrheit die Gleichsetzung des religiösen Anliegens einer Minderheit mit einem Sachzwang akzeptiert. Das müssen wir nun bitter bezahlen. Solange niemand es wagt, die Öko-Steuer im Namen der Glaubensfreiheit anzugreifen, haben selbsternannte Weltretter freie Bahn, die produktiv Tätigen weiter auszubeuten."

So ist es. Obwohl in der Vergangenheit das unabdingbar Notwendige wie Rauchgasentschwefelung, Verbot wilder Müllkippen, Autokatalysatoren, langlebigere Kraftfahrzeuge[b], wirkungsvolle Kläranlagen, doppelwandige Öltanker, phosphatfreie Waschmittel und vieles mehr längst getan ist, bezahlen wir Ökokirchensteuer in Form unsinniger Zwänge, Bevormundung, Freiheitseinschränkungen und Abgaben, nur damit ÖkoschrullenkönigInnen und Endzeitgurus ihrer Glaubensschar mit der Huldigung von Gift-, BSE-, Klima- und Abgasgöttern imponieren können. Die Demokratie befindet sich fest in der Hand der Ökokraten.

Den antreibenden Mechanismus erklärte der Nobelpreisträger Konrad Lorenz vor Jahren mit den Worten: „Den baren Unsinn zu glauben, ist ein Privileg des Menschen." Man kann es noch deutlicher sagen: Es ist vor allem das Privileg des modernen Öko-Homo sapiens sapiens, alberne Glaubensartikel über Mülltrennung, Klimaschutz oder Vergiftungsgefahr durch 0,000.000.001 g eines Pflanzenschutzmittels im Salat nachzubeten.

Das ganze Ökospuk-Elend springt einen an, wenn man sich vor Augen hält, dass Schadstoffgrenzwerte in vielen Fällen einen Sicherheitsfaktor von 1.000 haben. Wird ein solcher Slapstick-Grenzwert um das 50fache überschritten, beträgt der Sicherheitsfaktor immer noch mindestens 20. Das BSE-Risiko war ebenfalls nicht des Gedöns wert gewesen, das man aus rein politischen Gründen veranstaltete. Selbst der Wald ist entgegen der Behauptung nicht bis zum Jahr 2000 gestorben, sondern lediglich der Realitätssinn.

---

[b] Obwohl die Politik den Autoherstellern diesbezüglich keine Auflagen machte, ist das durchaus ein Beitrag zum Umweltschutz (Stichwort: Wegwerfgesellschaft). Weil dabei aber nur die Wettbewerbsgesetze eine Rolle spielten, belegt das Beispiel, wie Marktmechanismen sinnvolle ökologische Funktionen übernehmen können.

Auch DDT, von dem man nachsagt, es sei krebserregend, dürfte bislang bei keinem Menschen zu einer Krebserkrankung geführt haben[c]. Ebenso wenig kann DDT entgegen der Behauptung nicht zur Unfruchtbarkeit führen. Denn gerade in Entwicklungsländern mit der höchsten Geburtenrate wird immer noch fleißig DDT gesprüht – aber nicht als Empfängnisverhütungsmittel, sondern zum Schutz vor Malaria.

[c] Jede dieser Aussagen belege ich später anhand der einschlägigen wissenschaftlichen Literatur Punkt für Punkt.

1. VOLKSPÄDAGOGEN, HEXENWAHN UND ÖKOLOGISMUS

Das dem deutschen Ökochonder andressierte „Umweltbewusstsein“ ist ein obrigkeitsstaatlich verordneter Massenwahn, bei dem es in allererster Linie ausschließlich um das politische Machtgeschäft geht. Dabei werden an sich mündige Bürger mit volkspädagogischen Lehrmitteln wie dem Treibhaus-Beelzebub, dem Waldsterbenselend, dem BSE-Luzifer, dem Dioxin-Krokodil oder dem Krebs-Teufel zu Tode erschreckt *und systematisch um den gesunden Menschenverstand gebracht.* Besonders hohen Unterhaltungswert besitzt das Mülltrennungs-Kasperltheater, mit dem sich nicht nur Kinder, sondern vor allem auch Erwachsene dauerhaft *infantilisieren* lassen. Und das Schönste: Die von Politikern Entmündigten verteidigen den Klamauk mit Zähnen und Klauen, weil sie nach langjährigem Agitprop tiefgläubige Anhänger des Ökologismus geworden sind.

Da es ausschließlich um das Politgeschäft geht, tritt die nationale und internationale Solidargemeinschaft der Ängste sofort in Aktion, wenn Wahlkampf angesagt und der Ausgang ungewiss ist. So machte die grüne französische Umweltministerin Dominique Voynet 1998 Wahlkampf für ihre deutschen Ökogebetsbrüder und -schwestern, indem sie Meldungen über Leckagen bei Castortransporten in die Medien lancierte. Angesichts des Strahlenhorrors kam die damalige CDU-Umweltministerin Merkel in arge Bedrängnis, besonders als offenbar wurde, dass der gesunde Menschenverstand der Wähler wie ein Hefeteig in der Gefriertruhe kollabierte.

Den Ökovolkspädagogen ist jedes Mittel recht, wie Roland Emmerich 2004 mit seinem Film „The Day After“ belegt, mit dem er den Wahlkampf des Demokraten Kerry gegen den Republikaner Bush unterstützen wollte. In dem Film bricht die „Klimakatastrophe“ binnen weniger Tage 100 Jahre früher als vorhergesagt über die Menschheit herein, weil sich ein fiktiver US-Präsident weigerte, die Treibhausgasemissionen gemäß dem Kyoto-Protokoll zu reduzieren. In einem Zeitungsinterview sagt Emmerich von sich selbst, dass ihm Gewitter und Wetterphänomene Angst machen: „Aber das mit der Angst geht bis ins Kleinste: Wenn ich einen Tierfilm schaue und sehe, wie da Löwen ihre Beute jagen, schalte ich um. Kann ich nicht sehen[1].“

Natürlich werden aufgrund des Ökowahns keine Menschen gefoltert oder verbrannt. Analysiert man das Glaubensgerüst des alltäglichen Ökohorrors mit kritischem, gesundem Menschenverstand, findet man zentnerweise Parallelen zum Hexenwahn, wobei es keinen allzu großen Unterschied macht, ob Siechtum und Unfruchtbarkeit den Ultraspuren eines Pflanzenschutzmittels oder Kunststoffweichmachern anhängt werden oder ob man die Schuld alten Frauen unterschiebt, die auf den Besen reitend übers Gemüsebeet fliegen. In beiden Fällen wird die Leichtgläubigkeit – die Glaubenssucht – des Homo sapiens sapiens schamlos ausgebeutet. Dies ist deshalb so, weil gewerblich Beschäftigte oftmals Umgang mit Tonnen von Kunststoffweichmachern, Pflanzenschutzmitteln oder Holzschutzanstrichen haben, ohne dass es je zu Gesundheitsstörungen kam. Bürger außerhalb der Fabrikgebäude sollen aber von Mengen im 0,000.000.001 g-Bereich zu Schaden kommen. Damit kehre ich nicht unter den Tisch, dass die Berufsgenossenschaften zahllose Fälle kennen, in denen Beschäftigte durch Chemikalien- oder Strahlungseinwirkung erkrankten.

DER HEXENWAHN WIRD GEZÜNDET

Was war das doch für ein Volksfest, als der Ökoklamauk-Konzern Greenpeace den Ölmulti Shell mit der Brent-Spar-Affäre vorführte (s. S. 92). Eine Volksbelustigung, die nichts kostete – außer vielleicht ein paar Arbeitsplätzchen. Oder glaubt jemand im Ernst, ein auswärtiger Investor mache sich nicht so seine Gedanken, wenn er in einem Land einen Betrieb ansiedeln will, dessen Bevölkerung sich derart ökopathisch und industriefeindlich verhält? Auch der Hexenwahn hatte etwas von einer Volksbelustigung – allerdings einer grausig-barbarischen, wie die Geschichtsschreibung berichtet[2]: „Zu Hunderten drängt sich grölendes, schaulustiges Volk um einen mächtigen Holzstoß, aus dem die Flammen gegen den Himmel prasseln. Aus Qualm und Rauch dringt der Todesschrei brennender Menschen, übergellt das Gemurmel der Sensationshungrigen, die vor der Hitze zurückweichen, stirbt ab in wimmerndes Röcheln. Noch tagelang nach solchem Autodafe durchzieht die Stickluft verbrannten Menschenfleisches die mittelalterlich engen Gassen, bis wieder neue Flammen emporschlagen. Neue Opfer winden sich, unaufhörlich toben die Brände .... Keine Hand rührt sich, um die Gequälten zu retten, die Opfer sterben im Namen des Rechts, verurteilt von Juristen, Doktoren beider Rechte."

Wie konnte es im ausgehenden Mittelalter zu einer solchen Barbarei kommen? Gründe gab es viele. Ein wichtiger waren die katholischen Päpste, die unter anderem durch ihre Lebensführung die apostolische Machtstellung gefährdeten und dadurch in die Kritik gerieten[3]. Statt dem Keuschheitsgebot des Zölibats zu folgen, vergnügten sich die Heiligen Väter lieber mit ihren Gespielinnen. Johannes XII. (955 - 963) ist so ein Beispiel. Er verwandelte den Lateran in einen Harem. Und weil ihm das nicht langte, berichtete Otto von Corvin, „notzüchtigte der Heilige Vater alles, Mädchen, Frauen und Witwen, selbst über den Gräbern der heiligen Apostel[4]". So viel Heuchelei konnte nicht ohne Reaktion bleiben.

Im 10. Jahrhundert traten die Katharer (griechisch katharos: rein) und im 12./13. Jahrhundert die Waldenser gegen das lustige Leben im Vatikan an. Mit ihrem asketischen Lebensstil wirkten beide Bewegungen wie ein Liebestöter in der Hochzeitsnacht. Genervt veranstaltete Innozenz III. 1209 und 1229 gegen die Waldenser blutige Kreuzzüge und erklärte sie nicht zuletzt deshalb zu Ketzern und Hexern, weil sie wie Arnold von Brescia die Apostolische Armut des Klerus forderten. Außerdem lehnten sie das Abendmahl, die Kindertaufe und Priesterweihe ab. Da sich die Päpste nicht nur wegen ihres Saus- und Brauslebens unbeliebt machten, sondern auch durch ihre Geldgier und Machtpolitik, blieb der Erfolg der asketischen Ketzer nicht aus[5].

Den ultimativen Trick fand Papst Innozenz VIII. (1484 –1492), der als Heiliger Vater öffentlich stolz seine weltlichen Vaterfreuden präsentierte und unendlich viel Geld zusammenscharrte, damit es auch ordentlich was zu vererben gab[6]. Um die Störenfriede in den Griff zu bekommen, erließ er 1484 die berüchtigte *Hexenbulle Summis desiderante affectibus*. Im Originalton beginnt sie mit den rührenden Worten: „Innocentz Bischoff, Knecht Gottes" – Knecht Mammons hätte mehr der Wahrheit entsprochen. Und dann geht's richtig los: Dem demütigen Knecht Gottes sei zu Ohren gekommen, dass „in einigen Theilen Oberteutschlands ... sehr viele Personen byderley Geschlechts ... mit den Teufeln, die sich als Männer oder Weiber mit ihnen vermischten, Missbrauch machen". Sie sollen „die Geburten der Weiber, die Jungen der Thiere, die Früchte der Erde, die Weintrauben und die Baumfrüchte, wie auch die Menschen, die Frauen, die Thiere, auch die Weinberge, Obstgärten, Wiesen, Weyden, Getreide, Korn und andere Erdfrüchte verderben".

Um Einhalt zu gebieten und vor allem „die Seuche des Ketzerischen Unwesens und anderer solcher Verbrechen" zu bekämpfen, sorgte Innozenz VIII. für „Hülffsmittel", damit „Ertzbistümer, Städte, Bistümer ... nicht ohne das nöthige Amt der Inquisition seyn". Den Inquisitoren soll das Amt „erlaubt seyn" der „Besserung, Inhafftung und Bestraffung" von Personen, die sich der „vorgenannten Verbrechen und Laster hinzu gelassen"[7].

Die Einrichtung der Inquisition durch die Hexenbulle war der Initialzünder des spätmittelalterlich-neuzeitlichen Ketzer- und Hexenwahns, der als epidemische Psychoseuche bis sechs Millionen unschuldige Menschen das Leben kostete. Bei der Hexenverfolgung ging es übrigens auch um sehr viel Geld, denn das Vermögen der Verurteilten fiel nach einem genau festgesetzten Schlüssel an die weltliche und die kirchliche Obrigkeit[2,8,9]. Die mit Ängsten verrückt gemachte Bevölkerung denunzierte fleißig und half bei der Jagd auf

Hexen – dem *Hexenschutz* – eifrig mit. Neid, Missgunst, Gier und Rachsucht blühten. Ein Gerücht genügte zur Verurteilung. Ganz wie beim modernen *Vorsorgeprinzip* des Ökologismus war bereits der Verdacht der Beweis!

COUNTDOWN ZUM ÖKOWAHN

1969. Draußen regnete es in Strömen. Die vorweggenommene Klimakatastrophe rann an den Fenstern des Oval Office runter. Drinnen, im Weißen Haus, herrschte trübe Endzeitstimmung. Fatalismus verbreitend, saß der 37. Präsident der USA, Richard Nixon, im Kreis seiner Berater. Nichts trieb ihn mehr um als die ständige „Sorge, welches Bild er einmal in der Geschichte abgeben wird“[10]. Wie sollte es weitergehen? Wie konnte man sich noch den Wählern empfehlen? Der Vietnam-Krieg, den bereits John F. Kennedy vorbereitet hatte, war Ende der Sechzigerjahre vollkommen aus dem Ruder gelaufen[12]. Junge US-Wehrpflichtige mussten in einem Krieg dienen, dessen Sinn sie auch nicht entfernt begreifen konnten.

Jimmy Cliff sang den 68er-Schocker: „Hey Vietnam, Vietnam...., Yesterday I got a letter from my friend fighting in Vietnam and this is what he had to say: ‚Tell my friend that I'll be coming home soon my time'll be up some time in June' ..... Vietnam, Vietnam, Vietnam... It was just the next day his mother got a telegram it was addressed from Vietnam. Now mistress Brown she lives in the U.S.A and this is what (it) said: ‚Don't be alarmed but Mistress Brown your son is dead!' and it came from Vietnam, Vietnam, Vietnam ..."

Es ist nicht zu leugnen, in Vietnam wurden sinnlos 58.000 GIs verheizt und mehr als 2 Millionen Zivilisten getötet. Es war ein Krieg, der nur bedingt der demokratischen Kontrolle unterstellt war, sondern vielmehr von der Militäradministration der USA geführt wurde, die es versäumt hatte, die Bevölkerung über die Kriegsziele aufzuklären[11]. Möglicherweise waren sich die Betreiber des Konflikts selbst über ihre Ziele nicht recht im Klarem. Vor allem Verteidigungsminister McNamara konnte als ehemaliger Industrieboss lange nicht begreifen, dass Kriegsführung mehr ist als ein Managementproblem[12]. Ein Weiteres kam hinzu: Der Vietnam-Krieg war der erste moderne Krieg, den das neue elektronische Medium Fernsehen direkt ins Wohnzimmer der Amerikaner übertrug. Damit wurde jeder Bürger täglich Augenzeuge eines sinnlosen Gemetzels.

Die damaligen Proteste sind also verständlich – die Dekadenz, die Zerstörungen der westlichen Kultur in den darauffolgenden 30 Jahren durch die 68er dagegen nicht. Viele Gutnaivmenschen sehen noch heute in den „kritischen, netten jungen Leutchen“ Sympathieträger ersten Ranges. In Wirklichkeit regierte 1968 auf dem Campus westlicher Hochschulen der Mob – Marxismus gläubig und Mao hörig, satt, überfüttert, mit flegelhaften Umgangsformen und wohlstandsverdrossen. Lange Haare, verfilzte Bärte waren „in“. Wenn Eltern entsetzt über das vergammelte Äußere ihrer Sprösslinge stammelten, man soll doch wenigstens „ein bisschen gepflegt aussehen“, wurden sie niedergemacht: „Die Nazi-Generation habe eben nichts gelernt; in Vietnam sterben Kinder, und die Eltern wüssten nichts Besseres als über den Schnickschnack von Benimmregeln zu reden[13].“

Tatsächlich war 1969 der Vietnam-Krieg so populär wie Pest und Cholera. Nixons Vorgänger Johnson, der den Konflikt erst so richtig entfacht hatte, war wegen des Debakels erst gar nicht mehr zur Wiederwahl angetreten. „Er hinterließ seinem Nachfolger .... einen Krieg, der weder gewonnen werden konnte noch verloren werden durfte, und eine zutiefst aufgewühlte amerikanische Gesellschaft“, schreibt der Historiker Schwarz[12]. Der konservative Politiker Nixon benötigte also dringend ein Ventil zum Abbau der gesellschaftlichen Spannungen; und nicht nur eins – nein, gleich mehrere. Da er sich von morgens bis abends um seine Wiederwahl sorgte, versuchte er sich zunächst als linksliberaler Entspannungspolitiker und verhandelte zum Entsetzen seiner Anhängerschaft mit Mao. Daneben pumpte er zur Stärkung seiner Position zusätzliche Gelder in die Sozialpolitik und führte damit die Reformen von John F. Kennedy weiter[14]. Heute wird jedoch vollkommen verdrängt, ist, dass Nixon der neongrünste Präsident war, der jemals die USA regierte. Gegen ihn waren Bill Clinton und sein ultragrüner Vize bleiche Schatten.

Dies kann man noch heute nachlesen in einem knapp sechzigseitigen Zeitdokument mit dem Titel *„Das Atlantische Bündnis und die Umweltkrise"*. Darin werden zunächst die ersten beiden Dimensionen der NATO beschrieben (Beistand im Angriffsfall und Entwicklung dauerhafter Beziehungen). Dann wird eine *dritte Dimension* vorgestellt[15]: *„Am 20. Jahrestag der Vertragsunterzeichnung veranlasste die rasche soziale Entwicklung in den Mitgliedsländern des Bündnisses den Präsidenten der Vereinigten Staaten, Richard Nixon, in dieser Richtung einen kühnen Vorschlag zu machen. Vor den am 10. April* (1969, d. Verf.) *in Washington versammelten Außenministern der Bündnispartner erklärte er seine Überzeugung, dass das westliche Bündnis eine soziale Dimension benötigt, um sich mit unseren Besorgnissen mit der Qualität des menschlichen Lebens im letzten Drittel des Jahrhunderts zu befassen."*

Damit kein Missverständnis aufkommt: Mit der „sozialen Dimension" ist nicht etwa mehr Kindergeld oder Sozialhilfe für alle, sondern der *Umweltschutz* gemeint. Der Journalist Gärtner analysiert das Geschehen[16]: „Nixon verstand die »Dritte Dimension« der NATO als Antwort auf die Infragestellung des westlichen Nachkriegs-Wirtschaftswunder-Konsenses durch die Studentenbewegung von 1968 und die wachsende Opposition gegen den Vietnam-Krieg und dessen soziale Folgen. Diese Protestbewegung erscheint im Rückblick als eine Art Betriebsunfall des Kalten Krieges." Im Klartext: Die Einführung des neuzeitlichen Umweltschutzgedankens durch Richard Nixon war nichts anderes als ein Öko-Schnuller zur Beruhigung der 68er Gossenkämpfer!

DIE ÖKO-BULLE DES US-PRÄSIDENTEN

Im oben genannten NATO-Protokoll von 1972 wird von einer weltumspannenden ökologischen Krise gesprochen, die hauptsächlich drei Ursachen habe: die Verstädterung, die Bevölkerungsexplosion und „die schädigende Auswirkung menschlicher Technik"[17]. Auf die Apokalypse anspielend heißt es[18]: „Dass wir uns in einer Krise befinden, steht jedoch außer Frage – einer Krise, die sich letzten

Endes für die Menschheit als genau so ernst erweisen mag wie die Fragen von Krieg und Frieden oder die Beziehungen zwischen den Rassen. Die Qualität des Lebens – und vielleicht die *Möglichkeit* des Lebens für die gesamte Menschheit steht auf dem Spiel." Nach der dramatischen Einleitung zählt das NATO-Papier von 1971 die Anzeichen der Umweltkrise auf:

- Durch Unfälle sind zum Teil tödliche Chemikalien in die Flüsse gelangt (z. B. Rheinverseuchung 1969).
- Die Bleiverschmutzung der Luft ist durch Benzinzusätze stark angestiegen.
- Tödliche Verkehrsunfälle, die wie eine Epidemie die ganze Welt befallen haben. In den NATO-Ländern kamen 1965/66 dadurch mehr als 110.000 Menschen um.
- Das Artensterben. 150 Arten von Vögeln seien bereits durch den Menschen ausgerottet und weitere 1.000 Arten sind selten geworden.
- „Die Atemluft des Menschen", so heißt es wörtlich, „wird durch etwa 12 Milliarden Tonnen Kohlendioxid verseucht, die jedes Jahr von unserer Industriegesellschaft freigesetzt werden. Dies kann Auswirkungen auf unser Klima (!) haben".
- Die Lärmbelastung. Sie ist insbesondere in den Industrieländern beträchtlich angestiegen.

Der letzte in dem NATO-Papier genannte Punkt betrifft tatsächlich eine noch heute hochaktuelle Landplage, gegen die der Gesetzgeber so gut wie nichts unternimmt. 70 % aller Deutschen fühlen sich durch Straßenlärm und 50 % durch Fluglärm belästigt. Auch der ach so umweltfreundliche Schienenverkehr nervt durch Güterzüge, die die Anwohner regelmäßig quietschend und ratternd aus dem Schlaf schrecken lassen[19].

Nach 1969 folgten zahllose Konferenzen, deren Ziele und Ergebnisse in den einschlägigen NATO-Heften nachgelesen werden können[20,21,22,23,24]. Nicht die „kritischen, netten jungen Leutchen", die 68er, haben den modernen Umweltschutz in die Politik eingeführt oder gar erzwungen. Nein, es war der US-Präsident Richard Milhouse Nixon. Nach seinen Vorstellungen sollte die NATO etwas unternehmen gegen die Ölverschmutzung der Weltmeere, die Verseuchung der Gewässer und die Luftverschmutzung. Sie sollte sich um die Einführung des abgasfreien Automotors kümmern, Schritte zur Erhöhung der Straßenverkehrssicherheit und der Konstruktion des unfallsicheren Autos einleiten[25]. Alles Maßnahmen mit Maß und Ziel, die heute im Wesentlichen durchgesetzt wurden. Inzwischen hat sich der Umweltschutz zu Tode gesiegt, was die Hysteriebetreiber nicht wahrhaben wollen. Ihr schönes Politgeschäft! Auf keinen Fall wollte Nixon mit Hilfe der NATO die 68er an die Macht bringen, die heute in Deutschland sämtliche Parteien mehr oder minder infiltriert haben und nach Zerstörung des kritischen, gesunden Menschenverstands für Ökologismus, Ökochondrie, Ökoblasmusik sowie Ökoquisition verantwortlich zeichnen.

HEXENJÄGER WAREN NICHT DUMM – „WISSENSCHAFT“ UND INQUISITION

Im 11. Jahrhundert lösten Scholastiker an den mittelalterlichen Hochschulen spirituell-mystizistisch geprägte Intellektuelle ab, die von einer Vision in die andere taumelten. Merkmale der neuen Philosophie waren die Betonung des menschlichen Verstandes und der unbedingte Glaube an die christliche Offenbarung als unangezweifelte Wahrheit. Durch ihre Rhetorik erlangten die Gelehrten der Scholastik schnell Einfluss und hohes Ansehen. Umso bedeutender ist es, dass sie im vermehrten Auftreten von Hexen den *Beweis* für die Machtergreifung des Antichristen sahen, der als Satan oder Herr der Fliegen seit Anbeginn die Menschheit bedrohte. Zur Rettung im letzten Augenblick lehnten sich die Gelehrten der Scholastik ab 1230 sehr weit aus dem theologisch-philosophischen Hexenfenster. Wortgewaltig „bewiesen“ sie „wissenschaftlich“ die Existenz von Hexen und Zauberern[26]. Demnach sollten folgende fünf Merkmale das Hexenwesen charakterisieren:

- der Teufelspakt
- die Teufelsbuhlschaft („Hochzeit“ mit dem Teufel)
- der Hexenflug

- der Hexensabbat und
- das Maleficium (der Schadenszauber)

Der einflussreichste Scholastiker, Thomas von Aquin, glaubte fest an Hexen und Dämonen und wies in den Jahren um 1254 alle Versuche zurück, das Maleficium als Unsinn abzutun. Die Empiristen, die alles aus praktischen Sinneserfahrungen herleiten, oder gar die bösen Positivisten, die nichts glauben als das, was naturwissenschaftlich messbar ist, waren noch gar nicht geboren[27,28]. Deshalb war zur Zeit der Scholastik der einzige Prüfstein für Falsches oder Richtig das philosophische Gedankengebäude, der geistige Dampf, das Konstrukt[29]. Daher konnte Thomas von Aquin dank seiner wissenschaftlichen Autorität eine *virtuelle* Gefahr zu einer *realen* Bedrohung aufblasen. Mit anderen Worten: Die *Meinung* eines bedeutenden Gelehrten war schlicht und einfach nicht nur ein notwendiger, sondern ein hinreichender „*Beweis*" für die Existenz des Hexenspuks samt Maleficium.

Die Hexenjäger waren also alles andere als dumm. Sie versteckten sich hinter dem, was man *damals* Wissenschaft nannte. Im Dienst der Inquisition stehend, brachten die promovierten Dominikanermönche Heinrich Institoris (eigentlich Heinrich Kramer) und Jakob Sprenger 1489 mit angeblicher Approbation (Zulassung) der theologischen Fakultät zu Köln ein Buch heraus, das wahrhaftig ein Hammer war: „Der Hexenhammer", lateinisch „Malleus maleficarum". Das zwei Jahre nach Erlass der Hexenbulle durch Papst Innozenz VIII. erschienene Machwerk wurde mit 29 Auflagen zwischen 1487 und 1669 *die* rechtswissenschaftliche Grundlage der Hexenverfolgung. Das in Latein geschriebene Machwerk besteht aus drei Teilen[30]:

1. Buch: Beschreibt die Hexerei im Allgemeinen und beschäftigt sich mit Kobolden, die durch Geschlechtsverkehr mit Menschen Teufelskinder zeugen. Bereits die Leugnung des Maleficiums erfüllte den Tatbestand der Ketzerei (vgl. Klimaleugner, heute). Weiterhin wird in dem Buch aufgezählt, mit welchen Praktiken Hexen den Menschen schaden, wobei man sich auf eine Unzahl kirchlicher Autoritäten (Gelehrte)

beruft. Man beachte: Die Meinung von Experten als „Beweis"!

2. Buch: Hierin wird erklärt, wie man sich vor den verschiedenen Arten der Hexerei verwahren und wie man „Zaubereien lösen und heilen könne". Alle Frauen sollen von Geburt an über magisch-böse Künste verfügen. Auch „beweisen" die Autoren in diesem Teil „streng wissenschaftlich", sprich scholastisch, die aerodynamischen Kompetenzen der Besenreiterinnen.
3. Buch: Hier entpuppt sich der Hexenhammer als Gebrauchskommentar für Hexenrichter und Schöffen. Man kann diesen Teil als praktische Anleitung zur Nachhaltigkeit beim Hexenschutz interpretieren. Auch wird hier einiges zur „Beweis führung" erläutert, mit der man die „Wahrheit" herausfinden sollte. Es ging um Folter und Hexenproben. Dazu wurde die mutmaßliche Hexe mit kreuzweise zusammengebundenen Armen und Beinen ins Wasser geworfen. Ertrank sie, war sie zwar tot, aber durch das reinigende Element Wasser zur ewigen Glückseligkeit gelangt. Schwamm sie oben, war sie eine Hexe und musste verbrannt werden[a].

Nicht nur Thomas von Aquin und die Verfasser des „Hexenhammers" glaubten die Lehre vom Maleficium. Daneben gab es einflussreiche Professoren wie den Theologen Thumius, der 1621 ein Buch über die „Gottlosigkeit der Hexen, ihrem Unvermögen zu schaden und die Schwere ihrer Bestrafung" schrieb. Ein Prof. Dr. Mathäus Meyfart war leidenschaftlicher Verfechter des Hexenglaubens und verfasste 1635 sein Buch „Christliche Erinnerungen", in dem er empfahl, den Hexen keinerlei christliche Gnade zuteil werden zu lassen. Von unschätzbarem Wert für die Inquisition war vor allem Professor Jean Bodin, der in seinem Buch „De magorum Daemonomania" (1581) „die weltliche Obrigkeit als Vollstrecker" empfahl,

[a] Bei der sogenannten Klimakatastrophe gibt es zwischenzeitlich ein ähnliches Strickmuster. Wird es weiter heiß, ist die technische Zivilisation mit ihren Treibhausgasen schuld. Kühlt es in absehbarer Zeit ab, dann wurde der Golfstrom durch die Rückstrahlung besagter Treibhausgase beeinflusst.[62]

wenn die vier Tatbestände Teufelspakt, Eheschließung mit dem Teufel, Schadenszauber und Hexensabbat erwiesen seien[31].

Wegen der ihnen unterstellten unersättlichen geschlechtlichen Lust waren Frauen das bevorzugte Ziel der Inquisition. Mit „wissenschaftlichen“ Methoden meinten mittelalterliche Theologen herausgefunden zu haben, dass Eva als Urmutter alle schlechten Eigenschaften, alles Böse auf ihre weibliche Nachkommenschaft vererbt habe. Das „schwache Geschlecht“ wurde schlicht zur personifizierten Erbsünde und mit dem Teufel auf eine Stufe gestellt. Als „Hexenprinzessinnen“ lebten Hebammen ganz besonders gefährlich, weil man ihnen die Schuld an geistiger Fehlentwicklung, Kindbettfieber und frühem Kindstod unterschob. Zwischen 1627 und 1630 wurde in Köln der Berufsstand der Hebammen nahezu ausgerottet[9]. So viel zunächst zum Hexenwahn.

WISSENSCHAFT UND ÖKOQUISITION

„Weil wir heute geradezu vor einer Flut von neuen Erkenntnissen stehen, die aus Universitäten und anderen wissenschaftlichen Instituten kommt“, empfiehlt das NATO-Protokoll „die Nutzbarmachung wissenschaftlicher Erkenntnis bei der (politischen) Entscheidungsbildung“. Besondere Würdigung erfährt die *Ökologie* als „*Wissenschaft* des Verhältnisses der verschiedenen Lebensformen und ihrer Umwelt“. Bis vor kurzem sei sie „eine kaum zur Kenntnis genommene, esoterische Disziplin von ausschließlich akademischem Interesse“ gewesen. Deshalb sollten nach Nixons Umweltinitiative „Forschungsstipendien auf dem Gebiet des Umweltschutzes“ eingerichtet werden[32].

Im Klartext: Politiker vergeben Forschungsaufträge an Universitäten und Institute, um von diesen wiederum öko-politische Handlungszwänge auferlegt zu bekommen. Das hat System, wie man aus einer Veröffentlichung von 1976 erfährt[33]:„Ehe zum Beispiel ein staatliches Forschungsprogramm verabschiedet wird, ehe ein Institut beauftragt oder begründet wird, laufen politische Prozesse ab, deren Ausgang von Faktoren abhängt, wie Einfluss, Repräsentanz,

Macht. Nicht selten sind daher politische Parteien und Medien an der Organisation und Artikulation des Forschungsbedarfs beteiligt.[b]"

Daraus entstand durch Vermischung von Politik, Naturwissenschaft, Soziologie und Massenpsychologie die volkspädagogisch agitierende *Ökoquisition*, deren Betreiber – Politiker, Forscher, Umweltschutzverbände, Meinungsfabrikanten und Ökoindustrie – ein virulent-verfilztes, undurchdringliches Geflecht bilden. Die für die Ökoquisition tätigen Naturwissenschaftler spielen dabei als Politiker im Laborkittel eine tragende Rolle, indem sie den multinationalen, hektischen Panik-Klamauk permanent mit neuem Schmierstoff versehen. Hauptsächlich wird dabei mit nicht von vornherein auszuschließenden – aber für längere Zeit nicht widerlegbaren – Hypothesen gearbeitet, die mittels Messungen von Ultraspuren und Bagatelleffekten eine Scheinbestätigung erfahren. Damit das richtig „flutscht", wird Hand in Hand gearbeitet, wobei Groß-Ökoquisitoren repräsentativer Demokratien den Forschungsbetrieb einerseits mit Steuergeldern finanzieren, um andererseits dessen Absonderungen für ihre Panikattacken zu missbrauchen, mit denen sie sich im Wahlkampf als Nothelfer empfehlen. Ein hervorragendes Geschäft für beide Seiten!

Der ultimative Trick der Ökoquisition besteht in der Projizierung von Ereignissen in die fernere Zukunft, womit man sich nicht nur geschickt der Widerlegung entzieht, sondern auch der ernsthaften wissenschaftlichen Diskussion. Somit ist für die Ökoquisition alles, was *verdächtig* wirkt oder eine *denkbare* Gefahr darstellt, auch gleichzeitig „bewiesen" – ganz besonders, wenn die vermutete Ökokatastrophe von irgendeinem Professor aus einem der so genannten renommierten Institute verkündet wird: *Vorsorgeprinzip oder auch Vorsichtsprinzip* nennt sich das. Nicht zuletzt deshalb reichen Visionen „anerkannter Autoritäten" wie die des „Club of

[b] Die Methode ist nach wie vor hochaktuell. So richtete die Regierung Kohl im Jahr der Rio-Konferenz 1992 das „Potsdaminstitut für Klimafolgenforschung" ein, das sich unermüdlich um den täglichen Klimahorror verdient macht.

Rome“ im Ökopsychogeschäft vollkommen aus. Obwohl die auf „wissenschaftlichen Computermodellen“ basierende Weissagung von 1972[c], mit der die Öko-tütelüt-Company eine beachtliche Panikattacke auslöste, im Wesentlichem falsch war, tat es ihrem Ansehen keinerlei Abbruch. Wo ist da der Unterschied zur Inquisition?

GERÜCHTE, KANZELPREDIGER UND MEDIENPREDIGER

Wie konnte sich der Hexenwahn breit machen? Da der Buchdruck zunächst noch gar nicht existierte, war von Zeitungen und Wochenmagazinen weit und breit nichts zu sehen, von den elektronischen Medien ganz zu schweigen. Die beim fiktiven mittelalterlichen Friseur ausliegende Zeitschrift „Frau im Sarg“ hätte rührende Geschichten bringen können von jungen Mädchen, die, vom Teufel verführt, jetzt auf den Scheiterhaufen müssten.

Da die wesentlichen Unterrichtsmethoden der Volkspädagogik noch fehlten, halfen nur Gerüchte, ab und an eine Volksbelustigung, etwa ein schönes Autodafé mit prasselnden Scheiterhaufen, und natürlich Prediger wie Abraham a Sancta Clara (1644-1709). Dazu gesellten sich Landesfürsten wie Ferdinand von Wittelsbach (1577-1650) als auch Päpste wie Gregor IX. (1227 - 1241) und Bonifatius VIII. (1294 - 1300), die sich alle eifrig an der Verbreitung des Hexenwahns beteiligten. Auf keinen Fall darf man die Dominikaner vergessen, die 1248 offiziell von Papst Innozenz IV. mit der Inquisition beauftragt wurden[39]. Um 1450 kam nach der Erfindung des Buchdrucks weitere Schubkraft hinzu. Niemals hätte der Hexenhammer eine solche verheerende Wirkung entfalten können, wäre da nicht die Erfindung des Johannes Gutenberg gewesen.

Folgt man den Lehren der Hexentheoretiker[35] Johannes Nider (1473), Jakob Sprenger, Heinrich Institorius (1487), Ulrich Molitorius (1489), Jean Bodin (1581), Johann Georg Gödelmann (1884), Peter Binsfeld (1589), Nicolaus Remy (1595), Martin Delrio (1599), Benedikt Carpzov (1638) und vieler anderer mehr, sollten die He-

[c] Meadows et al. „Die Grenzen des Wachstums“

xen nicht nur die Lüfte unsicher machen, sondern Unwetter, Missernten, Viehseuchen, Krankheiten, männliche Impotenz, weibliche Sterilität und Unfruchtbarkeit des Nutzviehs verursachen. Selbst wenn Schnecken als Landplage die Gemüsebeete verheerten, wurde das dem vermehrt beobachteten Aufkommen von Zauberern und Hexen angelastet. Heute sind wir „aufgeklärter" und wissen, dass das alles Mumpitz ist. Unwetter werden von CO_2 emittierenden Autos verursacht, und Krankheiten wie die Fettleber beruhen auf Umweltgiften und nicht auf maßlosem Alkoholgenuss.

Ach, hätte es zur Zeit des Hexenwahns schon das *Fernsehen* nebst *Computeranimation* gegeben. Welch wundersame Steigerung wäre möglich gewesen. Man stelle sich vor: Hexen auf dem Besen in Angriffsformation auf Städte und Dörfer – und das im Fernsehen! Stürme brausen, hühnereigroße Hagelkörner fallen, rechts und links der Flugbahn verendet das Vieh, der Wald verdorrt unter den tollkühnen Besenreiterinnen, giftiger Rauch quillt aus den Schornsteinen der Hexenkaten, und rechtzeitig zur Kaiserwahl tritt die Elbe über die Ufer. Im Hintergrund die besorgte Stimme des „heute-journal" Moderators Claus Kleber: „Neuere Erkenntnisse der Scholastik belegen eindeutig den Zusammenhang zwischen Hexenflug und Unwetter. Die Wissenschaftler warnen seit langem vor dem Treiben der Satansweiber." Wie wunderbar hätte man bereits damals Politik mit Bildern machen können. Schließlich ist alles, was im Fernsehen erscheint, wahr – sonst wäre es ja nicht gesendet worden.

Viele gegenwärtige modernste politische Errungenschaften, die wir schmerzlich missen würden, gäbe es sie nicht, hätten sich zur Zeit der Inquisition nützlich machen können. Ich denke dabei an hysterisch wertvolle Hilfslehrer, so genannte „Nichtinquisitionsorganisationen" (NIOs), die den Volkspädagogen bei seiner schweißtreibenden Erziehungsarbeit unterstützt hätten. Weshalb sollte es im 15. Jahrhundert nicht den international umtriebigen Antimalefiz-Konzern *Inquisi-Peace* gegeben haben, dessen Akteure sich von Zeit zu Zeit spektakulär von Stadttürmen abgeseilt hätten? – Immer dann, wenn das Volk beim Hexenschutz nicht mehr richtig mitmachen wollte. Ein Riesenspaß! Gaukler und Jahrmarktstruppen wären vor Neid erblasst, wenn *Inquisi-Peace* mal wieder publikumswirksam das Rad geschlagen hätte.

Der Hexenschutzklamauk-Konzern hätte sich beispielsweise die kapitalistisch orientierte Muschel-Hanse vorknöpfen können, weil diese eine alte, morsche Kogge einfach im Nordatlantik versenken wollte. Mittels Ruderbooten wäre ein Prisenkommando von *Inquisi-Peace* an Bord gelangt. Ein sympathisierendes Kamerateam vom spätmittelalterlichen Dampf-Fernsehen hätte den „heldenhaften" Einsatz dokumentiert und am nächsten Abend wäre am Guckkasten das Innere der Kogge mit Tausenden herumliegenden Hexenbesen zu bewundern gewesen. Und nicht mit zwei oder drei, wie die Muschel-Hanse behauptete.

Die Nähe zur Brent-Spar-Affäre, an die wegen ihrer Bedeutung ab S. 92 noch einmal erinnert wird, ist natürlich beabsichtigt. Im Juli 1995 zeigte das ARD den Film „Kampf gegen Shell". Originalton: „Und dann stoßen die Besetzer auf radioaktiven Müll und fassweise giftige Ölschlämme, versetzt mit Schwermetallen wie Cadmium und Blei". Groß im Bild tauchen Absperrbänder mit dem Radioaktivitätswarnsymbol auf. Der Zuschauer sollte glauben, dass mit der Brent Spar radioaktiver Müll und Schwermetallabfälle illegal entsorgt werden sollten. Nichts davon ist wahr – außer der Tatsache, dass Politik heutzutage mit Bildern gemacht wird. Wer diese Absperrbänder angebracht hat, ist bislang ungeklärt. Ach, hätte es doch zwischen 1590 und 1670 schon das Fernsehen gegeben! Wie viel Hexenschutzbewusstsein hätte damals geweckt werden können. Neben *Inqisi-Peace* wären zweifelsohne andere NIOs wie der *BIND* (Bund der Inquisitionsnutzer Deutschland) von unschätzbarem Wert gewesen. Was haben die Leute damals alles versäumt.

DAS VERDIENTE ENDE DES HEXENWAHNS – ODER DER SIEG DES KRITISCHEN GESUNDEN MENSCHENVERSTANDS

Obwohl oder gerade, weil es damals keine Aufklärungsmöglichkeit über die Massenmedien gab, war 200 Jahre lang jeder Versuch, sich der Hysterie entgegenzustellen, zum Scheitern verurteilt. Zweifellos gab es damals eine Art Schweigespirale, mit der Falsches durch einflussreiche Meinungsbildner („Peergroups") zur öffentlichen „Wahrheit" wider besseres Wissen wird[34]. Wer heute gegen die unerträgliche Widerwärtigkeit der Political Correctness angeht, die Kennzeichen eines versteckten Totalitarismus ist, muss Mut haben. Im 16. Jahrhundert bedurfte es der Todesverachtung, gegen den Hexenwahn anzugehen.

Der Arzt Dr. Jan Weyer (geb. 1515) kämpfte unter ständiger Bedrohung durch die Inquisition gegen den Blödsinn. Der Hexenwahngegner Agrippa von Nettesheim (1486 - 1535) musste unter Todesandrohung widerrufen, und der besonders mutige, äußerst verdienstvolle Hochschullehrer Friedrich von Spee (1591 - 1635) wurde mit Vorlesungsverbot bedroht. Nicht vergessen werden darf der verdienstvolle Frankfurter Rechtsgelehrte Johann Fichard. Er veröffentlichte 1590 seine „Consilien", die das Hexenprozessverfahren als unzulässig verurteilten.

Mit seinem „Tractatus" (1592) startete der Rostocker Rechtsprofessor Johann Georg Gödelmann einen Frontalangriff gegen den Hexenjäger Jean Bodin, eine der übelsten Figuren. Der Heidelberger Philosoph und Mathematiker Hermann Witekind verlangte, dass man „den Arzt und nicht den Folterknecht zur Behandlung der Besessenen heranziehe"[35]. Erst nachdem Johann Reiche 1703 für sein Sammelwerk mit dem bezeichnenden Titel „Unterschiedliche Schriften vom Unfug der Zauberei" einen Verleger gefunden hatte, ließen sich die meisten Juristen vom Unsinn des Hexenwahns überzeugen[9]. Zur Bekämpfung der Hexenmassenpsychose fanden die Franzosen einen eleganten Weg, das so genannte Doktorrezept. Angebliche Hexen und Hexer, die von den untergeordneten Gerichten verurteilt worden waren, ließ man von zuverlässigen Ärzten untersuchen, die dann die Delinquenten für unzurechnungsfähig erklärten. Die mutmaßlichen Hexen und Hexer wurden freigesprochen.

Zweifellos war die Ketzer- und Hexenverfolgung keine Singularität, bei der die Obrigkeit unter *Ausnutzung von primitiven Urängsten, Dummheit, Aberglauben, mangelnder Bildung und Profitgier eine Massenhysterie* auslöste. Das erklärt aber nicht alles. Mit dazu gehören Stimmungen und das wohlige Wir-Gefühl, das Menschen empfinden, wenn sie mit der „veröffentlichten Meinung" übereinstimmen, die das Rudel als Wahrheit anerkennt.

Oft sehen sich Volkspädagogen als reine Lichtgestalten oder werden von wohlwollenden Medien zu diesen gemacht. Meist sind sie aber nur ein Teil von jener Kraft, die stets das Gute will und meist das Dumme schafft. Solange es dabei bleibt, mag es angehen. Volkspädagogik kann aber auch ein Instrument übelster Machart sein. Ein Beispiel wirkungsvoller Volkspädagogik aus der neueren Geschichte beschreibt Alfred Zänker[36]: „Eklatante Beispiele der Massenpsychose hat das Dritte Reich geliefert. Unvergessen ist die ‚Stunde der Idiotie' im Berliner Sportpalast nach der Niederlage von Stalingrad, als Propagandaminister Joseph Goebbels der entfesselten Masse zurief: ‚Wollt ihr den totalen Krieg? ' und ein jubelndes ‚Ja' zurückkam."

Offensichtlich lässt sich der Homo sapiens sapiens alles, aber auch wirklich alles weismachen, insbesondere, wenn er als Masse handelt. Dies hatte Friedrich Schiller unter dem Eindruck der Französischen Revolution treffend pointiert: „Jeder, sieht man ihn einzeln, ist leidlich klug und verständig. Sind sie in corpore, wird gleich ein Dummkopf daraus."

DIAGNOSEKRITERIEN DER HEXEN- UND ÖKOMASSENPSYCHOSE

Zwar wird niemand gefoltert oder verbrannt, dennoch weist der Ökowahn unübersehbare Analogien zum Hexenwahn auf. Keiner kann das berufener bezeugen als der einstige UNEP-Chef und ehemalige Bundesumweltminister Klaus Töpfer, der auf einer Pressekonferenz am 29.4.1987 sagte: „Im Mittelalter soll es in der ersten Stufe der Inquisition bereits ausgereicht haben, mit der Anwendung der Folterinstrumente zu drohen. Das könnte man im übertragenen Sinne auf die heutige Umweltschutzpolitik anwenden[37]."

Richtig, Herr Töpfer, statt der Inquisition haben wir heute die *Ökoquisition*. Sogar die mittelalterliche *Scholastik* feiert fröhlich Urständ, und zwar als *Ökoscholastik*. Ging es im Mittelalter um den

Wahrheitsbeweis kirchlicher Glaubensdogmen – *auch entgegen der offen zutage liegenden Wirklichkeit* –, geht es heute um den Wahrheitsbeweis *ökologistischer Weltuntergangsdogmen*. Die Scholastik benutzte als Methode spitzfindig geführte Disputationen und als Beweis die Aussagen von Autoritäten. Heutzutage bedient sich die Ökoscholastik spitzfindiger Computermodelle (engl.: „sophisticated models"), und den Wahrheitsbeweis liefern das Vorsorge- oder Vorsichtsprinzip.

Die Rolle der Hexen hat heute der Autofahrer, die Technik, die Chemie, die Kernkraft – kurz gesagt die Industrie übernommen, von der das Land lebt. Mit im Karzer sitzen die modernen Wohlstandsbürger, die ganz und gar nicht von ihrer Bequemlichkeit lassen wollen. Im Einzelnen lassen sich folgende Kennzeichen eines organisierten Massenwahns auflisten:

1. ***Ausdeuten von Personen, Gruppen oder auch Sachen, die an einem Missstand schuld sein sollen.***
   Hexen und Juden sollen Brunnenvergifter gewesen sein. Außerdem sollten sie durch das Maleficium Krankheiten wie die Pest, Unfruchtbarkeit, Siechtum und Unwetter verursachen. Vorgeblich zum Erhalt der Schöpfung hat man sich heute die Ferienflieger, die Autofahrer, die Industrie, die Technik und natürlich die modernen Wohlstandsbürger vorgeknöpft. Sie werden von der Ökoquisition mittels einer wackligen Treibhaushypothese angeklagt, Klimaänderungen und Unwetter zu verursachen. Ganz schlechte Karten hat die Chemieindustrie. Sie zählt bei den Ökomätzchenbetreibern zu den übelsten Brunnenvergiftern – zur Giftschleuder schlechthin. Dazu gesellen sich die Energieerzeuger mit ihren Kernkraftwerken, denen Strahlinisten das Radioficium anhängen, während die moderne Molekularbiologie von Ökoschnäppchenjägern des Genoficiums beschuldigt wird.
2. ***Machthaber oder Gruppen mit hohem Einfluss- oder Überzeugungspotential („die Betreiber"), die von der Hysterie der Massen („die Betriebenen") profitieren.***

Mittelalterliche Päpste versuchten, ihre Macht durch Ketzerverfolgung, Inquisition und Hexenwahn zu festigen[5,38]. Davon profitierten Mönchsorden wie die Dominikaner[39]. Sowohl der Papst als auch die Ordensleute klammerten sich, so lange es irgend ging, an die von ihnen heraufbeschworenen Gespenster.
Ähnlich verhält es sich mit der von Richard Nixon initiierten Ökoquisition, der sich heute sämtliche Politiker angeschlossen haben, um mit grünen Zaubersprüchen zu punkten. Die Rolle der Dominikaner übernahmen NGO´s wie Greenpeace, BUND, NaBu sowie Agenda-21-Gruppen und manche kämpferisch-engagierte „Geschaftlhuber" in Stadtverordnetenversammlungen. Sie alle dienen der Ökoquisition, die tagtäglich das zweifellos sinnvolle Umweltschutzprinzip durch maßlose *Überdehnung* missbraucht und allmählich unglaubwürdig macht.
Die Regierung Kohl hatte 1983 einfach nur Pech. Sie war am ersten Kulminationspunkt der Waldsterbenshysterie angetreten und agierte dennoch zunächst industrie- und wohlstandsfreundlich. Der ehemalige Abteilungsleiter im Bundesforschungsministerium, Dr. Günter Keil, analysiert als intimer Kenner des Waldschadensklamauks, wie die bürgerliche Koalition durch Nutznießer von Verheißungs- und Angstmythen unter Druck geriet. Als Ross und Reiter bzw. Dirigenten des Angsttrompetenkonzerts nennt er:[63]

- Umweltschutzgruppen
- Medien, die Mythen verwenden, um Leser/Hörer und Zuschauer zu bedienen
- Karrieristen, die Mythen nutzen, um auf deren Basis mit großem Engagement nichtexistierende Probleme[d] erst aufzubauschen, um sie dann entschlossen zu bekämpfen, womit sie mit größerer Anerkennung rechnen.
- Geschäftemacher, die an Irr- und Aberglauben sowie an unrealisierbaren, unwirtschaftlichen beziehungs-

weise unwirksamen Plänen Geld verdienen und andere Vorteile daraus ziehen (vorzugsweise durch unter Angstnutzung). Die betreffenden Angsttrompeter können renommierte Wissenschaftlicher sein.

Die überschwappende Tschernobylhysterie von 1986 gab der bürgerlichen CDU/FDP-Koalition den Rest. Sie verlagerte die Zuständigkeit für Umweltfragen vom Innenministerium zum neu geschaffenen Bundesumweltministerium. Obwohl die CDU nach wie vor an der Kernenergie festhielt, machte sie den Grünen das Leben schwer, weil sie noch grüner als die Grünen wurde. Infolgedessen gab es für den von 1998 bis 2005 agierenden Umweltminister Trittin relativ wenig zu tun. 800 Umweltgesetze, rund 2770 Umweltverordnungen und fast 4700 Verwaltungsvorschriften existierten in Deutschland, die hauptsächlich eine Hinterlassenschaft der Regierung Kohl waren.

3. ***Behauptungen, die zur Zeit der Massenhysterie weder falsifizierbar noch verifizierbar sind.***

Der **natürliche** Klimawandel im 13. Jahrhundert brachte verheerende Unwetter. Bei der „Luciaflut" von 1287 kamen 50.000 Menschen um. Die erste große „Mandränke" verwüstete 1362 Schleswig-Holstein, und am 11. Oktober 1634 kam die zweite „Grote Mandränke", die „Burchardiflut". Allein in Nordfriesland ertranken 9.000 Menschen in den Fluten. Die Insel Strand wurde in Nordstrand und Pellworm zerrissen. Die Halligen Nübbel und Nieland verschwanden, und über 1.300 Häuser, 28 Windmühlen und 50.000 Stück Vieh gingen verloren. Da die Grundkenntnisse der Meteorologie nicht vorhanden waren, wurde u. a. behauptet, die Unwetter beruhten auf Gottesstrafe und

[d] Keil erläutert, wie die Waldschadensstatistik aufgrund fehlerhafter Annahmen zustande kam[63]: „Der Nadel- und Blätterverlust lieferte systematisch zu hohe Schadenszahlen. Umweltverbände und Medien protestierten gegen eine Änderung des Verfahrens und die Regierung sah sich veranlasst, unliebsame, kritische Forstwissenschaftler aus dem Expertengremium auszuschließen."

Maleficium. Eine Chronik berichtet: „In diesem Jahr war ein sehr großer Hagel und Wind als nie zuvor gewesen, thät großen Schaden, ihro wegen fing man allhier etliche Weiber, welche den Hagel und Wind gemacht haben sollen, die man mit Urthel und Recht verbrennt[40]."
Heute haben Autofahrer und Wohlstandsbürger die Rolle der Besenreiterinnen übernommen, obwohl die *politisch erwünschte und gestützte* Treibhaushypothese weder das mittelalterliche Klimaoptimum noch die Kleine Eiszeit ab 1400 erklären kann. Mit Bannstrahl, Knoblauch und Rufmord verfolgt die Klima-Ökoquisition alle Wissenschaftler, die meinen, das Klima werde durch die von kosmischer Strahlung abhängige Wolkenbedeckung gesteuert. Worin unterscheidet sich da die Ökoquisition von der Inquisition?
Um 1980 wurde behauptet, der Wald sei nicht mehr zu retten. Selbst durch sofortige Gegenmaßnahmen sei Deutschland im Jahr 2000 weitestgehend entwaldet. Leider musste man ca. 20 Jahre warten, bis der Nonsens von 1980 widerlegt war. Unter dem Titel „Lüstern auf Tartarennachrichten" kommentierte die FAZ 1983 das Ökohysteriegeschäft: „Mit geringem geistigen Aufwand leisten ‚Dokumentaristen' ihren Beitrag zur Katastrophenstimmung. Fotographen und Filmemacher sorgen für Horror-Bilder von Umweltbeschädigungen, die niemand als Verallgemeinerung in Zweifel ziehen darf, ohne äußerster Böswilligkeit, Verstocktheit und Verantwortungslosigkeit bezichtigt zu werden. Die Zulieferer der Unheilsverkündigungsbranche sind noch lange nicht vollständig aufgezählt. In keinem Fall werden ihnen bei mangelhafter Stimmigkeit ihrer Befunde Korrekturen abgefordert. Sie lassen sich einfach ein neues Thema einfallen, wenn das alte nichts mehr hergibt[41]."

4. ***Volkspädagogik und Experten.***

Zum Eintrichtern der politisch erwünschten Geisteshaltung wie dem „Hexenschutzbewusstsein" bediente man sich früher der Kanzelprediger, Marktschreier und Dominikaner.

Die schweißtreibende Psychowahn-Arbeit betreiben heute Ökopein-Lyriker in den Medien oder Umweltschutzgruppen und Ökoleuchten aus der Politindustrie, die natürlich alle zum stolzen Kreis der unfehlbaren Wahrheitsbesitzer gehören – die so genannten Experten.
Muss man hierzulande wirklich noch daran erinnern, welch unsägliches Unheil ausgebuffte Volkspädagogik in jüngster deutscher Vergangenheit anrichtete? Vor 85 Jahren hatte man sogar ein eigenes Ministerium für die Volkspädagogik – das Propagandaministerium! Man stelle sich einmal vor, um 1935 hätte es Superrechner gegeben, mit denen „Experten" wie heute das Klima „modellieren" könnten, und Goebbels wäre darauf abgefahren. Kampf gegen Klimagase bis zum Endsieg? Das 1-Liter-Auto, des „Führers" neuer KdF-Wagen! Oder die Klimageheimwaffe: England, Russland und Amerika mit CO_2-Gasflaschen angreifen? Ist wirklich in Vergessenheit geraten, dass gerade Diktaturen von der *indoktrinären Volkspädagogik* leben, oder lieben gerade die Deutschen den Totalitarismus über alles? Weshalb sonst lassen sie sich derart von der Ökodialektik einwickeln? (Beispiel: „Sie sind für Kernenergie? Denken Sie denn gar nicht an die Kinder und Kindeskinder?"). Angesichts dieses Schmodders fragt man sich: Weshalb wird die Glotze nicht einfach abgeschaltet, wenn wieder mal Ökokasperltheater mit BSE, Klimakatastrophe, dem Dioxin- und Acrylamidhorror nebst Schadstoff der Woche angesagt ist? Wo bleibt der kritische, gesunde Menschenverstand? Fällt dem durchschnittlichen Otto-Normalfernseh-Konsumenten nicht auf, dass wir gesund und munter sind und ständig älter werden, trotz unsäglicher Gefahren, die von Ökotröten tagtäglich heraustrompetet werden?
Nach über dreißigjähriger Ökoquisition glaubt manch einer, „natürliche" Tomaten hätten im Gegensatz zu gentechnisch veränderten keine Gene, Steuerzahlen sei Ent-

lastung (vgl. Ökosteuer zur Senkung der Rentenbeiträge), Verbieten sei Freiheit (vgl. Rad fahren statt Auto fahren) und Krieg Frieden (vgl. Brokdorfkrawalle oder Castortransportfestspiele).

5. ***Heuchelei und Pharisäertum.***
Die Päpste, die den Hexenwahn betrieben, kümmerten sich einen feuchten Kehricht um Armut, christliche Demut, Keuschheitsgebot und Nächstenliebe. Da es immer weiter menschelt, ist Wasser predigen und Wein saufen gerade in der Ökoszene recht geläufig. Die gleichen Leute, die um 1980 als 68er Chaoten mit paramilitärischen Mitteln die Startbahn West am Frankfurter Flughafen bekämpften, heben heute als grüne Poltiker auf derselben im Dienstflugzeug zu Staatsgeschäften ab.
Ein anderes Beispiel ist das Energieeinspeisungsgesetz (EEG), das den Strom immens verteuert, aber umgekehrt für einen schnellen Euro beim Lieferanten alternativer Energien sorgt. Ärgerlicherweise zählen Grünen-Wähler vielfach zu den Besserverdienenden, von denen mancher ökoschizoid mit seinem Crossover-SUV samt Wohnwagen 6.000 km im Urlaub abspult oder mit dem Porsche bei Aldi vorfährt. Damit das Gewissen beruhigt wird, montieren sie ökokosmetische Solarzellen auf das Bungalowdach, die durch das EEG eine fette Rendite abwerfen. Bezahlen tun's immer die anderen. Weil aber Rentner und Arbeitslose auch Stromverbraucher sind, hat das zur Folge, dass besserverdienende Ökos sich ihre Hobbyenergie vom kleinen Mann bezahlen lassen: die perfekte Umverteilung von unten nach oben hin zu den Gutmenschen.
Grünen-Wähler zählen zu den gebildeten Schichten, und die verdienen nun einmal ordentlich. Das mittlere Nettoeinkommen der Grün-Enthusiasten lag 2004 zwischen 2000 und 2500 Euro, wobei 32 % ein mittleres Monatseinkommen von mindestens 3000 Euro hatten[42]. Die Automatik-Rolex tragen sie natürlich nur, weil sie ohne Batterie läuft.

„Uns wählen nicht die Reichen, sondern die Gescheiten", meint der damalige grüne Fraktionschef im Stuttgarter Landtag, Kretschmann[42]. Sind seine Wähler wirklich so gescheit oder verfügen sie nur über mangelhafte naturwissenschaftliche Kenntnisse und sind nicht hinreichend informiert? Beispielsweise darüber, dass sich Pflanzenschutzmittel-Grenzwerte an den Möglichkeiten moderner Messmethoden orientieren und nicht an der Schadstoffwirkung. Zweifellos sind auch einige besserverdienende Chemiker, Mediziner, Biologen oder Physiker darunter, die an ihre eigenen Spukgeschichten glauben und beim Ausbuddeln des täglichen Ökohorrors klammheimliche Freude bei der Vorstellung empfinden, wie Politiker mit dem Forschungsabfall aus dem Computer bewaffnet neue Öko-Daumenschrauben für die Bürger begründen. Es lebe der Totalitarismus der Berufsflagellanten!

6. ***Panik***.
Im 13. Jahrhundert konnte man die Menschen in Panik stürzen mit der Behauptung, Krankheiten und Unwetter beruhten auf dem Maleficium. Heute klappt's mit Tschernobyl oder Dioxin. Worin unterscheidet sich eigentlich die Ökoquisition von der Inquisition?
Ein schönes Beispiel stammt aus Belgien. Dort suhlten sich 1999 die Medien in einem Dioxin-Futtermittelskandal. Die Bevölkerung war also genügend sensibilisiert, als in einer Coca-Cola-Abfüllanlage durch menschliches Versagen eine geringfügig erhöhte Menge des zur Konservierung verwendeten Lebensmittelzusatzstoffs Natriumhydrogensulfit (E 222) in die Brause gelangte. Noch beeindruckt vom vorangegangenen Dioxin-Kasperltheater, gerieten Dutzende Schülerinnen in Panik, erlitten Schwindelanfälle, Kopfschmerzen, Müdigkeitsattacken und Unwohlsein, nachdem sie von der etwas eigenartig schmeckenden Cola getrunken hatten. Viele mussten mit Angstattacken in Krankenhäusern behandelt werden. Der Klamauk war erst beendet,

nachdem Prof. Nemery von der Universität Leuven mitteilte, in der Coca-Cola sei keinerlei Dioxin enthalten gewesen, und die gefundenen Verunreinigungen würden nicht zu den geschilderten Erkrankungssymptomen passen. Im Ergebnis mussten 160 Millionen Flaschen vernichtet werden, was dem Getränkekonzern einen Verlust von umgerechnet 100 Millionen Euro bescherte[43,44]. Eigentlich hätten die Panikmacher in ihren warmen Redaktionsstuben für den Schaden aufkommen müssen.

7. ***Irrationalität, Hysterie und Zerstörung des kritischen, gesunden Menschenverstands.***
   Hysterie ist nach Brockhaus eine Auffassungsweise, die sich nicht auf Verstandesgründe, sondern auf gefühlsmäßige Gewissheitserlebnisse stützt. Und genau diese gefühlsmäßigen Öko-Gewissheitserlebnisse werden der Bevölkerung heute von Autoritäten eingebläut (s. Punkt 4). Die Irrationalität offenbart sich schon im REACH-Konzept (EU-Chemikalienrecht seit 2006), das der Umweltminister Trittin deshalb für notwendig hält, weil die Chemie bisher einen „Großversuch am Menschen" durchgeführt habe und die Bevölkerung bei weitem noch nicht hinreichend vor den Gefahren der Chemie geschützt sei. Hier ist noch einmal zu fragen: Weshalb ist dann der altersbereinigte Gesundheitszustand der Bevölkerung auf einem weit höheren Level als in der guten, „ungiftigen" vorindustriellen Zeit? Weshalb werden wir dann, wie im Bild 9 gezeigt, seit der Industrialisierung immer älter? Weshalb eigentlich wurde der kritische, gesunde Menschenverstand durch diesen Umweltminister und seine „Experten" systematisch in die Tonne getreten?
8. ***Glaube, Ideologie, Religion, Religionsersatz, mangelndes Wissen.***
   Entgegen einer verbreiteten Vorstellung hat die moderne Wissenschaft den Hexenglauben keineswegs verdrängt, meinen die Philosophin Karen Green und ihr Kollege John

Bigelow. Vielmehr seien die dämonologischen Theorien (Schadenszauber, Hexenritt), die als Rechtfertigung für Folterungen und Autodafés lieferten, Früchte vom selben Baum der Wissenschaft wie die Physik Galileis oder Newtons[45].

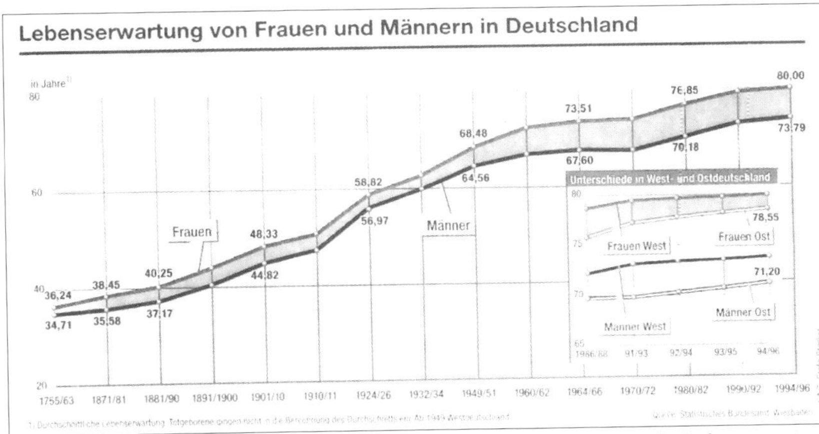

Bild 9: Entwicklung der Lebenserwartung

Tatsächlich ist keine Religion stärker naturwissenschaftlich begründet als die *Umweltgesundbeterei*, deren sich die Öko-tütelüt-Society in unserer säkularisierten Zeit als Glaubensersatz bedient[46].
Sicherlich hätte sich die Solidargemeinschaft der Ökojammertaler nicht ohne die besonders im Westen der Republik weit verbreitete naturwissenschaftliche Legasthenie derart verbreiten können[47]. Sie betrifft vor allem auch das so genannte Bildungsbürgertum, wie Dietrich Schwanitz bekennt: „Naturwissenschaftliche Kenntnisse müssen zwar nicht versteckt werden, aber zur Bildung gehören sie nicht[48]." Doch! Würde der Begriff Entropie (2. Hauptsatz der Thermodynamik) nur ansatzweise zur Allgemeinbildung gehören, so wäre die alberne Vorstellung von einer „Welt im Gleichgewicht" bei wachsender Zahl der Bedürfnisträger und steigendem Wirtschaftswachstum längst beerdigt. Es gäbe auch keine nekrophilen Rituale mit liebe-

voll getrenntem Gelbsack-Müll, der von städtischen Bestattungsunternehmen unter hohem Spritverbrauch eingesammelt wird, um auf dem „Wertstoffhof" einer Auferstehung als minderwertige Recyclingware entgegenzusehen. Der Siedlungsabfall würde schlicht in den Ofen wandern, wo er hingehört samt der Töpfer-Merkel-Trittin-Verpackungsverordnung. Niemand würde an das ewige Leben von Joghurtbechern und Spülmittelflaschen glauben, wäre der Entropiebegriff Bestandteil der Allgemeinbildung[e].
Ökologismus-Apostel können ihre profunde naturwissenschaftliche Legasthenie auch nicht kompensieren, indem sie als Teil der Ökoquisition hochkarätige, voll ausgebildete Naturwissenschaftler in ihren Sold stellen. Sie bleiben weiterhin ohne eigenen Intelligenz-Input. „Denn jeder Naturwissenschaftler, wenn er denn fürs Ökomarxistische schwärmt oder sonst wie ‚kritisch' angehaucht ist, kann selbstverständlich genügend Materialien gegen unsere Technik- und Wohlstandsgesellschaft zusammentragen", schrieb ich 1997. „Und noch etwas übersehen die Anhänger unserer ‚kritischen' Umweltsanitäter: Sie wähnen sich im Alleinbesitz der ‚universellen Wahrheit' und merken nicht, dass sie lediglich Mitglieder einer weit verbreiteten ‚Nörgelsekte' sind. Auch halten sie ihre Kritiksucht für den Ausfluss hoher Intelligenz. Noch nicht einmal das stimmt, denn ein Wohlstands- und Technikquerulant benötigt keineswegs viel Intelligenz. Seine Argumente liegen überall wohlfeil und von den Medien mundgerecht zubereitet herum. Er braucht sie nur aufzugreifen. Das ist alles. Deshalb

[e] Nach dem Entropiegesetz nimmt die Unordnung bei jedem natürlich ablaufenden Prozess zu. Das kann jeder erfahren, der ein aufgeräumtes Kinderzimmer nach einiger Zeit wieder betritt. Leider muss man beim Aufräumen mehr Arbeit (Energie) aufwenden als beim Durcheinandererzeugen. Das ist ein Naturgesetz, das vom Bundestag auch mit einer 2/3-Mehrheit nicht geändert werden kann. Will man also aus dem Gelben-Sack-Müll wieder einen Joghurtbecher herstellen, muss **mehr Energie** hineingesteckt werden als bei der Herstellung desselben aus Erdöl.

ist der technikkritische Nörgelkult etwas für Denkfaule oder gar für Dumme[49]!"

9. ***Geld- und Machtgier der Hysteriebetreiber.***
Päpste sicherten ihre Macht durch die Hexenverfolgung, und die Inquisition machte ein gutes Geschäft, weil das Vermögen der Opfer an die Betreiber des Prozesses fiel. Heute leben Machtsuchtknochen aus dem Politbetrieb, die sich nicht nur die Demokratie zur Beute gemacht haben, sondern sie auch zerstört haben, vom täglichen Ökohorror. Es ist halt zu schön, wenn man einen Chauffeur hat, der den Wagenschlag aufreißt; oder auf Steuerzahlers Kosten 1. Klasse verreist, Machtknöpfchen drehen darf wie Kinder am Regler der Spielzeugeisenbahn, Sonderflüge genießt, an Informationen kommt, die dem Rest der Bevölkerung vorenthalten bleiben, ständige Beachtung findet, alle Ritt lang ein Mikrofon vorgehalten bekommt, damit man Epochales hineinplappert und dann das dirigierte Volk nach Belieben die verrücktesten Tanzfiguren vollführen lässt. So etwas macht süchtig! 1968 der Cannabisjoint – Jahre später der Machtjoint. Süchtig sind auch die Umweltschutzverbände, und zwar nach Geld und Beachtung. Da sie sich nach eigenem Eingeständnis als Dienstleistungsunternehmen (!) verstehen, haben der BUND und der NaBU 1995 Drückerkolonnen losgeschickt, die für jedes neu geworbene Mitglied 80 % des ersten Jahresmitgliedbeitrags bekamen. Dass Greenpeace eine Geldmaschine ist, hatte 1991 bereits der *Spiegel* aufgedeckt. Der Brent-Spar-Klamauk betrieb Greenpeace, um die flaue Geschäftslage etwas aufzubessern[50].

10. ***Angst und Gespensterglaube.***
Der vor 1900 Jahren lebende Stoiker Epiktet formulierte bereits die Praxis der Inquisition und Ökoquisition: „Nicht die Dinge selbst, sondern die Meinungen von den Dingen beunruhigen die Menschen." Nicht die bucklige, kranke, alte Frau an sich beunruhigte ihre Zeitgenossen, sondern

die *Meinung*, sie beherrsche das Maleficium. Der Philosoph H.L. Mencken beschreibt diese gern geübte Politpraxis als Methode, „die Bevölkerung mit herbeigeredeten Gespenstern zu alarmieren, sie kontinuierlich in diesem Zustand zu erhalten und anzubieten, die Gespenster zu vertreiben, falls man sie wähle[51]".

11. ***Verunsicherung und Einschüchterung.***
Um ja nicht anzuecken, halten viele Naturwissenschaftler, die anderer Meinung als die Ökotrommler sind, den Mund. Unter dem Titel „Ist ihre Wissenschaft ‚ökopolitisch korrekt'?" schrieb 1997 das österreichische Magazin a3UmWelt[52]: „Das letzte Jahrzehnt ist von einem subtilen Druck auf Wissenschaftler gekennzeichnet, ihre Forschung auf die Unterstützung partikulärer Umweltpolitik auszurichten. Es scheint, dass wissenschaftliche Untersuchungen nicht mehr nach streng wissenschaftlichen Kriterien, sondern eher nach den möglichen politischen Implikationen der Schlussfolgerungen bewertet werden." Das klassische Beispiel hierfür ist Al Gore, der als ehemaliger US-Vizepräsident seine politischen Druckmittel mehrfach aufs Intensivste einsetzte, um Forschungsprojekten die gewünschte ökopolitisch korrekte Richtung zu geben (Näheres s. auch S. 294 ff.).
Forscher, die bei dem ökoreligiösen Psychotheater nicht mitmachen, werden stigmatisiert. Als der Freiburger Professor Spieker 1996 beim Waldsterben entwarnte, fiel die Ökoquisition über ihn her: „Der Rektor und alle sonstigen Würdenträger duckten sich weg und warteten passiv und geduldig das Ende der Steinigung ab."[61] Kary B. Mullis, der für die Entdeckung der Polymerase-Kettenreaktion den Nobelpreis erhielt, hat es da leichter. Er kann es sich erlauben, nicht an die kanonisierte CO_2-Klimakatastrophe zu glauben, und äußert das öffentlich vollkommen ungeniert[53].

12. *Beamte, Wissenschaftler, Wahrheitsverkünder u. ä. im Dienst politisch gesteuerter Kampagnen.*

Um 1540 richtete Paul III. in Rom das *Heilige Offizium* als Kardinalskollegium ein, das über die Reinhaltung der Glaubens- und Sittenlehre wachen sollte. Schnell wurde offenbar, dass die heiligen Sitten- und Denknormdirektoren überhaupt keinen Spaß verstanden. 1600 wurde der Humanist Giordano Bruno öffentlich verbrannt, weil er das heliozentrische Weltbild Kopernikus' vertrat. Schließlich steht in der Bibel: „Sonne, stehe still zu Gibeon, und Mond, im Tal Ajalon" (Josua 10,12–13). Folglich dreht sich die Sonne um unseren Globus und nicht umgekehrt. Basta! Genau deshalb musste sich auch Galilei 1633 vor dem *Heiligen Offizium* verantworten. Nur weil er widerrief, kam er mit dem Leben davon. Um ihn im Auftrag der Regierenden zu widerlegen, schauten 1610 im Haus des Prof. Magini zwanzig Professoren „der Reihe nach mit würdevoll strenger Miene durchs Fernrohr – und erklärten, nichts gesehen zu haben"[54].

Geschichte wiederholt sich nicht, dennoch spiegeln sich historische Ereignisse in immer neuen Facetten wider. Der Hysteriebedarf, ohne den der Ökologismus nach kürzester Zeit sein wohlverdientes Ende finden würde, wird heute durch nationale und internationale Umweltbehörden bedient, die als Teil des grünheiligen *Ökoffiziums* die Einhaltung der täglichen Happy-Ökohour überwachen. Nach Meinung des Wissenschaftssoziologen Peter Weingart wird „der Umgang der Politik mit wissenschaftlichem Wissen... immer instrumentell bleiben". Mitspieler finden sich leicht, denn es geht inzwischen „in der Wissenschaft zuweilen um viel Geld und um Karrieren". Als Grund, weshalb die Politik ständig nach wissenschaftlichem Wissen giert, nennt Weingart: „Die Antwort liegt in der hohen Autorität, die wissenschaftliches Wissen bei uns immer genießt. Wer als Politiker zeigen kann, dass seine eigenen Interessen sich zumindest scheinbar im Einklang mit der Wissenschaft befinden, hat die höchste Legitimation[55]."

13. ***Unterdrücken von Meinungen, die das Glaubensfundament einer Massenhysterie angreifen.***
Bücher wider den Hexenwahn wurden entweder nicht gedruckt oder ignoriert. Heute werden ökologismuskritische Bücher als unglaubwürdig abgetan, und politisch-korrekte Buchhändler verstecken sie in der letzte Reihe. Auch schlagen Rezensenten bei Antiökoquisitionsfibeln die Hände über dem Kopf zusammen, weil sie das hohe geistige Entgiftungspotential fürchten. Die gleichen Leute geraten bei Al Gores Weltuntergangsklamotte, *Wege zum Gleichgewicht*, vor Freude aus dem Öko-Häuschen.
Manche Bücher, die die Augen öffnen könnten, werden erst gar nicht übersetzt. Dieses Schicksal erlitt Aaron Wildavsky's Buch, *But Is It True?*, das 1995 von der „Harvard University Press" verlegt wurde. Wildavsky hatte als Universitätsprofessor in Berkeley Hunderte Studenten beauftragt, gängige Weltuntergangsszenarien anhand der Fachliteratur auf ihren Wahrheitsgehalt abzuklopfen (ca. 2000 Literaturzitate). Zusätzlich bat er angesehene, unabhängige Fachleute, die nicht am Tropf der steuergeldgenährten Ökohysterieforschung hängen, seine Schlussfolgerungen zu überprüfen. Sein sauber belegtes Fazit: Von A wie Asbest bis Z wie Zyklone wird die Menschheit seit Jahren mit Tartarenmeldungen über die drohende Öko- und Klimakatastrophe auf den Arm genommen. Obwohl Wildavskys Buch in Amerika ein Bestseller war, wurde es nie in´s Deutsche übersetzt, obgleich man hierzulande am stärksten unter der Ökopsychose leidet und dringend Genesung benötigte. Werden Bücher unterschlagen, mag es noch angehen; wenn aber inquisitionsähnlich gegen unliebsame Antiöko-Autoren vorgegangen wird, beginnt sich Geschichte zu wiederholen – allerdings ohne Autodafé, dafür aber mit wissenschaftlichem Rufmord! Der dänische Statistikpro-

fessor Björn Lomborg musste das erfahren. Er hatte das Buch „The Skeptical Environmentalist“ geschrieben, das in viele Sprachen übersetzt wurde (Deutsch: Apocalypse No!, zu Klampen Verlag, 2002). Für Berufsapokalyptiker und Ökoknallerbsen ist Lomborgs Buch eine unerträgliche Zumutung, weil er wissenschaftlich sauber den Unfug der Ökoquisition belegt[56]. Da drohte Gefahr, insbesondere, weil das Werk im englischsprachigen Raum sehr gut ankam[57]. Das Wissenschaftsmagazin *Scientific American* beauftragte den von der Klimahysterie lebenden Forscher Stephen Schneider mit der Überprüfung von Lomborgs Thesen[58]. Da dieser zu den größten Sirenendrehern der Klima-Alarmszene zählt, hätte man genauso gut einen Mops beauftragen können, einen Wurstvorrat zu bewachen. Schneider lieferte prompt das politisch gewünschte Ergebnis: Lomborgs Untersuchungen und Zusammenfassungen seien fehlerhaft und wissenschaftlich unhaltbar. Wer hätte denn das gedacht?

Am 6. Januar 2003 machte sich die Ökoquisition offiziell über Lomborg her. Der dänische Nationalfond (DRA) warf ihm wissenschaftliche Unredlichkeit vor. Dazu berief man unter der Bezeichnung „Danish Committees on Scientific Dishonesty (DCSD)" ein hohes Ökoquisitionsgericht ein. Den Tiefpunkt markierten die Öko-Wissenschaftler (!) Stuart Pimm und Jeff Harvey, „als sie die Argumentation Lomborgs mit derjenigen von Auschwitzleugnern gleichsetzten – und das nicht am Stammtisch, sondern in der Wissenschaftszeitschrift *Nature* vom 8. 1. 2001“[57,59].

Die Faschismuskeule ist die letzte, die ultimative Stinkbombe, mit der Gutmenschen um sich werfen, wenn sie nicht mehr weiterwissen. Bei der Masche gerät schon jemand in Verdacht faschistoider Grundhaltungen, wenn er das Deutschlandlied summen kann, pünktlich auf der Arbeit erscheint und für Atomenergie ist. Weil damit das Faschismusargument wie eine Faschingsklatsche inflationär missbraucht wird, beleidigen die Betroffenheitsartisten jedes Mal die Opfer der größten Barbarei des 20. Jahrhunderts. Unabhängig davon ist es einfach skandalös und passt nicht in unser angeblich aufgeklärtes Zeitalter, wenn Jahrhunderte nach dem Ende der Inquisition mit einem Artikel in einer Zeitschrift die Hexenjagd auf einen Wissenschaftler eröffnet wird. Erst nachdem sich die Vorwürfe der Gegner als vollkommen unhaltbar erwiesen hatten, rehabilitierte das dänische Wissenschaftsministerium Lomborg und beschuldigte zu Recht das DCSD-Gericht, es sei ehrverletzend sowie wissenschaftlich unsauber vorgegangen. Außerdem habe es mit null und nichtigen Argumenten gearbeitet[60].

Die Heftigkeit, mit der die etablierte Umweltbeamtenschaft – pardon, Forschergilde – gegen Lomborg vorging, ist verständlich. Letztendlich geht es um die *Reputation* der Herren Professoren und um die der Öko-Politiker, die durch Mehrheitsbeschluss alle im Vollbesitz der Wahrheit sind. Dennoch, auf Dauer wird die internationale Ökoquisition nicht verbergen können, dass sie die zivilisierte Menschheit mit maßlos übertriebenen Katastrophenszenarien seit mehr als 50 Jahren systematisch von früh bis spät ins Ökobockshorn gejagt hat und weiter jagt. Wie aber konnte es über zweihundert Jahre nach der Aufklärung zu solch einen *Glaubensspuk* kommen?

2. Panik-Kapellmeister, Dom-Pérignon-Society und Ökotanzgruppen

Richard Nixons politischer Startschuss zur kollektiven Ökohysterie war noch nicht ganz verhallt, da begann schon das Öko-Orchestrion eifrig zu klappern: „In der kurzen Zeit, seit der NATO-Ausschuss für Aufgaben der Modernen Gesellschaft (CCMS) im November 1969 ins Leben gerufen wurde, zeichnet sich bei den Mitgliedsstaaten eine wachsende Tendenz ab, Sonderministerien, -behörden oder -ausschüsse zu gründen, die sich koordiniert mit Umweltfragen befassen", heißt es in einem NATO-Dokument[1]. Frankreich schuf 1971 ein neues Ministerium für Umweltfragen, die USA gründeten ein Umweltschutzministerium, die EPA (Environment Protection Agency) mit ihrem ersten Chef William Ruckelshaus, Großbritannien und Kanada standen nicht nach. In Deutschland aber, dem heute ökohysterischsten Land weltweit, lag der Umweltschutz anfangs noch in den Händen des Innenministers.

DIE FREUNDINNEN DER SCHLIMMEN BOTSCHAFT

Sechs Jahre nach Nixons Öko-Halali traf man sich auf Initiative der US-Regierung im „Fogarty International Center" (Bethesda, Maryland) zum Woodstock der Ökosuchtszene. Dies allerdings immer noch unter Ausschluss der „kritischen, netten jungen Leutchen", den 68ern. Die hingen damals total verkifft in ihren WGs herum und versuchten mittels Mao-Bibel, billigen Rotweins, halluzinogener Pilze und Räucherstäbchen psychedelische Kraftnahrung zu tanken für ihren Sturm auf die Demokratie.

In Bethesda reichte die 74-jährige Anthropologin Margaret Mead statt eines Joints ein Patentrezept zum Angst und Bange Machen herum, das sie vor den versammelten Wissenschaftlern ausbreitete[2]: *„Wir stehen vor einer Periode, in der die Gesellschaft Entscheidungen im globalen Rahmen treffen muss .... Was wir von Wissenschaftlern brauchen, sind plausible, möglichst widerspruchsfreie Abschätzungen, die Politiker nutzen können, ein System künstlicher, aber wirkungsvoller Warnungen aufzubauen, Warnungen, die den Instinkten entsprechen, die Tiere vor dem Hurrikan fliehen lassen ... Es geht darum, dass die notwendige Fähigkeit, Opfer zu erbringen, stimuliert wird. Es ist deswegen wichtig, unsere Aufmerksamkeit auf die Betonung großer möglicher Gefahren für die Menschheit zu konzentrieren."*

Damit verlangte Frau Mead von den Wissenschaftlern nichts anderes als die Schaffung einer vollsynthetischen Scheinrealität. Womit der *Ökologismus* als *Umweltschutz-* und *Schadstoffreligion* aus der Taufe gehoben war. Ergänzend dazu wurde die Einsetzung der *Ökoquisition* beschlossen, die von plausiblen und schwer widerlegbaren Szenerien lebt, mit denen die politisch gewollte lückenlose Angstversorgung der Bevölkerung gesichert werden kann. Die wichtigsten Glaubensartikel der Endzeitreligion lauten: Der Wald stirbt durch Autofahren; Krebs kommt von Chemiegiften; REACH schützt die Gesundheit; natürliche Radioaktivität gibt es nicht; Kernkraftwerke verursachen Leukämie und Biokost nebst Chemiefreiheit garantiert ein beschwerdefreies langes Leben. Ergänzt wird der Kladderadatsch von der Klimakatastrophe, BSE, verseuchten Lebensmitteln und Schadstoffdämpfen aus Teppichböden. Da man bekanntlich dem Homo sapiens sapiens alles, aber auch wirklich alles einschwätzen kann, ging die Paniksaat prächtig auf. Das Ende aller Zeiten ist nah – heiliger St. Ökologus, steh uns bei jetzt und in der Not!

Auf Seite 34 des NATO-Protokolls[3] findet sich folgende harmlos klingende Notiz: „Im Jahre 1971 nahm die (deutsche) Bundesregierung eine völlige Reorganisation ihrer Struktur vor, um den Fragen des Umweltschutzes den ihnen gebührenden Platz einzuräumen." Genau das war die Stunde von Genschers Staatsekretär Dr. Günter Hartkopf, der den Aufbau des deutschen Ökokasperltheaters verantwortlich leitete. Als Sprecher der 1971 gegründeten Arbeitsgemeinschaft für Umweltfragen übernahm er nicht nur den Begriff Umweltschutz („Environment Protection") aus dem Amerikanischen, sondern entwickelte Nixons Umweltprogramm zum galoppierenden Ökowahn – dem modernen Morbus germanicus[1,4].

Nicht die Medien, die Bürgerinitiativen oder die 68er setzten den Ökokarnevalswagen in Bewegung. Nein, die Hysterie ist nachweislich ein von der sozialliberalen Regierung Brandt/Schmidt/Genscher veranstalteter Klamauk, der als politisches Perpetuum terribile unter Töpfer während der Ära Kohl unaufhörlich weiter klapperte. Wie das ablief, schildert Hartkopf 1986 in Bad Kissingen. Klar und deutlich beschreibt er die Kriegsführung der Politik gegen die Wohlstandsgesellschaft, die Industrie und deren Arbeitnehmer[5]. Zunächst berichtet er, wie die Vorstände großer Unternehmen am 3. Juli 1975 auf Schloss Gymnich geleimt wurden, als sie sich gegen überzogene Umweltauflagen zur Wehr setzen wollten. Originalton Hartkopf: *„Hohe Beamte in wichtigen Ressorts, die das Buch über die ‚Grenzen des Wachstums' nicht nur gelesen, sondern auch verstanden hatten, organisierten daraufhin im Vorfeld des Treffens den Teilnehmerkreis so um, dass eine beachtliche Umweltstreitmacht den Wirtschaftsbossen gegenübergestellt wurde... Der argumentative Sieg der Verwaltung über die Wirtschaft und die ihr nahestehenden Politiker war gegen Abend des denkwürdigen Tages eindeutig. Die Wirtschaft hat nie mehr versucht, ein zweites Gymnicher Gespräch zu verlangen."* Spiel, Satz und Sieg für die Ökoquisition!

Im Rückblick verwundert es nicht allzu sehr, weshalb die Vorstandschefs großer Industrieunternehmen – von Ausnahmen abgesehen – sofort der Ökofahne nacheilten und ihre leitenden Mitarbeiter die Suppe auslöffeln ließen, während die kleineren Angestellten zu Hause fleißig den Müll trennten. Dies hat Folgen, denn die allgemein akzeptierte vollsynthetische Realität macht Unternehmen heutzutage erpressbar, wie der Fall der Brent Spar belegt. Genau aus diesem Grund haben sämtliche Firmen inklusive Shell die freie Meinung aufgegeben und sich bei der Ökopolonaise eingereiht.

In Bad Kissingen offenbarte Hartkopf dem Auditorium weitere erstaunliche Details: *„Die Umweltverwaltung – die ja zum weit überwiegenden Teil aus Beamten besteht -, (setzt) mit langem Atem einen Großteil ihrer Vorstellungen durch, weil sie genau weiß, wann die Zeit gekommen ist, neue Grenzwerte in die politische Entscheidung einzubringen. Eine reine Staatsorganisation könnte auch nicht übermäßige Erfolge vorweisen, weil als Gegner fortschrittlichen Umweltschutzes große finanzkräftige Wirtschaftsorganisationen mit Verbündeten innerhalb und außerhalb der Verwaltungseinheiten vorhanden sind. Zur Organisation des Umweltschutzes und damit zur Unterstützung der Umwelt bedarf es daher einer Lobby, die außerhalb von Verwaltung und Parlament Forderungen für Umweltschutz erhebt und damit in Politik und Medien gehört wird."*

Nun folgt das Interessanteste. Hartkopf erklärt, wie Bürger mit Hilfe hoher Beamter der Ökodressur unterworfen und Bürgerinitiativen mit Steuergeldern (!) produziert wurden. Im Originalton: *„Nachdem zu Beginn der eigentlichen bundesdeutschen Umweltpolitik eine solche potente Gegenseite nicht vorhanden war, musste sie geschaffen werden.... Es waren vorwiegend Beamte, die den Grundstein für die Arbeitsgemeinschaft für Umweltfragen legten und sie mit Leben und sachlichen Mitteln ausstatteten... Doch die Arbeitsgemeinschaft für Umweltfragen ist kein umweltpolitischer Kampfverband. Weil ein solcher fehlte, musste er eben gebildet werden. Es waren wiederum Beamte, die den Plan vorwärtstrieben, örtliche Bürgerinitiativen zu einem Dachverband zusammenzuschließen und die die Gründungsversammlung und noch einiges finanzierten."* (fast ein Staatsstreich!)

Was die Beamten mit Steuergeldern aus der Taufe hoben, waren Öko-Singsang-Vereine wie der „Bundesverband Bürgerinitiativen Umweltschutz" (BBU), der die bürgerkriegsähnlichen Schlachten um Brokdorf und Gorleben leitete und finanzierte. Nicht zu vergessen: Auch bei der Startbahn West, wo ein Polizist von einem der

„kritischen jungen Leutchen" erschossen wurde, mischte der BBU mit. Hartkopf nennt in Bad Kissingen auch eine bemerkenswerte Zahl: *„Eine Mitgliedschaft von rund vier Millionen Bürgern kann jederzeit mobilisiert werden und bildet daher ein beachtliches Potential, an dem die Politik nicht vorbeigehen kann."* Das muss man sich noch einmal durch den Kopf gehen lassen. Da schaffen sich Politiker und politische Beamte mit Steuergeldern (!) eine Öko-Sturmabteilung, um auf deren Druck hin der Bevölkerung gutmenschliche Öko-Correctness und später höhere Steuern zu verordnen!

In seiner Rede geht Hartkopf auch darauf ein, wie die Ökoquisition die Medien zu nützlichen Idioten machte. Er drückt es etwas vornehmer aus und spricht von *„Tendenzinformationen"*, mit denen die Zeitungen – besser wäre Zeitgeistmacher – gefüttert wurden. Zur Glaubwürdigkeitssteigerung der gezielt in die Welt gesetzten Ökotartarenmeldungen erschienen Berichte in Wissenschaftsjournalen, die nach Hartkopf *„aus der Feder von Beamten stammen, wenn man die Veröffentlichungen von Professoren und ihren beamteten Mitarbeiter an Universitäten mit einbezieht. Die Fülle der substanziellen Fachartikel ist so groß, dass die Wirtschaft weder von der Menge noch von der Qualität her mithalten kann."* Als einzelne Bundesländer in den Siebzigerjahren versuchten überzogene Grenzwerte im Interesse der Wirtschaft abzuschwächen, wurden sie nach Hartkopfs Aussagen *„mit Hilfe der Medien wegadministriert"* [5].

Das Medium wurde somit selbst zum Medium, zum Transportmedium der politisch gewollten Wirklichkeitsverzerrung – der blanken Manipulation, wie der ehemals sehr bekannte Fernsehjournalist Franz Alt 1976 in einem Anfall von Ehrlichkeit in *Bild der Wissenschaft* eingesteht: *„Meine Erfahrungen beschränken sich ... auf die politischen Magazine. Aber natürlich gibt es hier keinen objektiven Journalismus, aber natürlich müssen wir manipulieren – im Fernsehen noch mehr als beim Rundfunk und bei der Zeitung und im Magazin noch mehr als bei der Tagesschau. Ein Journalist, der sein Tun reflektiert, wird die Subjektivität seiner Arbeit nicht bestreiten können ... Diese Manipulation ist nötig und möglich. Da sich aber in einem Ordnungssystem mit freier Publizistik die intentionale Manipulation* *nicht ausschließen lässt, ist wesentlich, dass es einen Pluralismus der Manipulationen, Manipulationsziele und Manipulationstechniken gibt. Es gibt keine Information ohne Manipulation ...*[6]."

Folgt man dem Kieler Agrarwissenschaftler von Alvensleben, dann spielt bei Ökodressurakten wie der BSE-Schnurre die *Bildkommunikation* eine Schlüsselrolle[7]: „Bilder sind ‚schnelle Schüsse ins Gehirn'. Sie werden von den Konsumenten schneller wahrgenommen und besser in Erinnerung behalten. Sie unterlaufen die gedankliche Kontrolle der Empfänger ... Verbraucher werden durch diese Bildwirkung auf eine Weise konditioniert, wie sie rational schwer zu kontrollieren ist."

Ohne Flimmerkiste wäre die tägliche Ökohorrormanipulation niemals derart erfolgreich gewesen. Der Generaldirektor des italienischen Fernsehsenders RAI wünschte sich schon vor Jahren, seine Mitarbeiter sollten vor einer Sendung bekennen, welche Partei sie wählen. Das ließ sich natürlich nicht durchsetzen. Geschähe dies in Deutschland, gäbe es reihenweise Reklamationen bei den Händlern, weil jeder meinte, sein Gerät hätte einen Rot-Grün-Stich. Nach einer Infratestumfrage von 1996 wählten von den Fernsehjournalisten: 27 % die Grünen, 25 % SPD, 11 % die CDU und nur 4 % die FDP[8].

Hartkopfs Ökoquisitions-Meisterstück wurde vom Vorstandsmitglied der BASF AG, Dietrich Kley, in einer treffenden Rede kommentiert: *„Im Jahre 1986 hat der ehemalige Staatssekretär im Bundesumweltministerium, Hartkopf, eine bemerkenswerte Rede gehalten.... In dieser Rede beschreibt er, wie eine Clique von Beamten, von ihren umweltpolitischen Zielen überzeugt, begonnnen habe, systematisch ein Netzwerk aufzubauen zwischen Behörden, Umweltverbänden, Medien, um auf diesem Wege die Politik durch öffentlichen Druck zu zwingen, was diese Gruppe als richtig empfand*[a]*. Das System*

[a] Der Autor dieses Buches erinnert sich sehr genau, dass auf einer anderen Baustelle, nämlich in der Bildungspolitik, in Hessen in den späten Siebzigerjahren eine Seilschaft gebildet wurde, die im beruflichen Schulwesen die „emanzipatorische Pädagogik" der Neuen Linken durchsetzen wollte. Dies ist in vieler Hinsicht gelungen, weil ein Referent des Kultusministers gezielt Befürworter der amtlich gewünschten Liebespädagogik mit der Bemerkung „ein guter Mann" förderte.

hat funktioniert und funktioniert noch heute. Die Frage der demokratischen Legitimation wird nicht gestellt. Wie arbeitet das System? Innerhalb des Bundesumweltministeriums und des Bundesumweltamtes, in offensichtlich enger Abstimmung mit den selbsternannten Blockwarten der Nation, den Umweltverbänden, werden Gesetze, Verordnungen und Verwaltungsvorschriften ausgearbeitet. Dabei wird die Zusammenarbeit mit den Verbänden (der Industrie), aber auch mit anderen beteiligten Ministerien und dem Kanzleramt, bis zur allerletzten Minute hinausgezögert, um ja nicht wirtschaftlichen und fachlichen Sachverstand berücksichtigen zu müssen. Gleichzeitig werden die entsprechenden Unterlagen den Umweltverbänden bis zu geeigneten Journalisten zugeschickt, um gegebenenfalls Änderungs- oder Ergänzungsvorschläge über die Presse oder andere Medien sofort – also eine Art Präventivschlag – mit dem Bann des umweltpolitischen Blockierens belegen zu können. Das funktioniert heute so gut, dass Greenpeace mit einem Brief an einen subalternen Beamten des Bundesumweltministeriums die Haltung der deutschen Delegation auf einer internationalen Konferenz bestimmen kann, ohne dass die anderen Ministerien oder das Kanzleramt auch nur eine Chance hätten, dazu gehört zu werden[9]."

Bleibt zu ergänzen, dass Hartkopf unter Klaus Töpfer und Angela Merkel unverdrossen im Umweltministerium wirken konnte. Selten war nach 1933 mehr Manipulation im Lande!

EIN ULKIGES BUCH – REALITYSHOW ODER FICTION?

1967 erschien in Amerika ein merkwürdiges Buch („*Report from Iron Mountain On the Possibility and Desirability of Peace*"), das auf Deutsch unter dem Titel „*Verdammter Frieden*" erschien. Der Text berichtet über ein angebliches Treffen von 15 Spitzenkräften der US-Wirtschaft im Atombunker *Iron Mountain* bei New York.

Nach Überzeugung der Auftraggeber der Konferenz ermöglichte damals nur das „Kriegssystem", stabile Regierungen zu bilden, weil es den notwendigen gesellschaftlichen Druck ausübe, politische Herrschaft zu ertragen. Die 15 Personen sollten nach „wahrhaft Schrecken erregenden stellvertretenden Feinden“ suchen, welche die gesellschaftsstabilisierende Funktion des Kriegssystems ersetzen könnten, wenn es einmal zwischen der UdSSR und den USA zu einem Frieden komme. Die neuen, erfundenen Feinde sollten aufgrund unmittelbarer und ständiger Bedrohung die unerschütterliche Ergebenheit einer Gesellschaft und damit die Anerkennung politischer Autorität sicherstellen[10]. Als neue Klammern demokratischer Gesellschaften wurden von den Teilnehmern der *Iron-Mountain*-Konferenz u. a. diskutiert:

- Glaubhaftmachen einer drohenden Invasion aus dem Weltraum durch UFOs[11,12]
- Wiedereinführung der Sklaverei und Schutz davor durch demokratisch gewählte Regierungen
- „Blutspiele“ als Wiederbelebung der Gladiatorenspiele;
- Wiedereinführung „einer Art spanischer Inquisition auf modernem Niveau“, die dem Ziel der „gesellschaftlichen Reinigung“ und der „Staatsicherheit“ dienen soll

Besonders hartnäckige, sozial unzufriedene, minderbemittelte, psychologisch unkorrigierbare oder anderweitig schwierig integrierbare Individuen sollen statt dem strengen militärischen Reglement „in mehr oder minder eifrige Sozialarbeiter umgewandelt“ werden[13].

Keiner der diskutierten Vorschläge stellte die Experten zufrieden. Deshalb einigte man sich auf eine „zweitbeste Lösung“. Als denkbaren neuen Stellvertreterfeind, mit dem eines Tages die Bedrohung „der Massenvernichtung durch nukleare Waffen“ ersetzt werden könnte, *erfand* man *„die Gefahr totaler Verschmutzung der gesamten Umwelt“*[14].

Leider würde es aber noch zwei bis drei Generationen dauern, ehe diese Bedrohung *glaubhafte* Ausmaße erreichen könnte. Sollten sich aber vorhandene Umweltschutzprogramme hinreichend *aufbauschen* lassen, könnte man die Bedrohung viel früher glaubhaft machen. Damit so richtig Schwung aufkäme, wurde sogar an „ein Programm zur Förderung der Umweltvergiftung“ gedacht[14]. Ziel war, die „forcierte Umweltvergiftung so glaubhaft darzustellen, dass die Gesellschaft sie als wirklich bedrohlich empfindet[10]." Diese Aufgabe sollten Medien und Filmproduzenten übernehmen.

Nach seinem Erscheinen landete der „Iron-Montain-Report" umgehend auf der Bestsellerliste der New York Times, wurde in 15 Sprachen übersetzt und in Deutschland u. a. im *Spiegel* und der *Süddeutschen Zeitung* besprochen. Nur über den Auftraggeber der *Iron-Mountain*-Konferenz schweigt sich das Buch aus. Eventuell wegen des hohen Aufsehens – ganz ist das nie geklärt worden – bekannte der Autor Leonard C. Lewin 1972, er habe sich das Ganze als Satire aus den Fingern gesogen. Bleibt als Fazit: Wenn es auch nicht stimmt, so ist es doch gut erfunden und, noch besser, es wird sogar danach gehandelt.

Spätestens seit den „Protokollen der Weisen von Zion" sollte man mit Verschwörungstheorien äußerst vorsichtig umgehen, dennoch ist es bemerkenswert, wenn man im amerikanischen Original des Berichts des Club of Rome von 1991 (*Die globale Revolution*) folgenden Satz findet: „Auf der Suche nach einem neuen Feind, der uns [die Gesellschaft] wieder zusammenbringen könnte, kam uns die Idee, dass Umweltverschmutzung, die drohende Klimaerwärmung, Wasserknappheit, Hunger und dergleichen das gleiche leisten können[15]." Auch das ist interessant – nicht wahr?

DOM-PÉRIGNON-SOCIETY UND UMWELTSCHUTZ

Vom 8. bis 9. Dezember 1969 traf sich der „Ausschuss für Aufgaben der Modernen Gesellschaft" des Nordatlantikrates zum ersten Mal in Brüssel, um die Umsetzung der 3. Dimension der NATO zu beraten[16,17]. Nixon schickte seinen Sonderberater Daniel P. Monyhan, während die deutsche Regierung durch die Staatsekretäre Ralf Dahrendorf und Günter Hartkopf vertreten war[1,7]. Neben dem Treibhauseffekt, der Luftverschmutzung und anderem mehr ging es um ganz praktische Fragen wie beispielsweise die Unterstützung von „Bürgerinitiativen" und „Pressure Groups"[18].

Dabei waren solche Gruppen keine allzu neue Idee, wie die Existenz des „World Wildlife Fund" (WWF) belegt, der sich um die Rettung des Sibirischen Tigers und des Java Nashorns verdient gemacht hat[19]. Als „Elite-Club“ der Ökobewegung wurde der WWF bereits 1961 unter anderem von Luc Hoffmann, dem Erben des Schweizer Pharma-Konzerns Hoffmann LaRoche, gegründet. Der Milliardär hat sein ganzes Leben dem Schutz von Zugvögeln und den für sie überlebensnotwenigen Feuchtgebieten gewidmet. Im Gegensatz zum Otto Normalmalocher konnte er Beruf und Hobby unproblematisch zur Deckung bringen, denn aufgrund seines Milliardenerbes musste Hoffmann nach seiner Promotion 1952 keinen mäßig bezahlten Job als Chemiker suchen, „sondern konnte sorglos seiner Lieblingsbeschäftigung nachgehen“ – der soliden Finanzierung des Zugvogel- und Feuchtigkeitsgebietsschutzes in der Camargue[20].

Anders als die Greenpeaceleute mit ihrer Ökozirkusakrobatik, sowie der NaBu und der BUND mit ihren Schikaniernummern arbeitet der WWF vornehm geräuschlos wie ein mit Connollyleder ausgeschlagener Zwölfzylinder-Rolls-Royce[21]. Deshalb fanden und finden sich in dem Verein Honoratioren zusammen wie Prinz Philip Herzog von Edinburgh, Prinz Bernhard der Niederlande sowie Schah Reza Pahlevi von Persien. 1971 kam es auf Initiative des WWF zu einer heute recht bizarr anmutenden Koalition zwischen der niederländischen, der französischen, der englischen, der indischen und der südafrikanischen Regierung[20]. Auch der unfreiwillige Held der Regenbogenpresse, der damalige Prinz Charles, der aus Umweltschutzgründen bei der Jagd auf Bleimunition verzichtet und stattdessen um 40 % weniger giftige Antimongeschosse[b] verwendet, zählt zu den erlesenen Clubmitgliedern. In Deutschland ist man ebenfalls aktiv. Hier wurde die Sektion des WWF vom Mann fürs Liechtensteiner CDU-Spendengeld gegründet, Prinz Casimir von Sayn-Wittgenstein. Zweifellos hat er bei der Grünfärbung der CDU während der Kohlschen Regierungszeit ordentlich mitgetüncht.

[b] Vergleicht man die so genannte LD_{50} bei Meerschweinchen und rechnet auf die Stoffmenge um, dann beträgt die Toxizität von Antimon-Ionen (Oh Gott, Chemie, vollkommen unverständlich!) 60 % der von Blei.

Außer dem WWF wurden und werden auch andere Institutionen der Ökoquisition von denjenigen unterstützt, denen es an nichts fehlt, weder am Rolls-Royce, Maybach, Porsche, 7er BMW, noch an einer Yacht, einem Schloss mit Jagdrecht oder einem Flugzeug. Sie alle sorgen sich, dass steigender *Massenwohlstand* nicht nur ihre herausragende Stellung mindern könnte, sondern auch, dass dadurch „die Schöpfung zerstört wird". Allerdings ist da ein Pferdefuß. Die „Prinzengarde" der Ökobewegung merkt nämlich nicht, wenn der Benzinpreis auf 10 €/l steigt, es sei denn, der Bevölkerung vergeht jegliches Interesse an Konsum und Arbeit, weil ihre Einkünfte in Form von Ökosteuern und -abgaben auf dem „Wir-haben-die-Welt-nur-von-unseren-Kindern-geborgt"-Altar geopfert werden. Dann fehlen plötzlich die zur Aufrechthaltung der Wirtschaft benötigten Kunden. Es fehlen dann auch die Heloten, die den Rolls-Royce putzen und morgens zur Arbeit in die Fabriken oder ins Büro fahren.

Die Sorgen des 2.000-Euro-Otto-Normalverbrauchers sind auch nicht entfernt nachvollziehbar für Leute, die monatlich von 20.000 Euro aufwärts verbraten können. Deshalb haben Maxeiner und Miersch Recht, wenn sie den Ökologismus als „gnostischen Reinheitskult westlicher Eliten" charakterisieren[22]. Dass vor allem die Führungsschicht der Industrieländer dem Ökologismus huldigt, wird vom ehemaligen Bundespräsident Walter Scheel bestätigt, der sich in den Siebzigerjahren für Umweltbürgerinitiativen stark machte, um den nach Nixons NATO-Initiative propagierten Technikgefahren zu begegnen. Auf Vorhaltungen der Interviewpartner, dies könne doch nicht die bürgerkriegsähnlichen Ausschreitungen um Brokdorf rechtfertigen, entgegnete der damalige Bundespräsident: „Ich bin ein Anhänger von Bürgerinitiativen. Das folgt aus meiner Grundeinstellung[23]."

DIE ÖKO-SINGSANG-VEREINE

Den höchsten Unterhaltungswert besitzt Greenpeace – eine geschäftstüchtige Ökomoralsekte[c], die zeitgemäß als Klimagas-Apostel agitiert. Der heutige Öko-Singsang-Verein war einst eine Friedensinitiative, die 1970 vom Quäkerehepaar Dorothy und Irving Stowe gegründet wurde. Derzeit begleitet die Quäker-Idee des „Bearing Witness" (Zeugnis ablegen) noch immer die Öko-Proselyten, wenn mal wieder ein Gasmaskenball vor einen Chemiewerk, ein kleiner Hausfriedensbruch wie beim Brent-Spar-Klamauk oder eine Abseilaktion vom Kraftwerkkühlturm angesagt ist.

Als Gründungsdatum gilt der 15.9.1971.[d] An diesem Tag lief das Schiff „Phyllis Cormack" aus dem Hafen von Vancouver aus, um gegen amerikanische Atomversuche vor der Alëuten-Insel Amchitka zu protestieren. Wahrscheinlich wären die grünfriedlichen Schlauchboothüpfer wieder in der Versenkung verschwunden, hätten ihre tiefreligiösen Gründungsväter nicht den im Südatlantik herumsegelnden Millionär David McTaggart über eine Annonce gefunden. Der brachte auch gleich die brillante Geschäftsidee mit, dem Ökogesangsverein eine straffe, fast paramilitärische Struktur zu geben. Dies hat zur Folge, dass von den 534.713 deutschen Mitgliedern (2004) gerade einmal 37 Personen (0,007 % der Ökoreligionsgemeinschaft) bestimmen, wofür die Ökokirchensteuer – pardon: Beiträge – der Gläubigen auf den Kopf gehauen wird[24,25].

Die Autoindustrie produziert Autos, Schuhfabriken Schuhe, Chemiewerke Farben, Kunststoffe, Seife, Medikamente und anderes mehr. Greenpeace produziert Hysterien und Ängste. Damit treffen sie das kuhwarme, deutsche Romantikergemüt mitten ins Herz. „Angst und Sorge sind ja sowieso deutsche Spezialitäten", schreibt die *Wirtschaftswoche* und erläutert[26]: „Vorsorge und Fürsorge dürfen zwar als gesunde Tugenden gelten. Doch bei den Deutschen

---

[c] Der Spiegel bezeichnete die Organisation einmal als McDonalds der Umweltszene.

[d] Auch hier kamen die „kritischen, netten jungen Leutchen" wieder zu spät, denn Nixons NATO-Umweltinitiative war bereits 1969!

mutieren sie zur Sorge schlechthin.... Eine Million Deutsche, so stellten Wissenschaftler der Universität Göttingen unlängst fest, sind krank vor Sorge. Generalisierte Angststörung nennt die Psychiatrie diese deutsche Volkskrankheit." Dies erklärt nicht nur die Ökomassenpsychose – oder den sanften Ökowahn –, sondern auch den Erfolg der grünen Bewegung in Deutschland. Wäre Greenpeace eine Partei, säßen 1998 die 37 dirigierenden Mitglieder längst im Bundestag und nicht nur ein paar wie 1998 die Abgeordneten Monika Griefahn und Marco Bülow (beide SPD).

Es tut der Beliebtheit des Angstproduzenten auch keinerlei Abbruch, wenn seinen Produktionsbändern ein Flop nach dem anderen entschlüpft[27,28]. Die Journalisten Aune und Graf Praschma haben sogar ein Buch darüber geschrieben, in dem sie eine grünfriedliche Fehlleistung nach der anderen auflisten[29]. Eine Autowerkstatt mit ähnlichen Qualitätsmängeln wäre nach kurzer Zeit pleite! Nicht so Greenpeace. Bedauerlicherweise gibt es für fahrlässiges Schüren von Hysterie- und Angstkampagnen (Volksverhexung) kein Haftungsrecht, sonst hätte die Ökoreligionsgemeinschaft längst Konkurs anmelden müssen. Die Gefahr besteht jedoch kaum, weil der spezifisch deutsche Selbsthass, die *Selbstverstörung und Selbstzerstörung* der linksintellektuellen Schickeria ein hochwirksamer Schutz sind.

In Kanada ist man noch nicht so meschugge und hat den Ökoklabauter-Frauen und -Männern 1999 den Status der Gemeinnützigkeit aberkannt. In der Begründung heißt es, die Organisation handele „nicht im öffentlichen Interesse"; vielmehr sei das Ziel ihrer Aktivitäten, Betriebe stillzulegen, was für viele Menschen „Armut bedeute". Die Richter ordneten Greenpeace auch gleich einem neuen Dienstleistungsgewerbe zu, dem Gewerbe des Bangemachens [30,31]. In Deutschland ist der Psychokonzern ein Selbstläufer und so attraktiv, dass sogar gestandene Industriemanager zu Greenpeace wechseln wie 1997 der ehemalige Leiter des Vorstandsstabs des Bertelsmann-Buchkonzerns, Walter Homolka[22].

Wie Greenpeace arbeitet, offenbarte sich 1995, als der Umweltkonzern den Ölmulti Shell des Ökoficiums bezichtigte, weil die Firma einen großvolumigen, leeren Blechkanister im Nordatlantik versenken wollte (Achtung, Ökoschaumtüten: Hier ist wegen Verharmlosung engagiert-kämpferische Empörung angezeigt!). Wahrheitswidrig wurde von Greenpeace behauptet, nicht der Nordatlantik, sondern die Nordsee sei für die Entsorgung der Brent Spar vorgesehen. Außerdem seien noch 5.500 t Öl darin vorhanden – tatsächlich waren es knapp 50 t. Solch kleine Irrtümer um 11.000 % schaden dem Ansehen nicht, sondern erhöhen neben den Unterhaltungswert auch noch die Glaubwürdigkeit der Ökologismus-Prediger. Schließlich lässt sich ein echter Endzeitfreak nicht durch solche Lappalien von seinem Psychowahn kurieren.

Dann wird es besonders interessant. Greenpeace behauptete, die Brent Spar enthalte größere Mengen Schwermetalle, die das Meer hoch belasteten. Hierzu die Fakten:

- Das im Nordatlantik liegende hydrothermale Schlotfeld Broken Spur speist *täglich* zwischen 500.000 Millionen und einer Milliarde Tonnen Schwermetalle in das Meer ein[33]. Das ist das 34.500- bis 69.000fache des Gesamtgewichts der Brent Spar! (Wo bleibt eigentlich der gesunde Menschenverstand der Ökopanikmeister?)
- Nicht zuletzt wegen solcher maritimen Schlotfelder enthält Meerwasser im Verhältnis zum Kontinent 5.000-mal mehr Kobalt, 4.000-mal mehr Mangan, 1.500-mal mehr Nickel, 150-mal mehr Kupfer und 10-mal mehr Zink[34].
- Geht man irrtümlicherweise davon aus, dass sich die in der Brent Spar *elementar vorliegenden* Schwermetalle so leicht wie Kochsalz auflösen würden, wäre der Bleigehalt der Nordsee um 0,000.9 % und der Nickelgehalt um 0,000.003 % angestiegen[35]. Das war's.

Da man bekanntlich dem Öko-Homosapiens-sapiens alles, aber auch wirklich alles einschwätzen kann, benahm sich halb Deutschland wie eine vom Hornissenschwarm gestochene BSE-Rinderherde.

Die umweltfreundlichste Entsorgung des Öltanks wäre die Versenkung im Nordatlantik gewesen. Darüber waren sich damals und sind sich heute die Fachleute einig[36,37]. Für 60 Millionen Euro wurde die Brent Spar vor der norwegischen Küste in große Zylinder zerschnitten. Schon die Energiebilanz fällt für die Ökopharisäer katastrophal aus. Statt des von den Versenkungsgegnern behaupteten Nettoenergiegewinns von 50.000 Giga-Joule brachte die Zerlegung einen Nettoenergieverlust von 115.000 Giga-Joule. Die Versenkung hätte nur eine Emission von 4.000 t CO_2, 70 t NO_x (Stickstoffoxide) und 3 Tonnen SO_2 bewirkt. Im Gegensatz hierzu wurden bei der von Greenpeace verlangten Zerlegung 11.000 t CO_2, 116 t NO_x und 179 t SO_2 in die Atmosphäre eingetragen [37].

Statt 60 Millionen hätten die Versenkungskosten weniger als 25 Millionen Euro gekostet. Würde es mit rechten Dingen zugehen, müsste Shell den Differenzbetrag von Greenpeace gerichtlich einfordern. Wegen des moralischen Ansehens und des damit verbundenen hohen Erpressungspotentials der Ökokapellmeister passierte natürlich nichts. Im Nachhinein hat sich der Ökomoralkonzern bei Shell entschuldigt. Das allerdings war reine Heuchelei, sonst hätte Thilo Koch, der damalige Greenpeacechef, nicht geäußert, die falschen Messungen von Greenpeace auf der Brent Spar seien von untergeordneter Bedeutung gewesen, „der Kampf gegen Shell aber habe unheimlich Spaß gemacht“, tönte es nach der Abbitte aus der Ökokonzernzentrale[38].

In einem Leserbrief bringt es FAZ-Leser Pöhlmann auf den grünfriedlichen Punkt[39]: „Die manipulierten Fakten sind notwendig, um Unbedeutendes zu einem Katastrophenszenario aufzublasen. So zeigt man Präsenz und belegt die Notwendigkeit von Greenpeace. Aber: Es geht nicht um den Schutz der Umwelt, es geht um Macht, Einfluss auf Politik, Industrie und Gesellschaft und letztendlich um viel, viel Geld.“ Tatsächlich war die Kampagne notwendig, weil Greenpeace in Geldschwierigkeiten steckte.

Patrick Moore, ein ehemalig führendes Mitglied von Greenpeace, charakterisierte die Ökopriester: „Eine Bande wissenschaftlicher Analphabeten mit Gestapo-Taktiken[40]... Emotionen waren schon immer die Stärke von Greenpeace. Wir wussten (in der Gründungsphase), wie man Auftritte so dramatisch inszeniert, dass die Fernsehsender nicht widerstehen konnten. Ich finde, man darf emotional wirkende Bilder, Filme oder Reden einsetzen, wenn die Sache wahr und gerecht ist. Wenn sie jedoch nicht stimmt, ist es egal, welche Taktik oder Rhetorik man anwendet. Es bleibt eine Lüge[41]."

Dann legt Moore noch eins drauf und sagt: „Greenpeace hat sich von der Logik und Wissenschaft entfernt.... Das lenkt die Öffentlichkeit ab und schadet dem Umweltschutz. Brent Spar war ein typisches Beispiel. Das Versenken dieser Ölplattform im Atlantik hätte keinerlei ökologischen Schaden angerichtet. Auch mit der totalen Ablehnung gentechnisch veränderter Nahrungsmittel erweist man meiner Meinung nach weder der Umwelt noch den Menschen einen Dienst."

Wissenschaftlich fundierte und lösungsorientierte Naturschutzgruppen werden noch lange überleben. Greenpeace gehört nach Moores Ansicht nicht hierzu. Längst hat der McDonalds der Umweltszene wie jeder andere Konzern eine betriebliche Alterssicherung aufgelegt. Moore kommentiert: „Ich hatte mir die Umweltbewegung nicht als bürokratischen Betrieb mit Rentenanspruch vorgestellt[41]." Das schadet den grünfriedlichen Schlauchboothüpfern überhaupt nicht. Nach 50-jährigem Greenwash-Prozess können sie tun und lassen, was sie wollen. Klagt das Ökotanzorchester gegen die Bahn, weil diese ein „giftiges" Herbizid verwendet, wird sofort gesprungen – auch wenn die Toxizität geringer als die von Kochsalz ist[42]. Natürlich reagierten die Veranstalter der Olympischen Spiele in Melbourne 2000 ebenfalls sofort, als Greenpeace gegen Kühlsysteme agitierte, die mit angeblich das Klima gefährdenden Kühlmitteln laufen[43].

Meist ist bei Aktionen des Öko-Singsangvereins auch ein Kasperltheater angesagt, wie im Fall der Firma Nestlé, die in Deutschland einen amerikanischen Krokantschokoriegel namens „Butterfinger" anbieten wollte. Greenpeace meinte, da seien „schrecklich gefährliche Gen-Erdnüsse" drin, deshalb pappten grünfriedliche Öko-Clowns in Schutzanzügen Gefahrenhinweise an die Regale: „Achtung, genmanipuliert!"[44,45] Nestlé beugte sich dem Ökoschrullenkonzern, widerrief und räumte die Lager. Pikanterweise musste ausgerechnet das von 1998 bis 2005 regierende rot-grüne Panikorchester kurz vor seinem Abgang gentechnisch veränderte Lebensmittel aufgrund einer EU-Regelung zulassen[46].

Wenn's um die Freude am Nörgeln geht, macht Greenpeace selbst vor der ehemaligen Verbraucherschutzministerin Renate Künast nicht Halt. Angeblich wäre sie untätig, weil die gesetzlich erlaubten Höchstmengen für Pestizide in Lebensmitteln deutlich angehoben wurden. Bis 2003 seien 391 Werte erhöht und nur 145 Grenzwerte abgesenkt worden[47]. Welch grässlicher Schrecken, welches „Siechtum" da lauert, wird bewusst, wenn man sich vor Augen hält, dass die meisten heute zugelassenen Pflanzenschutzmittel eine Toxizität in der Größenordnung von Kochsalz besitzen und der gesetzliche Grenzwert der Stoffe 0,000.0001 Gramm pro Liter beträgt. Wo bleibt eigentlich der kritische, gesunde Menschenverstand?

Von der Politik ermuntert mischt die Szene überall mit. Ein Beispiel ist der von 1970 - 2009 verhinderte Weiterbau der Autobahn A 7. Die Straße soll die Bewohner der Allgäu-Orte Roßhaupten, Rieden, Hopferau, Seeg, Weißensee, Pfronten und Nesselwang von Abgasen, Straßenlärm und Stau in den engen Ortsdurchfahrten entlasten. Weil dagegen sein dem Ökologismus dient und andere ärgern einen unschätzbaren Spaßfaktor hat, blockierte der „Bund für Umwelt- und Naturschutz Deutschland" (BUND) jahrzehntelang den Weiterbau des 14,3 km langen Autobahnabschnitts.

Mit ständig neuen Einsprüchen vor Gericht schikanierten die Öko-Ordensbrüder und -schwestern geplagte Straßenanwohner bis zum Weißbluten. Nicht nur den Autofahrern, auch den Bürgern platzte der Kragen, wie man aus dem Internet erfahren konnte: „Mit seiner starren Vorgehensweise hat der Bund Naturschutz seine Glaubwürdigkeit verloren; er stempelt sich zum ewigen Neinsager und wird zum Ärgernis für die Mehrheit der Bevölkerung." Das hat System, wie die jahrelange Blockierung der dringend notwendigen Neutrassierung der B 299/B 304 nördlich von Traunstein durch den BUND belegt. Die Philosophie der Naturapostel ist schlichten Geistes lautet: Der Bau von Straßen zieht mehr Verkehr an. Als würden die Leute mehr Autos kaufen, wenn neue Verkehrswege gebaut werden. Mehr Gaga geht nicht.

Auch Arbeitsplätze werden von den Öko-Singsang-Vereinen ins Visier genommen. Beispielsweise sabotierten 1994 balzende Trappvögel den Aufbau Ost, weil der NaBu fürchtete, der Weiterbau eines Betonwerkes würde die brütenden Vögel stören[48]. Auch anderweitig hintertreibt die Ökoquisition erfolgreich den „Aufbau Ost", wie die Ostseeautobahn A 20 belegt. Obwohl die Schnellstraße dem Land Mecklenburg-Vorpommern mit damals 20 % Arbeitslosen zugute kommt, wurde sie erst 2005 mit 13-jähriger Verzögerung fertig. Der Autobahn stellten sich nämlich Balz rufende, scheue Wachtelkönige (lat. Crex crex), Großpilze, die EU-Flora-Fauna-Habitat-Richtlinie (FFH) und Mollusken entgegen. Im Namen krabbelnder Käfer, Frösche und des Crex crex klagte der BUND jahrelang erfolgreich gegen das Projekt und bekam Unterstützung von einer „in die Jahre gekommenen Jeanne d'Arc mit ihrem ökologischen Scharfrichter", wie der FDP-Fraktionsvorsitzende Kubicki die Schleswig-Holsteinsche Landesregierung samt grünem Umweltminister charakterisierte[49].

Überall mengen die „Öko-Geschaftlhuber" mit, keine Mobilfunkantenne, keine Autobahnerweiterung, keine neue Brücke, kein geplantes Fabrikgebäude, keine Müllverbrennungsanlage, keine Baugebietserweiterung und Ortsumgehung entgeht der „Weltmacht in Grün", wie der Spiegel die Öko-Bewegung charakterisierte. Besonders Golfplätze, die ja nur dem Vergnügen „der Reichen" dienen, werden schon in der Planungsphase abgewürgt[50]. Soll eine Mosel-Brücke gebaut werden, blockiert der BUND erfolgreich, weil die Brücke ein vom Grau-, Schwarz- und Mittelspecht bewohntes Vogelschutzgebiet überspannen würde[51].

Die Würgemerkmale der Ökogarotte kann jeder wahrnehmen, der mit wachen Augen das Zeitgeschehen beobachtet. Selbst die beliebte Silvestersendung „Dinner for One" geriet ins Visier der Moralelite, weil ein präparierter Tigerkopf darin vorkommt, über den der angesäuselte Diener ständig stolpert. 1996 meinten Artenschützer: „Dies sei keine gute Anregung für Zuschauer[52]" und wollten die Sendung verbieten lassen. Bei der Cartoon-Sendung „Roadrunner", in der die Zeichentrickfigur „Karl der Coyote" ein Missgeschick nach dem anderen erlebt, ist es der Moralelite tatsächlich gelungen. Anfang der Achtzigerjahre intervenierte eine rheinland-pfälzische Landtagsabgeordnete erfolgreich beim ZDF. Die Sendung wurde abgesetzt, weil sie gegen eine gefährdete Tierart gerichtet und rassendiskriminierend sei – irrer geht's nicht.

Wenn's ums Ökonirwana geht, kümmern Mehrheiten einen feuchten Kehricht. Obwohl sich 70 % der Wähler von Edertal, Frankenau und Vöhl gegen die Ausweisung des Kellerwalds als Nationalpark aussprachen, paukte die Grün-Junkszene mit allen Mitteln das Ideologieprojekt durch[53]. Dies verwundert nicht allzu sehr, denn wir leben, seit die 68er sich durchsetzen konnten, in einer *Demokratur*, in der ein Denknormdirektorium der Guten die Richtlinien der Politik bestimmt. Hans-Hermann Hoppe spießt dies in seinem Buch „Demokratie: Der Gott, der keiner ist" mit den Worten auf: „Deutschland ist kein freies Land[54]." Es fällt schwer, ihm zu widersprechen.

Auch im Kleinen sind die „Bürger"-Initiativen höchst erfolgreich. Ausgerechnet die grüne Umweltministerin Margarete Nimsch bezog 1997 verbale Prügel. Eine an Boshaftigkeit kaum zu überbietende rechthaberische Bürgerinitiative „Crumschter[e] gegen SVA" nahm sie in einer Podiumsdiskussion kräftig in den Schwitzkasten, weil sie gemäß der Rechtslage die Verbrennung von 1.000 t italienischen „Giftmülls" durch die Hessische Industriemüll GmbH (HIM) genehmigen musste[55,56]. In Wirklichkeit handelte es sich bei den „hochgiftigen Abfällen" um mit Wasser verdünntes Aceton, das in Italien bei der Filmproduktion anfiel. Zur Erinnerung: Mit Aceton lösten sich die Damen den Nagellack von den Fingernägeln[f]. Ein Abgrund von Umweltvergiftung!

Da man bekanntlich dem Öko-Homo sapiens sapiens alles einreden kann, forderte die Bürgerinitiative erfolgreich ein Biomonitoring[57]. Ergebnis: Der Betrieb der HIM ergibt keine nennenswer-

[e] Mit „Crumschter" ist der hessische Ort Crumstadt gemeint.
[f] Weil die Nägel wegen Fettverlust dadurch brüchig werden können, werden heute meist Ersatzstoffe verwendet.

te Zusatzbelastung an Dioxin, polychlorierten Biphenylen (PCBs), Schwermetallen und anderen Schadstoffen für das hessische Ried. Müllverbrennungsanlagen sind heutzutage sogar Dioxinsenken, weil der zur Verbrennung kommende Müll mehr von dem Giftstoff enthält als die anfallenden Abgase und Schlacken. „Wer seine Umwelt liebt, verbrennt den Müll am besten", sagte der Karlsruher Prof. Vogg anlässlich einer Anhörung[58].

Längst ist die Ökoquisition in Form der NGOs international tätig. Bereits 2003 hatten sich im Europäischen Umweltbüro (EUB) 124 Umweltorganisationen aus 25 Ländern zusammengeschlossen, die den Willen der Ökoschrullen erfolgreich in der EU durchsetzen[59]. Somit sind wir auf dem besten Weg zu einer europäischen Lösung – zur europäischen Öko-Volksdemokratie.[g]

WOHIN DIE REISE GEHT

Seit 1970 verfolgen grüne Ideologen äußerst erfolgreich eine Methode geschichtlich bewährter Herrschaftserlangung: Zunächst werden wie beim Hexenwahn die Menschen mit unsäglichen Bedrohungsszenarien erschreckt und verdummt. Dazu brauchte man beim schrill-schrulligen Grünwahn lediglich eine Reihe Ökobeelzebuben an die Wand zu malen und schließlich das Maleficium gegen das Ökoficium auszutauschen. Sieht man dann vom notorisch-krankhaften Missbrauch der modernen chemischen Ultraspurenanalyse ab – dem modernen Hexenhammer -, dann besteht der einzige Unterschied nur noch in der Auswahl der Schuldigen. Es sind die Energieerzeuger mit ihrer 2023 abgeschalteten Kernkraft, die Chemieindustrie, das Handy samt Elektrosmog, der Autofahrer – kurz, die ganze moderne, technische Zivilisation. Ihnen hat man die Rolle der alten, auf den Besen reitenden Weiber zugedacht. Nachdem jahrelang äußerst erfolgreich mit erfundenen

[g] Einen leichten (!) Dämpfer erhielt der beabsichtigte Aufbau der „europäischen Räterepublik" vorerst durch die ablehnenden Referenten zur europäischen Verfassung in Frankreich (Mai 2005) und den Niederlanden (Juni 2005).

Katastrophen gedroht wurde, verheißen heutzutage grüne Zeitgeistpriester das Ökonirwana durch Nachhaltigkeit, Carsharing, Senkung des Lebensstandards, „gen- und chemiefreie" Nahrung sowie freudig geduldete Abzockerei zur Förderung alterna(t)iver Energien.

Weil die staatlich gelenkte Hysteriereiterei wie geschmiert schnurrt, bescheiden sich immer mehr verunsicherte Bürger mit dem Glauben statt der kritischen Nachfrage: Ist das auch alles wahr? Dies hat in Deutschland zu einer gepflegten Technikfeindlichkeit geführt, die uns so schnell keiner nachmacht. Nicht zuletzt aus diesem Grund ist die Diesseitsreligion Ökologismus äußerst perfide: Sie sperrt den Homo sapiens sapiens in eine Denkfalle, erschwert den technischen Fortschritt und ebnet den Weg für totalitäre Regierungsstrukturen, ähnlich wie sie im Werk „1984" von George Orwell oder im Roman „Schöne neue Welt" von Aldous Huxley beschrieben wurden.

Huxley skizzierte 1932 eine Welt, in der vollkommen *fremdbestimmte* Menschen für ihren jeweiligen Verwendungszweck gezüchtet werden und als Psychotonikum täglich Dosen der Glücksdroge „Soma" schlucken. „Die Liebe zur Sklaverei kann nicht fest verankert sein", schreibt Huxley, „wenn sie nicht das Ergebnis einer tiefgehenden persönlichen Revolution in den Gemütern... der Menschen ist. Um diese herbeizuführen, bedarf es unter anderem einer sehr verbesserten Methode der Suggestion."[60] Er nennt das Prinzip Hypnopädie – ein didaktisches Mittel, dessen sich die moderne Ökovolkspädagogik in Form gebetsmühlenhafter Wiederholungen falscher Behauptungen bedient[h]. Offensichtlich war Huxley vor 70 Jahren seiner Zeit weit voraus, denn der „*B*rut- *u*nd *N*orm*d*irektor", der die Züchtung von Menschen mit den gewünschten Eigenschaften und *Bewusstsein* überwacht, heißt in der deutschen Übersetzung pikanterweise BUND.[67] Selbst multilaterale Behörden, die, wie

[h] Weder ist der Wald gestorben, noch ist nach Aussagen der seriösen wissenschaftlichen Literatur jemals ein Mensch durch DDT oder Dioxin an Krebs erkrankt. Gestorben ist lediglich der gesunde Menschenverstand.

die EU, nicht demokratisch legitimiert, die Bürger in ein Netz freiheitsfeindlicher Gesetze einspinnen, erahnte Huxley bereits, denn sein Utopia der Soma-Glückseligen wird von einem „Weltaufsichtsrat" (WAV) regiert[66].

Der WAV kommt den Vorstellungen des ehemaligen Chefs der Weltbank, James Wolfensohn, recht nahe, der in einem FAZ-Interview äußerte: „Wir brauchen einen Exekutivausschuss, der die Erde regiert[61]." Den jugendfrohen Aufbruch dorthin haben die Regierungschefs bereits eingeleitet. Im Kleinen, in Europa, gibt die EU immer mehr Normen vor, denen sich die Mitgliedsstaaten zu beugen haben. Im Großen hat sich die UNO zusehends zur Weltgouvernante gemausert. Ein Glied in dieser Regierung besonders guter Gutmenschen ist die UN-Umweltschutzorganisation, die UNEP, die den Weltgipfel von Rio 92 einberufen hatte, auf dem die Obrigkeiten der Welt die Agenda 21 verabschiedeten. Mit der Agenda 21 wird das erste globale Programm zur Umsteuerung unseres Wirtschaftssystems bezeichnet, aus dem 1997 das Kyoto-Protokoll hervorging, das die deutsche Ökoquisition benutzt, um der Industrie sowie den Bürgern nachhaltig besonders tief in die Tasche zu greifen.

Eine Weltwohltatenbürokratie ist auch das Ding von Jürgen Trittin, der wegen des Radikalenerlasses in den Siebzigerjahren noch nicht einmal Ministeriumspförtner hätte werden können. 2001 schwärmt er von einer „Weltumweltorganisation", die den Industrieländern und deren Bürgern zeigt, wo's langgeht und liegt damit genau auf der Rille des ehemaligen französischen Staatschefs Jacques Chirac, der den Umweltschutz zum globalen Thema des 21. Jahrhunderts erklärte[62]. Der Ökoaktionismus soll in Frankreich sogar Verfassungsrang erhalten[63]. Auch Emmanuel Macron verfolgt das Ziel weiter.

Im Ergebnis brandmarkt die Ökoquisition alle die Menschen, deren Überleben von der Umwandlung der Natur in eine Kulturlandschaft abhängt, als Umweltzerstörer. Deshalb sind wir alle schuldig und bedürfen ständig der staatlichen Aufsicht und Bevormundung. Zwar können wir wie bei der Erbsünde durch Ablasszahlungen (Ökosteuern und Spenden) an selbsternannte Weltenretter (Regierungen und Öko-NGOs) unsere Schuld mindern, aber niemals tilgen. Mit welcher Unverfrorenheit dabei vorgegangen wird, offenbarte Greenpeace 2001, als die Organisation die größten amerikanischen Unternehmen aufforderte, sich binnen einer Woche (!) von der Klimapolitik des amerikanischen Präsidenten George W. Bush zu distanzieren. Im Weigerungsfall müssten die 100 größten Konzerne mit weltweiten Gegenmaßnahmen rechnen[64]. Man fasst es nicht – Greenpeace als Welthausmeister und Nebenregierung!

1997 wagte der CSU-Abgeordnete Singhammer noch ein offenes Wort und sprach von Unbehagen, wenn rein private Organisationen wie Greenpeace in Konkurrenz zur Politik träten: „Die demokratische Legitimierung der Spitze dieser oder anderer Organisationen mag innerverbandlich sichergestellt sein, fußt jedoch niemals auf allgemeinen, freien und geheimen Wahlen[65]." So ist es.

In meinem ersten ökologismus- und demokraturkritischen Buch, „Der tägliche Ökohorror" sprach ich von einer sanft-rabiaten Eindrittelgesellschaft, die die Mehrheit der Bürger zunehmend entmündigt[68]. Die Ursache liegt in der deutschlandspezifischen Ausformung der Demokratie, die Minderheitenmeinungen einen zu großen Einfluss lässt. In der Schweiz mit ihrer direkten Demokratie ist so etwas kaum möglich.

Im o.g. Buch zählte ich etliche Beispiele auf, wonach 1/3 der Wähler typischen links-grünen Zielen zustimmt. Daran hat sich gar nichts geändert – im Gegenteil! So wurde die Abschaltung der letzten drei deutschen Kernkraftwerke am 22. April 2023 nur von ca. einem Drittel der Bürger bejubelt. Gut 70 % wollten die Meiler weiter laufen lassen. Ähnliche Ergebnisse resultieren, wenn es um die Behinderung des Autoverkehrs durch Verengung der Fahrbahnen zugunsten von Fahrradwegen geht. Die Einwohner Wiesbadens und des Umlandes können hiervon ein Liedchen singen.

Die Gendersprache – ein typisch links-grünes Projekt – wird sogar von über 80 % der Deutschen abgelehnt. Aber trotzdem wird folgsam gegendert – zumindest in den Medien. Es lebe die Demokratur!

3. Das Waldsterbens-Elend

Entsinnen wir uns. 1971 forderte Magaret Mead von den Wissenschaftlern plausible Szenarien, mit denen man die Bevölkerung in Panik versetzen könne (s. S. 80). Prompt wurden die erwünschten Drehbücher geliefert, so dass Ende der Siebzigerjahre ein grandioses Schauerspiel aufgeführt werden konnte. Plötzlich jagte die Ökoquisition fiktive, dürre Gestalten auf klapperigen Gäulen über einen schwefelgelben, gespenstisch fahlen Himmel. Apokalyptische Saure-Regen-Reiter machten sich über den deutschen Wald her – das Jüngste Gericht nahte mit unvorstellbarem Grauen! Wunschgemäß sträubten sich beim deutschen Ökojammertaler die Nackenhaare. Das Endzeitgrammophon tönte, die Bäume seien von einer „unsichtbaren Pest", einem „ökologischen Hiroshima" bedroht. Die Panikproduzenten schwebten im siebten Himmel, war ihnen doch ein echtes Meisterstück gelungen, das ihnen so schnell keiner nachmacht.

Die deutsche Romantikerseele, vom kuhwarmen Glück am Dorfbrunnen träumend, war zutiefst verstört. Ganz besonders, wenn sie im VW-Käfer traurig knatternd den Schwarzwald heimsuchte und meinte, die Tannennadeln fallen zu hören. Vom vergötterten Transportmittel zum Mordinstrument war es nur ein Sprung. Unheilschwanger tönte die *taz*: „Jeder weiß, dass ‚Auto fahren' ein Synonym für ‚Bäume töten' ist."[1] Wo aber soll Waldi das Beinchen heben, wenn alle Bäume futsch sind? Der deutsche Wald, in dem Sylphen, magische Geister, der Schatzhauser und die sieben Zwerge leben, liegt im Koma – nur weil unverbesserliche Komfort-Suchtknochen die Blechlawine am Rollen halten und bei Schlotbaronen der Schornstein qualmt.

SCHWEFEL, TOD UND TEUFEL

12 Jahre nach Nixons Umweltinitiative bejammerte der *Spiegel* das Waldsterbenselend:[2]

- In den Wäldern tickt eine Zeitbombe, weil „Schwefel – jener Stoff, an dem im Mittelalter der Teufel zu erkennen war" freigesetzt wird. 1978 quoll so viel davon aus Industrieschloten, Auspuffrohren und Haushaltschornsteinen, dass auf jeden Europäer exakt 46,42 kg kamen[a]. Die Folge, so der Spiegel: Wissenschaftler registrieren ein „millionenfaches Baumsterben".
- Nicht nur SO_2, auch Fluor aus Glashütten (Frankenwald) und die gefährliche Flusssäure aus Aluminiumwerken (Hamburg, Altes Land) sollten angeblich den Wald meucheln.
- Ökohorror ohne Grenzen – denn die Hochschornsteinpolitik der Siebzigerjahre würde die Schadstoffe nur in weiter entfernte Regionen verteilen. „'Acid rain' geht in den Vereinigten Staaten nieder", schrieb das Magazin, „wo der Säuregrad von Seen bisweilen dem des menschlichen Magensafts entspricht." Und weiter wurde geheult: „Die Franzosen säbeln uns den Schwarzwald ab und wir helfen den Engländern, die skandinavischen Wälder auszurotten." Nordische Gewässer seien so sauer wie Weinessig. Deshalb wären bereits 20.000 kristallklare Seen so gut wie tot, und 10.000 würden folgen.
- Weil der saure Regen aus den Alumosilikaten des Bodens toxische Aluminiumionen freisetze, würden die Wurzeln der Bäume verätzt.[3,4] Ein Märchen, das sich bis heute hält. Fachleute befürchten erste Vorzeichen einer weltweiten Umweltkatastrophe von unvorstellbarem Ausmaß.

---

[a] In der DDR waren es damals 118 kg/Kopf und in der Tschechoslowakei 103 kg/Kopf. Das aber waren gute Schadstoffe, weil sie aus sozialistischen Ländern kamen – dem damals heiß ersehnten Paradies der schrecklich intelligenten Intellektuellen.

- „Am Westhang des Bayerischen Waldes modern bereits vier Fünftel aller Fichten", tönte der Spiegel als damaliges Zentralorgan der Ökoquisition.
- Und weiter ging die Litanei: In Nordrhein-Westfalen seien 58 % der untersuchten Fichten akut gefährdet, während in der Rhein-Main-Region bereits 3.000 Hektar Wald mit dem Tod rängen.
- „Neuere Forschungsergebnisse nähren böse Befürchtungen", meinte der *Spiegel*. Die Männchen der Furchenbiene seien gegen Schwefeldioxid besonders empfindlich (die arme Furche). Davon könnten auch andere Insekten betroffen sein. Deshalb wäre das Sexualleben der Bäume mangels Bestäubung akut gefährdet. Auch die Menschen seien jetzt an der Reihe – zwar nicht mangels Sex, aber: „Es sieht auch nicht nach Zufall aus, dass im Saarland wie in Nordrhein-Westfalen, Länder mit besonders hoher SO_2-Belastung, Krebserkrankungen der Atmungsorgane besonders häufig auftreten."

Abschließend kartete der *Spiegel* in seiner Endzeitverheißung von 1981 nach und behauptete, „hochgiftiges Blei, Cadmium und Thallium" nebst Stickoxiden aus PKW-Auspuffrohren und hoch belasteten Klärschlämmen würden unausweichlich zu Nierenleiden und Erbschäden führen.

HILFE, DIE ATEMLUFT WIRD KNAPP!

Ein guter Freund, der vom Mediengetöse beeindruckt der Ökoquisition Anfang der Achtzigerjahre manches abnahm, war jedes Mal erstaunt, wenn im Frühjahr die Bäume erneut ausschlugen. Wie viele glaubte er damals, der Sauerstoff würde knapp und in jedem Fall unter 21 % sinken, weil die Photosynthese in toten Bäumen nicht abläuft. Möglicherweise wäre die Menschheit dem Erstickungstod ausgeliefert! Stimmt das? Nein! Erstens kann der Mensch Sauerstoffgemische bis hinunter zu 8-9 % gerade noch ohne Schaden in seiner Lunge verwerten.[5] Zweitens wird mehr als 2/3 des atmosphärischen Sauerstoffs von Algen im Meer erzeugt.[6]

Landpflanzen spielen die zweite Geige. Das sei hier schon einmal zur Milchmädchenrechnung des Klimazweigs der Ökoquisition angemerkt, die allen Ernstes meint, man könne durch Waldanpflanzung den CO_2-Gehalt der Luft merklich reduzieren (CO_2-Sequestrierung). Dem ist nicht so, wie James Lovelock, der „Erfinder" der Gaia-Hypothese, herausfand. Nach seinen Untersuchungen erzeugt der brasilianische Urwald so viel Sauerstoff (Photosynthese), wie er verbraucht (Verwesung). Nicht zuletzt deshalb ersetzt die Photosynthese aller Pflanzen jährlich gerade einmal 0,027 % des gesamt vorhandenen Sauerstoffs.[7] Abgesehen davon ist der atmosphärische Sauerstoffvorrat mit 10^{15} t so gewaltig, dass er um weniger als 2 ‰ sinken würde, wenn man sämtliche zur Zeit bekannten fossilen Brennstoffe (Öl, Kohle, Erdgas) verheizen würde. So viel zum Thema Ersticken.

DIE DIRIGENTEN DES WALDPANIKORCHESTERS

Zur Untermauerung des Waldschauermärchens fabulierten 1982 die Feld-, Wald- und Wiesengelehrten Schütt, Wentzel und Ulrich in *„Bild der Wissenschaft"*[8]: „Eine Kulturkatastrophe – Der deutsche Wald stirbt." Und legten dann richtig los: Wegen „Ätzschäden infolge plötzlicher hoher SO_2-Konzentrationen" würde der Wald schwarz dastehen und leiden. Der Göttinger Bodenkundler Ulrich meinte herausgefunden zu haben, dass die Pflanzen infolge der Bodenversauerung vermehrt Giftstoffe wie Chrom, Nickel, Blei und Kupfer aufnehmen. Infolge der Giftigkeit der Metallionen komme es zwangsläufig zu Schäden an Rinden, Knospen und Trieben. „Dies gilt besonders dann, wenn stark saure Nebel- und Wolkentröpfchen die pH-Werte um 2,7 aufweisen können, in die Krone von Bäumen eingetragen werden, die bereits durch Wurzelschäden geschwächt sind."

Als Chefdirigent der Wald-Opera-buffa legte Prof. Ulrich kräftigst nach: „Es besteht kein Grund zu der Annahme, dass der Mensch davon ausgeschlossen ist. Das Baum- und Waldsterben in Mitteleuropa als der am längsten und am stärksten belasteten Großregion der Erde deutet aus unserer heutigen Sicht darauf hin, dass die Abwehrmechanismen sowohl einzelner Individuen als auch die ganzer Ökosysteme einer solchen Dauerbelastung nicht gewachsen sind."

Leider verhielt sich die Industrie nicht gerade sehr geschickt. Statt einen mit erheblichen Mitteln ausgestattete Fonds zu gründen, der die Luftballons der Ökoquisition durch harte Fakten von morgens bis abends zum Platzen gebracht hätte, duckte sie sich weg und wiegelte matt ab. Offensichtlich waren die Industriebosse durch Hartkopfs Bubenstück auf Schloss Gymnich vollkommen verunsichert (s. S. 81). Dazu hinterließ man einen verheerenden Eindruck wie im Fall der Farbwerke Hoechst AG, deren Umweltsachverständiger anlässlich einer Anhörung meinte, in einem hochindustriellen Land gebe es halt ein gewisses Risiko für die Pflanzenwelt, das in Kauf genommen werden müsse. Außerdem wäre da noch die Möglichkeit, dem Land eine andere, widerstandsfähigere Vegetation zu verschaffen.[2]

DES KAISERS NEUE KLEIDER

Tatsächlich war das Waldsterbenselend nichts anderes als eine *nachhaltige* Bewusstseinstrübung, wie das amerikanische „National Acid Precipitation Assessment Program“ (NAPAP) belegt. In einem 500 Millionen Dollar teuren zehnjährigen Dauerversuch überprüften 700 Wissenschaftler die Wirkung des „sauren Regens“. Dazu hatte man Setzlinge in einer Art Glashaus auf möglichst schlechtem Boden gezogen und an Stelle von natürlichem Regen nur mit Wasser von pH = 4,2 berieselt. Die Säurebelastung war damit zehn mal höher als die maximale gemessene Umweltbelastung in natürlicher Umgebung. Statt die Nadeln hängen zu lassen, erfreuten sich die Bäumchen bester Gesundheit und gediehen prächtig![9] In ihrem Bericht schrieben die Wissenschaftler: „Es gibt keinen einzigen Beweis für ein generelles oder unübliches Waldsterben in den Vereinigten Staaten oder in Kanada aufgrund von saurem Regen.“[10]

Dies ist keine Einzelmeinung. „Die Waldsterben-Szenarien der frühen Achtzigerjahre haben sich nicht bestätigt", schrieb 1994 der Ordinarius für Allgemeine Botanik Otto Kandler und zählt auf:[11]

1. 1900 bis 1928 ordnete man in der Schweiz 16 – 41 % des Waldbestands der Schadstoffstufe 2-4 zu. Fünfzig Jahre später, zwischen 1978 und 1986, waren es sogar nur 16 – 21 %.
2. Nadelanalysen, Jahresringmessungen und „landesweite Inventuren des Ernährungszustands der Wälder" zeigen keinerlei Zusammenhang der behaupteten Schäden mit Stickstoffbelastungen durch Gülle. Entgegen den Erwartungen gedeihen Wälder an extrem verkehrsbelasteten Autobahnen trotz sehr hoher NO_x-Luftbelastung bestens. „Lediglich an den besonders mit Fäkalien belasteten Autobahn-Rastplätzen ohne Entsorgungseinrichtungen weisen Kiefern- und Fichtennadeln überoptimale N-Gehalte (> 2 %) auf, aber ohne ausgeprägte Verfärbungen oder andere Schäden zu zeigen[b]."
3. Auch Ozon ist als Übeltäter auszuschließen. Experimente mit Ozonbegasung ergeben keine Verminderung des Magnesiumgehaltes und damit einhergehender Vergilbung der Fichtennadeln[c].
4. Rauchschäden durch hohe SO_2-Konzentrationen (100 - 140 mg/m^3) beschränkten sich auf Fichtenwälder am Kamm des Erzgebirges in Höhen von 900 m. Ähnliches war im Ruhrgebiet Ende des 19. Jahrhunderts zu beobachten, wo Nadelbäume auf Flächen von 80 km^2 abstarben. *Die Bodenversauerungshypothese ist deshalb nicht haltbar.*
5. Genauere Untersuchungen belegen deutlich höhere Schäden bei *neutralen* bis *basischen* pH-Werten der Waldböden! Zur Klärung der Versauerungshypothese hatte man drei nebeneinander liegende 80-jährige Fichtenparzellen auf saurem

[b] Mit N ist das Elementsymbol von Stickstoff gemeint. (Weshalb mir die Anmerkung notwendig erscheint, kommentiere ich an dieser Stelle nicht.)

[c] Magnesium ist Bestandteil des grünen „Blattfarbstoffs" Chlorophyll.

Humusboden unterschiedlichen Bedingungen ausgesetzt. Die eine Parzelle wurde mit der 20fach erhöhten SO_2-Luftbelastung bei pH = 2,7 beregnet. Die andere Parzelle hatte man dagegen gekalkt. Nach 8 Jahren wurde verglichen. In der *sauer* beregneten Parzelle *lagen die Schäden um 22 % niedriger* als in der vollkommen unbehandelten Kontrollfläche. Die Fichten in der gekalkten Parzelle wiesen sogar *mehr* Schäden auf als die in dem unbehandelten Vergleichsareal. Das war's.

Liest man die hier zitierte Veröffentlichung Kandlers unvoreingenommen, bleibt als Resümee: Die neuartigen Waldschäden haben mit dem „sauren Regen" so viel zu tun wie Hitler mit dem Friedensnobelpreis. Spricht man Waldbesitzer darauf an, kommt meist die stereotype Antwort: „Weshalb muss ich dann in meinem Forst den Boden kalken?" Ganz einfach, weil Wissen gegen Glauben ausgetauscht wurde.

MEUCHELN OZON, INSEKTEN UND FÄKALIEN DEN WALD?

Für das Ökovolkstheater vom Waldsterben konnte bislang weder ein eindeutiger Beweis noch eine eindeutige Ursache gefunden werden. Das passiert immer, wenn man einer *Fiktion* aufsitzt. Eine herbe Enttäuschung für die Waldsterbensbegleiter bereitete eine Untersuchung von 1990. Die Wissenschaftler fanden heraus, dass in Nadeln, die durch den sauren Regen bedingt einen besonders hohen Schwefelgehalt aufweisen, die Photosynthese vollkommen ungestört und normal abläuft.[12] Obwohl bereits dadurch der Saure-Regen-Luftballon platzt, wird unermüdlich weiter gedudelt.

Damit die Ökoquisition dennoch Recht behält, hat man den ganz normalen Borkenkäferbefall umfunktioniert. Die Priester des Öko-Sado-Maso-Kults trommeln unverfroren bar jeglichen Beweises, die Bäume seien erst durch Schadstoffeinwirkungen für die Insekten schmackhaft geworden. Das kann nicht sein, denn mehr oder minder starker Insektenbefall gehört seit alters her zu den „strukturierenden Elementen des Nadelwaldes".[13] Hier meldet sich der von der Ökoquisition ganz und gar nicht geschätzte kritische, gesunde Menschenverstand und fragt: „Welche Industrie, welche Autos haben zur Römerzeit oder im Mittelalter Schadstoffe emittiert?" Wer jetzt meint, man könne Öko-Sprechtüten mit großen Portionen gesunder Logik zum Verstummen bringen, täuscht sich. Den Endzeitpriestern geht es in Wirklichkeit weniger um die Umwelt als um die ökoheilige Freude am Nörgeln und Nölen – Heilung hiervon ist eigentlich ein Betätigungsfeld für Psychotherapeuten.

1994 konnte man in einer Veröffentlichung des Freiburger Botanikers Mohr ein Ölgemälde aus dem Jahr 1832 (!) bewundern, auf dem Weißtannen deutlich das Schadbild der „neuartigen" Waldschäden aufweisen (Storchennest-Wipfel, subapikale Verlichtung). Weil Waldschäden demnach nichts Neues sind, machte Mohr den erhöhten Ammonium-Stickstoffeintrag verantwortlich: „Das Kardinalproblem bleibt die Entsorgung der unaufhörlich wachsenden Menge tierischer Exkremente und menschlicher Fäkalien."[14] Was machen die Kargheitsapostel der Ökoquisition draus? Richtig: Schnitzel- und Bratenesser scheißen mit stickstoffhaltigen Fäkalien den Wald tot.

1997 erschien in einem Wissenschaftsjournal ein Artikel, der unter der Rubrik „Fröhliche Wissenschaft" abgeheftet werden sollte. Danach sei alles noch viel komplexer als bisher angenommen. (Nebenbei bemerkt ist das Komplexitätsargument eine Allzweckkeule der Gutmenschen, mit der sie Pragmatiker attackieren.) Nach Meinung der Forscher ist die zu *saubere* Luft am Waldsterben schuld! Die Melodie geht so: Wegen des Rückgangs basischer Schwebeteilchen in der Atmosphäre durch gesetzliche Regelungen zur Staubemission (TA-Luft) würden die geringer gewordenen SO_2–Mengen nicht hinreichend neutralisiert und könnten ihr zerstörerisches Werk durch Aluminiumionen-Freisetzung im Waldboden fortsetzen. Einfach irre – eine Nummer für den Lachsack.[15]

Zum „Wald zerstörenden" Ozon sei angemerkt, dass dieses der Hypothese nach aus Kohlenwasserstoffen wie Toluol entsteht, die, kaum dem PKW-Auspuff entwichen, mit Stickstoffmonoxid über einen komplexen Mechanismus zu Ozon reagieren.[16] Dem ist entgegenzuhalten: Bei Verletzung oder Nährstoffentzug emittieren viele Pflanzen Toluol[d], eine Verbindung, von der man bis 1999 meinte, sie stamme aus Verkehrsemissionen.[17] Auch produzieren die Wälder andere Ozonvorläufersubstanzen und zwar in erheblichen Mengen. Es sind die besonders bei Hitze emittierten Terpene, welche den würzigen Geruch von Tannennadelgrün charakterisieren.[18] Der Eintrag ist so hoch, dass der Schwarzwald, wäre er ein Industrieunternehmen, wegen zu hoher Terpenemission nicht genehmigungsfähig wäre. Zum Vergleich: Pflanzen setzen jährlich 1.000 Mio. t Kohlenwasserstoffe frei, die als Ozonvorläufersubstanzen in Frage kommen. Allein die Eichen bringen es auf 450 Mio. t, während es die technische Zivilisation gerade einmal auf 100 Mio. t schafft.[19,20]

Schwarzwaldkurorte warben früher mit ihrer würzig-gesunden, ozonhaltigen Luft. Da es aber den „Verkehrsentschleunigern" in Gemeinderäten, Bürgerinitiativen und Amtsstuben weniger um die Freude am Fahren als um die Freude am Schikanieren geht, würden sie den Schwarzwald am liebsten in die Tempo-100-Klinik einliefern. Dies, obwohl Tempo-100-Versuche keine „Schadstoff"-Minderung brachten, genauso wenig wie Tempo-30-Zonen. Vielfach ist der Luftschadstoffgehalt sogar gestiegen![21]

NARRHALLAMARSCH UND ABGESANG

Für Prof. Ulrich war das Waldsterbenselend ein glänzendes Geschäft. Er bekam 1998 für die von ihm ausgelöste Hysterie von der Umweltstiftung 1 Million Mark.[22] Das rettet die falsche Theorie nicht. Der Polit-Waldfriedhof hat mit Sicherheit nichts mit dem sauren Regen zu tun. Massive Rauchschäden waren und sind vielmehr nur in einigen Gegenden, wie im Erzgebirge, zu beobachten.[23]

[d] Die DFG (Deutsche Forschungsgemeinschaft) stuft Toluol übrigens als fruchtschädigend (Embryo schädigend) gemäß der Klasse C ein. Da zwischen dem im Chemiebetrieb verwendeten Toluol und dem „Bio-Toluol" der Bäume kein Unterschied besteht, müssten nach dem „Vorsichtsprinzip" – das irrste Konstrukt der Ökoquisition – auch Pflanzen als Ursache für behinderte Kinder in Betracht gezogen werden.

Die Ernüchterung, der kalte Guss, kam in den Neunzigerjahren. Gestützt auf das Gutachten von 17 Forstwissenschaftlern berichtet das Bonner Forschungsministerium 1997: „Eine Ableitung von Waldschäden aus der Erhebung des Kronenzustands ist nach heutigen Erkenntnissen nicht möglich."[24] 2002 gab die Bayerische Landesanstalt für Wald- und Forstwirtschaft (LWF) lapidar bekannt: „Lichte Baumkronen sind wahrscheinlich kein Krankheitsbild....Je älter ein Baum, desto schütterer seine Krone." Auch dem Bundesforschungsminister dämmerte 1997, die Waldschadensstatistik sei wissenschaftlich nicht haltbar. *Auf Nachfrage beteuerte der Minister, der Druck von Umweltschutzgruppen „war ausschlaggebend dafür, dass das unzulängliche Verfahren zu einer Dauereinrichtung wurde"*.[25] Unglaublich, wo leben wir eigentlich?

Die deutsche Marotte kursierte in Spanien als „El Waldsterben". Die wenigsten Fernsehzuschauer merkten, dass ein und dieselben Bilder einmal für das Erzgebirge, dann für den Schwarzwald oder den Bayerischen Wald und ein andermal für das Fichtelgebirge herhalten mussten. Der Sachbuchautor Holzinger lieferte nach eingehender Analyse einschlägiger Medienberichte den Abgesang: „Der deutsche Wald stirbt im Trommelfeuer, in analogen Bildern von Krankheit und Katastrophe. Der ‚Waldfriedhof' ist das besiegelte Schicksal einer Genese, die von der Wissenschaft angestiftet und von den Journalisten begierig aufgenommen wurde.[26]" Zur Erinnerung: In Bad Kissingen sprach Hartkopf von „Tendenzinformationen" (!), mit denen man die Medien versorgen ließe. Diese stammten *„aus der Feder von Beamten, wenn man die Veröffentlichungen von Professoren und ihrer beamteten Mitarbeiter an Universitäten mit einbezieht* (vgl. S. 81)*"*. Ganz offensichtlich kann man der Journaille vorsetzen, was man will; wenn sich ein schöner, brühwarmer Ökosud draus kochen lässt, dann wird er dampfend serviert. So 1973, als im *ARD* der SO_2-Schocker „Smog" von Wolfgang Menge lief. Die Handlung ging von einer über viertägigen Smogwetterlage im Ruhrgebiet aus. Unter düsterer Musikuntermalung bahnte sich langsam die „menschverursachte Umweltkatastrophe" an. Anfänglich wunderten sich die Bewohner, dass es nicht hell wurde, dann lösten sich die Nylonstrümpfe von Hausfrauen im „Säurenebel" auf. Schließlich verachtfachten sich die Todesanzeigen. Hektische Aktivitäten bei Politikern und Behörden waren die Folge. Fiktion und Dokumentation wurden von Wolfgang Menge derart geschickt miteinander verflochten, dass während der Ausstrahlung etliche Zuschauer vollkommen aufgelöst beim Fernsehsender anriefen. Zur Abwendung einer Massenpanik musste der WDR ein Spruchband mit dem Hinweis einblenden, dass es sich bei *„Smog"* um eine fiktive Fernsehsendung handelt. Hier wird besonders klar: Politik wird mit Bildern gemacht!

Liest man heute, was der *Spiegel* 1981 schrieb, kann man sich nur noch an den Kopf langen: „Für den Göttinger Professor Bernhard Ulrich besteht schon kein Zweifel mehr, was die kahlen Tannen in den Forsten und die dahinkümmernden Alleen in den Städten ankündigen. Europa und womöglich die gesamte westliche Hemisphäre...stünden am Anfang einer sich über mehrere Generationen dahinziehenden Waldvernichtung durch industriell erzeugte Luftschadstoffe wie Schwefeldioxid .... *Die großen Wälder sind nicht mehr zu retten.*"[2] Wörtlich wurde 1981 behauptet: *„Im Jahr 2000 werden wir keine Straßenbäume mehr in den Städten haben."* Der Münchner Waldforscher Peter Schütt setzt noch eins drauf: „Wenn Ulrich Recht hat, droht die gigantischste Umweltkatastrophe, die es je gab."[2]

Man braucht sich nur einmal in einer Großstadt umsehen, um den Sauren-Regen-Moritatensong als Phantasmagorie zu entlarven. Die Straßenbäume stehen immer noch, und der Wald ist auch nicht verschwunden. Obwohl die Luftreinhaltungsgesetze der letzten Jahre durchaus zu begrüßen sind, scheiden sie als Nothelfer der Tannen aus. Die tatsächlich auf Rauchschäden zurückzuführenden Waldeinbußen sind nämlich äußerst geringfügig. Sie betragen gerade einmal 0,3 % der 2,5 Mio. km^2 großen europäischen Forstfläche[27]. Dennoch: Wissenschaftlich fundierte Fakten und vor allem die Realität können gleichgeschaltete Endzeittrompeter nicht aus dem Ökotakt bringen. Unverdrossen verkündete die *rot-grüne* Bundesregierung 2001, auf 42 % der Waldfläche wiesen die Bäume leichte Kronenausdünnungen auf und 22 % seien deutlich geschwächt.[28]

Offensichtlich sterben die Bäume noch immer für die Statistik der Ökoquisition, obwohl die Waldfläche seit dem Krieg um mehr als 5,5 % zugenommen hat und weiterwächst.[29] 2004 setzten die Sirenendreher sogar noch eins drauf und behaupteten im Waldzustandsbericht: „Der deutsche Wald ist so krank wie nie zuvor."[30] Dies sieht der Waldforscher Reinhard Hüttl vollkommen anders: „Das europäische Waldsterben war ein Konstrukt."[31] ***Sogar Bernhard Ulrich, der das Waldsterbenselend vor Jahren auslöste, schrieb 1995 in einem Aufsatz: „Die Hypothese von einem großflächigen Waldsterben für die nahe Zukunft ist nicht von Daten gedeckt und kann verworfen werden."*** [32]

Bleibt anzumerken: Das Waldsterben wäre nie derart hochgekocht, hätte die Kohl-Regierung 1983, anstatt das Aktionsprogramm „Rettet den Wald" zu beschließen, auf kritische Wissenschaftler („Skeptiker") gehört. Die Gründe erläutert Günter Keil (s. S. 64): „Die Regierung Kohl (BML I. Kiechle, J. Borchers) hatte ihren Apparat nicht unter Kontrolle. Dessen Forstabteilung vermochte ihre CDU-Minister über die gesamte Regierungszeit zu manipulieren … Mit der Übernahme des BML/BMVEL durch die Grünen erbten diese ein frisch gehaltenes Umweltpanikthema – zur weiteren Nutzung … Die CDU-Landwirtschaftsminister haben somit ihre politischen Gegner erst mit aufgebaut und später gefördert."[33] So ist es: Die CDU, so abenteuerlich wie das klingt, hat die Grünen erst richtig hoffähig gemacht – und zwar in den frühen Achtzigerjahren.

Ganz offensichtlich ist nicht der Wald krank, sondern der kritische, gesunde Menschenverstand. Er liegt wahrscheinlich sogar auf der Intensivstation und ringt mit dem Tod. Möglicherweise wurde er auch bereits in den Achtzigerjahren des vergangenen Jahrhunderts auf dem Sauren-Regen-Waldfriedhof verscharrt. Wenn nicht, dann hat es ihn spätestens beim DDT erwischt, dem wir das nächste Kapitel widmen.

Wegen der hohen Giftwirkung auf den gesunden Menschenverstand kommt das Waldsterben im Kapitel 11 noch einmal auf den Tisch.

4. Die DDT-Paniktrompeter

Selten besitzt eine chemische Verbindung für die Ökogebetsmüller so viel Fetischcharakter wie das DDT. Wer die Ultragefährlichkeit des Insektizids in Frage stellt, macht sich eines schweren Ökofiziums schuldig. Genau das soll hier geschehen, denn die Ökohorrorphantasien sind hochgradig politisch manipuliert. Zunächst ist zu fragen, weshalb hält man die Verbindung für so gefährlich? Die Antwort lautet schlicht und einfach: Es war die erste Verbindung, auf die sich die Ökobetriebsszene noch vor Richard Nixons NATO-Initiative von 1969 stürzte, weil eine geeignete Messmethode zur Verfügung stand, mit der DDT im Ultraspurenbereich bestimmt werden konnte.[1]

Zwischen 1940 und 1972 wurden 4 Millionen t des Insektizids, für das der Chemiker Paul Hermann Müller 1948 den Medizinnobelpreis bekam, in die Umwelt eingetragen. In Verruf geriet die Verbindung, weil man plötzlich immer mehr Eierschalen von Brutvögeln fand, die so dünn waren, dass sie nicht bebrütet werden konnten. Schuld sei das DDT, das im Fettgewebe der Tiere gefunden wurde.[2,3] Eine klassische Korrelation und kein eindeutiger Beweis. (Näheres siehe Seiten 19 ff) Dem Ökologismus mit seiner Ökoquisition reicht das!

Im „Alten Testament" des Ökologismus, dem Bestseller „Der stumme Frühling" („Silent Spring"), schrieb die Meeresbiologin Rachel Carson 1962: „Zum ersten Mal in der Geschichte der Welt ist jedes Lebewesen heute dem Kontakt mit gefährlichen Chemikalien ausgesetzt, und zwar vom Augenblick der Empfängnis bis zum Tod."[4] Die gefährlichste aller Chemikalien aber sei DDT.

Und hier muss noch einmal betont werden: Nicht die 68er, sondern die Konservativen rührten in Deutschland als Erste den DDT-Ökogedönsbrei an. Zeitungen, die wahrhaftig nicht der linken Gutmenschenszene zuzuordnen sind, marschierten vorneweg. Am 13.9.1970 erschien in der *Welt am Sonntag* ein Aufsatz mit dem Titel „Wir, die Selbstmordgesellschaft". Darin wurde DDT als Ultragift beschrieben, das der Menschheit kaum noch eine Überlebenschance lässt. Auch die FAZ brachte am 22.1.1969 einen Anti-DDT-Artikel mit dem Titel „Wie eine Atombombe um die Welt." *Die Bunte* (24.3.1970) und der *stern* (3.5.1970) preschten nach. Da die Journaille den Wünschen Staatsekretär Hartkopfs folgend ein beachtliches Ökohupkonzert veranstaltete, beschloss das Kabinett Brandt 1971 – obwohl es noch keine Grünen gab (!) – ein „Sofortprogramm der Bundesregierung für den Umweltschutz". Seit dem 7.8.1972 gibt es in der BRD ein DDT-Anwendungsverbot.

Auslöser des hektischen Aktionismus war das oben erwähnte Buch von Frau Carson. Der Wissenschaftler Edwards von der San Jose State University (Kalifornien) ist es Seite für Seite durchgegangen und fand serienweise gravierende Fehler.[5] Der gröbste ist wohl die Behauptung, *heutzutage brauchten wir vor Infektionskrankheiten keine Angst mehr zu haben, weil Chemikalien wie DDT wesentlich gefährlicher seien.* Hiervon würde die Erde und die Menschheit bedroht. Eine solche Behauptung ist reine Blasphemie angesichts von AIDS, Ebola, SARS, Malaria, Corona, resistenten Erregern und der Rückkehr der Tuberkulose. Abgesehen davon sterben allein in Deutschland jährlich 10.000 Patienten an Krankenhauskeimen, wohingegen von DDT-Spuren in der Luft, im Trinkwasser oder im Salatkopf bislang niemand nachweislich geschädigt wurde. Es sei denn, er leidet ökoreligiös beeindruckt an der „multiplen chemischen Sensitivität" (MCS, engl.: Multiple Chemical Sensitivity). Und selbst bei dieser so genannten „Chemiekrankheit" gibt es keinerlei Zusammenhang zwischen Chemikalienexposition und Erkrankungssymptomen.

DAS STUMME VOGELNEST

Das DDT-Verbot beruht hauptsächlich auf folgenden vier Argumenten:

- Die Eierschalen von wild lebenden Vögeln sollen durch DDT dünner werden. Kaum sitzt die Vogelmutter auf dem Gelege – schon macht es knacks.
- DDT soll krebserregend sein.
- DDT soll mutagen sein.
- DDT soll teratogen sein[a].

Außerdem wird gegen das Insektizid vorgebracht, es wäre fischtoxisch und würde sich wegen der schweren Abbaubarkeit (Persistenz) in der Natur akkumulieren. Lange Zeit konnte die Solidargemeinschaft der Endzeitängste damit auftrumpfen. Heute sieht man es in der Wissenschaft – nicht in den Medien und der Politik – differenzierter. Inzwischen kann als gesichert gelten, DDT wird unter Einwirkung von UV-Licht sehr schnell zu CO_2 und Chlorwasserstoff (HCl) abgebaut.[6,7] Eine Eigenschaft, die es übrigens mit dem Seveso-Dioxin gemeinsam hat. Richtig ist, dass sich DDT, durch die Nahrungskette bedingt, im Fettgewebe anreichern kann.[8] Dort ist es aber biologisch völlig unwirksam – wie übrigens auch Dioxin.[9]

Wie hieb- und stichfest ist das Eierschalenargument? Überhaupt nicht! Beispielsweise ging in England 1945/46 die Eierschalendicke der Wanderfalken dramatisch zurück, obwohl das Insektizid erst drei Jahre *später* in größeren Mengen ausgebracht wurde.[10] Vielleicht wirkt aber DDT auch dann schon, wenn es noch gar nicht in die Umwelt gelangt ist.

Der Hypothese nach soll die Eierschalenverdünnung vor allem durch das Abbauprodukt des DDT, das DDE, verursacht werden. Dies meint man durch Hochdosis-Tierversuche belegt zu haben, bei denen man Stockenten bis zum 100fachen der normalen DDE-Belastung aussetzte. Unter diesen Bedingungen waren die Eierscha-

---

[a] mutagen = Erbgut verändernd; teratogen = führt bei Keimdrüsen und Embryonen zu Fehlbildungen

len im Gelege tatsächlich 13 % dünner, was man auf eine von DDE verursachte „enzymatische Dysfunktion“ im Eileiter zurückführte.[11,12,13]

Ist das tatsächlich ein Beweis? Nein! Hier ist eine erste Bewertung angebracht. Was beim Hexenwahn das peinliche Verhör oder die Hexenprobe, ist beim Ökologismus der *Hochdosis-Tierversuch*, bei dem man die Tiere so lange einer steigenden Dosis der verdächtigen Chemikalie aussetzt, bis man endlich eine Erkrankung beobachtet[b]. Motto: 1 kg Giftstoff pro kg Ratte, und das Tier ist tot. Wer hätte denn das gedacht? Mit Hochdosisversuchen gelingt es sogar, durch Kochsalz oder Vitamin A bei Mäusen Krebs auszulösen!

Wie bei der mittelalterlichen Folter, bei der die mutmaßliche Hexe gelegentlich behauptete, mit den verhörenden Pfaffen am Blocksberg um den Ziegenbock getanzt zu haben, gehen auch Hochdosis-Tierversuche ab und an vollkommen in die Hose. So offenbarten Fütterungsexperimente mit extremen DDE-Dosen bei Wachteln und Hühnern entgegen den Hoffnungen der Schadstoffpriester keinerlei Wirkung.[7] Andere Forscher fanden bei Möwen sogar eine strenge *negative* Korrelation zwischen DDE-Rückständen in Eiern und der Schalendicke. Zu gut Deutsch: Die Eierschalen waren umso dicker, je mehr „DDE-Gift“ im Eiweiß nachgewiesen werden konnte.[10] Auch etliche Finkenarten verstießen hartnäckig gegen die „Ecopolitical Correctness“. Nach kräftigen DDT-Mahlzeiten legten sie Eier, deren Schalen bis zu 7 % dicker als gewöhnlich waren.[14] Ganz offensichtlich hat die Ökoquisition mit ihrer DDT-Hysterie ein dickes Windei gelegt. Heute wird vermutet, das beobachtete Phänomen der dünnen Eierschalen sei weniger auf DDT bzw. DDE als vielmehr auf polychlorierte Biphenylen (PCB) in der Umwelt zurückzuführen.[6]

[b] Wie im nächsten Kapitel näher erläutert, wird diese Vorgehensweise von den bestens mit der Materie vertrauten Berkeley-Forschern Bruce N. Ames und Lois Swirsky Gold für nicht beweiskräftig gehalten.

KREBS UND SIECHTUM DURCH DDT?

Aus Hochdosis-Tierversuchen meint man herleiten zu können, DDT sei krebserregend, wobei Leberkrebs und Lungenkrebs dominieren. Hierzu die Ergebnisse von Tierversuchen:

- Leberkrebs kann man bei Mäusen im Hochdosis-Tierversuch auch mit Kochsalz oder Phenobarbitalen (Schlafmitteln) auslösen.[15]
- Ungarische Forscher verabreichten Mäusen 3 ppm DDT im Futter, und zwar über fünf Generationen hinweg. Eine andere Gruppe bekam unbelastetes Mäuse-Müsli. Im Vergleich zu dieser Kontrollgruppe erkrankten die mit DDT gefütterten Tiere 14-mal häufiger an Lungenkrebs. Auch war die Lymphom- und die Leukämierate deutlich erhöht.[16]
- Eine andere Forschergruppe verfütterte 46,4 mg/kg – das 853fache der Durchschnittsbelastung – über eine Schlauchsonde. Bei dem Hochdosisversuch wurde erwartungsgemäß ebenfalls eine erhöhte Krebsrate gefunden.
- In anderen Versuchreihen versagte der Hochdosis-Tierversuch schmählich. Obwohl man Hamster sinnbildlich bis zum Erbrechen mit DDT fütterte, kam es nicht zu Krebserkrankungen – den armen Tieren war nur ganz furchtbar schlecht.[17]

Wie verhält es sich beim Menschen? Hierzu gab und gibt es noch immer genügend menschliche „Versuchskaninchen". Es sind die Fabrikarbeiter, freiwillige Versuchspersonen und Anwender. Zur letztgenannten Personengruppe muss man die Bewohner von Häusern in der Dritten Welt zählen, deren Wände jahrelang im Rahmen des Antimalariaprogramms der WHO mit DDT derartig besprüht wurden, dass sich vielfach eine Kruste bildete. Untersuchungen belegen, dass die Betroffenen *keine* erhöhte Erkrankungsrate aufweisen. Auch haben sie nicht weniger Kinder, obwohl behauptet wird, DDT bzw. DDE beeinträchtige die Fortpflanzung[c].[6] Im Gegenteil,

[c] Man spricht von endokrin wirkenden Substanzen, wobei DDT 1/8.000.000 der Wirksamkeit von Östradiol besitzt.[19] In Sri Lanka, wo viel DDT gesprüht wird, beträgt das Bevölkerungswachstum 1,8 %, in Deutschland ist es trotz DDT-Verbot nahezu Null.

in der Dritten Welt ist das Bevölkerungswachstum trotz DDT am stärksten. Erst nachdem man die Verwendung des Insektizids einschränkte, ging der Zuwachs zurück – weil mehr Menschen Opfer von Malaria und anderen Tropenkrankheiten wurden. Ein wahrhaft stolzer Sieg der Ökoquisition mit ihrem „Vorsichtsprinzip"! Die weiteren Fakten:

- Mark Ortelee vom U.S. Public Health Service untersuchte eine größere Gruppe Arbeiter, die in der DDT-Produktion beschäftigt waren und beim Entleeren der Produktfilter mit ihren Gummistiefeln in Tonnen des Insektizids herumwateten. Ortelee fand keinerlei Gesundheitsbeeinträchtigungen bei den Personen, obwohl sie über Jahre hinweg der 200fachen Durchschnittsbelastung eines Amerikaners ausgesetzt waren.[18]
- Ein anderes Beispiel ist die Montrose Chemical Corporation in Kalifornien, die von 1947 bis 1982[d] nichts anderes als DDT produzierte. Man untersuchte langjährig tätige Arbeitnehmer und fand, dass ihr DDT-Spiegel im Körperfett bis zu 647 ppm betrug. Das ist die 80fache Belastung eines Durchschnittsamerikaners. Beim offenen Hantieren mit dem „Ultragift" inkorporierten die menschlichen Versuchskaninchen täglich etwa 18 mg – ohne jegliche Gesundheitsbeeinträchtigung![20] Auch das ist interessant: Jährlich führten die Fabrikarbeiter ihren Körpern mindestens 3.600 mg DDT zu. Weil aber das Insektizid so „hochgefährlich" ist, darf 1 g Hausstaub höchsten 0,005 mg davon enthalten.[21] Sonst droht Gefahr, meint die Ökoquisition. Um auf die Belastung der oben genannten Arbeitnehmer zu kommen, müsste ein Mensch täglich 200 g Hausstaub essen, der mit dem Zehnfachen des Grenzwerts belastet ist. Guten Appetit!
- In den Fünfzigerjahren wurde in den USA Gefängnisinsassen, die sich freiwillig zur Verfügung stellten, über einen länge-

[d] Nach dem DDT-Verbot von 1972 wurde für den Export in malariaverseuchte Länder produziert.

ren Zeitraum täglich bis zu 35 mg DDT verabreicht. Das ist das *1.000fache der Belastung* des Durchschnittamerikaners während der *höchsten* Belas*tungsphase*, als DDT noch tonnenweise versprüht wurde. Bei den Gefangenen wurden auch nach längerer Zeit keinerlei Schäden irgendwelcher Art beobachtet – auch keine erhöhten Leberwerte.[22]

In diesem Zusammenhang sind erste Überlegungen zu Grenzwerten angebracht. Bei DDT gibt die WHO für Trinkwasser einen Grenzwert von 2 Mikrogramm pro Liter an.[23] Nimmt man einmal ein Trinkwasser, das mit dem 100fachen dieser Größe belastet ist, dann müsste ein 70 kg schwerer Mann jeden Tag 175 l der ultrahoch belasteten „Giftbrühe" trinken, um auf jene 35 mg DDT zu kommen, die den zuletzt genannten menschlichen Versuchskaninchen täglich verabreicht wurden.

MEIN NAME IST RUCKELSHAUS, ICH WEISS VON NICHTS

Was ist zur akuten Toxizität zu sagen? In den Medien wird Alarm geschlagen, wenn irgendwo im Salatkopf 0,001 mg DDT gefunden werden. Hierzu heißt es in einem Standardlehrbuch der Toxikologie und Pharmakologie: „Berufliche Vergiftungen sind wegen der geringen Toxizität des DDT praktisch ausgeschlossen.[24]" Schaut man etwas verwirrt im Vergiftungsregister nach, liest man: Erste akute Symptome treten bei 300 – 500 mg auf. Dazu müsste man mindestens 300.000 der „DDT-verseuchten" Salatköpfe runterwürgen oder 3.000 Liter Wasser trinken, das mit dem 1.000fachen des Grenzwertes belastet ist. Gesundheitsschäden sind nicht auszuschließen, wenn auch aus gänzlich anderen Gründen. DDT ist akut so ungiftig, dass sogar Selbstmordversuche mit 18 g (18.000 mg) noch überlebt wurden.[25] Bei E 605 (Parathion), das vielfach als DDT-Ersatzstoff verwendet wird, reicht beim Erwachsenen bereits 1 g.

Weshalb jaulen dann Ökosirenendreher in höchsten Tönen, wenn 1 Liter Trinkwasser mehr als 0.000.000.01 g DDT enthält? Die Antwort ist schlicht und lautet: Es handelt sich nicht um Naturwissenschaft, sondern um *Politik*, und Politiker irren niemals[e]. Vom August 1971 bis zum April 1972 gab es ein offizielles Hearing vor dem US-Kongress, in welchem Hunderte Sachverständige in unzähligen Gutachten ihre Stellungnahme abgaben. Edmund Sweeney, der Vorsitzende des Komitees, konstatierte am Ende der Anhörung:[26]

- *DDT erzeugt beim Menschen keinen Krebs.*[27]
- *DDT ist von geringer akuter Toxizität.*
- *DDT hat, wenn es sachgemäß angewendet wird, keine schädigende Wirkung auf Süßwasserfische, Brachwasserlebewesen, wild lebende Vögel oder andere frei lebende Lebewesen.*
- *Die DDT-Gegner brachten keine belastbaren Beweise vor.*
- *Es besteht gegenwärtig ein dringendes Bedürfnis für den weiteren Einsatz von DDT.*

Das können demokratische Politiker, die lieber die Zahnbürsten ihrer Kollegen der Reihe nach benutzen, als Fehler einzugestehen, keinesfalls auf sich sitzen lassen. Der Gesichtsverlust der Vierjahreskaiser und -könige – undenkbar! Nun kommt der Jurist William D. Ruckelshaus ins Spiel. Er leitete damals das bereits im Kapitel 2 erwähnte amerikanische Umweltministerium (EPA). Ruckelshaus, der selbst das oben genannte Hearing einberief, überging Sweeneys Zusammenfassung geflissentlich und erklärte: DDT ist hochgefährlich, es ist persistent, verteilt sich überall auf der Welt, vergiftet Fische, beeinträchtigt die Fruchtbarkeit, tötet Vögel und verursacht beim Mensch Krebs.[28] Insbesondere die letzte Behauptung ist nachweislich vollkommen falsch.[29] Dennoch entschied Ruckelshaus kraft seines Amtes, die Anwendung von DDT in den USA ab dem 1.1.1973 zu verbieten. Basta!

Da die Entscheidung von weit reichender Bedeutung war, wurde nachgehakt. Dabei musste Ruckelshaus zugeben, er habe nur kurze Dossiers, aber kein umfangreicheres Schriftstück gelesen, an der Anhörung gar nicht persönlich teilgenommen und den Abschlussbericht des Hearings nicht einmal zur Kenntnis genom-

[e] Weshalb Grenzwerte nur sehr bedingt eine naturwissenschaftliche Basis, aber dafür eine umso stärkere politische Basis haben, wird im nächsten Kapitel erläutert.

men.[28] Offensichtlich hatte es ihn nicht allzu sehr interessiert. Er war damals damit beschäftigt, die EPA, das neue Politspielzeug des US-Präsidenten Nixon, in die Gänge zu bringen. Dies ist ihm bestens gelungen, denn die EPA hat sich zwischenzeitlich zum staatlichen Öko-Hysteriebetrieb mit mehr als 15.000 Mitarbeitern entwickelt.

Als man Ruckelshaus vorhielt, er habe sich ja gar nicht ernsthaft mit der DDT-Problematik auseinandergesetzt, antwortete er: „Letztendlich handelt es sich um eine politische Entscheidung. Im Falle der Pestizide ist die Zuständigkeit, solche Entscheidungen zu fällen, in unserem Lande der EPA übertragen worden. Weil wir uns keine ‚Weichheit' erlauben können, haben wir aufgrund der *politischen Stimmung* so entschieden."[30,31] Mit anderen Worten: Damit der US-Präsident Nixon mit seiner Ökoschrulle glücklich war, brauchte die EPA zwei Jahre nach ihrer Gründung ein Erfolgserlebnis. Für Ruckelshaus selbst war das Politgeschäft mit den Bürgerängsten äußerst rentabel, denn er machte eine steile Karriere unter anderem beim FBI.[32]

NARRHALLAHMARSCH UND ABGESANG

Das Verbot erschien auch deshalb begründbar, weil sich unter hoher DDT-Einwirkung resistente Insekten bildeten.[33] Nicht zuletzt deshalb meinte man bei der Bekämpfung des Malaria-Überträgers, der Anopheles-Mücke, auf das Insektizid verzichten zu können.

Was war das Ergebnis? 1946 gab es in Sri Lanka 2.800.000 Fälle von Malaria, die nach DDT-Einsatz 1962 auf 31 zurückgingen. 1963 stellte man die DDT-Anwendung ein. Daraufhin wurden bereits 1968 wieder 2.500.000 Malariafälle registriert. Seit Anfang der Siebzigerjahre wird wieder moderat mit DDT gesprüht, so dass nach offiziellen Angaben die Fallzahl im Jahr 2000 auf 210.000 sank.[34,35] Zieht man hier einmal ein erstes Resümee, folgt:

- Das Waldsterben war eine Phantasmagorie der Ökoquisition. Entgegen den Prophezeiungen war der Wald nämlich im Jahr 2000 nicht verschwunden. Gesetzliche Regelungen zur

Luftreinhaltung (TA-Luft) hatten hierauf kaum Einfluss, weil u. a. die „Wurzelverätzungstheorie", wonach der saure Regen Schwermetalle im Boden löst, wissenschaftlich unhaltbar ist. Das Waldsterben ist auch deshalb eine Ökofalle, weil die im Fernsehen gezeigten Rauchschäden nur 0,3 % der europäischen Waldfläche betreffen, die von den Medien dem gerade aktuellen „Waldschaden der Woche" zugeordnet wurden.

- Die DDT-Ökofalle ist genauso wenig naturwissenschaftlich begründbar. Im Vergleich zu Nachfolgesubstanzen wie E 605 ist DDT sogar relativ ungiftig. Das Insektizid ist weder karzinogen, noch mindert es die Fruchtbarkeit oder führt zu dünnen Eierschalen bei Vögeln. Auch baut es sich unter Lichteinwirkung nach relativ kurzer Zeit ab, so dass es nicht in dem Maße persistent ist, wie die Schadstoffabteilung der Ökoquisition behauptet. Am Nordpol ist es vor allem deshalb nachweisbar, weil die Methoden der Messtechnik so empfindlich sind und die Zersetzung durch mangelnden Sonnenschein und Kälte behindert wird. Das Insektizid wurde verboten, weil der erste EPA-Direktor William Ruckelshaus den Politikmachern („Policy Makers") ein erstes Erfolgserlebnis liefern musste. Angesichts der Tsunami-Katastrophe vom Dezember 2005 regten sogar der WWF und Greenpeace an, DDT zur Malariabekämpfung wieder stärker einzusetzen – Ökoschizo hoch drei![36]

Nichts offenbart die Heuchelei der gutmenschlich betriebsamen Ökoquisition mehr als das DDT-Verbot, dem in der Dritten Welt Millionen Menschen zum Opfer fielen. Deshalb widmen wir den Öko-Gutmenschen das nächste Kapitel.

5. Im Sozialismus ist noch ein Öko-Himmelbett frei

Mit seiner NATO-Initiative trat Richard Nixon etwas los, das in Deutschland weit reichende Folgen hatte und immer weniger mit Umweltschutz zu tun hat als vielmehr mit der Durchsetzung der ausgeflippten Lifestylepolitik der 68er Generation. Es ist wie eine infektiöse Krankheit – und man muss sich sehr zurückhalten, um nicht von einer geistigen Krätze zu schreiben –, die vor allem die Linke befallen hat. Weshalb, das erläutern die Journalisten Maxeiner und Miersch: „Menschen aus dem politisch links stehenden Milieu entdeckten die Umwelt .... als eine Art Ersatzproletariat."[1] Das verwundert nicht allzu sehr, denn da gibt es etwas, das die Linke abgöttisch liebt – ja, aus dem heraus sie sich sogar definiert. Es ist: dirigieren, regulieren, rationieren, wegnehmen, Mangel verwalten, gleich machen, verbieten und einschränken. Und wenn es besonders gut kommt, dann kann man auch ein bisschen schikanieren – bevorzugt die Autofahrer mit unfallträchtigen Straßenumbauten, absichtlich den Verkehr behindernden Bushaltestellen[a] und Tempo-30-Zonen zum „Entschleunigen" der Gesellschaft. Mit der gutmenschlichen Ökokeule kann der Staat einmal richtig zeigen, wozu er eigentlich da ist und was er alles drauf hat.

Um in den vollen Genuss der Öko-Gesetzesflut zu kommen, brauchte die Republik aber nicht bis 1998 zu warten. Nachdem das Thema entdeckt war, tobten sich die Christdemokraten mit ih-

[a] Wie immer geht es dabei um Heuchelei, denn das Argument lautet, mit der Verkehrsbehinderung wolle man die Sicherheit der Busfahrgäste erhöhen.

rem Umweltminister, dem BUND-Mitglied Klaus Töpfer, genauso tatkräftig aus, als hätte Trittin bereits in den Achtzigerjahren das Ministerrädchen drehen dürfen. Und genau im gleichen Takt sozialdemokratisierte sich die nach Tschernobyl vollends ergrünte CDU: Gesetze, Gesetze und abermals Gesetze (s. Bild 10).

Da gutmenschliches Glücksempfinden proportional mit der Zahl von Rechtsregelungen steigt, schweben Öko-NormdirektorInnen heute im siebten Himmel. Was „Normdirektoren" und ihr weibliches Pendant sind? Der Begriff stammt vom bereits erwähnten Schriftsteller Georg Orwell, der seine Novelle „1984" als Persiflage auf das Stalin-Regime schrieb.

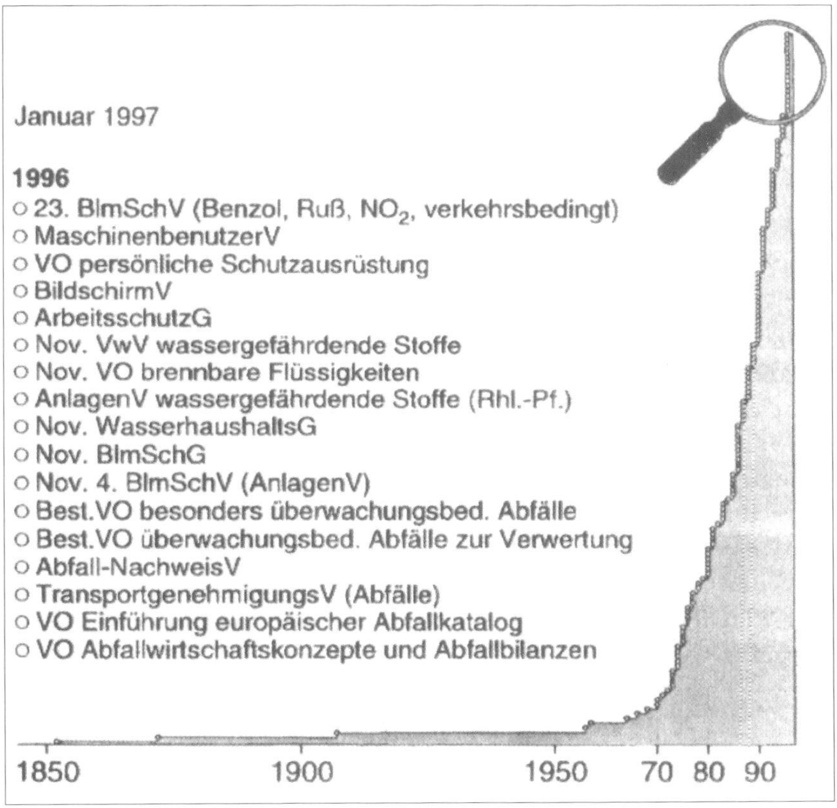

Bild 10: Umweltgesetzgebung in Deutschland

Nicht „1984“, aber danach erhielt der Roman eine immer aktuellere Bedeutung, wie die Political Correctness belegt, mit der Tabu-Gouvernanten die freie Meinungsäußerung ahnden. Orwell beschreibt ein utopisches Land namens „Ozeanien“, in dem der Diktator „Big Brother“ allgegenwärtig ist und die Bevölkerung mittels „Telescreen“ überwacht und lenkt. Als oberster „Big-Gutmensch“ ruft er ständig zu irgendwelchen Aktionen auf, und alle machen mit – wie beim Brent-Spar-Klamauk, der Ökosteuer[b] oder der Mülltrennung. Auch die Heuchelei, die ein subtiles Merkmal von Unfreiheit ist, wird von Orwell treffend parodiert. Bei ihm heißt das Ministerium der Wahrheit „Minitrue“, womit wohl die Kultusbürokratie der Volkspädagogik gemeint sein dürfte. Bei kritischer Betrachtung erinnert tatsächlich manches, das Ökoprediger heute ablassen, an Absonderungen aus dem „Minitrue“. Ein Beispiel ist das Waldsterben, das nicht sterben darf, weil es politisch gebraucht wird[c]. Zu beachten ist auch das Wirtschaftsministerium von Ozeanien. Es heißt „Ministry of Plenty“, kurz „Miniplenty“. Ob Orwell vor über 75 Jahren schon an vom Grünwahn verseuchte Regierungskoalitionen dachte? Mit seinem Roman „1984“ soll er seiner Zeit weit voraus gewesen sein!

Pikanterweise skizziert Orwell auch schon das Prinzip der Political Correctness (PC). Sie heißt bei ihm „Neusprech“ (engl. „Newspeak“) und ist eine künstlich veränderte Sprache, in der das *Bedeutungsspektrum* der Wörter verändert oder verringert wird, um die Kommunikation der Bevölkerung in enge, kontrollierte Bahnen zu leiten. Zweck ist die Verhinderung so genannter Gedankenverbrechen.

PC-Newspeak nistet sich ähnlich einer Virusinfektion zunächst unauffällig in die Köpfe ein. Danach kann man den Homo sapiens sapiens hervorragend fernsteuern und manipulieren, weil das vollkommen Absurde und Abgedrehte schleichend zur Normalität ge-

[b] Die Steigerung der Ökosteuer und das Energieeinspeisungsgesetz (EEG) wären zu verhindern gewesen durch die Bundestagswahl 2002. Aber da trat zufällig die Elbe über die Ufer, und im Irak bahnte sich ein Krieg an.

[c] Allen Ernstes hatte Verbraucher“schutz“ministerin Künast 2004 bei der Vorstellung des Waldzustandsberichts fabuliert, dem Wald ginge es so schlecht wie nie zuvor. Nur 28 % der Bäume wären nicht geschädigt – Tusch und Narrhallamarsch![2]

macht wird. Die vollsynthetische Scheinrealität! Ein relativ harmloses, aber treffendes Beispiel für PC-Newspeak ist die Bezeichnung „Schaumküsse“ oder „Köhlerküsse“, die Hersteller von „Negerküsse“ heute auf ihre Verpackungen schreiben, obwohl nach wie vor „Negerküsse“ darin sind. Selbst das Kinderliedchen von den zehn kleinen Negerlein erhielt absolutes PC-Verbot[d] und darf auf keinen Fall mehr im Kindergarten gesungen werden. Ersatzweise dürften die Kleinen bald das Liedchen von den zehn kleinen Restmülltönnchen lernen, die so nach und nach verschwinden.

Eine andere Probe gutmenschlicher Normdenke ist die Bezeichnung „Gewerkschafter“, damit niemand mehr an Gewerkschaftlhuber denkt, wen er den Begriff „Gewerkschaftler“ hört, wie es Jahrzehnte lang üblich war. Die seit Generationen übliche Redeweise „es ist sinnvoll“ oder „es ergibt einen Sinn“ wurde auch ersetzt, und zwar durch die Wendung „es macht Sinn“.

Ganz offensichtlich leben wir im Land der „Sinnmacher“, wie der von DenknormdirektorInnen umgedeutete Begriff der „Toleranz“ belegt. Die Gutmenschen wollen damit *Gedankenverbrechen* verhindern. So in Holland, wo die Diskussion über die „Zuwanderung“ jahrelang mit der Totschlagvokabel „Toleranz“ erstickt wurde, bis 2004 der islamkritische Filmemacher Theo van Gogh von einem Fanatiker umgebracht wurde. Zur Erinnerung: 1995 trat Rot-Grün gegen die CDU in Hessen mit dem Slogan an: „Damit Hessen tolerant bleibt.“

Etwas teurer wurde es für den Steuerzahler, als SprechnormdirektorInnen vor Jahren das Bedeutungsspektrum des weiblichen Geschlechts verringerten. Die wahrhaftig nicht herabsetzend gemeinte Bezeichnung „Fräulein“ für eine unverheiratete weibliche Person wurde generell gestrichen. Gleichzeitig wurde das politisch korrekte Umstandssprech der Doppelnennung eingeführt (Bürger/Bürgerin). Warum nicht einfach „Bürgende“? Die Änderung von Gesetzen und Rechtsregelungen kostete in den Achtzigerjahren allein in Hessen 100 Millionen Steuer-Peanuts. Wir sind ja so reich!

---

[d] Den Slapstick hatte am 23. Dezember 1994 das Wochenjournal *Die Zeit* mit einem Artikel ausgelöst.

DAS ERSATZPROLETARIAT

Der Gutmensch ist ein Teil von jener Kraft, die stets das Gute will und meist das Dumme schafft – so auch beim Umweltschutz. Statt das Notwendige zu tun und das Unsinnige zu lassen, wurde der *Ökologismus* mit seinen Hysterie-Gottesdiensten[e] kreiert. Stellvertretend für unzählige Ökosud-Köche, die hierfür verantwortlich zeichnen, sei ein SPD-Politiker skizziert, den wir einfach Genosse Relppe nennen wollen. Geboren als Sohn eines Pfarrers, trat Relppe 1956 in die SPD ein und arbeitete zunächst als Studienrat, bis ihn der Deutsche Bundestag einfing, wo er als Lehrer den Querschnitt der Bevölkerung repräsentierte[f]. Im magischen Jahr 1968 durfte Relppe als Hans im Glück sogar das hoch begehrte Ministerrädchen drehen. Doch als der böse Pragmatiker Helmut Schmidt den Visionär Willy Brandt ablöste, war es mit der idealistisch geprägten Harmonie vorbei. 1974 schied er aus der Regierung.

Im Schmollwinkel interessierte sich Genosse Relppe zunehmend für den esoterischen Zweig der Ökologie, den Ökologismus, und brachte die SPD im Südwesten auf schrill-schrulligen Ökokurs. Die Umwelt als Ersatzproletariat war entdeckt! Die notwendige naturwissenschaftliche Sachkompetenz erwarb sich Relppe ganz offensichtlich durch seine Dissertation über „den Aufbegehrenden und den Verzweifelnden als Heldenfigur der Elisabethanischen Tragödie".[3]

Möglicherweise versteht Genosse Relppe von den naturwissenschaftlichen Grundlagen der Ökologie aber nur so viel wie die Kuh vom Segelfliegen. Das macht nichts, denn Hochschulen und Forschungsinstitute halten genügend Chemiker, Biologen, Physiker oder Toxikologen vor, auf die Ökopriester jederzeit zurückgreifen können. Wie bereits geschildert liefern Forscher immer die richtigen Noten zur Ökoblasmusik – ganz wie von Margaret Mead und Staatssekretär Hartkopf gewünscht –, wenn etwas dabei her-

[e] vgl. AKW-Krawallprozessionen in Brokdorf oder die grünfriedliche Brent-Spar-Ökomesse
[f] Nach dem Handbuch des Bundestags waren um das Jahr 2000 mehr als zwei Drittel der Abgeordneten entweder Lehrer oder Juristen.

ausspringt. Das klappte beim DDT und funktionierte beim Waldsterben. Mit seinem Ökoaktionismus stärkte Genosse Relppe die schärfsten Konkurrenten der SPD. 1980 gelang den Grünen der Einzug ins baden-württembergische Parlament und damit erstmals der Sprung in den Landtag eines deutschen Flächenstaates. Politisch ordnet sich Genosse Relppe links von der SPD ein und setzt wie alle vom Mantra Erleuchteten (oommmh!) auf die Vision vom „Weltstaat", der als „Institution der Guten" alles kontrolliert und überwacht – damit Friede, Freude, Eierkuchen herrscht. Als Vorstufe käme eine Weltpolizei mit Gewaltmonopol in Frage, für die er auf dem Kirchentag 1999 schwärmte[4].[g]

Weil der Staat nicht genügend Mittel (Weißgeld) hat, um für wohltätige Gerechtigkeit zu sorgen, jammert Genosse Relppe über privaten Reichtum (Schwarzgeld) und öffentliche Armut. Als Ausweg sieht er eine drastische Verschärfung des Steuerstrafrechts und die Einstellung von mehr Finanzbeamten zur Überwachung der Steuerzahler. Richtig so, bereits George Orwell wusste, die Zukunft gehört den Edlen, den Guten, den Überwachenden und den Überwachten.

Als Präsident des deutschen Kirchentags und Friedensaktivist übte sich Relppe nicht nur in engagiert-kämpferischer Betroffenheit, sondern auch in der Ökonummer „Die Schöpfung erhalten". Wer will das nicht? Aber welcher Weg ist der richtige? Schrullen-Ökologismus oder pragmatische Ökologie? Genosse Relppe entschied sich für den Ersteren. In einem Interview äußerte er:

„Offenkundig schafft ein ökologischer Umbau von Wirtschaft und Gesellschaft mehr Arbeit und nicht weniger. Weil wir immer nur auf das Wirtschaftswachstum starren, das die Arbeitslosigkeit beseitigen soll, vergessen wir alles andere, was auch Arbeitsplätze schaffen könnte. Eine ökologisch organisierte Landwirtschaft

[g] Durch unglaubliche Dummheit der CDU – Teilabriss des Stuttgarter HBF und Untertunnelung der Stadt zwecks einer halben Stunde Zeitgewinn für die Strecke Stuttgart/Ulm – konnten die Grünen 2011 mit Winfried Kretschmann, der durch besonnene Formulierungen und ruhige Sprechweise auffällt, zum ersten Mal einen Ministerpräsenten stellen.

braucht nicht weniger, sondern wesentlich mehr Menschen als die jetzige. Auch eine ökologisch orientierte Energiewirtschaft, die auf Sonnenenergie setzt, braucht wesentlich mehr Menschen als eine, die auf Atomenergie setzt."

So lieben wir es: Weg mit der Industrie und ihren Giftküchen – hin zum rückenfreundlichen Unkrautjäten mit Hacke und morgendlichem Lerchengesang, wenn die Sense um 5 Uhr früh durchs taufrische Gras saust, während glückliche Kühe im dampfend-warmen Stall vor sich hindösend auf die frische Mahd warten! Welch wundersames Glück in einer schönen, neuen, romantisch-heilen Welt. Auf der Heimfahrt mit Pferdegespann lässt der ökologisch organisierte Landwirt wohlwollend seinen Blick über Windspargelfelder schweifen und genießt hübsche Photovoltaikdächer, mit denen Strom im Überfluss erzeugt wird. Heute ist sogar ein besonderer Tag. Unser Landwirt darf 2,358 Kilowattstunden Strom verbrauchen[h]. Nun muss er nur noch mit der Familie beraten, wie viel davon für die Melkmaschine und wie viel zur Beleuchtung verwendet werden soll. Vielleicht reicht es auch für ein Viertelstündchen Fernsehen – wenn die Beleuchtung beim Besuch des Plumpsklos aus bleibt. Der aktuelle Lehr- und Unterhaltungsfilm über den großen Bruder Morgenthau und seinen unermüdlichen Kampf an der Kyoto-Klimafront soll besonders unterhaltend sein.

Genosse Relppes Visionen vom ökologischen Umbau der Wirtschaft decken sich mit den Visionen von Maurice Strong, der als Mitglied des Club of Rome 1992 den Weltumweltgipfel in Rio de Janeiro leitete. In einem Interview erläuterte der große Vorsitzende die Ziele der Öko-Soap-Opera:[5]

„Was ist, wenn eine kleine Gruppe führender Persönlichkeiten in der Welt feststellt, die prinzipiellen Risiken für die Schöpfung beruhen auf der Lebensweise der reichen Länder und der einzige Ausweg zum Überleben der Menschheit darin besteht, freiwillig die Umweltbelastung und den Lebensstandard vertraglich einzuschränken? Wird man

[h] Strom wird in der „Schönen Neuen Welt" gerecht verteilt und deshalb von den Zuteilungs-direktorInnen vom „Minishare" bis auf die dritte Stelle nach den Komma vorausberechnet.

es tun? Nein, die reichen Länder werden ihre Konsumgewohnheiten nicht ändern wollen! Um dennoch den Planeten zu retten, wird die Gruppe einflussreicher Persönlichkeiten beschließen, die industrielle Zivilisation komplett zu zerstören. Liegt es deshalb nicht in unserer Verantwortung, für diesen Zusammenbruch zu sorgen? Jene Gruppe führender Persönlichkeiten hat sich nun darauf verständigt, die Wirtschaft zusammenbrechen zu lassen."

So viel zu den wahren Intentionen der Rio-Konferenz von 1992, die in den Folgejahren die Blaupause totalitären Visionen demokratisch gewählter PolitikerInnen liefert (vgl. Kap. 12). Weshalb ist dieses Interview nicht in Deutschland, sondern in einem kanadischen Magazin abgedruckt worden?[5] Weshalb muss man erst bei der ehemaligen Gouverneurin von Washington, Dixie Lee Ray, nachlesen, um auf die Leitidee des Weltumweltgipfels von 1992 zu stoßen?[6]

Wer aber ist Maurice Strong? Zunächst einmal ein steinreicher Multimillionär, der von 1973 bis 1975 der erste UNEP-Chef[i] war. Trotz seines Reichtums ist er bekennender Marxist, der von sich selbst sagt: „Von der Ideologie her bin ich Sozialist, vom Lebensstil und der Methode her ein Kapitalist."[7] Wegen seiner Weltanschauung und seines Geschicks, Leute auf seine Seite zu ziehen, schätzte ihn Ronald Reagan als gefährlichen ultralinken Mauschelideologen ein. Der betörend zarte Duft der linken Lebensart scheint offensichtlich in der Familie zu liegen, denn seine Kusine, Anne Louise Strong, lebte als aktive Marxistin und Mitglied der Komintern zwei Jahre unter Mao in China und war dort so hoch angesehen, dass Zhou Enlai nach ihrem Tod 1970 persönlich ihre Beerdigung organisierte.[8]

Das Magazin *Forbes* ließ 1998 an Maurice Strong kein gutes Haar und beschrieb ihn als Prototyp des in der Wolle gefärbten Gutmenschen, der dank seines brutalen Egoismus im Geschäftsleben keinerlei Skrupel kennt – Typ „Business & Partner" (s. Kap. 12).[9]

---

[i] UNEP (United Nations Environment Programme) ist die Umweltabteilung der Vereinten Nationen, die 1997 bis 2006 vom ehemaligen deutschen CDU-Umweltminister Klaus Töpfer geleitet wurde.

Während der großen Depression unter armen Verhältnissen aufgewachsen, machte er in den Fünfzigerjahren Millionen im Ölgeschäft. In den Sechzigern übernahm er einige Elektrizitätswerke und wechselte auf Betreiben des kanadischen Premierministers Pierre Trudeau zum halbstaatlichen Ölkonzern Petro Canada, wo er sein Vermögen vermehrte, indem er andere dazu verleitete, fossile Energieträger in großen Mengen zu verbrennen. Außerdem verdiente Strong den ein oder anderen Dollar bei Ontario-Hydro, dem einzigen kanadischen Kernkraftbetreiber. Hier gelang es ihm durch sein diplomatisches Verhandlungsgeschick, kanadischen Kernkraftgegnern einen Schnuller zu verpassen. Die Firma ließ sich nicht lumpen und erhöhte sein Gehalt um ein Vielfaches.[7]

Da Strong immer ein Gespür für den schnellsten Dollar hat, machte er auch Geschäfte mit Adnan Kashoggi. Dem Deal mit dem Waffenhändler verdankte er ein etwas üppig geratenes „Reihenhäuschen" mit 81.000 ha Grund. Es ist die Baca Ranch in Colorado. Dort kann sich Frau Strong ausleben. Sie schwärmt für dunkelgrünen Ökologismus und hat wie so manche ihrer GlaubensgenossInnen einen Faible für spiritistisch-esoterische Tütelütüt-Exerzitien. Nachdem der „Prophet" Glen Anderson sie erleuchtete, gestaltete sie 1979 die Baca Ranch in ein „New Age Center" um, in dem u. a. die „Manitou Foundation" untergebracht wurde.[10] Besonders gern umgibt sich Hanne Strong mit Wahrheitsbesitzern, zu denen sie den Hindu Guru Babaji, Zen-Buddhisten und tibetanische Barfußmönche zählt. Daneben befasst sie sich mit Ethnobotanik, einer esoterischen Parawissenschaft, die sich mit der Verständigung zwischen Mensch und Pflanze beschäftigt.[9] Damit befindet sie sich in blaublütiger Gesellschaft, denn der englische König Charles III. sprach zumindest noch als Prinz Charles regelmäßig mit Pflanzen auf seiner Ökofarm. Möglicherweise spendet er ihnen noch Trost vor der Ernte.

Strongs Verhandlungsgeschick und nicht zuletzt seine guten Kontakte zu China und Gorbatschow machten ihn für die UN-Umweltdiplomatie interessant. Deshalb wurde er von U Thant 1972 zum Vorsitzenden der „UNO-Umweltschutzkonferenz" von Kopenhagen gemacht.

Wie kam es eigentlich zur Rio-Konferenz von 1992? Auch dieser Aktionismus hat seine Wurzeln in Richard Nixons NATO-Umweltinitiative, die von der UNO fortgeführt wurde. Nach der Umweltschutzkonferenz von 1972 ging es Schlag auf Schlag. Ein Ökohorror jagte den anderen (Atomkraft, DDT, Klimakatastrophe, Ozonloch, Waldsterben usw.). Ganz wie von Frau Mead gewünscht, entwickelte sich das Apokalyptikergeschäft zum florierenden Perpetuum horribile.

1981 setzten die Vereinten Nationen eine „unabhängige Kommission für Umwelt und Entwicklung“(WCED) ein, die 1987 ihren Zukunftsbericht „Our Common Future“ veröffentlichte. Geleitet wurde die Kommission von der ehemaligen Vizepräsidentin der Sozialistischen Internationale, Gro Harlem Brundtland, und ist deshalb auch als „Brundtland-Report“[j] bekannt.[11] In dem Schriftstück wird die Grundidee der „Nachhaltigkeit“ („Sustainable development“) beschrieben, die auch zur obersten Maxime der Rio-Konferenz von 1992 wurde, aus der wiederum die Agenda 21 hervorging. Was steckt dahinter? Auf Nachfrage erklärte Frau Brundtland einem kanadischen Reporter freimütig, dass die Basis der Rio-Konferenz das Programm der „Sozialistischen Internationale“ sei.[11] Der Realsozialismus ist tot – es lebe das von der UNO links gesteuerte Weltgutmenschentum!

SORGE, SORGEN, VORSORGE, VORSICHT – PLUMPS

Zwei Jäger sitzen in ihrer Hütte, ein Preuße und ein Bayer. Plötzlich riecht es streng. „Ja, ja, die Hund'“, sagt der Bayer. „Aber es sind doch gar keine da“, meint der Preuße. Darauf der Bayer: „Wer'n scho no kemma.“ Genau dieser Dialog beschreibt das Vorsorgeprinzip. Es ist zwar kein Hund da, aber nach dem Vorsorgeprinzip korreliert der strenge Geruch mit der Anwesenheit eines Hundes.

---

[j] Frau Brundtland war zwischen 1974 und 1979 sozialdemokratische Umweltministerin von Norwegen. 1981 wurde sie als erste Frau Ministerpräsidentin ihres Landes und leitete die UNO-Kommission WCED. Von 1998 bis 2003 war die ehemalige Vizepräsidentin der „Sozialistischen Internationale“ Generaldirektorin der Weltgesundheitsbehörde (WHO).

Das ist Beweis genug, die Wirkung wird zur Ursache – der Täter ist identifiziert. Zur *künftigen* Schadensabwehr muss man „vorsorglich" immer das Fenster offen lassen. Bei der Steigerung des Vorsorgeprinzips, dem Vorsichtsprinzip, bedarf es gar nicht der kommenden Anwesenheit eines realen Hundes, hier stinkt bereits der *virtuelle* Hund, weshalb man „vorsichtshalber" sämtliche Hunde auf dem Erdkreis verbietet. Das Vorsichtsprinzip ist das Lieblingsspielwieschen der *Öko-Hochscholastik* und bedeutet auf den Verkehr übertragen, immer im ersten Gang durch Tempo-30-Zonen zu fahren, damit Fußgänger durch das Motorengeräusch gewarnt sind und dabei alle 30 Meter kräftig hupen, damit spielende Kinder aufmerksam werden.

Bereits die Inquisition arbeitete mit *virtuellen* Szenarien, die man kraft Autorität zur Realität erklärte, und schaffte zur Vorsorge gegen das Maleficium die Verursacher ab. Damals ging es um das „Null-Maleficium", das heute gemäß dem Vorsichtsprinzip seinen Wiedergänger in der angestrebten Nullemission hat. Die Arbeitsweise der Ökoquisition unterscheidet sich von der der Inquisition lediglich in der Art der Beweisführung (politisch missbrauchte Ultraspurenmessungen statt Folter und Hexenprobe) und in der Urteilsvollstreckung (Kyoto-Protokoll, Zwangsumtausch funktionierender Heizungen gegen stromfressende Wärmepumpen, Produktions- und Forschungsverbot statt Vierteilen und Autodafé).

Zweifellos müssen wir mit der Schöpfung verantwortlich umgegangen, wir haben nämlich nur eine Erde. Dennoch ist die Frage angebracht, ob das ökoscholastische Vorsorge- bzw. Vorsichtsprinzip nach den Erfahrungen mit Waldsterben und DDT immer noch Maxime politischen Handels sein sollte, denn es geht weniger um reale, sondern um *virtuelle* Risiken, die auf einer *vollsynthetischen Scheinrealität* aufbauen. (Achtung, Ökozündhütchen: Hier ist kämpferisch-engagierte Empörung wegen Verharmlosung angebracht!)

Das Vorsorgeprinzip wird „mit der sog. Freiraumtheorie" begründet, „die vor allem den Erhalt von Ressourcen bzw. von sonstigen Freiräumen für zukünftige Generationen fordert, sowie mit der Ignoranztheorie, die auf die niemals zu erreichende Vollständigkeit des Wissens abzielt und von daher alle Eingriffe in die Natur zu verringern bzw. zu vermeiden trachtet“[12].

Die Einführung des Ökoquisitions-Artikels „Vorsorge“ und seine verschärfte Anwendung in Deutschland gehen auf Günter Hartkopf zurück, der 1977 eine Rede hielt mit dem Titel „Verbesserung der Umwelt durch den Vorsorgegrundsatz am Beispiel produktbezogener Anforderungen“.[13] Das ethische Leitmotiv stammt vom Philosophen Hans Jonas (Hauptwerk: „Das Prinzip Verantwortung“). Demnach solle „der Staat stellvertretend Verantwortung übernehmen und zur Abwehr menschheitsbedrohender Gefahren schon handeln, bevor die Einschätzung der Wissenschaft völlig unumstritten sei“[14].

Ähnlich wurde bereits bei der „Strahlenschutz-Verordnung" von 1960 argumentiert. Demnach war geboten, jede Strahlenemission nach dem Stand von Wissenschaft und Technik auch *unterhalb* von Grenzwerten zu minimieren.[12]

Der einschlägige Gesetzestext lautet, dass Aktionen nicht nur zu unterlassen sind, wenn eine Umweltbelastung nicht erwiesen ist, sondern sogar, wenn sie nicht „unwahrscheinlich“ oder „denkbar“ wäre.[12] Es kann also nichts erlaubt werden, solange nicht die letzte – *denkbare* – Gefahr ausgeräumt ist. Welcher Unsinn sich daraus entwickeln kann, demonstriert der Präsident des Bundesumweltamtes Andreas Troge (CDU) mit den Worten: „Nichtwissen ist als gegen uns gerichtet zu betrachten.“ Die Sachbuchautoren Maxeiner und Miersch kommentieren: „Damit sinkt die Eingriffschwelle für das Vorsorgeprinzip ins Bodenlose.“[1] Das ist aber ganz offensichtlich beabsichtigt, denn die Ökoquisition kann damit ihre Daseinsberechtigung nachweisen und Juristen beschäftigen, die als Liebhaber fein gedrechselter Rabulistik ein viel versprechendes Spielwieschen zum Ausbremsen der Wirtschaft, des Produktions-, Forschungs- und Entwicklungsstandortes finden.[k]

---

[k] Nach dem § 19 g des in den Sechzigerjahren gültigen Wasserhaushaltsgesetzes muss eine Chemieanlage so betrieben werden, dass eine Verunreinigung der Gewässer .... „nicht zu besorgen ist“. In einem Urteil wird das im besten Ökoquisitionsdeutsch präzisiert: „Das ‚nicht zu besorgen ist‘, ist aber dahin zu deuten, dass keine auch noch so wenig nahe liegende Wahrscheinlichkeit besteht, was daraus hinausläuft, es müsse nach menschlicher Erfahrung unwahrscheinlich sein. Das Gesetz ist hier überaus streng[26].“

Abgesehen davon ist damit fast garantiert, dass jeglicher Nonsens zur Maxime politischen Handels werden kann, wie der ehemalige Forschungsleiter eines großen Arbeitgebers in Ludwigshafen schrieb: „'Richtiges Recht' lässt sich nicht definieren, und auch Normen bieten keine Garantie für ‚Richtigkeit'. Jede beliebige Information, selbst Unsinn (nach der Rationalität der Wissenschaft, Wirtschaft etc.), kann (nach der Rationalität des Rechts) zum Gesetz werden.... Die übliche Annahme, dass Gesetze zum Wohl des Menschen gemacht werden, charakterisiert die juristische Arbeitsweise nur unzureichend."[15]

Tatsächlich hat das Vorsorgeprinzip keinerlei belastbare naturwissenschaftliche Basis, wenn man von der Möglichkeit absieht, heutzutage zu Schadstoffen erklärte Substanzen im Ultraspurenbereich zu messen (vgl. DDT). Es ist vielmehr ein geistiges Konstrukt ähnlich dem Gedankengebäude der Scholastik, an das sich Menschen klammern, die entweder nörgelsüchtig der Technik eins auswischen wollen oder nach politischem Ansehen gieren, indem sie sich zum Fürsprecher der Angst- und Hysteriegesellschaft machen.

Besonders die *Gentechnik* wird in Deutschland mit der Gesetzes- und Vorsorgekeule ausgebremst. Welchen Flurschaden die Ökoquisition damit anrichten kann, belegt das Beispiel der ehemaligen Hoechst AG, die *frühzeitig* im Stammwerk bei Frankfurt Insulin mittels gentechnischer Verfahren produzieren wollte. Der zeitliche Ablauf:[16]

- 14.09.84: Antragstellung für die Fermtec-Anlage als Produktionsanlage.
- 24.06.85: Die Anlage wird genehmigt, Baubeginn Juli 1985.
- Okt. 86: Der Genehmigungsbescheid des Regierungspräsidenten wird durch den hessischen Umweltminister Joschka Fischer gestoppt, der meinte, Gentechnik sei ein Herumfummeln im Baukasten Gottes.
- Sept. 87: Die Fermenter-Anlage ist betriebsbereit, wird in der Folge aber durch Einsprüche blockiert.
- 26.11.87: Hoechst beantragt den Sofortvollzug.

- 07.07.88: Dem Antrag auf Sofortvollzug wird rund acht Monate später stattgegeben.
- 25.10.88: Einspruch von Besorgnisträgern gegen den Sofortvollzug.
- 03.02.89: Das Verwaltungsgericht hebt den Einspruch auf.
- 17.02.89: Beschwerde der Besorgnisträger beim Hessischen Verwaltungsgerichtshof.
- 06.11.89: Der Sofortvollzug wird vom genannten Gerichtshof in einer umstrittenen Entscheidung aufgehoben.

Es folgen weitere juristische Detailscharmützel.

- 26.06.90: Aufgrund des am 01.07.90 in Kraft getretenen Gentechnikgesetzes beantragt die Hoechst AG eine Abänderung der Entscheidung des Hessischen Verwaltungsgerichtshofs vom 06.11.89.
- 02.08.90: Die Einwender erklären das Verwaltungsgerichtsstreitverfahren bezüglich der drei Anlagen für erledigt.
- Sept. 90: Das Verfahren wird vom Verwaltungsgericht Frankfurt definitiv eingestellt.

Die Einführung des Gentechnikgesetzes führte nicht notwendigerweise zu Verbesserungen.

- 28.10.91: Hoechst muss einen Änderungsantrag stellen mit dem Ziel, die Genehmigungsauflagen dem neuen Gentechnikrecht anzupassen.
- 01.07.92: Dem Änderungsbescheid wird nach acht Monaten vom Regierungspräsidenten stattgegeben.
- Aug. 92: Die Besorgnisträger erheben Einspruch.
- 04.09.92: Die Hoechst AG beantragt den Sofortvollzug.

Erst im Januar 1993 wurde die Anlage gemäß dem Vorsorgeprinzip mit strengen behördlichen Auflagen als Versuchsbetrieb genehmigt, während der größte Hoechst-Konkurrent Eli Lilly in Amerika seit 1982 Insulin gentechnisch produzieren konnte.

Zwischenzeitlich ergaben sich personelle Änderungen im Konzern. Die wirtschaftliche Situation erforderte eine strategische „Neuausrichtung", bei der die alte, naturwissenschaftlich orientierte Leitung durch eine stärker kaufmännisch orientierte abgelöst wurde. Business & Partner zerschlugen den Konzern und reduzierten die Belegschaft im Stammwerk von 30.000 auf 22.000 – plumps.

Bleibt anzumerken: Erst 1998 konnte die gentechnische Insulinproduktion von der Firma Aventis/Pfizer als Nachfolgerin der ehemaligen Hoechst AG vollständig in Betrieb genommen werden. Die Gesamtinvestition betrug bislang mehr als eine Milliarde Euro und stellte alles in allem beinahe 1.500 Arbeitsplätze zur Verfügung, die mit Sicherheit woanders entstanden wären, hätten sich die Öko-Ajatollahs durchgesetzt.[17]

Während in Spanien gentechnisch veränderter Mais auf 20.000 ha angebaut wird und in Amerika oder Argentinien sogar ein Drittel der angebauten Pflanzen gentechnisch verändert ist, hat die rot-grüne Koalition 2004 ein Gesetz verabschiedet, das Wissenschaftler und Landwirte gemäß dem Vorsorgeprinzip für alle denkbaren Schäden durch gentechnisch veränderte Pflanzen wirtschaftlich haftbar macht.[18] Dies gilt auch, wenn benachbarte Landwirte infolge Pollenflugs ihre Ernte nicht mehr als gentechnikfrei verkaufen können.

Der Bauernverband argumentiert, die Konsequenz des Gentechnikgesetzes sei, dass auch Forschungs- und Entwicklungsarbeiten unterbleiben, die notwendig sind, um Chancen und Risiken dieser Technologie im Nahrungsmittelbereich vorurteilsfrei zu überprüfen. Durch das De-facto-Verbot rechnen die Landwirte mit einem Gewinnverlust von 30 bis 50 Euro pro Hektar – plumps.[18]

In der Debatte um das Gesetz stellte Ex-Verbraucherschutzministerin Künast klar, sie habe keinerlei Erkenntnisse, dass gentechnisch veränderte Lebensmittel ungesund oder gefährlich seien. Sic! Doch um diese Frage gehe es auch gar nicht. Um was es wirklich ging, erklärte der damalige Bundeskanzler Schröder. Das Gesetz war notwendig, weil es sich um ein Projekt der Grünen handelte, das der machtpolitischen Balance in der Koalition wegen zu respektieren war.[18] Ein dreifaches Hoch der Ökoquisition! Erst die Verbraucher gemäß dem Vorsichtsprinzip mittels unhaltbarer Behauptungen über gentechnisch veränderte Lebensmittel verunsichern, dann die Wirtschaft ausbremsen – plumps.

Dass ständiger Alarmismus die Ignoranz fördert, schien auch dem ehemaligen Präsident des Robert-Koch-Instituts, Reinhardt Kurth, zu dämmern:[19] „Auf Dauer ist Angst kontraproduktiv, stumpft nur ab, auch die Politiker." Dann bekommt er schleunigst die Ökokurve und meint: „Nein, wir müssen alle von der Notwendigkeit überzeugen, dass diese Vorsorge, die ja dann auch für einige Jahrzehnte Bestand hat, absolut notwendig ist. Das ist keine Vollkaskomentalität, sondern Risikovorsorge. Solange mir keiner sagen kann, dass das Risiko null ist, müssen wir diese Vorsorge treffen."

Ach, hätte Herr Kurth doch einmal bei Niklas Luhmann nachgelesen, dann wüsste er, dass das „Risiko gewissermaßen alles (ist), was schief gehen kann. Als Gegenbegriff denkt man an ‚Sicherheit', gibt aber zugleich zu, dass es Sicherheit in einem strengen, risikofreien Sinne gar nicht gibt. Also ist auch der Risikobegriff im geläufigen Verständnis ein Universalbegriff, der nichts ausschließt, sondern nur im Kontext seiner eigenen Form sich selbst markiert"[20]. Das Journal *Time* sieht es ähnlich: „Absolute Sicherheit ist ein Mythos... für den es keinen Nachweis gibt. Es gibt auch kein Nullrisiko. Der *geistigen Gesundheit* und dem menschlichen Wohlbefinden ist mehr gedient, wenn wir lernen, damit zu leben."[21]

Die Vollkaskogesellschaft hat Folgen, die Maxeiner und Miersch aufspießen:[22] „Der gut gemeinte und vernünftige Gedanke der Vorsorge ist in ein freiheitsfeindliches Konzept verwandelt worden." Ausgefuchste Ökochonder halten dagegen: Zum Teufel mit der Freiheit, weg damit. Wir wollen lieber staatlich wohl behütet und sicher leben. Wenn es so weitergeht, wird das Verbraucherschutzministerium irgendwann durch ein „Erkältungsministerium" (Newspeak: „Minicold") ergänzt, das vorsorglich überprüft, ob alle Bürger bei Temperaturen unter 3 °C neben einem Ohrenschützer auch warme Leibwäsche und einen dicken Wollschal tragen. Zuwiderhandlung wird anfangs mit einer Geldbuße belegt – plumps.

Im Gegensatz zur grün-deutschen Angstflatterszene sind Amerikaner Freiheitsverfechter und beurteilen ein Risiko eher *pragmatisch* als *moralisch*. Am Schluss einer äußerst sorgfältigen rund 500 Seiten starken Studie mit über 1.900 Literaturzitaten empfiehlt der

Ökoskeptiker Aaron Wildavsky von der Universität Berkeley das Vorsorgeprinzip abzulehnen.[23] Seine Begründung:

Erstens ist die Überbetonung eines ausschließlich von moralischen Argumenten gestützten Wertes, wie das Vorsorgeprinzip, ein Zeichen von Fanatismus.

Zweitens gibt es keinerlei Belege dafür, dass sehr geringe, gelegentliche Chemikalienexpositionen irgendeinen Einfluss auf die Gesundheit der Allgemeinbevölkerung haben.

ENDLOSE SCHADSTOFFFREIHEIT IM SOZIALISMUS

Wie bereists zitiert, entdeckten nach Maxeiner und Miersch Menschen aus dem politisch links stehenden Milieu das Umweltthema als Ersatzproletariat. Da ist schon einmal interessant, was der Freiburger Sozialist Joachim Bruhn einmal so über seine Spezies zum Besten gab:[28] „Um zu verstehen, was die Linke ist, ist es hilfreich, sie als extremen Pol gesellschaftlich möglicher Dummheit zu begreifen."

So ganz daneben scheint er nicht zu liegen, denn 1972 erschien ein Buch mit dem Titel *„Umweltgefährdung und Gesellschaftssystem"*, in dem neben Günter Hartkopf der Direktor des „Forschungszentrums für russische Wirtschaft" an der Harvard Universität, Marshall I. Goldman, einen Beitrag lieferte. Dieser schrieb über die Umweltbelastung in der Sowjetunion:[24]

„So hat das unausgewogene sowjetische Wirtschaftswachstum die Produktion bestimmter Konsumgüter nicht nur verzögert, sondern dadurch auch Umweltzerstörung und –verschmutzung in Grenzen gehalten. Denn je weniger synthetische Verbindungen, Kunstfasern und Kunststoffe entwickelt werden, desto weniger giftige Nebenprodukte fallen im Allgemeinen auch an.... Außerdem fällt infolge der geringeren Konsumgütererzeugung in der UdSSR auch weniger Müll und Schrott an.... Schließlich stellt auch die nahezu unbegrenzte Macht des Sowjetstaates u. U. einen Vorteil dar. Wird zum Beispiel ein Gesetz erlassen, so ist es – auch wenn die Durchführung gelegentlich etwas lax gehandhabt wird – im Großen und Ganzen äußerst wirksam.... Ich selbst (gemeint ist Prof. Goldman) hege bei meinen Studien die Hoffnung, die Erfahrungen der Russen könnten uns doch manchen Hinweis zur Bekämpfung der Umweltzerstörung und –vergiftung im eigenen Land an die Hand geben." Das muss man sich einmal durch den Kopf gehen lassen.

Der linke Volkswirtschaftler Gerhard Kade von der TU Darmstadt lag auf der gleichen Rille, als er 1972 von sich gab:[25] „Die Umweltkatastrophe ist eine – vielleicht sogar die langfristig gefährlichste – Erscheinungsform des *Grundwiderspruchs der kapitalistischen Produktionsweise*, des Widerspruchs zwischen dem gesellschaftlichen Charakter der Produktion und der privaten Aneignung der Produktionsergebnisse.... Wenn das so ist, so wird die Frage des Umweltschutzes zur Frage nach der Ablösung des kapitalistischen Systems, nach *Beseitigung der privaten Verfügungsmacht* über den Einsatz der produktiven Faktoren, nach einer humanen Zielsetzung der gesamten gesellschaftlichen Produktion, nach einem menschlicheren Verwertungszusammenhang von Wirtschaft und Technik.[1]"

Solche und ähnliche Erkenntnisse sind wesentliche Zutaten des Ökosozialismus unter Federführung der UNO (s. Kap.12), aus dem sich die grüne Bewegung Ende des vergangenen Jahrhunderts definierte und noch heute definiert.

Dass erst die Wirtschaftskraft des Kapitalismus einen wirksamen Umweltschutz ermöglicht, leuchtet Sozialisten nicht ein. Nun wird es Zeit, die Folgen des Vorsorge- und Vorsichtsprinzips am Beispiel der Gift- und Krebshysterie zu studieren, der wir das nächste Kapitel widmen.

[1] Bleibt anzumerken, dass Prof. Gerhard Kade, wie man heute weiß, neben seinen ausgezeichneten Kontakten zum KGB auch im Sold der Stasi stand und Ende der Siebzigerjahre die Gruppe „Generäle für den Frieden" leitete, die ein Teil der westlichen Friedensbewegung war, der auch Gerd Bastian von den Grünen angehörte.

6. DAS GIFTPANDÄMONIUM

Nach mehr als dreißigjähriger Ökoquisition kann man mit einem Fußtritt den kritischen, gesunden Menschenverstand in die Ecke scheuchen und locker beim Querschnitt des Homo sapiens sapiens mit Giftängsten eine Panikattacke auslösen. Dieser benimmt sich dann nicht viel anders als ein torkelnder Hühnerhaufen, den man wie bei Wilhelm Busch mit alkoholgetränkten Brotkrumen aus dem Takt gebracht hat. Hierzu ein paar unterhaltsame Ökotheaterkomödien:

- Im April 1995 wurde in der Frankfurter Paketverteilungsanlage ein Päckchen beschädigt und wieder zugeklebt. Etwas von dem weißen Pulver war aber auf den Boden gerieselt. Als eine Putzfrau den Dreck wegwischen wollte, behauptete sie, das Pulver habe bei der Berührung mit Wasser plötzlich geschäumt. Prompt klagten sie und eine Kollegin über Übelkeit und Herzbeschwerden. Zwei Postangestellte fühlten sich ebenfalls plötzlich ganz schlecht und wollten sich krankschreiben lassen. Mit Pomp und Circumstances nebst lautem Tatütata kam die Feuerwehr vorgefahren. Männer in gespenstischen Schutzanzügen nahmen unter größten Vorsichtsmaßnahmen Proben. Welch eine herrliche Lustangst! Wollüstig wälzten sich die rot-grünen Blaulichtapostel vom Öko-Trarasender HR III den ganzen Tag im postalischen Gift-GAU. Ein selten schönes Hysterieschnäppchen! Tags darauf löste sich das Weltuntergangstheater in Luft auf. Chemiker des Untersuchungsamts verkündeten die frohe Botschaft, der weiße „Giftstoff“ sei ganz normaler Modelliergips gewesen, mit dem man üblicherweise Figuren formt. Nach Bekanntwerden der gipsharten Tatsachen argumentierte die Post mit „Hysterie, Übersensibilisierung und Psychose", während die Spielverderber der Polizei von „versuchtem Blaumachen" sprachen.[1]

- Im August 1990 verlor ein LKW 25 l des ehemals zugelassenen Pflanzenschutzmittels „Raphatox". Einige Autofahrer fuhren durch die Pfütze und klagten plötzlich über Beschwerden, nachdem Rundfunkmeldungen auf die Gefahr aufmerksam gemacht hatten. 70 Personen ließen sich im Krankenhaus behandeln, und 750 Fahrzeuge mussten mit hohem Kostenaufwand vom Katastrophenschutz dekontaminiert werden. Der Toxikologe Prof. Pfleger von der Universität Saarland klärt auf: Der Inhaltsstoff von „Raphatox" sei in ähnlicher Form in den Dreißigerjahren als Entfettungsmittel verwendet worden. Die ohne unerwünschte Nebenwirkung monatelang tolerierten Mengen betrugen dabei täglich bis zu einen halben Gramm. Da die Patienten sich sehr wohl fühlten, nahmen einige erheblich höhere Dosen, als vom Arzt verschrieben, wodurch es zu Todesfällen kam. Bleibt die Frage, weshalb Personen klinisch behandelt werden müssen, wenn sie beim Durchfahren einer „Raphatox"-Pfütze weit weniger als 1/1.000 der Mengen aufgenommen haben als die Tagesdosis der Entfettungspatienten. Die Reaktion der Autofahrer ordnet Pfleger als Erkrankung ein, „die der medizinischen Behandlung bedürfen, wenn auch mit anderen Mitteln als Vergiftungen"[2].
- Ein unterhaltsames Hysterieschnäppchen war die Housing-Area-Affäre von 1998. In Frankfurt und anderen Orten wurden nach Ende des Kalten Kriegs ehemalige US-Soldatenwohnungen an deutsche Sozialmieter vergeben. Da die Amerikaner nur bedingt nach dem deutschen Reinheitsgebot lebten, vermuteten Panikkammerjäger Schrecken erregende Ökoteufel in den Quartieren. Prompt wurden sie fündig, als man in der Raumluft Spuren polycyclischer aromatischer Kohlen-

wasserstoffe (PAKs) entdeckte, die von einem in den Fünfzigerjahren verwendeten Parkettkleber stammten.[3] Im Hausstaub von 3,1 % der 1.600 Wohnungen wurde der zulässige Grenzwert von 10 mg PAK/kg überschritten[4,5]. Dies nutzte der Stadtverordnete der Grünen, Thomas Schlimme, für ein herzerfrischendes Angsttrompeterkonzert. Sofort begann er von einem nicht tolerierbaren Krebsrisiko zu fabulieren, obwohl bei den Amerikanern, die jahrzehntelang darin lebten, keinerlei Erkrankungen registriert werden konnten. Unter Schlimmes sachkundiger Regie wurde ein totenkopfverziertes Flugblatt mit dem Titel „Giftzeitung" verteilt.
Wunschgemäß blieb die herbeigesehnte Panik nicht aus. Plötzlich klagten deutsche Mieter über Haarausfall und schwere Atemprobleme. Da nützte es auch nichts, wenn das Gesundheitsamt ausdrücklich darauf hinwies, PAKs seien zwar krebserregend, könnten aber nicht die geschilderten spontanen Körperreaktionen auslösen. Eine Versammlung der Mieter jagte die andere und eine Boulevardzeitung informierte: „Mütter am Rande des Nervenzusammenbruchs.[6,7,8]"
Als dann noch die zwei- bis dreifache Menge des Grenzwertes an „hochgiftigem" DDT gefunden wurde, präsentierten sich die Housing Areas als Hysterieschnäppchen im Doppelpack.[9,10] Jetzt wurde noch eifriger gemessen und Blutproben entnommen. Dabei fand man bei einer Familie erhöhte PCP-Werte[a]. Die Raumluft der Wohnung enthielt aber nichts davon. Das Rätsel löste sich, als man die Lederjacke des Vaters untersuchte. Sie war gegen Vergammeln vom Hersteller mit PCP imprägniert worden. Nachdem man den Gegenstand der Besorgnis aus der Wohnung entfernt hatte, normalisierten sich die Blutwerte der Familie binnen kurzer Zeit.[11]
Wie hoch war das Risiko? Für Erwachsene null, denn „die PAKs sind im Staub gebunden und können nicht eingeatmet werden", erklärte Ursula Heudorf vom Stadtgesundheitsamt.[12]

[a] PCP ist die Abkürzung für Pentachlorphenol.

Kinder sind da schon eher gefährdet, denn beim Herumkrabbeln lecken sie ab und an die Finger und können dadurch bis zu 100 mg belasteten Hausstaub aufnehmen. Aber auch hier rentiert sich ein genauer Blick, denn nur wenn ein Mensch lebenslang Kleinkind bleibt und diese Menge täglich aufnimmt, ist nach Anhörung von Sachverständigen mit 5 zusätzlichen Krebsfällen pro 100.000 Personen zu rechnen.[12] Dies setzt voraus, dass „das lebenslange Kleinkind" nicht vom Blitz erschlagen wird (6 Tote 1994) oder beim Fallschirmspringen umkommt (5 Tote 1994). Auch darf es nicht bei Verwandten im Auto sitzen (ca. 350 tödlich verunglückte Kinder 1994) oder im Gartenteich dank mangelnder Aufsicht ertrinken, denn 1999 ertranken 62 Kleinkinder im Alter unter fünf Jahren[13].[b]

Gemäß dem Vorsichtsprinzip mussten 50 von 1.600 Wohnungen saniert werden.[14] Rechnet man jetzt noch etwas weiter und geht von 3 Kindern je Wohnung aus, kommt man zu einem bemerkenswerten Ergebnis. Mit dem oben genannten Risiko (5:100.000) folgt, dass 0,75 Kinder an Krebs erkranken, wenn sie lebenslang (75 Jahre) als Kleinkind am Boden rumkrabbeln.

Wir haben Sorgen in Deutschland! Hauptsache, ein Ökoquisitionsmitglied hat wieder mal wieder richtig das Hysterie-Moped aufheulen lassen, sich interessant gemacht, Beachtung gefunden und die geschürte Panik genossen. Die Sanierung der Wohnungen kostete allein in Frankfurt mehr als 20 Millionen Euro, wozu der Steuerzahler einen erheblichen Beitrag leistete.[15] Es macht einfach zu viel grünen Spaß, Ökohysterien zu schüren, die mediale Aufmerksamkeit zu genießen, eine Gefolgschaft von Beifall klatschenden Duracell-Hasen um sich zu sammeln und dabei für nichts zu haften. Zahlen tun immer die anderen – im Zweifelsfall die Mieter in Frankfurt über die auf sie umgelegte Grundsteuer. Leicht könnte ich noch

[b] Hochgerechnet auf ein 75jähriges Leben sind dies 450 (Blitz) bzw. 26.500 (Mitfahrer im Auto) oder 4.650 (im Gartenteich ertrinken) Todesopfer.

etliche Seiten mit Angstpossenspielen des Ökotheaters füllen, jetzt wird es aber Zeit zu fragen...

WAS IST UNGIFTIG?

Nichts, buchstäblich nichts! Alle Substanzen sind Giftstoff, sogar das lebensnotwendige Vitamin C (Ascorbinsäure), von dem wir täglich 30 mg benötigen. Niemand denkt dabei an einen Giftstoff. Dennoch findet man bei Personen, die Tagesdosen von 500 mg aufwärts konsumieren, vermehrt oxidiertes Guanin im Erbgut.[16] Dies kann gemäß dem Vorsichtsprinzip Ursache einer Krebserkrankung sein.

Beachtenswert ist ein authentischer Fall aus England. 1983 verschluckte eine Frau versehentlich etwas Haushaltsreiniger. Von der Ökoquisition eindringlichst vor gefährlichen Chemikalien gewarnt, rief sie in Panik bei der Giftnotzentrale an. Die gab ihr den Rat, viel Wasser zu trinken. Da sie infolge jahrelangen Ökoagitprops um ihr Leben fürchtete, trank sie Unmengen davon. Selbst, als sie sich ständig übergeben musste, schüttete sie weiter in sich hinein. Nach dem – wie sie meinte – lebensrettenden „Genuss“ von 15 Liter Wasser stellten sich Verwirrtheitszustände ein, gefolgt von Bewusstlosigkeit und Atemstillstand. Der Notarzt kam und wies sie umgehend in eine Klinik ein. Nicht wegen des versehentlich geschluckten Haushaltsreinigers, nein, wegen der hohen Dosis vom Giftstoff Leitungswasser. Im Krankenhaus steigerten sich die epileptiformen Anfälle. Trotz intensivster ärztlicher Bemühungen verstarb die Frau vier Tage später an einer Wasserintoxikation, wie man die irreversible Wasseraufschwemmung des Gehirns nennt.[17]

15 Liter Wasser haben eine letale Wirkung, dennoch brauchen wir täglich 2 Liter davon. 200 - 300 mg Kaliumcyanid („Zyankali“) sind für einen erwachsenen Menschen tödlich. Andererseits kann eine erwachsene Person täglich 2 mg des seifig schmeckenden Salzes ohne Folgen konsumieren. Weshalb das naturgesetzlich so ist, erklärt der bei den Hohepriestern des Ökologismus überhaupt nicht geschätzte *Fundamentalsatz der Toxikologie*. Er stammt von

Theophrastus Bombastus von Hohenheim (1494 – 1541) – auch Paracelsus genannt – und lautet: „Was ist das, nitt gifft ist? alle ding sind gifft / und nichts ist ohn gifft / Allein die Dosis macht das ein ding kein gifft ist. Als ein Exempel / ein jetlich speiss und ein jetlich getranck / so es über sein Dosis eingenommen wirdt / so ist es gifft / das beweist sein aufgang: Ich geb auch zu / das gifft / gifft sei".

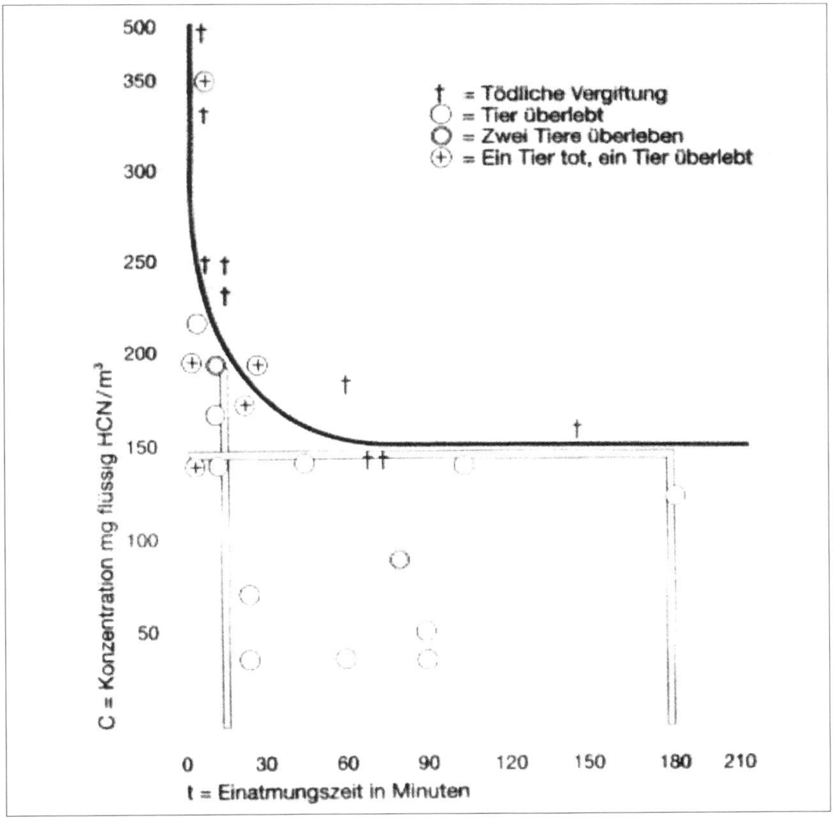

Bild 11, Haber-Dosis-Wirkungs-Gesetz

Fazit: Es kommt immer auf die Dosis an, denn selbst das größte „Megagift" ist unterhalb einer bestimmten Dosis vollkommen wirkungslos (Achtung Ökozündhütchen: Hier ist wegen Verharmlosung kämpferisch-engagierte Empörung angesagt!).

Die Abhängigkeit der Wirkung von der Dosis (Menge) und der Zeitdauer bezeichnet man als *Dosis-Zeit-Gesetz* (s. a. Bild 11):

$$\text{Wirkung} = \text{Dosis x Zeit } (W = c \times t).$$

Wie aus dem Bild 11 hervorgeht, beträgt die Schwellendosis von Blausäure (HCN) im Tierversuch ca. 150 mg HCN/m^3. Enthält die Raumluft weniger, überleben alle Tiere. Das Prinzip gilt immer – auch, wenn es von den Dirigenten des Ökopanikorchesters überhaupt nicht gern gehört wird –, sogar für „grünfriedliche Ultragifte"[c].

BHOPAL, SCHLOTBARONE UND MUTTER NATUR

Es war in der Nacht vom 1. zum 2. Dezember 1984. Verblüfft starrten die Gäste zahlreicher Hochzeitsgesellschaften in Bhopal auf eine weiße Wolke, die sich von Westen her näherte. Plötzlich fielen Vögel tot von den Bäumen; Kühe brachen unter Krämpfen qualvoll sterbend zusammen. Viele Menschen liefen in Panik davon, als ihre Augen zu brennen begannen, doch sie hatten kaum eine Chance. Die meisten ereilte das Schicksal im Schlaf – am nächsten Morgen zählte man 4.000 Tote. Bis heute ist die spätere Gesamtopferzahl nicht bekannt. Schätzungen liegen zwischen 16.000 und 30.000.[18]

Was war passiert? Aus einem Chemiewerk, das der amerikanischen Gesellschaft Union Carbide gehörte, waren 30 bis 40 Tonnen des hochgiftigen Methylisocyanats entwichen. Die akute Toxizität beruht auf der heftigen Reaktion der Verbindung mit allen Stoffen, die so genannte nukleophile Reaktionen eingehen können. (O Gott, Chemie! Furchtbares, unverständliches, naturwissenschaftliches Kauderwelsch. Da erbaue ich mich lieber an Luthers Tischgesprä-

[c] Nach der unter politischem Druck entstandenen so genannten „Einmolekültheorie" wird nicht ausgeschlossen, dass bei besonders gefährlichen Substanzen bereits ein Molekül wirken kann. Diese ökoscholastische Hypothese – was anderes ist es nicht – verletzt den logischen, gesunden Menschenverstand im erheblichen Maß und ist wissenschaftlich äußerst umstritten.

chen oder lese nach, welche Generäle in der Mühle von Tauroggen zusammenkamen.)

Hier der Klartext: Methylisocyanat reagiert unter starker Erwärmung äußerst heftig mit Wasser, wobei Methylamin und CO_2 gebildet werden[d]. Die eigentliche Gefahr liegt darin, dass die Chemikalie genauso flagrant mit Eiweißstoffen des menschlichen, tierischen und pflanzlichen Gewebes reagiert. Nach dem Einatmen der Substanz versucht sich der Körper zu helfen, indem er in der Lunge den Giftstoff mit Wasser (Körperflüssigkeit) verdünnt. Deshalb kommt es binnen weniger Minuten zum tödlich verlaufenden Lungenödem.[19]

Wer sind die Schuldigen der Katastrophe von Bhopal? Obwohl damals niemand vom Shareholder sprach, ging es um die Gewinnsteigerung für eben denselben. Den amerikanischen Chefs der Union Carbide Ltd. warf die Fabrik nämlich zu wenig Gewinn ab. Deshalb ersetzten sie 1982 den langjährigen Betriebsleiter Woomers durch die beiden Inder Mukund und Chakravarti. Die erhielten den Auftrag, die Kosten zu senken, was sie in gründlicher „Top-down"-Manier taten. Zunächst wurde die Belegschaft von 1.000 Mitarbeiter auf 642 reduziert. Teure Fachkräfte wurden durch ungelernte ersetzt. Dazu wurden Verschleißteile nicht mehr halbjährlich, sondern nur alle 12 Monate gewechselt und teure Edelstahlrohre durch billigeres Material ersetzt.[18]

Dann kam das Sahnehäubchen obendrauf. Zur Freude des Shareholders fuhren die neuen Chefs die aufwendigen – und lebensnotwendigen – Alarm- und Schutzsysteme herunter. Damit sparten sie ein paar Rupien für Elektrizität und Kühlstoffe. Als am Abend des 1. Dezembers die verbliebenen Alarmsysteme anschlugen, nahm das zunächst niemand ernst. Kurz danach bemerkte ein Wachtrupp, dass Wasser in den Methylisocyanat-Vorlagebehälter gelangt war. Die stark exotherme Reaktion brachte den bei 38 °C siedenden Giftstoff zum Kochen, die Sicherheitsscheibe zerbarst,

[d] Methylamin riecht charakteristisch nach Fischdosen oder gammeligem Fisch. Die Verbindung ist zwar auch giftig, aber bei weitem nicht so gefährlich wie Methylisocyanat. Nebenbei bemerkt, bilden sich solche Amine auf natürlichem Weg bei der Zersetzung von Eiweißstoffen.

und die oben erwähnten 30 bis 40 t wurden mit den bekannten verheerenden Folgen freigesetzt. Wie das Wasser in den Behälter gelangte, wird unterschiedlich gesehen. Die eine Seite geht von Bedienungsfehlern und unsachgemäßen Reinigungsarbeiten aus, während die Gegenseite mit Sabotage argumentiert.

Längst ist Union Carbide Ltd. weiterverkauft. Der ehemalige Vorstandschef Warren Anderson, ein typischer Vertreter des „cleveren“ Geschäftsmanns Marke „Business & Partner“, verlegte bewusst die Produktion der gefährlichen Chemikalie in ein Billiglohnland mit niedrigen Sicherheitsstandards. Dafür warten die Opfer noch heute[e] auf eine angemessene Entschädigung. Die Fabrik in Bhopal wurde ohne Sanierung des durch jahrelange Schluderei verseuchten Betriebsgeländes stillgelegt. Eine hessische Regionalzeitung kommentierte: „Bhopal-Gift immer noch im Boden.“[20] Das kann nicht sein, denn geringste Feuchtigkeitsspuren in der Erde haben längst die kleinsten Reste von Methylisocyanat zerstört. Bhopal war die größte Chemiekatastrophe seit Menschengedenken. Bedauerlich ist nur, dass die Ökoquisition den Jahrestag 2004 zum Stimmungsmachen missbraucht.

In Seveso ging es zwar nicht um die Steigerung des Betriebsgewinns, dafür hatte die Bedienungsmannschaft den Reaktionsansatz wegen des beginnenden Wochenendes nicht zu Ende geführt und das Gemisch unbeaufsichtigt stehen gelassen, nachdem nicht nur der Kesselrührer, sondern auch die Alarm- und Sicherheitseinrichtung abgeschaltet worden war. Im Gegensatz zu Bhopal gab es hier nicht ein einziges Todesopfer, wenn man vom Chef der Icmesa-Fabrik absieht, der von den roten Brigaden aus Rache erschossen wurde.

Da sogar normales Trinkwasser in großen Mengen ein „Giftstoff“ sein kann, stellt sich die Frage, welche Dosen eigentlich für den Menschen tödlich sind? Hier eine kleine Hitliste:[21,22,23,24]

Substanz	**tödliche Menge in mg**
Botulinustoxin (Fleischvergiftung)	0,000.000.03
Tetanustoxin	0,000.000.1

Ricin (aus dem Samen des Ricinusstrauchs)	0,003 (im Blut)
Diptherietoxin	0,02
„Seveso-Dioxin" („Seveso-Ultragift")[f]	0,07
Aflatoxin	0,7
Saxitoxin (bei Vergiftungen durch Muscheln)	0,2
Cadmium (als lösliches Ion)	50
Heroin	60
Cyanwasserstoff (Blausäure)	60
Nikotin	70
Schlangengifte	700
DDT	10.000 bis 30.000
Natriumchlorid (Kochsalz)	200.000
Ethanol (Weingeist, Alkohol)	250.000

Auffallend ist, dass das „ultragiftige Seveso-Dioxin" unterhalb der harmlosen, weil natürlichen, Gifte rangiert. Die mit Abstand giftigsten Stoffe, die man überhaupt kennt, sind keine „Chemiegifte", sondern hochmolekulare Proteine, die von der „guten Natur" produziert werden.[25] Hierzu zählen das Diphterietoxin, das Tetanustoxin und das Botulinustoxin. Das letztere wird beim Vergammeln von Lebensmitteln durch das Bakterium Clostridum botulinum gebildet und ist so giftig, dass eine Hausfrau starb, nur weil sie nach dem Öffnen eines mit Botulinustoxin belasteten Einmachglases die Finger ableckte.[26] Wäre das Einmachglas mit der gleichen Menge Seveso-Dioxin belastet gewesen, hätte sie schlimmstenfalls einen Hautausschlag (Chlorakne) bekommen.

Da man mit knapp 6 mg reinem Botulinustoxin 200 Millionen Menschen töten kann, wurde es 1972 von der UNO in die Liste der verbotenen biologischen Kampfstoffe aufgenommen. Um die gleiche Wirkung mit „Seveso-Dioxin" zu erreichen, würde man übrigens 14 kg (14.000.000 mg) benötigen. Handelt es sich dann um

[e] Als Entschädigung kassierte der indische Staat 470 Millionen Dollar, von denen nur ein Bruchteil bei den Opfern landete.

[f] Die in der Tabelle angegebene Dosis basiert auf dem Vorsichtsprinzip und liegt sehr wahrscheinlich wesentlich höher, wie im Kapitel 9 ‚Ökopotpourri' noch erläutert wird

eine harmlose Substanz? Nein, ganz und gar nicht. Dazu Näheres im Kapitel 9 „Ökopotpourri".

HALBTOT IST AUCH TOT

1996 gab es in Thüringen eine Ökotheatervorstellung, weil 129 t Natriumacetat aus Bundeswehrbeständen zur Verwertung nach China verschifft werden sollten. Ökotröten der grünen Landtagsfraktion tönten von Giftmüllverschiebung und vom Missbrauch des liberalen Kreislaufwirtschaftsgesetzes.[27] Das Ende vom Lied: 129 t „hochgefährliches" Natriumacetat wurde zurückgenommen und auf Kosten des Steuerzahlers in einer Kaligrube eingelagert.

Was ist dran? Natriumacetat ist ein Salz der Essigsäure, mit der man den Kartoffelsalat zubereitet. In der Medizin wurde es früher als Diuretikum verordnet. Vergiftungsfälle sind keine bekannt geworden. Leider kann man dem unter chronischer naturwissenschaftlicher Legasthenie leidenden Bevölkerungsquerschnitt alles einreden – auch, dass Natriumacetat ein Giftstoff sei. Wenn überhaupt, könnte höchstens die „ätzende" Wirkung einer wässrigen Lösung Schaden anrichten. Dann aber ist ganz normale Seife als noch giftiger einzustufen.[g] Wenn wir so weitermachen, muss in Bälde jede Gaststätte zum Kartoffelsalatanmachen eine Betriebsgenehmigung nach §4 des Bundes-Immissionsschutzgesetzes beantragen und auf der Toilette gebrauchte Seifenlösung sammeln, die in Sondermülldeponien unter Tage verbracht wird. Sind wir noch ganz richtig im Kopf?

Chemie ist giftig, gefährlich und unverantwortlich. Gemäß dieser Grundregel der Verantwortungsethik (Hans Jonas) wollten zwei der alternativen Liste nahestehende Autoren ihren Lesern weismachen, dass schon „vor der Neusynthese einer Chemikalie etwas über deren mögliche Schadwirkung" bekannt sein muss.[28] Das ist kompletter Unfug. Es gibt keinerlei wissenschaftlich abgesicherte

[g] Eine 3 %ige Seifenlösung hat den pH-Wert10,8, wohingegen es eine vergleichbare Natriumacetatlösung nur auf pH = 8,1 bringt. Die Seifenlösung ist stärker alkalisch „ätzend" als die Natriumacetatlösung.

Methode, nach der die potentielle Schadstoffwirkung aus einer auf dem Papier stehenden Formel abgeleitet werden kann – auch wenn das Molekül das Element Chlor enthalten sollte, das laut Greenpeace der Teufel in die Welt gesetzt hat.

Weil dem so ist, wird die Toxizität üblicherweise in Tierversuchen ermittelt. Leider hängt das Ergebnis davon ab, welche Tierart verwendet wird. So wirkt beispielsweise das Antibiotikum Penicillin auf Meerschweinchen tödlich, während Mäuse keine Probleme damit haben. Zum Glück hat der Entdecker des Penicillins keine Meerschweinchen als Versuchstiere eingesetzt, andernfalls wären niemals Menschenleben mit dem Antibiotikum gerettet worden. Hier ein paar Ergebnisse aus Tierversuchen:

Chemikalie [30,31,32]	**LD_{50} in mg/kg**
Lenacil (ultragefährliche Chemiekeule = Pflanzenschutzmittel)	> 11.000
Ethanol („Weingeist")	10.000
Diuron (Chemiekeule zum Ausmerzen von „Beikräutern" = Unkraut)	> 5.000
Natriumchlorid („Kochsalz")	**4.000**
Natriumacetat	3.530
Eisensulfat	1.500
Morphiumsulfat (Pharmawirkstoff MST)	900
Natrium-Phenobarbital (Schlafmittel)	150
DDT (verbotenes Insektizid, Chemiekeule)	100
Cyanwasserstoff (Blausäure)	15
Gift der Honigbiene (Apis mellifica)	6
Nikotin (im Tabak)	1
L-(+)-Muscarin, Alkaloid des Fliegenpilzes	0,2
„Seveso-Dioxin" („hochgefährliches Ultragift")	0,02
Tetrodotoxin (Kugelfischgift)	0,01
Diphterietoxin (freigesetzt vom Bakterium Corine diptheriae)	0,000.3
Crototoxin (Fischgift)	0,000.2
Tetanustoxin (freigesetzt vom Bakterium Clostridium tetani)	0,000.000.1
Botulinustoxin (freigesetzt vom Bakterium Clostridium botulinum)	0,000.000.03

Eine weitere Unsicherheit muss in Kauf genommen werden. Das Verhalten biologischer Modelle – so bezeichnet man Versuchstiere – unterliegt statistischen Gesetzmäßigkeiten. Deshalb benötigt man zur validierten Aussage mindestens 50 bis 100 Tiere.[29] Im Versuch wird die Dosis eines mutmaßlichen Giftstoffs so lange gesteigert, bis 50% der Modelle sterben. Dies ist die mittlere Letaldosis LD_{50}.

Die vorhergehende Tabelle ist nur eine Richtlinie und beansprucht keineswegs wissenschaftliche Exaktheit. Dazu müsste zumindest nach Art des Versuchstiers und der Applikation differenziert werden, was hier nur Langweile erzeugen würde. In jedem Fall scheint es ziemlich egal zu sein, ob die Giftwirkung auf einem Naturstoff oder einer synthetischen Chemikalie beruht. Trotz allem sind Tierversuche nur bedingt aussagefähig. So genießen Schnecken und Kaninchen problemlos den für uns tödlichen Knollenblätterpilz. Ein anderes Beispiel ist die Schlangenwurz, die als altbewährtes Hausmittel gegen Schlaflosigkeit, Menstruationsbeschwerden und Herzerkrankungen eingesetzt wird. Fressen Kühe davon, passiert ihnen nichts. Abraham Lincols Mutter starb, weil sie Kuhmilch trank, die mit dem Toxin der Schlangenwurz stark belastet war.[33] In geringer Menge ein Heilmittel, in hoher Dosis tödlich.

Die Dosis macht das Gift! Deshalb unterscheidet die Gefahrstoffverordnung in Anhang I:

- Sehr giftige Stoffe: LD_{50}-Dosis < 25 mg/kg
- Giftige Stoffe: 25 < LD_{50} < 200 mg/kg
- Gesundheitsschädliche Stoffe: 200 < LD_{50} < 2000 mg/kg

Das als Schlafmittel verwendete Natrium-Phenobarbital ist wie viele Pharmawirkstoffe in die Kategorie „giftig" einzuordnen, was durch viele Suizidfälle belegt wird. Schaut man einmal in der einschlägigen Literatur nach, so ist ein Großteil der Pflanzenschutzmittel noch nicht einmal in die Kategorie „gesundheitsschädlich" einzuordnen, weil ihre LD_{50} größer als 2.000 mg/kg ist. Nimmt man Kochsalz als Bezugssubstanz, so sind beispielsweise die Fungizide Anilazin, Benomyl, Bitertanol, Captan, Carbetamid, Propineb und TCA-Na sowie die Herbizide Benazolin-Ethyl, Bifenox, Bromacil, Carbetamid, Phenmedipham, Simazin und Trifluralin weit weniger toxisch als das allseits beliebte Speisesalz, weil die LD_{50} der besagten Pflanzenschutzmittel über 4000 mg/kg liegt[24].[h]

Das ärztliche Vergiftungsregister bemerkt zum Pflanzenschutzmittel Simazin lapidar: „Vergiftungen beim Menschen sind nicht bekannt."[34] Dies, obwohl sogar Suizidversuche damit unternommen wurden. Man kann es aber auch mit dem Verzehr von 500.000 Salatköpfen auf einmal versuchen, die mit dem Tausendfachen des erlaubten Grenzwertes von Simazin belastet sind. Wetten, dass es tödlich ausgeht. Natürlich gibt es auch gefährlichere Pflanzenschutzmittel wie das „sehr giftige" Akarizid Abamectin (LD_{50} = 10,6 mg/kg) oder auch das „nur" der Kategorie „giftig" zuzuordnende Insektizid Propoxur (LD_{50} = 50 mg/kg).

Es muss nicht unbedingt letal ausgehen. Giftstoffe können auch eine *teratogene* Wirkung besitzen. Dadurch wird der Fötus im Mutterleib geschädigt , wodurch ein behindertes Kind zur Welt kommt. Das 1956 auf den westdeutschen Markt gebrachte Contergan (Wirkstoff Thalidomid) wirkt stark teratogen und verursachte in den Sechzigerjahren allein in Deutschland 5.000 schwerste Missbildungen bei Säuglingen.[35] Da der Mensch 10-mal empfindlicher als der Affe und 350-mal stärker als der Hamster reagiert, waren Tierversuche nur bedingt aussagefähig.[36] Andererseits ist das Thalidomid von so geringer akuter Toxizität, dass es als ideales Schlafmittel galt. Es war praktisch unmöglich, damit Selbstmord zu begehen: Eine Frau schlief nach Einnahme von 14 g (!) bestens und wachte nur etwas verwirrt auf.[37]

Interessant wird es auch, wenn sich Kühe und Ziegen von Lupinen ernähren und dabei größere Mengen des „harmlosen" Naturstoffs Anagryn aufnehmen. Eine Frau, die während der Schwangerschaft von einer solchen Milch trinkt, bringt mit hoher Wahrscheinlichkeit ein behindertes Kind zur Welt.[38,39] Selbst das vollkommen un-

---

[h] Viele der genannten Pflanzenschutzmittel sind 2022 in Deutschland bzw. Europa nicht mehr zugelassen, weil die regulatorische Toxikologie aufgrund politischer Entscheidungen Anwendungsverbote durchsetzt. Es geht darum, dem WählerInnen zu imponieren. Deshalb muss die Industrie ständig neue Wirkstoffe entwickeln, die nach dem Prinzip „Igel und Hase" aufgrund von „Besorgnis" – meist Hochdosistierversuche – verboten werden.

verdächtige Vitamin A besitzt in hohen Dosen eine teratogene Wirkung.

Ergänzend sei angemerkt, dass man heute zwischen *Konzentrationsgiften, Kumulationsgiften* und *Summationsgiften* unterscheidet. Die erstgenannten sind die größte Gruppe. Ihre Wirkung nimmt proportional zur Dosis zu. Die *Kumulationsgifte* sind in geringen Dosen nicht toxisch, können aber im Organismus gespeichert werden, womit ihre *chronische* Wirkung erklärt wird. Die *Summationsgifte* verursachen irreversible Veränderungen, die nach Verschwinden des Wirkstoffes aus dem Blut bestehen bleiben. Viele Kanzerogene gehören hierzu.[40] Auch müssten bei genauer Betrachtung Allergie auslösende Stoffe beachtet werden, womit aber der Rahmen des vorliegenden Buchs gesprengt würde.[41]

HYSTERIESCHNÄPPCHENJAGD UND ULTRASPURENANALYTIK

Als man im Bodensee vor einigen Jahren nach Arzneimittelrückständen suchte, schepperte es plötzlich im Ökogrammophon. Eine Forschergruppe alarmierte die Öffentlichkeit. Man sei einem „bislang nur unzureichend erforschte(n) ökotoxikologisches(n) Risiko" auf der Spur.[42] Tatsächlich wurden von verschiedenen Arzneimitteln zwischen 0,01 und 9 ng/l gefunden.[i] Können Sie sich etwas unter den besagten 0,01 ng vorstellen? Nein, hier die Messzahlen, mit denen die Ökoquisition den Homo sapiens sapiens seit ihrer Gründung durch Richard Nixon, Margaret Mead und Günter Hartkopf ins Ökobockshorn jagt:

Vorssatzzeichen	Vorsatz	Faktor	Wert
f	Femto	10^{-15}	0,000.000.000.000.001
p	Piko	10^{-12}	0,000.000.000.001
n	Nano	10^{-9}	0,000.000.001
µ	Mikro	10^{-6}	0,000.001
m	Milli	10^{-3}	0,001
c	Zenti	10^{-2}	0,01

d	Dezi	10^{-1}	0,1
da	Deka	10^{1}	10
h	Hekto	10^{2}	100
k	Kilo	10^{3}	1000
M	Mega	10^{6}	1000.000 (Million)
G	Giga	10^{9}	1000.000.000 (Milliarde)
T	Tera	10^{12}	1000.000.000.000 (Billion)
P	Peta	10^{15}	1000.000.000.000.000

Aus der Tabelle folgt: Die oben genannten 0,01 ng sind hochgefährliche 0,000.000.000.01 Gramm. Das spricht mehr für die *Empfindlichkeit der Analysemethoden* als für das Gesundheitsrisiko. Ibuprofen beispielsweise ist ein Schmerzmittel, das bei entzündlichen, degenerativen Gelenkerkrankungen verschrieben wird. Der Arzt verordnet dem Patienten dreimal täglich 600 mg. Rechnet man nach, dann muss der Patient 67 Millionen Liter Trinkwasser mit hoher Ibuprofenbelastung konsumieren, um auf den Wirkstoffgehalt einer einzigen Tablette zu kommen.

Da der Rhein sich in seinem Verlauf über Kläranlagen weiter mit Medikamentenrückständen anreichert, konnte man in Wiesbaden erschreckende 30 ng/l des Antiepileptikums Carbamezepin finden.[43] Rechnet man einmal nach, dann muss ein Anwohner 6,7 Millionen Liter des erschreckend belasteten Wassers trinken, um auf den Wirkstoffgehalt einer 200-mg-Tablette zu kommen. Trinkt er jeden Tag nur 2 Liter, muss er 9130 Jahre leben, um eine Tablette Carbamezepin zu konsumieren.

Als weitere Untersuchungen Ultraspuren weiblicher Hormone und Kontrazeptiva (Antibabypille) zu Tage förderten, schrieb eine Zeitung verstört über den endokrinen Arzneimittelspuk im Trinkwasser:[42,44] „Da wirkt schon ein einzelnes Molekül.[45]" Stellen sich zwei schlichte Fragen: Wie kommen solche Spuren ins Trinkwasser,

[i] Im Einzelnen handelte es sich um Ibuprofen, Diatrizoat, Carbamezepin, Isopromid, Clofibrinsäure, Sulfamthoxazol, Iopamidol, Dehydrato-Erythromycin, Iothalminsäure, Phenazon und Iomeprol.

das einem Fließgewässer entnommen wurde, und weshalb nehmen Frauen in den Wechseljahren täglich 32.000.000.000.000.000.000 Moleküle Estradiolvaleriat (2mg) ein, wenn schon ein einzelnes Molekül wirkt?

Auf welche Messzahlen stützt sich die Ökoquisition noch? Richtig, da ist ja noch die ppm-Hysterie. Hier die Messzahlen:

1 % = Prozent = 0,01 = 1 g/100 g = 10g/kg =10 l/m^3
1 ‰ = Promille = 0,1 % = 0,001 = 0,1g/100g = 1 g/kg = 1 l/ m^3
1 ppm = parts per Million = 1 Preuße in München
= 1 Zuckerwürfel in einem Tank mit 2700 Liter
= 0,000.001 = 0,0001 %=0,001 g/100g= 0,0001 g/kg
= 0,001 l/m^3 = 1 ml/m^3 (1 mL = 1 Milliliter = 1 cm^3)
1 ppb = parts per billion (engl.: billion = 1 Milliarde)
= 1 Chinese in China = 1 Zuckerwürfel im Großtanker mit 2,7 Millionen Liter =0,000.000.001= 0,000.0001 %
= 0,000.001 g/100g = 0,000.0001 g/kg= 0,000.001 L/m^3
= 0,001 ml/m^3
1 ppt = parts per trillion = 0,000.000.000.001 = 1 Zuckerwürfel in 1000 Großtankern = 0,000.000.0001 %

Ein anschauliches Beispiel ist der Gehalt angeblich klimawirksamer Spurengase in der Atmosphäre. Sie enthält über 400 ppm CO_2 und 1,7 ppm Methan. Dazu gesellen sich 0,5 ppt = 0,000.000.000.05 % Schwefelhexafluorid (SF_6), das gemäß dem Vorsichtsprinzip nicht mehr produziert werden darf, weil es ein 23.900fach höheres Treibhauspotential (GWP) als Kohlendioxid hat. Rechnet man nach, dann entsprechen die 0,5 ppt SF_6 Schrecken erregenden 0,012 ppm CO_2.[j]

Bleiben wir bei der Klimahysterie. Ein Mensch unter 8 Milliarden Erdenbürgern entspricht 0,125 ppb. Entfleucht diesem ein methanhaltiger Wind, so ist nach dem Vorsichtsprinzip der Ökoquisition zu befürchten, dass die Eisberge noch schneller abschmelzen, da Methan ein 21-mal höheres Treibhauspotential (GWP) als CO_2 hat.[46] Mit „sophisticated computer models“ lässt sich mit Sicherheit

j Ob das ein auf der Hysteriewelle reitender Ökopolitiker wohl nachrechnen kann? Was für eine unverschämte Frage. Er braucht es doch gar nicht. Er ist nämlich sachverständig.

der Weltuntergang durch menschliche Ausdünstungen herbeirechnen – wenn es politisch gewünscht würde[k]. Dann böte sich auch ein Zertifikatshandel für Zwiebeln und Bohnen an.

POLITISCH INSTRUMENTALISIERTE ANALYTIK

Wie ein Wildschwein, das ständig den Boden auf der Suche nach leckeren Engerlingen durchwühlt, fahndet die Ökoquisition laufend nach Ultraspuren eines Schadstoffes, mit denen sich ein herzerfrischendes Ökopossenspiel veranstalten lässt.[47] Werden in 1 l Rheinwasser 0,05 mg (0,000.05 g) vom Antibiotikum Erythromycin gefunden, kommt sofort Festspielfreude auf[48]. Noch unterhaltsamer wird es, wenn 3 Pikogramm (0,000.000.000.003 g) Dioxin im Fett eines Schweins gefunden werden, das vorher mit ultragefährlich belastetem Futter gemästet wurde.[49] Endlich wieder Gelegenheit, den Öko-Beelzebub samt Vorsorgemätzchen auf den Spielplan des Hysterietheaters zu bringen.

Wie gelingt es eigentlich der analytischen Chemie, solche Mengen unterhalb der Krümelgrenze zu messen, und wie ist dabei vorzugehen? Dazu muss der analytisch arbeitende Chemiker zwei Probleme lösen:

1. *Abtrennung* der zu bestimmenden Substanz (Analyt) aus dem Gemisch.
2. Quantitative *Messung* des Analyten.

Der *politisch instrumentalisierte Missbrauch der chemischen Ultraspurenanalytik* lässt sich am besten verstehen, wenn man ca. 170 Jahre zurückgeht.

Am späten Nachmittag des 21.11.1850 klopften beim Pfarrer der belgischen Gemeinde Bury zwei Dienstboten des nahe gelegenen Schlosses Bitremont und erzählten, ihre Herrschaft habe gestern wahrscheinlich den Bruder der Gräfin umgebracht.[50] Der Pfarrer

[k] Da die Ökoquisition nur die dem Komfort dienende Technik auf dem Kieker hat, gibt es keine offiziellen Messzahlen der menschlichen Norm-, Max-, Min-Emissionen von Kohlendioxid, Methan, Schwefelwasserstoff, Ammoniak u. a. über Atmung, Haut, Fäkalien, Urin u. ä. Daten hierzu muss man sich mühsam zusammenstellen.

verständigte den Untersuchungsrichter Heugebaert, auf dessen Veranlassung hin die Leiche des Opfers in der Remise des Schlosses obduziert wurde. Es fanden sich starke Verätzungen im Mund, auf der Zunge, dem Schlund und im Magen, weshalb man einen Giftmord vermutete. Da man nicht weiterkam, schickte Heugebaert die dem Toten entnommenen Proben nach Brüssel zu Jean Servais Stas, der an der École Militaire Chemie unterrichtete. Stas konservierte die ihm zugesandten Proben (Organe und Mageninhalt) zunächst unter Alkohol. Seine erste Vermutung, dem Toten sei gewaltsam Vitriolöl (konzentrierte Schwefelsäure) beigebracht worden, schied aufgrund der chemischen Analyse aus.

Bei der Untersuchung des Mageninhalts kam ihm die Idee, das Opfer könnte mit einem Alkaloid vergiftet worden sein. Nur mit welchem? Stas probierte alle möglichen Reagenzien aus, bis er plötzlich nach Zugabe von Kalilauge den eindeutig strengen Geruch von Nicotin wahrnahm. Auch die Geschmacksprobe – sie war damals in der chemischen Analytik gang und gäbe – deutete auf Nicotin. Wie aber kann man die Substanz, wenn es denn Nicotin ist, vom übrigen Mageninhalt *abtrennen* und dann *quantitativ* bestimmen?

Stas hatte die richtige Idee. Er wusste: Im alkalischen Medium löst sich Nicotin besser in Äther als in Wasser. Und vor allem: Der Äther mischt sich kaum mit Wasser, sondern bildet eine zweite Schicht (Phase). Auf diesen Kenntnissen baute er seine Arbeitsschritte auf:

- ansäuern des Mageninhalts mit Essigsäure,
- filtrieren, um die Speisereste von der sauren Nicotinlösung abzutrennen,
- mit Kalilauge versetzen und
- das reine Nicotin mit Hilfe von Äther von der wässrigen Flüssigkeit abtrennen (der Chemiker spricht von Ausschütteln).

Nach Abdampfen des Äthers fand Stas durch Wiegen eine Nicotinmenge, die ausgereicht hätte, mehrere Menschen zu töten. Aufgrund der Analysenergebnisse klagte man den Grafen Visart de Bocarmé an, seinen Schwager Gustave ermordet zu haben und verurteilte ihn zum Tode. Jean Servais Stas hingegen errang bleibenden Weltruhm, denn sein Extraktionsverfahren wird heute noch in der forensischen Chemie in verbesserter Form als Stas-Otto-Verfahren angewandt.

Auch im nächsten Fall geht es um Mord.[51] Um 1830 konnte man Arsenvergiftungen nicht mit Hilfe der analytischen Chemie nachweisen. Daher ging der Spruch um: Arsen tötet das Opfer und schützt den Täter. So sah es auch ganz gut für den Mörder eines achtzigjährigen englischen Farmers aus. Der alte John Bodle tyrannisierte seine Familie von morgens bis abends und wollte partout den Hof nicht überschreiben. Eines Morgens war er tot. Der Friedensrichter vermutete, der Sohn des Alten habe seinen Vater mit Arsen vergiftet, konnte aber wegen der damals vollkommen unterentwickelten forensischen Analytik nichts beweisen.

Zur gleichen Zeit lebte in Woolwich bei London ein verarmter Chemiker namens James Marsh, der als Alkoholfreund seinen Schnapskonsum mit Forschungen über Rücklaufbremsen von Schiffsgeschützen finanzierte. 1832 wurde er beauftragt, bei der Lösung des Bodle-Mordfalls zu helfen. Zunächst fand Marsh auch tatsächlich Arsenspuren im Körper des Opfers. Sein Gutachten wurde aber vor Gericht zerfetzt, weshalb der mutmaßliche Mörder freigesprochen wurde.

Marsh wurde vom Ergeiz gepackt und entwickelte eine Methode zum Arsennachweis, die zwar nicht mehr den Täter im Mordfall John Bodle überführte, aber als Marshsche Probe bekannt wurde. Dabei wird Arsen im sichergestellten Magenbrei eines Mordopfers mit Hilfe eines Kniffs zu Arsenwasserstoff (AsH_3) umgesetzt. Das aus der Probe entweichende Gas wird durch ein Glasrohr geleitet, das man an einer Stelle erhitzt. Dabei zersetzt es sich wieder. An einer kälteren Stelle des Rohrs entsteht dadurch ein spiegelnder Arsenfleck, dessen Größe ein Maß für den Arsengehalt ist. 1836 veröffentlichte Marsh seine Methode in einem wissenschaftlichen Journal.[86] Für Arsengiftmörder brachen schlechte Zeiten an. Fünf Jahre nach Veröffentlichung der Analysenmethode konnte man Marie Lafarge mit Hilfe der Marshschen Probe überführen, ihren Ehemann mit Arsen umgebracht zu haben.[51]

Wie der folgende Vergleich zeigt, waren die Methoden der chemischen Analysenverfahren der Biedermeierzeit im Vergleich zu den heutigen mehr als bescheiden. Man kann es mit dem Umsteigen von der Pferdekutsche in einen Porsche vergleichen. Weil die moderne analytische Chemie mit apparativen Trennmethoden, äußerst empfindlichen Spektrometern, Fotozellen und schnellen Arbeitsplatzcomputern arbeitet, spricht man von der *instrumentellen Analytik*. Hier der Vergleich:

a) Klassische Analytik um 1840 (Biedermeier)

Substanz	Trennmethode	Detektion	Bestimmungsgrenze
Nicotin	Ausschütteln nach Stas	Geruch (Nase), chemische Reaktionen	0,1 mg (Analysenwaage)
Arsen	Marshsche Probe; Entwickeln eines flüchtigen Gases (AsH_3)	Metallischer Arsenpegel („Eichung“ anhand der Größe des Arsenspiegels)	0,1 mg

b) Instrumentelle Analytik im Jahr 2000

Substanz	Trennmethode	Detektion	Bestimmungsgrenze
Nicotin	Chromatographie	Massenspektrometer	0,000.000.01 mg
Arsen [52]	kann oft entfallen; ansonsten Anreicherung durch Extraktion	CCD-Array; Fotozelle	0,000.007 mg (ICP), 0,000.0002 mg Graphitrohr-AAS

Ich will die Leser nicht allzu sehr mit Details langweilen, denn es handelt sich um Chemie und hier um ein Spezialgebiet, für das tausendseitige Lehrbücher existieren (O Gott – Naturwissenschaft – gähn!). Dennoch kann man die Ökohysterie nur dann verstehen, wenn man einen Blick auf die Methoden der instrumentellen Analytik wirft.

1. Da wäre zunächst die ***Gaschromatographie*** **(GC)**, die als *hochselektive Trennmethode* in den Vierzigerjahren des letzten Jahrhunderts entwickelt wurde.[53,54,87] Ein erstes Gaschromatogramm im heutigen Sinn findet man in der Doktorarbeit des späteren österreichischen Landeshauptmannstellvertre-

ters Fritz Prior.[55,56] Das Grundprinzip der Trennmethode lässt sich mit Ausflugschiffen vergleichen, die einen Fluss hinunter schwimmen. Besetzt man die Schiffchen jeweils *nur* mit Frauen und mit Männern, so werden die Frauen vermutlich später am Zielort ankommen, wenn unterwegs mehr Modeboutiquen und Schuhgeschäfte geöffnet haben als Weinprobierstände. In der Gaschromatographie ist der Fluss die *Trennsäule*, die unterschiedlich besetzten Boote sind die *Analyten* und die *mobile Phase* (Gas) das fließende Wasser. Wie alle Trennmethoden steht und fällt die Gaschromatographie mit der Empfindlichkeit des am Ende der Trennsäule befindlichen „Anzeigegeräts" – des Detektors.

2. Der ***Elektroneneinfangdetektor*** **(ECD).** Dieser Detektor wurde in den Vierzigerjahren von James Lovelock, einem der Schöpfer der Gaia-Hypothese entwickelt.[l] Der ECD hat höchste politische (!) Bedeutung.[57] Er reagiert nämlich vor allem auf Halogene wie *Chlor* und ist dazu noch äußerst empfindlich. Mit ihm lassen sich noch 5 fg (0,000.000.000.005 g) einer chlororganischen Verbindung, wie DDT oder Lindan, nachweisen![58] Ohne diesen Detektor hätte man in den Fünfzigerjahren kein DDT im Fettgewebe toter Vögel und in den Eiern des amerikanischen Seeadlers gefunden[m]. Rachel Carson hätte folglich 1962 nicht ihr Buch „Der stumme Frühling" veröffentlichen können. Ohne die hysterische Reaktion der Bevölkerung auf Frau Carsons Buch wäre Richard Nixon wahrscheinlich nicht auf die Idee gekommen, die NATO mit der Lösung der Umweltfrage zu beauftragen, sondern hätte die tatsächlich vorhandenen Umweltschäden (Luft- und Wasserverunreinigung) viel

---

[l] Die Gaia-Hypothese ist einer der kanonischen Glaubensartikel des Ökologismus. Danach soll sich die Erde wie ein lebender Organismus verhalten. Alle lebenden Organismen und alle nichtlebendigen Teile der Erde sind somit Teile eines dynamischen Systems, das die gesamte Biosphäre durch Rückkopplung stabil hält. Lebt der Mensch, fährt Auto, vergnügt sich, lässt es sich gut gehen, bringt er das ausgeglichene System aus dem Gleichgewicht. Der Konsum harten, trockenen Brots oder Müsli statt Rumpsteak, zu Fuß gehen und Fahrrad fahren stellt nach Meinung der Ökoquisition das Gleichgewicht wieder her.

[m] Der amerikanische Seeadler hat als Wappentier eine ähnlich große Bedeutung wie für die Deutschen der Wald.

pragmatischer angegangen. Ohne ECD hätte Ruckelshaus keinen Erfolg gehabt und Staatssekretär Hartkopf keine Bürgerinitiativen initiieren können. Die gesamte Ökoquisition wäre in der Versenkung geblieben. Dahingegen hätte man eine Umweltschutzpolitik mit Maß und Ziel betrieben. Wie die Rechts-, Innen- und Gesellschaftspolitik in Deutschland ohne die grüne Bewegung aussähe, kann sich jeder selbst ausmalen.

3. Die empfindlichste Nachweismethode in der Gaschromatographie ist heute die **Kopplung mit einem Massenspektrometer (*GC-MS-Kopplung*)**. Damit werden in einem Gramm Hausstaub mühelos Besorgnis erregende Mengen von 25 fg (0.000.000.000.000.025 g) kanzerogener PAKs gefunden.[58]
4. Die Gaschromatographie hat einen Nachteil. Sie funktioniert nur, wenn die zu untersuchende Probe gasförmig oder verdampfbar ist. Eine neuere Entwicklung ist die ***Hochdruckflüssigkeitschromatographie*** (High Pressure Liquid Chromatography = **HPLC**). Es handelt sich sinngemäß um eine Übertragung der Gaschromatographie auf Flüssigkeitssysteme. Damit können nicht verdampfbare Verbindungen mit ähnlicher Empfindlichkeit gemessen werden wie verdampfbare Substanzen mit der Gaschromatographie.
5. Kopplungstechniken von Chromatographie und Spektroskopie sind allemal gut für ein Ökoangst-Lustspiel.[59] Vor etwa 40 Jahren gelang es, die HPLC mit einem Massenspektrometer zu koppeln (***HPLC-MS-Koplung***). Diese Methode ermöglicht routinemäßig, die Einhaltung des Dioxin-Vorsorgebelastungswerts von maximal 1 pg pro Kilogramm Körpergewicht zu kontrollieren. Auch lässt sich am Auslauf von Kläranlagen in einer Probe die beklemmende Menge von 1 µg Antioxidantien bestimmen, die aus Hygieneartikeln stammen.[61] Ökotanzbären verfallen in spastische Zuckungen ob solcher Mengen!
6. Der Schwermetallgehalt einer Probe wird heute routinemäßig durch die sehr empfindliche ***Atomabsorptions-* (*AAS*)** und die ***induktiv gekoppelte Plasmaspektroskopie* (*OES-ICP*)** bestimmt. Ohne Probleme kann man damit 0,05 ng Blei

oder 0.000.000.000.000.3 g Cadmium messen.[52] Will man es noch empfindlicher haben, koppelt man die Methode mit einem Massenspektrometer als Detektor. Dann kommt man problemlos in den Pikogrammbereich und kann sogar noch das Isotopenverhältnis von Uran in einer Urinprobe quantitativ ermitteln.[62] Mittels ICP-MS findet man in einer Probe sogar noch 0,000.000.000.4 % Arsen.[63,64,65,87]

7. Einzelne Atome lassen sich durch ***Laseranregung*** nachweisen, wozu man bereits vor 40 Jahren schrieb: „Diese Möglichkeit wäre zum Beispiel sehr wichtig bei der Analyse von Umweltverschmutzungen“[66] – wahrscheinlich kann dann die Ökoquisition nach dem Vorsorgeprinzip endlich 1/100 Atom als Grenzwert festlegen.
8. Besonders preiswert und schnell gelingt die Ultraspurenmessung in der Umweltanalytik mit ***Immunoassays***. Damit können Besorgnis erregende 0,000.000.004 g Terbuthylazin gefunden werden. Sogar 200 ng/l des Herbizids Diuron kann man damit erkennen und im Fernsehen präsentieren, wenn wieder mal ein volkspädagogisches Unterrichtsstündchen angesagt ist.[67]

GIFTFABRIKEN OHNE PROFIT UND SCHLOTBARONE

Unter dem Titel „Gift im Trinkwasser“ berichtete eine Tageszeitung 2002, in Serbien seien 300 Menschen durch verseuchtes Trinkwasser umgekommen. Wahrscheinlich schon wieder ein Chemieunfall, denkt der Durchschnittsleser, denn Mutter Natur ist nur gütig. Beim Weiterlesen kommt der Schock. Es waren Fäkalbakterien, die in die Trinkwasserleitungen gelangt waren.[68] Wer hat heute eigentlich noch Angst vor Keimen, wo doch Greenpeace und alle sonstigen Giftkreuzzügler von morgens bis abends nur über „die Chemiekeule“ lamentieren? Es verhält sich genau umgekehrt.

Wie aus der Tabelle S. 153 hervorgeht, sind die mit Abstand giftigsten Verbindungen hochmolekulare Eiweißstoffe, die von Bakterien produziert werden.[25] Und jetzt kommt der wesentliche Unterschied: Im Gegensatz zu synthetischen Giftstoffen vermehren sich

Krankheitserreger wie der Diphteriekeim fortlaufend und produzieren in ununterbrochener Tag- und Nachtschicht immer mehr Toxin. Selbst die vermutlich stärksten Karzinogene, die wir kennen, sind natürlichen Ursprungs. Es handelt sich um die Aflatoxine, die von Schimmelpilzen der Gattung *Aspergillus flavus* gebildet werden.[69] Welche Giftproduzenten stellt die Natur eigentlich zur Verfügung? Hier eine kleine Auswahl:

- Nach einer Untersuchung des Kompetenzzentrums„Sepsis“ sterben in Deutschland jeden Tag im Durchschnitt 162 Menschen an einer Blutvergiftung.[70] „Schadstoff“: keine Umweltchemikalien, sondern Toxine von Keimen. Die „gute Natur“! Da man in Deutschland nur mit maximal 6 menschlichen BSE-Opfern zu rechnen hat, sterben täglich 27-mal mehr Menschen an einer Blutvergiftung, als BSE in den nächsten Jahren fordern wird (s. S. 221).
- Der Isenheimer Altar von Matthias Grünewald (Unterlinden, Colmar) zeigt den Heiligen Antonius, der am „heiligen Feuer“ leidet. Die St. Antonius-Krankheit, an der 943 in Limoges über vierzigtausend Menschen qualvoll starben, wird von dem auf Getreide schmarotzenden Mutterkornpilz (Claviceps pupurea) verursacht. Dieser produziert das giftige Ergotamin. Isst ein Mensch mit dem Giftstoff belastetes Brot, beginnen Arme und Beine wegen massiver Durchblutungsstörungen (Ergotismus) zu kribbeln („Kribbelkrankheit“). Später treten am ganzen Körper Blasen auf, der Bauch wird aufgetrieben, und schließlich sterben die Gliedmaßen ab („schwarzer Brand“).[71] Heute ist die Krankheit selten geworden durch verschiedene Maßnahmen wie Düngen mit Kalkstickstoff, Spritzen mit Tebucanozol (Achtung: Chemie, Angst!)[n] und Reinigung des Getreides. Dennoch erkrankte noch 1999 ein Landwirt durch Einatmen von kontaminiertem Getreidestaub. Infolge Ergotismus waren sämtliche Unterschen-

[n] Tebucanozol hat eine LD_{50} von 4000 mg/kg, ist also ähnlich toxisch wie Kochsalz. Humankasuistik ist unbekannt, da zu ungiftig; im Tierexperiment kommt es in hohen Dosen zu leichten Verhaltens-, Atmungs- und Motalitätsstörungen[72].

kelarterien verengt, weshalb der Mann vor Schmerzen kaum noch fünfzig Meter weit gehen konnte.[73]

- Die tropische Rattenmilbe (Gattung rithonyssus) überträgt die Erreger des Flohfleckfiebers (Rickettsia typhi) und die des meldepflichtigen Q-Fiebers (Coxiella burneti). Kein Problem bei uns? Doch. Durch Wanderratten, Hausratten oder Heimtiere aus zoologischen Handlungen wurden allein in Berlin zwischen 1994 und 2000 elf Wohnungen befallen.[74] Gott sei Dank ist die Rattenmilbe leicht bekämpfbar mit Propoxur (2-Isoprooxyphenyl-N-methyl-carbamat) und Diazinon (O,O-Diethyl-O(2-isopropyl-6-methylpyrimidin-4-yl)thiophosphat). Hilfe, Chemie – Angst, klingt richtig gefährlich!
- Laufend beschert uns die Natur mit Schimmelpilztoxinen. Besonders Taubenbrutstätten sind wahre El Dorados hierfür. Somit verwundert es nicht allzu sehr, wenn auf dem Dachboden eines sanierungsbedürftigen Wohnhauses in Leipzig 4560 KBE /m^3 gemessen wurden.[o] Nebenbei bemerkt sterben in Deutschland jährlich mindestens 7.000 Menschen an einer Pilzinfektion, was in etwa der Zahl der Verkehrsopfer entspricht.[75]
- Biotonnen sind ökokultisch und dienen der nachhaltigen Entwicklung. Besonders die große Stubenfliege (Musca domestica), die Latrinenfliegen (Fannia-Arten), die Grünen Schmeißfliegen (Lucilia-Arten), der Blaue Brummer (Calliphora-Arten), die Käsefliege (Piophila casei) und Schimmelpilze sind dankbar für jedes Agenda-21-Bruttönnchen. So viel Nahrung auf einmal – ganz besonders, wenn der Behälter zum Austrocknen offen steht. Da machen sich die Sporen der Schimmelpilze auf den Weg, und für die Fliegen ist der Tisch gedeckt. Voll mit leckeren Nahrungsmitteln aus der Biotonne, erbrechen sich die Insekten und setzen häufig Kot ab. Dies kommt den Erregern von Magen-Darm-Erkrankungen zugute, deren Toxine für Dysenterien und Sommerdurchfälle sorgen.

---

[o] Zur Beurteilung der Aerosolbelastung gibt man die Sporenmenge in „Kolonie bildende Einheiten" an (KBE/m^3). Als Richtwert für Schimmelpilze hat man 100 KBE/m^3 festgelegt.

Sogar Typhus- und Paratyphuskeime wurden im Dunstkreis von Biotonnen schon ausgemacht.[76]

- Die ganz normale Deutsche Schabe (Blatelle germanica), die sich gerne im Küchenbereich aufhält, lässt nichts verkommen, sondern ist geradezu ein Tugendbold der Kreislaufwirtschaft (Nachhaltigkeit). Durch gegenseitiges Fressen von Kot (Recycling!) und erbrochenem Vormageninhalt (Wertstoff!) werden innerhalb einer Schabenpopulation Toxine produzierende Krankheitskeime gezüchtet, die zu folgenden Erkrankungen führen:[77]

An und in Schaben nachgewiesene Krankheitskeime	**Erkrankungen des Menschen**
Escherichia coli	Infektionen des Urogenitaltraktes
Paracolobaktrum	Durchfallerkrankungen (Coli Enteritiden)
Pseudomonas aeruginosa	Entzündungen, Eiterungen (Hospitalismus)
Staphylococcus ssp.	Häufigster Erreger von Wundinfektionen
Enterococcus ssp.	Entzündungen im Darm- und Urogenitalbereich
Diplococcus mucosus	Lungenentzündung, Mittelohrvereiterung
Proteus ssp.	Infektionen des Urogenitaltraktes, Durchfallerkrankungen
Klebsiella sp.	Sekundäre Pneumonien, Entzündungen des Urogenitalsystems
Shigella sp.	Bakterienruhr
Samonella ssp.	Fieberhafte Darmerkrankungen, Paratyphus, Typhus
Yersinia pestis	Pest
Mycobakterium leprae	Lepra
Mycobakterium tuberculosis	Tuberkulose
Vibrio cholera	Cholera

- Auch Kurioses gibt es. Ein irischer Golfer störte beim Ballsuchen eine Ratte, die in sein Hosenbein flüchtete und dabei urinierte. Nach der taktilen Untersuchung seiner Hose rauchte er eine Zigarette und infizierte sich dabei mit Leptospiren aus dem Urin der Ratte. Deren Toxin sorgte dafür, dass der Mann kurz danach an akutem Nierenversagen erkrankte und wenige Wochen später trotz intensivster ärztlicher Bemühungen an Nierenversagen verstarb.[78] Gott sei Dank war es kein ultragiftiges DDT oder sonst ein Verderben bringendes Chemiegift – chemiefrei stirbt es sich viel gesünder.

Wegen der Angst vor Chemikalien hatte man in New York das „Präventiv-Sprühen" gegen Moskitos untersagt, die den Erreger der St.-Louis-Enzephalitis übertragen. Als 1999 drei Personen durch die Toxine des Erregers an Hirnhautentzündung verstarben, ordnete Bürgermeister Giuliani an, das Insektizid Malathion flächendeckend über Grünanlagen, Gewässer und Wälder auszubringen. Prompt gab es zunächst Protest. Da Amerikaner im Gegensatz zur hochgezüchteten deutschen Ökochonderszene über einen Rest an kritischem, gesundem Menschenverstand verfügen, beruhigten sie sich, als die „New York Post" den Hinweis brachte:[79,80] „Die durchschnittliche Lebenserwartung in den Vereinigten Staaten sei von 49,2 Jahren im Jahr 1900 auf 76,1 Jahre im Jahr 1996 gestiegen, eben weil Chemikalien intelligent eingesetzt würden."

DIE SPUR DER GRENZWERTE

Die Definition der Umweltgrenzwerte *gemäß dem Vorsichtsprinzip* ist das Meisterstück der Ökoquisition. Zur Ermittlung wird ein Versuchstier so lange mit dem mutmaßlichen Giftsstoff malträtiert, bis es erkrankt (Hochdosis-Tierversuch!). Dann reduziert man die Dosis so weit, bis der empfindlichste Organismus gerade *keine* Reaktion mehr zeigt. Dies ist der „No Observed Effect Level"(NOEL) bzw. der „No Observed Adverse Effect Level" (NOAEL). NOEL und NOAEL werden meist synonym gebraucht und entsprechen der im Berufsleben geltenden „Maximalen Arbeitsplatzkonzentration", die auch als MAK-Wert bekannt ist.

Die genaue Definition ist langweilig, weshalb hier nur kurz angemerkt sei, dass bei Einhaltung des MAK-Wertes (8 Stunden täglich und 40-Stunden-Woche) bei Arbeitnehmern keine Gesundheitsschäden erwartet werden. Und nun kommt die Ökoquisition ins Spiel. Sie definiert für akut toxische Substanzen als allgemeinen Grenzwert 1/100 des NOEL bzw. NOAEL. Bei krebserregenden Stoffen (Kanzerogene) hat man sogar 1/1.000 des NOEL und bei Dioxin 1/5.000 des NOEL als Umweltgrenzwert festgelegt.

Zur Veranschaulichung soll der momentan geltende Blutalkoholgrenzwert von 0,5 Promille für die Fahruntauglichkeit dienen. Ein 75 kg schwerer Mann hätte dann 37,5 g Alkohol konsumiert. Nimmt man dies als NOEL, dann betrüge der „normale Umweltgrenzwert" 1/100 oder 0,375 g reinen Alkohol, was knapp 1 ml Schnaps (1/20 Schnapsglas) entspricht. Würde der Mann ein ganzes Glas trinken, bestünde nach dem allgemein verbreiteten Verständnis von Umweltgrenzwerten wegen 20facher Überschreitung der „Unschädlichkeitsgrenze" akute Lebensgefahr. Auf diesem Nonsens baut auch das REACH-Konzept auf, mit dem Umweltbehörden Panik schürten. Wie absurd das Ökohysterietheater ist, wird augenscheinlich, wenn man sich die Größenordnungen im Bild 12 näher betrachtet:

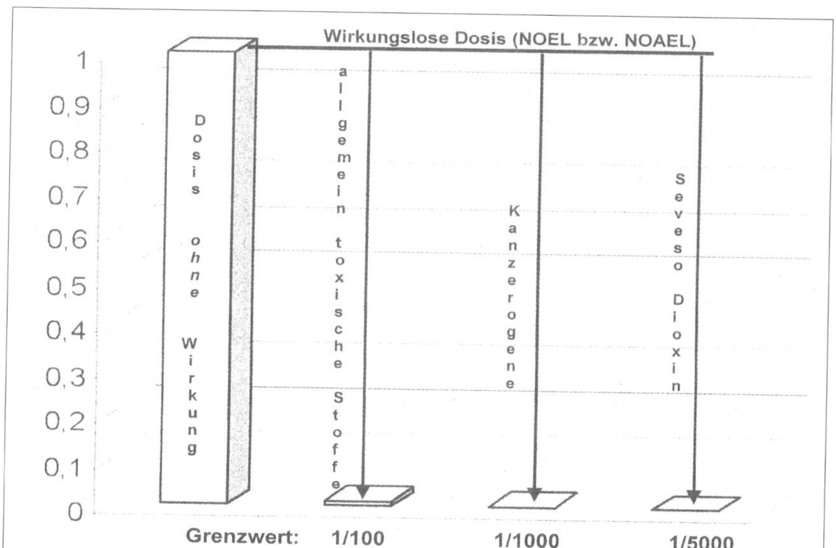

Bild 12, Grenzwertdefinition

Die Festlegung solcher Grenzwerte geschieht durch Abstimmung innerhalb eines Expertengremiums, das auf das *Vorsichtsprinzip* eingeschworen wurde („regulatorische Toxikologie"). Somit handelt es sich weniger um eine naturwissenschaftlich begründbare Konzeption als vielmehr mehr um ein „philosophisch-sozialpolitisches Entscheidungsmuster"[81,p]. Bereits die Festlegung der Bruchteile 1/100, 1/1.000 oder 1/5.000 basiert auf einem nicht naturwissenschaftlich definierten Sicherheitsabstand, der Zuschläge für Kinder und Kranke nach dem Dezimalsystem bestimmt.

Nimmt man einmal an, wir hätten nur acht Finger, dann würde die Menschheit statt mit einem Dezimal- mit einem Octalsystem rechnen. Die Sicherheitsabstände wären 1/64 (akut toxisch), 1/512 (Kanzerogene) oder 1/2.560 (Seveso-Dioxin). Weshalb? Weil wir Potenzen nicht mit 10^2 oder 10^3 usw., sondern mit 8^2 und 8^3 usw. angeben würden. Die dem jeweiligen Grenzwert zuzuordnende Zahl der Moleküle wäre um 1,56-mal größer (1/64 dividiert durch 1/100)[q].

Seit Richard Nixon den Nationaltanz ums goldene Ökokalb angeregt hatte, hopst Deutschland besonders eifrig auf und ab und hat inzwischen auch die EU in einen aufgeregt gackernden Ökohühnerhaufen gewandelt. Beim Vergleich der EU- und WHO-Werte der „lebenslang täglich akzeptierbaren Aufnahme" („Acceptable Daily Intake" = ADI) von Pflanzenschutzmitteln fragt man sich, ob 2006 die Chemikalien innerhalb und außerhalb der EU unterschiedliche Toxizität besaßen (siehe Tabelle S. 172).[31,82]

Über den einheitlichen Grenzwert von 0,0001 mg/l für Pflanzenschutzmittel urteilte der Chemiker Eilingsfeld:[83] „Aus wissenschaftlicher Sicht ist es unsinnig, für Stoffe mit völlig verschiedenen toxikologischen und ökologischen Eigenschaften pauschal aufgrund ihrer Verwendung in der Landwirtschaft den gleichen Grenzwert vorzuschreiben." Der Nonsens wird klar, wenn man Pflanzenschutzmittel wie Abamectin (LD_{50} = 10,6 mg/kg) und Carbetamid (LD_{50} =

---

[p] Hier sei an Hans Jonas' „Das Prinzip Verantwortung" erinnert.

[q] Zur Hysteriesteigerung könnten die Ökoscholastiker auch $1/8^3$ oder $1/8^4$ als Grenzwert festlegen.

11.000 mg/kg) vergleicht. Für beide Stoffe gilt derselbe Trinkwassergrenzwert, nämlich: 0,000.000.1 g/l. Würde man aufgrund der LD_{50} für Kochsalz einen Grenzwert festlegen, dürfte ein Koch nach dem Vorsichtsprinzip nicht mehr als 1/10.000 Salzkorn in die Suppe tun.

Substanz	LD_{50} in mg/kg	Relative Toxizität zum Kochsalz	ADI (WHO-Richtwert in mg/l	In der BRD gültiger EU-Richtwert in mg/l
Kochsalz (NaCl)	4000	1,0	-	(vgl. Fleischsuppe)
Alachlor	1350	3,0	0,02	0,0001
Atrazin	3080	1,3	0,002	0,0001
Methoxychlor	6000	0,7	0,02	0,0001
Pyridat	3544	1,1	0,1	0,0001
DDT	100	40,0	0,02	0,0001

Tatsächlich sind Grenzwerte schon lange nicht mehr am realen Gefährdungspotential, sondern an den Möglichkeiten der modernen analytischen Chemie ausgerichtet. Im Gegensatz zur Zeit um 1950 kann man heute problemlos einen halben Milliliter Cognac im Wasser eines Schwimmbads nachweisen. Hier ist zu fragen: Stellt das Schwimmbadwasser für einen trockenen Alkoholiker ein hohes Rückfallrisiko dar, wenn er etwas davon verschluckt? Dem Vorsichtsprinzip nach müsste der Bademeister den Badegast als rückfallgefährdeten Alkoholiker sofort aus dem Wasser ziehen.

Über das Vorsichtsprinzip als Übertreibung des Vorsorgeprinzips schreibt der Essener Risikoforscher Gethmann: "Das Vorsorgeprinzip ist sinnvoll, soweit man von der Schädlichkeit einer Exposition überzeugt ist... In dem Umfang, in dem das Wissen um die quantitativen Beziehungen wächst, verliert das Vorsorgeprinzip seine Plausibilität. Es ist pragmatisch nicht sinnvoll, gegenüber extrem kleinen Risikograden sehr aufwendige Vorsorgemaßnahmen zu treffen. Eine genaue Kenntnis der quantitativen Beziehungen erlaubt es, unter Umständen sogar auf Vorsorgemaßnahmen zu verzichten und Nachsorgemaßnahmen...zu wählen."[84]

Da die Ökoholiker aus der Politszene jegliches Sirenengejammer bacchantisch genießen, wurden Umweltgrenzwerte so niedrig angesetzt, dass sie so oft wie möglich überschritten werden. Überträgt man die Philosophie auf die Feuerwehr, dann ist eine gute Feuerwehr die, bei der möglichst oft Alarm geschlagen wird. *Im Ergebnis liegt die naturwissenschaftliche Existenzberechtigung der Angsttrompeter und die der grünen Bewegung im 0,000.000.001 g-Bereich*.

HASCH MICH, ICH BIN DIE SPUR

Übrigens, wie wär's mit ein paar neuen Spureneffekten, die Anlass zur Sorge geben und nach dem Gesetzgeber verlangen? Hier zwei Beispiele:

1. ***Besorgnis-Krümel 1***: Schon lange ist bekannt, dass sich die Isotopenzusammensetzung des Wassers bei der Destillation ändert. Durch den Vorgang reichert sich nämlich schwerer flüchtigeres Wasser mit dem Sauerstoffisotop O-18 im sogenannten Sumpf an, während der aufsteigende Dampf eine höhere Konzentration an O-16 besitzt. Sollte man nicht einmal überprüfen, ob die Isotopenzusammensetzung unserer Gewässer durch anthropogene Küchenaktivitäten negativ beeinflusst wird? Wenn man es schon nicht messen kann, dann kann man es wenigstens „modellieren“ (vgl. St. Modellus, Kap. 8). Könnte besagter Isotopeneffekt nicht die Zellmembranpermeabilität beeinflussen und Ursache eines rätselhaften Amphibiensterbens sein? Die Korrelation ist eindeutig, denn die Froschpopulation geht dramatisch zurück, seit mehr gekocht wird. Dies, obwohl weniger Störche da sind und die Franzosen den Verzehr von Froschschenkeln eingeschränkt haben. Den Einwand, natürliche Verdunstung unter Sonneneinstrahlung bewirke ebenfalls eine Anreicherung des Wassers mit dem besorgniserregenden O-18, kann man leicht mit dem Argument wegfegen: Es geht nicht um den natürlichen Hintergrund, der um ein Vielfaches größer ist. Nein, bei dem Amphibiensterben auslösenden „adverse-toxischen Isotopen-

membraneffekt“ geht es um den *zusätzlichen*, den *anthropogenen* Anteil durch Nudel- und Kartoffelkochen!
Da für Ökoquisitionsforschung heutzutage sämtliche Wissenschaftsjournale sperrangelweit offenstehen, dürfte eine Veröffentlichung der O-18-Bedrohung gute Chancen haben. Am Schluss der Ökoknallers sollte der aufstrebende Forscher anmerken: „Vorläufige Ergebnisse geben Anlass zur Besorgnis und sollten durch weitere Untersuchungen mit Hilfe von ‚Modellen'[r] und verfeinerten Methoden überprüft werden.“

2. ***Besorgnis-Krümel 2***: Ein weiterer nicht zu unterschätzender Ultraspureneffekt wartet sehnsüchtig auf seine Entdeckung. Bekanntlich steht die Erdkruste keineswegs still. Wind, Gewitter und Ozeanwellen erzeugen Vibrationen mit Perioden, die zwischen 5 und 10 Sekunden dauern. Aber auch durch Beschleunigen und Abbremsen von Autos wirken Schubkräfte auf die Erdkruste. Alle Ereignisse zusammengenommen führen zu einem „Brummen der Erde“.[85] Sollte man nicht einen Forschungsauftrag vergeben und überprüfen lassen, ob vielleicht dadurch Erdbeben ausgelöst werden? Vorläufige Recherchen geben Anlass zu größter Besorgnis! Die Zahl der Erdbeben ist seit 1964 gestiegen, um während der Ölkrise um 1980 etwas zu sinken. In neuerer Zeit – insbesondere seit 1998 – steigt die Erdbebenhäufigkeit wieder deutlich an. Auch hier geht es nur um den *anthropogenen* Anteil durch den Autoverkehr. Deshalb müsste man zunächst einmal „Computermodelle“ entwickeln, die den natürlichen Hintergrund rausrechnen, dann den Anteil des Individualverkehres herausfiltern und die Erdbebenhäufigkeit mit der ansteigenden Motorisierung koppeln. Dies hat wie alle „Modellierung“ den unschlagbaren Vorteil, dass sich die Ergebnisse wie bei der Klimamodellierung der Falsifizierung entziehen und somit zu kanonisierten politischen Wahrheiten werden können, die man niemals widerlegen kann! Besonders überzeugend

[r] Hierbei geht es um Computerrechenakrobatik im Dienst der Ökoquisition.

wirkt es, wenn die „Erdbebenmodellierer“ erst ab 2100 eine vom Individualverkehr verursachte „Seismik-Ultrakatastrophe“ vorhersagen.

Natürlich dürften Autobusse und Eisenbahnen kaum Erdbeben verursachen, weil bei diesen Verkehrsmitteln die pro Personenbeförderungskilometer zu registrierenden Anfahr- und Abbremskräfte geringer ausfallen als beim Individualverkehr mit seinen häufigen Einpark- und Anfahrvorgängen. Besonders leistungsstarke PKW der Oberklasse stehen im dringenden Verdacht, anthropogene seismische Katastrophen zu verursachen, die sich vor allem in den Entwicklungsländern auswirken.

Achtung, Ökoquisition – aufgewacht! Da winkt eine vielversprechende Ultraspurenjagd mit fabrikneuen Endzeitvisionen und knackfrischen Lustängsten. Ökochonder und solche mit verloren gegangenem gesunden Menschenverstand werden es mit Wählerstimmen belohnen.

7. Die Krebsposaune

Bereits Dinosaurier litten an Knochenkrebs, fanden amerikanische Forscher 2003 heraus, als sie die Skelette von 700 Museumsexemplaren untersuchten.[1,2] Besonders anfällig schien der Entenschnabeldinosaurier (Trachodon) gewesen zu sein. Die auf den ersten Blick unscheinbare Nachricht ist ein herber Schlag für Umweltscholastiker. Schließlich weiß doch jeder erfahrene Ökochonder mit fortgeschrittener kognitiver Dissonanz: „Krebs, darüber gibt es kaum noch Zweifel, das ist die Luft, die wir atmen, das Wasser, das wir trinken, das sind die Chemikalien, mit denen wir hantieren, die Pillen, die wir schlucken. Krebs ist um uns und in uns. Krebs ist unser Tribut an die Industrialisierung, die Folge eines ungezügelten Wirtschaftswachstums, das auf die Qualität der Umwelt keine Rücksicht nahm.[3,4]"

Grünwelsch dieser Art wird von der Journaille seit Jahren ohne eigenen Intelligenzinput aufgewärmt und scheint unausrottbar zu sein, seit Nixons Öko-Apologeten die Deutungshoheit über die Wirklichkeit übernahmen. Unwidersprochen behauptetet 1979 der Redakteur eines Wissenschaftsjournals in einer Diskussionsrunde mit Günter Hartkopf: „Es gibt Schätzungen, dass zwischen 60 und 90 % aller Krebserkrankungen durch Umweltchemikalien ausgelöst werden."[5] Prompt trommelten Hartkopfs Beamte kurz danach in einer Broschüre zur Umweltmesse Envitec: „Für bis zu 80 % aller Krebserkrankungen werden heute Langzeitwirkungen von Chemikalien verantwortlich gemacht." Dies passt genau in die Rille der Tendenzautoren Mackwitz und Köszegi, die 1983 verlangten:[6] „Eine Krebsvorsorge, die danach trachtet, unnötiges menschliches Leid zu verhindern, muss zu einem früheren Zeitpunkt ansetzen:

vor der Produktion und der Vermarktung einer Chemikalie." Und der ehemalige rot-grüne Umweltminister Trittin plappert als Oberlehrer der Volkspädagogik: „Krebs ist die Quittung für die Industrialisierung." Mehr Unsinn geht nicht, wenn man sich das obige Dinosaurierbeispiel vor Augen hält.

Auch Jutta Ditfurth weiß als strenge Vorbeterin des Ökologismus: „Gifte, die beispielsweise in Südostasien produziert werden, verteilen sich mit den Luftströmungen über den Globus.... Während der Dow Jones steigt, geht es mit der Gesundheit.... bergab."[57] Gemäß dieser Logik müsste der Börsencrash von 1929, dem ein massiver Einbruch der Industrieproduktion folgte, das größte Gesundheitsprogramm seit Menschengedenken gewesen sein. Ein Börsencrash zur Entlastung der Krankenkasse! Dass man darauf noch nicht gekommen ist.

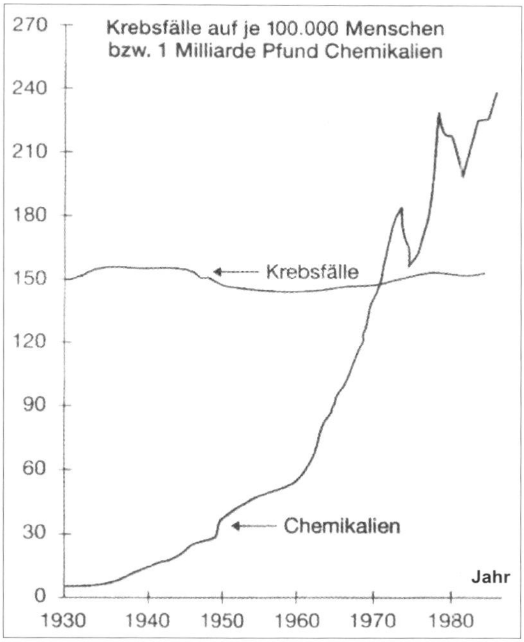

Bild 13: Chemikalienproduktion und Krebserkrankungen[7]

DER ERSTE SCHLAG INS KREBS-HYSTERIEKONTOR

Sollten Krebserkrankungen tatsächlich auf industriell hergestellten Umweltchemikalien beruhen, müsste sich die Krebsrate mit steigender Chemikalienproduktion erhöhen. Dies ist mitnichten der Fall, wie das Bild 13 belegt.

Zum Verständnis muss an dieser Stelle die Eigenschaft von Korrelationen noch einmal hervorgehoben werden. Im Gegensatz zur landläufigen Auffassung sind sie nämlich *kein* Beweis, sondern nur eine notwendige Voraussetzung für einen behaupteten Zusammenhang. Existiert umgekehrt *keine* Korrelation, dann folgt schlüssig und eindeutig, dass *kein* Zusammenhang zwischen zwei Ereignissen oder Größen existiert. Karl Popper drückt es so aus: „Während beliebig viele Beispiele eine allgemeine Aussage nicht beweisen können, kann ein einziges Gegenbeispiel eine allgemeine Behauptung widerlegen."[8] Schon aus diesem Grund müsste das Bild 13 zur sofortigen Auflösung der Krebsabteilung der Ökoquisition führen. Insbesondere wenn man bedenkt, dass sich die Chemikalienproduktion von 1985 bis 2021 mehr als verdoppelt hat, während die altersbereinigte Krebsrate gleichzeitig absank.[55]

Für Empörungszündblättchen sei vorweg angemerkt: Ich behaupte nicht, dass es keinerlei Krebsgefährdung durch Technik und Chemikalien gibt. Im Vergleich zu den anderen Ursachen sind diese Risiken aber eine Marginalie. Dies geht aus einer auch heute noch wissenschaftlich akzeptierten, aber bei der Ökoquisition überhaupt nicht beliebten Forschungsarbeit der international anerkannten Epidemiologen Doll und Peto hervor[56]. 1981 unterrichteten die beiden Wissenschaftler den amerikanischen Kongress über die Wichtung der Krebsursachen mit folgendem Ergebnis (erweitert d. Verf.):[9,10]

Nahrung, Ernährung	35 %
Tabak	30 %
Infektionen	15 %
Beruf	4 %
genetische Faktoren	4 %
Alkohol	3 %
Luft- und Wasserverunreinigung	2 %
Sonnenlicht (UV)	1,5 %
Medikamente	1 %
Natürliche Strahlenexposition (inkl. Radon)	1,5 %
Nahrungszusatzstoffe, Haushaltschemikalien	< 1 %
Medizinische Strahlenexposition	0,5 %
Kernwaffenversuche (weltweit)	~0,01 %
Tschernobyl (Südbayern)	~0,01 %
Tschernobyl (Bundesrepublik)	0,002 %
Kernkraftwerke (Normalbetrieb)	0,0001 %

Über die 30 % der Krebserkrankungen durch Rauchen braucht man wahrhaftig nicht mehr reden.[a] Interessanter ist der nächste Punkt. Starkes Übergewicht (Schadstoff: schmackhafte Nahrung) und mangelnde körperliche Tätigkeit (Schadstoff: Trägheit) werden aus gutem Grund als Risikofaktoren erster Ordnung angesehen.[11.12.13]

Da ist schon interessant zu wissen, dass nach einer Studie aus Jena die Anzahl der Mädchen mit Normalgewicht nach der Wende von 88 auf 79 % und die der Jungen von 90 auf 84 % zurückgegangen ist.[14] Dies scheint ein größeres Risiko zu sein als sämtliche Haushaltsreiniger, giftige Klebstoffe, Kunststoffe, Elektrosmog, Lebensmittelfarbstoffe oder 0,000.000.1 g Lindan im „belasteten" Babybrei. Auch das offizielle Krebsregister der ehemaligen DDR belegt, dass Schadstoffe eine zweite Geige spielen. Trotz erheblich höherer Belastung als im Westen war die Krebserkrankungsrate bei Kindern nicht signifikant erhöht![15]

Die größte Gefährdung sind also unser Lebensstil und die Nahrung – aber nicht, weil 40 % aller untersuchten Lebensmittel noch Ultraspuren der jährlich in Deutschland verkauften 35.000 t Pflanzenschutzmittel enthalten, sondern weil wir uns nach Angaben der WHO zu fett, zu süß und zu ballaststoffarm ernähren.[16,17,18] Wurden um 1800 täglich noch 20 g Ballaststoffe verzehrt, waren es 1985 nur noch 4 – 6 g pro Tag.[19] Deshalb ist es auch für unsere Gesundheit vollkommen irrelevant, wenn das Magazin *Öko-Test* berichtet, 8 von 26 untersuchten Tees wären mit gefährlichen Chemikalien belastet.[20] Das ist genauso bedeutungslos wie die 60fache Überschreitung des gesetzlichen Grenzwerts von Fluvalinat[b] in Tafeltrauben.[21] Die war nämlich nur mit Hilfe der instrumentellen Analytik messbar. Da stellt sich doch glatt die Frage: Was ist eigentlich das 60fache von nichts?

[a] Dieser Anteil dürfte allerdings zukünftig zugunsten anderer Noxen zurückgehen, da wesentlich weniger geraucht wird.

[b] Fluvalinat ist ein Insektizid, das beispielsweise in der Imkerei zur Reinigung der Bienenstöcke verwendet wird, um die gefürchtete Varroa-Milbe zu bekämpfen. Die LD_{50} beträgt 1.097 mg/kg und die Halbwertszeit in freier Natur 6 - 15 Tage [22,23]. Unter Sonnenlicht wird Fluvalinat nach kurzer Zeit zerstört.

Nur im Tierversuch konnte bislang mit Dioxin Leberkrebs ausgelöst werden. Beim Menschen sind hierfür vor allem Infektionen mit Hepatitis-C- und Hepatitis-B-Viren verantwortlich. Da spielt die Musik. Schließlich ist die Zahl der auf Virusinfektionen beruhenden tödlich verlaufenden Leberkarzinome in China fast so hoch wie die auf Tabakgenuss zurückzuführenden Lungenkarzinome.[24] Das Humanpapillomavirus HPV-16 ist für das Gebärmutterhalskarzinom verantwortlich. Dies sind immerhin 3,9 % der Krebsfälle bei Frauen.[25,26] 1998 wurden Patrick S. Moore und seine Frau Yuan Chang mit dem Robert-Koch-Preis ausgezeichnet, weil sie das Herpesvirus Typ 8 als Verursacher des Kaposi-Sarkoms nachweisen konnten.[27] Auch für die Entstehung von Blutkrebs scheint ein Virus, das eine mutierte Form des so genannten Myb-Gens überträgt, von größerer Bedeutung zu sein als sämtliches Benzol, das beim Tanken eingeatmet wird.[28]

Natürlich sind Viren keine Giftstoffe, sondern nur gute Natur und deshalb wesentlich harmloser als die PAKs in der Frankfurter Housing Area oder chlororganische Verbindungen im Schwimmbadwasser. Unverdrossen macht sich Greenpeace lächerlich mit der Behauptung, Salatköpfe, in denen das 36fache des Grenzwerts von Pflanzenschutzmitteln gefunden wurde, würden die Gesundheit gefährden.[29] Was aber ist das 36fache von nichts?

Die 2 % der Krebsfälle aus obiger Tabelle durch Luft- und Wasserverunreinigung betreffen weniger industriell hergestellte Schadstoffe und Chemikalien als Belastungen durch Pilze (Aflatoxine) oder Abgase aus Wohnungsheizungen, die im Übrigen 50% der in der Luft enthaltenen PAKs emittieren. Die besonders gefürchteten Nahrungszusatzstoffe und Haushaltschemikalien machen noch nicht einmal 1 % aus. Rechnet man die Aflatoxine und Ähnliches heraus, sind deutlich weniger als 2 % der Krebsfälle in Zusammenhang mit Chemie und Technik zu bringen. Bleibt als Fazit: Die Behauptung, 60 oder gar 90 % aller Krebsfälle würden von Umweltchemikalien (Chemieindustrie!) verursacht, entbehrt jeglicher naturwissenschaftlichen Grundlage.

DER ZWEITE SCHLAG INS KREBSHYSTERIEKONTOR

Die Entdeckung der Kanzerogene, die auch Karzinogene genannt werden, geht auf den englischen Wundarzt Percival Pott zurück, der 1775 das gehäufte Auftreten von Hodenkrebs bei Schornsteinfegern auf deren berufliche Exposition gegenüber Teer und Ruß zurückführte.[30] Wie die Tabelle auf S. 178 belegt, stehen 4 % der Krebserkrankungen im Zusammenhang mit der Berufstätigkeit. Dabei handelt es sich in der Regel um *Hochdosisexpositionen*, die man leicht zurückverfolgen kann. Somit erlauben epidemiologische Untersuchungen der Arbeitnehmer und Statistiken der Berufsgenossenschaften die Entdeckung krebserregender Arbeitsstoffe.[31] Die Methode wird durch Tierversuche („Labormodelle") ergänzt, woraus eine Einteilung der Kanzerogene gemäß ihrem Wirkungspotential in *fünf* Klassen resultiert:[32]

1. ***Klasse***: *„Stoffe, die beim Menschen Krebs erzeugen und bei denen davon auszugehen ist, dass sie einen nennenswerten Beitrag zum Krebsrisiko leisten..."*
2. ***Klasse***: *„Stoffe, die als Krebs erzeugend für den Mensch anzusehen sind, weil durch hinreichende Ergebnisse aus Langzeit-Tierversuchen oder Hinweise aus Tierversuchen und epidemiologischen Untersuchungen davon auszugehen ist, dass sie einen nennenswerten Beitrag zum Krebsrisiko leisten..."* Übersetzung: Nur im Tierversuch konnte man eine kanzerogene Wirkung feststellen. Obwohl im Berufsleben Arbeitnehmer mit Kilogrammmengen oder gar im Tonnenmaßstab damit umgehen, ist bislang kein Mensch an den in Klasse 2 aufgezählten Substanzen erkrankt, sonst wären sie der Klasse 1 zugeordnet worden. Wie weiter unten erläutert, sind die Ergebnisse solcher Tierversuche mit großen Abstrichen zu bewerten, weil sie meist auf Hochdosisexperimenten beruhen, die gemäß dem *Vorsichtsprinzip* der Ökoscholastik für kleinere Mengen nach unten gerechnet werden.
3. ***Klasse***: *„Stoffe, die wegen erwiesener oder möglicher Krebs erzeugender Wirkung Anlass zur Besorgnis geben, aber auf-*

grund unzureichender Information nicht endgültig beurteilt werden können... Aus In-vitro- oder aus Tierversuchen liegen Anhaltspunkte für eine Krebs erzeugende Wirkung vor ..."
Die Formulierung „*Anlass zur Besorgnis*" ist ein klassisches Beispiel für Öko-Hochscholastik. Übersetzung: Die Stoffe der Klasse 3 wirken selbst im Hochdosistierversuch nicht eindeutig kanzerogen, sonst wären sie der Klasse 2 zugeordnet worden. Beim Menschen konnte erst recht kein Erkrankungsfall registriert werden.

4. ***Klasse***: „*Stoffe mit krebserregender Wirkung, bei denen gentoxische Effekte keine oder nur eine untergeordnete Rolle spielen. Bei Einhaltung des MAK- und BAT-Wertes ist kein nennenswerter Beitrag zum Krebsrisiko für den Menschen zu erwarten...*[c]"
Übersetzung: Im Hochdosis-Tierversuch ergeben sich allerhöchstens schwache Anhaltspunkte auf ein kanzerogenes Potential. Die Gefährdung für Menschen ist von vollkommen untergeordneter Bedeutung.
5. ***Klasse***: Dies ist die Gruppe mit dem geringsten krebserregenden Potential. Ein nennenswerter Beitrag zum Krebsrisiko wird sogar von den Öko-Scholastikern ausgeschlossen, wenn die MAK- und BAT-Werte eingehalten werden. Hierzu zählt beispielsweise Styrol, das in Spuren aus neuen Teppichböden ausgasen kann.

Knöpfen wir uns nun zunächst einmal die **Klasse 1** vor. Sie umfasst ca. 50 Substanzen, wie Arsen, Asbest, Benzidin, Benzol, Bis (chlormethyl)ether, Dichlordiethylsulfid, 2-Naphthylamin, Pyrolyseprodukte aus organischem Material (Teeröle, Braunkohle-, Steinkohleteere und die darin enthaltenen PAKs), Trichlorethen und Vinylchlorid.

Bis Mitte der Sechzigerjahre galt Vinylchlorid als relativ untoxisch, weshalb es sogar als Spraydosentreibgas verwendet wurde. Erst nachdem bei hochexponierten Arbeitern bösartige Lebertu-

---

[c] Der BAT-Wert gibt die Konzentration eines gefährlichen Arbeitstoffes im Organismus (z.B. Blut) eines Arbeitnehmers unter definierten Bedingungen an.

more aufgetreten waren, wurde es als potentes Kanzerogen entdeckt.[33] Interessanterweise haben sich die Naturstoffe *Buchen- und Eichenholzstaub* in die Klasse 1 geschmuggelt. Berufsgenossenschaften identifizierten die Stäube als starke Humankarzinogene – wobei es natürlich auch hier auf die Dosis ankommt.[34] Man stelle sich einmal vor, das Verbraucherschutzministerium warnt vor Eichen- und Buchenholzstaub und rät, den Wald während des Holzeinschlags zu meiden. Eine heile Ökowelt würde zusammenbrechen: Natur ist gütig – Chemie ist giftig!

Das krebserregende Arsen wurde bereits in vorindustrieller Zeit in messbaren Mengen mit der Nahrung aufgenommen (Obst, Getreide, Gemüse, Milch, Eier, Fleisch) und findet sich besonders konzentriert in Meeresgetier. Weil es möglicherweise sogar ein essentielles Spurenelement ist, geht die WHO von einem täglichen Arsenbedarf von 20 Mikrogramm (0,000.02 g) aus.[35,36] Das wären jährlich 7,3 mg (0,0072 g). In Nordrhein-Westfalen hatte die grüne Umweltministerin aus Vorsorgegründen sämtliche ausgestopften Tiere aus den Biologiesammlungen der Schulen entfernen lassen, weil dadurch möglicherweise Nanogrammmengen (0,000.000.001 g) Arsen in die Raumluft gelangen könnten.

Auch Teerstoffe führen wegen der darin enthaltenen PAKs beim Menschen eindeutig zu Krebserkrankungen. Aber auch hier kommt es auf die Dosis an! Am 22.5.2003 erfuhr man vom SWR1, die Bahn habe bei St. Goarshausen alte, teerhaltige Holzschwellen gegen neue Betonschwellen ausgetauscht. Damit stieg der Lärm um ein Vielfaches an. Eine Anwohnerin beschrieb, wie das Wasser in der Badewanne hin- und herschwappt, wenn ein Zug vorbeifahre und erklärte, sie sei dem Herzinfarkt nahe. Ein Herzinfarkt aufgrund des Lärmstresses ist natürlich harmloser als die Krebsgefahr durch imprägnierte Holzschwellen[d]. Selbst wenn die Bahn wollte, dürfte sie wegen des Risikos keine imprägnierten Holzschwellen mehr einbauen. Da wäre es schon einmal interessant zu untersuchen, in-

[d] Daneben spielen wirtschaftliche Gründe eine Rolle, weil die Verwendung von Betonschwellen die Betriebskosten senkt.

wieweit sich die Krebsprävalenz von Bahnstreckenanwohnern von der der Allgemeinbevölkerung unterscheidet.

Die Einschätzung der krebserregenden Wirkung von Chemikalien ab **Klasse 2** beruht samt und sonders auf Tierversuchen („Labormodellen") mit maximal tolerierbaren Dosen (MTD). Hierbei wird während eines längeren Zeitraums so viel der krebsverdächtigen Substanz zugeführt, dass die Labormodelle gerade nicht verenden.

Bereits hier zeigt sich schon der galoppierende Unfug, mit dem die Ökoquisition hantiert, denn unter diesen Bedingungen ist sogar Aspirin ein Karzinogen, weshalb es unter den heutigen rechtlichen Bedingungen nicht mehr zugelassen würde. Dass für den Menschen vom Aspirin kein Krebsrisiko ausgeht, weiß man nur aufgrund der langjährigen massenweisen Anwendung des Heilmittels.[37]

Zur Klasse 2 zählen: Acrylamid (Lebkuchen, Kartoffelchips, Pommes frites – Angst!), Bitumen (Teerdächer – besorgniserregend!), Cadmium, 2-Nitroanisol (Störfall Hoechst AG, Februar 1993 – Schrecken ohne Ende!), Naphthalin (daraus wurden früher Mottenkugeln hergestellt – alle Leute, die Naphthalin um 1890 verwendeten, sind heute tot – Panik!), Ethylenoxid (Grundchemikalie zur Produktion von Shampoo und Feinwaschmitteln – Krebs durch Haare Waschen und Tragen von Pullovern?), Faserstäube (Glaswolle am Bau – Angst!), viele N-Nitrosamine (bilden sich beim Grillen!) und Pentachlorphenol (Holzschutzmittel – hochgefährlich!). Außerdem gehört zur Klasse 2 das Jodmethan, von dem jährlich 40 Millionen Tonnen durch pflanzliches Leben produziert werden.[38] Dem stehen ein paar tausend Tonnen synthetisch produziertes Jodmethan gegenüber. Letzteres ist nach den Regeln der Öko-Hochscholastik wesentlich gefährlicher als pflanzliches Jodmethan. Natur ist gut – Chemie ist giftig!

Schaut man sich die **Klasse 3** näher an, findet man mehr als 100 Substanzen, wie beispielsweise Ölsäure, Terpentinöl (keine Türen streichen!), alle Holzstäube außer Buchen- und Eichholzstaub (Achtung Ökochonder: kein Holz sägen – hohes Gesundheitsrisiko!), polychlorierte Biphenyle (ultragefährliche PCBs), Steinkohlestaub (Kohlenkeller nur mit Atemschutzfilter betreten!), Ethylen (wird von

Pflanzen emittiert, Zimmerpflanzen wegwerfen, den Garten meiden, Atmung einstellen – Panik!), Blei und seine anorganischen Verbindungen (hohes Krebsrisiko bei Schussverletzungen!), Ozon (Alarm!), Phenol (Bestandteil kommerzieller Desinfektionsmittel. Panik!). Bemerkenswerterweise müssten 50 % der von Pflanzen produzierten *natürlichen* Abwehrstoffe nach den Kriterien der Klasse 3 als krebserregend eingestuft werden.[30] Legt man den üblicherweise von der Ökoquisition benutzten strengen Maßstab an, dürften „unbelastete" Erdbeeren, Blumenkohl und Salat überhaupt nicht verkauft werden.

Die **Klasse 4** hat den höchsten Unterhaltungswert und zeigt, wie leicht sich der Homo sapiens sapiens mit virtuellen Risiken auf den Arm nehmen lässt. Zur Klasse 4 zählen: 1,4-Dioxan (wurde vor Jahren im Shampoo in geringen Mengen als Nebenprodukt des Herstellungsverfahrens entdeckt, wochenlange Hysterie in den Medien), Formaldehyd (waberte früher in haarsträubender Konzentration in Kindergärten), Chloroform (wurde noch vor 60 Jahren zur Narkose verwendet: sehr viele dieser damaligen Patienten sind heute tot!). Auch das ultragefährliche Lindan gehört zur Klasse 4. Zur Steigerung hat die Ökoquisition dem Lindan noch das Unfruchtbarkeits-Etikett (endokrine Wirkung) angeklebt, obwohl von Arbeitern, die im Tonnenmaßstab damit umgingen, nichts diesbezüglich bekannt ist. In äußerst seltenen Fällen könnte auch ein Abort ausgelöst werden. Zur Verhinderung hat man in Amerika ein auf dem Vorsichtsprinzip beruhendes Gesetz erlassen.

Dieses belastet nach Aussagen der Senatorin Dixie Lee Ray die amerikanische Industrie – und letztendlich den Verbraucher (Wer soll es denn sonst bezahlen?) – mit 5,76 Billionen (5700 Milliarden!) Dollar je potentiell verhindertem Abort[e]. Die Summe ist deshalb so exorbitant hoch, weil das Risiko so gering ist, dass Jahrhunderte vergehen müssen, bis eine Frühgeburt durch das Holzschutzmittel ausgelöst wird.[40]

---

[e] Frau Ray schreibt tatsächlich von „5,76 Trillionen Dollars" und tröstet die ökogeleimten Bürger: „Machen Sie sich nichts draus. Es ist ja nur Ihr Geld."

In der **Klasse 5** wird unter anderem Alkohol genannt, der uns nicht schadet, wenn er in Maßen genossen wird und nicht mit erheblichen Dosen unseren Organismus permanent reizt. Bei der dadurch bedingten Neubildung von Zellen kommt es zu Kopierfehlern, die unter ungünstigen Umständen zum Auslöser einer Krebserkrankung werden können. Im nächsten Abschnitt wird Näheres dazu erläutert. Wo wir gerade bei der Leber sind: Diese produziert interessanterweise täglich messbare Mengen eines karzinogenen 7,8-Diol-9,10-epoxids, und zwar nicht wegen der hochgefährlichen Chemie, sondern schon seit Urzeiten.[41] Unser Körper steckt das weg!

DER DRITTE SCHLAG INS KREBSHYSTERIEKONTOR

Für die Entstehung von Krebs gibt es Erklärungen auf molekularer Basis, die so manchen Hysterieballon zum Platzen bringen. Es geht um die Desoxyribonukleinsäure (DNS), die im angelsächsischen Sprachraum als Desoxyribonucleic acid (DNA) bezeichnet wird. Man kann sich die DNA als Bandwurmsatz vorstellen, nur dass die Einzelbausteine keine Buchstabenkombinationen (Worte), sondern Nukleotidmoleküle sind, die ein langkettiges Molekül (Polymer) bilden. Ein bestimmter Abschnitt des DNA-Moleküls entspricht wiederum einem Gen, von denen der Mensch 20.000 – 25.000 besitzt. Halt, nicht das Buch zuschlagen. Es ist doch nur Naturwissenschaft. Es wird auch wieder einfacher – das verspreche ich. Zunächst müssen wir uns aber noch ein bisschen anstrengen und wissen, dass jede Zelle einen Lebenszyklus durchläuft. Kommt es hier zu einer Störung, kann sie sich in eine *unsterbliche, sich immer wieder teilende Krebszelle* wandeln. Wie sieht der Lebenszyklus stark vereinfacht aus?

1. Die Geburt einer Zelle ist die Zellteilung (*Mitose*).
2. Dieser folgt die Wachstumsphase (G_1), der sich
3. die *S-Phase anschließt, bei der die DNA verdoppelt wird.*
   Über weitere Zwischenstufen kommt es über eine G_2-Phase erneut zur Mitose und alles beginnt von neuem.

Die *problematische Phase ist die S-Phase*, denn bei der Verdopplung der Erbinformation in der DNA können Lese- und Setzfehler („Buchstabendreher") passieren. Weil jede Sekunde von den 100 Billionen menschlichen Körperzellen 50 Millionen neue gebildet werden, müssen Kopierfehler ständig überprüft werden. Hierzu stehen der Zelle „textsichere Lektoren" zur Verfügung, die folgenschwere Fehler sofort erkennen und berichtigen, indem sie beispielsweise falsche Buchstabenfolgen (DNA-Sequenzen) herausschneiden (*Exzisionsreparatur*).

Treten gröbere Fehler auf, die nicht mehr so elegant behoben werden können, dann startet das in jeder Zelle eingebaute „genetische Programm", das sie in den programmierten Zelltod treibt.[42] Diesen bezeichnet man auch als *Apoptose*. Sie wird durch *Tumorsuppressorgene* gesteuert, von denen das bekannteste das p53-Gen ist. Es enthält das „Kochrezept" für die Synthese des p53-Proteins, das die Apoptose auslöst.

Wird eine Zelle durch Viren, Chemikalien (z. B. Aflatoxin aus Schimmelpilzen, Benzol u. ä.) oder Strahlung so geschädigt, dass sie kein p53-Protein bilden kann, ist sie nicht mehr empfänglich für Apoptose-Signale und kann zur *unsterblichen Krebszelle* werden. Im Bild 14 ist das stark vereinfachte Prinzip noch einmal wiedergegeben.

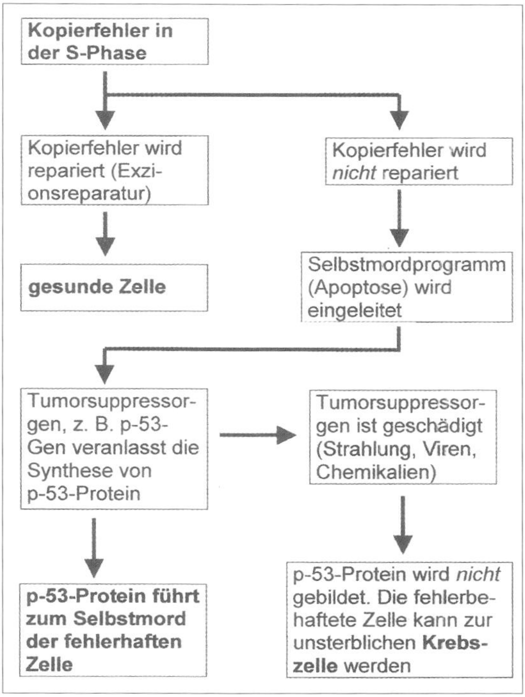

Bild 14: Reparatur der Erbsubstanz und Krebsentstehung

Und jetzt wird es wieder leichter verständlich. Da krebserregende Noxen überall lauern (z. B. 7.000 Becquerel natürliche Hintergrundstrahlung, Viren usw.), *bildeten sich schon in der Steinzeit im menschlichen Organismus tagtäglich 10.000 Krebszellen.*[43,44,45] Ein zehnjähriges Kind hat somit bereits 36.500.000 potentielle Krebszellen überlebt – ohne zu erkranken, weil die Apoptose und andere Mechanismen hervorragend funktionieren. Andernfalls hätten Kinder keine Chance, aus den Windeln herauszukommen.

Entsprechend den Intentionen von Frau Mead und Staatssekretär Hartkopf präsentiert die Öko-Hochscholastik immer mal wieder die „Einmolekültheorie". Danach soll bereits ein einziges Kanzerogenmolekül Krebs auslösen können. Rechnet man einmal beim Benzol[f] nach, dann sind dies 0,000.000.000.000.000.000.000 .13 g – eine Menge, die vom *natürlichen* Pikogramm-Benzolgehalt jeder Erdbeere locker um den Faktor 10.000.000.000 übertroffen wird.[46]

Wegen des erheblichen psychomentalen Flurschadens, den die Ökoquisition anrichtet, ist es an der Zeit, ihr ins schweinslederne Notizbuch zu schreiben: Erstens vermehrt sich Benzol im Gegensatz zu einem *Virus* oder allgemein einen Krankheitskeim (s. S. 165 ff) nicht. Zweitens, nimmt man einmal an, ein solches Molekül verursachte tatsächlich eine Tumorzelle, dann hat dieser Mensch an dem Tag eine Krebszelle mehr: 10.001 statt 10.000. Selbst wenn diese eine Krebszelle der Apoptose entgeht, muss sie dem Angriff so genannter Killerzellen entgehen, die bösartige Zellen direkt zerstören.[47] Wer angesichts dieser Fakten immer noch an die „Einmolekültheorie" glaubt, dem kann man auch weismachen, dass nach neuesten Forschungserkenntnissen der Weihnachtsmann mit dem Christkind zusammen den Osterhasen gezeugt hat.

Die auf dem Vorsichtsprinzip basierende „Einmolekültheorie" gehört auf dem Misthaufen menschlicher Irrtümer entsorgt. Nicht umsonst machen die Forscher Ames und Gold darauf aufmerksam,

---

[f] Im menschlichen Körper entsteht aus einem Benzolmolekül Benzolepoxid, das als Tumorinitiator die DNA verändert.

dass „die Chemikalien, die Krebs am Arbeitsplatz nachweislich auslösten, dort immer in hohen Konzentrationen vorhanden (waren)“[39]. So ist es.

Krebs kann auch aufgrund einer genetischen Prädisposition entstehen. Bei einigen Menschen funktioniert der p-53-Reparaturmechanismus von Geburt an nicht richtig. Deshalb führt man heute bei Brustkrebs 5 - 10% der Fälle auf vererbte Defekte an den wachstumsregulierenden Genen BRCA 1 und 2 zurück.[48] Auch 30 % der Darmkrebserkrankungen sind nach neueren Erkenntnissen auf vererbbare Risiken zurückzuführen.[49]

DER VIERTE SCHLAG INS KREBSHYSTERIEKONTOR

1990 veröffentlichten die international anerkannten Krebsforscher Bruce N. Ames und Lois Swirsky Gold von der Universität in Berkeley eine von der Ökoquisition überhaupt nicht geschätzte Untersuchung mit dem Titel „Falsche Annahmen über die Zusammenhänge zwischen der Umweltverschmutzung und der Entstehung von Krebs“.[39]

In dem Aufsatz, aus dem die harten Fakten nur so heraustropfen, lesen die beiden Wissenschaftler der Panikmafia gründlich die Leviten – und zwar achtfach, wie die Unterkapitel verraten:

- „Fehleinschätzung Nr. 1: Die Krebsraten steigen an.“
- „Fehleinschätzung Nr. 2: Krebsrisiken für Menschen können bewertet werden, indem Chemikalien in hohen Dosen an Nagern getestet werden.“
- „Fehleinschätzung Nr. 3: Die meisten Kanzerogene und anderen Toxine sind synthetischen Ursprungs.“
- „Fehleinschätzung Nr. 4: Synthetische Toxine sind ein größeres Risiko als natürliche Toxine.“
- „Fehleinschätzung Nr. 5: Die Toxikologie synthetischer Verbindungen unterscheidet sich von der natürlicher.“
- „Fehleinschätzung Nr. 6: Der Storch bringt die Babys, und die Umweltverschmutzung verursacht Krebs und angeborene Missbildungen.“

- „Fehleinschätzung Nr. 7: Pestizide können ersatzlos abgeschafft werden."
- „Fehleinschätzung Nr. 8: Moderne Techniken beeinträchtigen die Gesundheit der Bevölkerung."

Im Einzelnen führen Ames und Gold aus:

1. Tierversuche mit maximal tolerierbaren Dosen (MTD) krebsverdächtiger Chemikalien lassen keinen Rückschluss auf das Krebsrisiko beim Menschen zu. *Hohe Dosen führen nämlich zu einem vermehrten Absterben von Zellen, die permanent neu gebildet werden. Dabei treten Kopierfehler (Mutationen) auf, die in ihrer Häufung vom tierischen Organismus nicht mehr korrigiert werden können. Deshalb erfassen die Hochdosis-Tierversuche primär die Auswirkungen massiver Zellteilungen und sonst nichts.*[39] Dies betrifft bereits die Klasse 2 der oben genannten Kanzerogene, die „Anlass zur Sorge geben". Da springt doch der Lachsack im Karree!
   Ein eklatantes Beispiel der Missinterpretation von Hochdosis-Tierversuchen ist Formaldehyd, der eine starke Reizwirkung besitzt, weshalb der Innenraumgrenzwert mit 0,1 ppm festgelegt wurde.[35] Die Geruchsschwelle liegt um 0,05 ppm, wobei empfindlichen Personen bereits bei 0,01 ppm die Augen tränen. Formaldehydkonzentrationen ab 5 ppm sind in der Regel für Menschen unerträglich, und ab 10 ppm treten Atemnot und Husten auf. Nun zu den Tierversuchen: Über zwei Jahre wurden Ratten in ihren Käfigen eingesperrt und wöchentlich fünfmal 6 Stunden lang mit 15 ppm Formaldehyd gequält! Die Tiere verkrochen sich in die Ecke und entwickelten zu 50 % einen bösartigen Tumor im Nasen-Rachen-Raum, während Konzentrationen bis zu 5,6 ppm wirkungslos blieben.[50,51] Wen wundert's eigentlich. Das Ganze erinnert an Gullivers Reise: Auf der fliegenden Insel Laputa traf der Protagonist Naturwissenschaftler, die zu Forschungszwecken Hunde so weit aufbliesen, bis diese platzten.

2. Ideologiekonform hat man bisher fast ausschließlich synthetische Chemikalien im Tierversuch getestet. Ames und Gold drehten den Spieß um und untersuchten *natürlich vorkommende Substanzen* unter den gleichen Bedingungen wie Formaldehyd. Dabei zeigten 50 % der „guten" Naturstoffe das gleiche karzinogene Potential wie Acrylamid und wären demnach der oben genanten Klasse 2 zuzuordnen. Es ist heute eine gesicherte Erkenntnis, dass die meisten krebserregenden Chemikalien *natürlichen* Ursprungs sind![39]
3. Auf *Pflanzenschutzmittel* (Pestizide) reagieren die Öko-Halloween-Organisatoren besonders hektisch. Dabei wird geflissentlich übersehen, dass alle Pflanzen Giftstoffe bilden, um sich gegen Pilze, Insekten und Fraßfeinde zu schützen. Aus diesem Grund sind 99,99 % von den 1,5 g Pestiziden, die der Mensch tagtäglich mit seiner Nahrung aufnimmt, natürliche Pestizide, die damit die Menge der synthetischen um das 10.000fache übertreffen.[39]

DER FÜNFTE SCHLAG INS KREBSHYSTERIEKONTOR

Es kommt noch schlimmer für die Ökoquisition: Wie bereits erwähnt, sind 50% der natürlichen Pestizide Kanzerogene der Klasse 2, wenn man sie den gleichen Testmethoden unterwirft wie die synthetischen! Allein die Kohlpflanze produziert nach Ames und Gold zur „Abwehr von Fraßfeinden" 49 giftige Pestizide. Darunter Allylisothiocyanat, das bei Ratten Blasenkrebs hervorruft. Hoffentlich warnt das Verbraucherschutzministerium vor dem Verzehr von Krautsalat!

Wegen der Ultragefährlichkeit synthetischer Pflanzenschutzmittel (Fungizide, Herbizide, Pestizide) hat man deren Grenzwerte auf alberne 1 ppb ($10^{-9} = 10^{-7}$ %) festgelegt und meint allen Ernstes, damit die Menschheit vor Schaden zu bewahren. Dabei enthalten bereits Karotten (Kindernahrung!) und Orangensaft mehr als 10.000 ppb *natürliche* Kanzerogene und Pestizide. Selbst vom Jägerschnitzel wird die Menschheit bedroht, weil die Pilze 11.000 ppb p-Hydrazinbenzoat und 42.000 ppb Glutamyl-p-hydrazinbenzoat enthalten, mit denen man bei Ratten Krebs auslösen kann. Folgende Lebensmittel enthalten ein Vielfaches des gesetzlichen Grenzwerts (1 ppb) an krebserregenden Naturstoffen[39]:

Pflanzliches Nahrungsmittel	**Nagerkanzerogen**	**Konzentration in ppb**
Petersilie	5- und 8 Methoxypsoralen	14.000
Staudensellerie	"	25.000
Kohl	Allylisothiocyanat	35.000 – 590.000
Meerrettich	"	4500.000
Orangensaft	Limonen	40.000
Fenchel	Estragol	3.800.000
Muskatnuss	Safrol	3.000.000
Ananas	Ethylacrylat	70
Jasmintee	Benzylacetat	230.000
Honig	"	230.000
Kaffee (geröstet)	Catechol	100.000
Äpfel, Anis, Auberginen, Basilikum, Birnen, Dill, Endiviensalat, Estragon, Kaffee (geröstet), Karotten, Kartoffeln, Kirschen, Kopfsalat, Kümmel, Majoran, Minze, Pflaumen, Rosmarin, Salbei, Staudensellerie, Thymian, Trauben, Wermut	Kaffeesäure	Mindestens 50.000 bis zu mehr als 1000.000
Aprikose, Kirschen, Pfirsich, Pflaumen	Chlorogensäure	50.000 – 500.000

Safrol löst bei Ratten Leberkrebs aus und wäre demnach der Klasse 2 krebserregender Arbeitsstoffe zuzuordnen.[34] Wenn man jetzt noch erfährt, dass das in der Weihnachtsbäckerei verwendete Öl des Nelkenzimtbaums bis zu 93 % Safrol enthält, stellt sich doch die Ökoschreckensmütze senkrecht. Ein Milligramm des Öls enthält nach Adam Riese 0,93 mg Safrol. Um auf das gleiche Krebsrisiko zu kommen, müsste man 93 l Wasser trinken, in dem der gesetzliche Grenzwert für das synthetische Pflanzenschutzmittel Methoxychlor um das 100fache (!) überschritten wurde.

Würde das so genannte Verbraucherschutzministerium (Orwell-Neusprech: Minischutz) bei natürlichen Pestiziden die gleichen strengen Maßstäbe wie bei synthetischen anlegen, dürften von einem ungespritzten Apfel täglich höchstens 7 mg verzehrt werden. Bei 40 mg müssten die Ökosirenen losjammern, weil dies dem Konsum von 3 l Trinkwasser entspricht, das mit dem doppelten Pestizidgehalt des gesetzlichen Grenzwerts „verseucht" wäre.

Um das Krebsrisiko von Chemikalien für den Menschen abzuschätzen, hat man den so genannten HERP-Wert entwickelt. Dies ist die Abkürzung von „Human Exposure dose/Rodent Potency Dose", womit das prozentuale Risiko eines Menschen gemeint ist, wenn er einem im Tierversuch krebserregend wirkenden Schadstoff ausgesetzt ist.

Mit Alkohol kann man im Tierversuch Krebs auslösen. Zieht man die HERP-Skala zu Rate, dann haben 0,5 Liter Bier mit 18 ml Ethanol einen HERP-Wert von 2,8 %. Die mit der Nahrung aufgenommenen „hochgiftigen" polychlorierten Biphenyle (PCBs) bringen es dagegen nur auf 0,0002 %.[52] Mit Hilfe des logischen, gesunden Menschenverstandes findet man, dass ein Glas Bier ein

$$2{,}8\,\%/0{,}0002\,\% = 14.000\text{-mal}$$

höheres Krebsrisiko beinhaltet als die übliche Tagesdosis an PCBs. Das HERP-Risiko von Kaffee beträgt sogar 10 %, das von ungespritztem Kopfsalat 4 % und das von Senf 7 %.

Broccoli enthält in großen Mengen Indolcarbinol, mit dem man im Tierversuch Krebs auslösen kann. Das Molekül bindet an den gleichen Rezeptor wie Dioxin und wirkt ebenso wie Dioxin im Tierversuch eindeutig karzinogen.[53,54] Nun sind aber im Brokkoli 500 mg/kg Indolcarbinol enthalten. Würde die Ökoquisition wegen dieses Befundes einen Grenzwert für Brokkoli festlegen, dann dürfte ein Erwachsener nicht mehr als 1 mg des Brokkolis am Tag zu sich nehmen![39]

8. Die Säulenheiligen der Ökoquisition

Die Dominikaner, die 1248 offiziell von Papst Innozenz IV. mit der Inquisition beauftragt wurden, sind ein katholischer Bettelorden, der einige populäre und von den Gläubigen hoch verehrte Heilige hervorbrachte. Zu nennen wären der heilige Thomas von Aquin, der heilige Augustinus und natürlich der Ordensgründer, der heilige Vater Dominikus.

Was hat das mit dem euro-teutonischen, multilateralen Ökofuror zu tun? Eine ganze Menge. Auch der Ökologismus hat Heilige, die von der Umwelt-Scholastik als beweiskräftige Autoritäten angeführt werden. Im Gegensatz zu den Heiligen der Mutter Kirche werden in der Ökoreligion keine lang verstorbenen Personen aus Fleisch und Blut verehrt, sondern geistige Dämpfe. Die Hirngespinste, nach denen die Öko-Säulenheiligen benannt sind, heißen: Korrelationen, „Modelle", „Data Dredging" und Prognosen.

DER HEILIGE ST. KORRELATIUS

Unbewusst bediente sich bereits die Inquisition des St. Korrelatius, wenn sie Unwetter oder Krankheitsepidemien mit dem erschreckenden Anstieg der Hexenpopulation in Zusammenhang brachte.

Beim Ökologismus kam der Heilige zum ersten Mal ganz groß heraus, als DDT-Ultraspuren im Fettgewebe von Vögeln für dünnere Eierschalen in deren Gelege verantwortlich gemacht wurden. Wie im Kapitel 4 ausführlich beschrieben, war damit mitnichten der Beweis für die Gefährlichkeit des DDT erbracht, denn die Aussagen des St.

Korrelatius besitzen keinerlei Beweiskraft. Andererseits würde der Ökoheilige schlüssig belegen, dass die Kinder vom Klapperstorch gebracht werden, denn der Rückgang der Geburtenrate korreliert auffällig mit der geringeren Storchenpopulation (vgl. Einleitung Bild 5). Auch würde nach St. Korrelatius zumindest das Passivrauchen lebensverlängernd wirken, denn die allgemeine Lebenserwartung steigt, seitdem die Menschheit Zigaretten raucht. Das ist natürlich kompletter Unsinn.

Ins richtige Licht wird der heilige St. Korrelatius auch dann gerückt, wenn er sich mit der Lebenserwartung von berühmten Musikern und Chemikern befasst. In einer – nicht ganz ernst gemeinten Veröffentlichung – wurde die Lebensspanne von 31 Chemikern mit der von 52 Musikern verglichen. Ergebnis: Die Chemiker starben mit durchschnittlich 69,29 Jahren während es die Musiker nur auf 66,35 Jahre brachten. St. Korrelatius folgert messerscharf: Musik ist wesentlich gesundheitsschädlicher als der Umgang mit Chemikalien! Am Schluss der Satire fragt der Autor: „Zu welchem biblischen Durchschnittsalter wird die neue Gefahrstoffverordnung den Chemikern wohl verhelfen?“[1]

Hohepriester des Ökologismus lassen sich davon nicht beeindrucken, scheuchen den kritischen, gesunden Menschenverstand mit einem Fußtritt in die Ecke und bitten St. Korrelatius täglich erneut um ein Zeichen. Und die Gebete werden erhört. So beispielsweise in Seveso, wo zwischen 1976 und 1984 nur 26 Mädchen, aber 48 Jungen geboren wurden.[2] Die ökomystische Glaubenskongregation wurde von verzückenden Visionen erleuchtet. Endlich der Beweis: Dioxin und alle damit verwandten chlororganischen Verbindungen besitzen endokrine Wirkungen[a], die zum Aussterben der Menschheit führen. Bedauerlicherweise sind Korrelationen „Beweismittel“, die schon durch ein einziges Gegenbeispiel widerlegt werden. So wird der Seveso-Korrelationsbeweis durch eine Massenvergiftung in Taiwan entkräftet. Obwohl die späteren Eltern Milligrammmen-

[a] Mit endokriner Wirkung ist der Effekt von Chemikalien auf die so genannten endokrinen Drüsen wie Hoden und Eierstöcke gemeint.

gen polychlorierter Verbindungen des Seveso-Typs aufnahmen und sogar Grammmengen der gefürchteten PCBs, ist das Geschlechtsverhältnis der Neugeborenen vollkommen normal, nämlich 69 Mädchen zu 68 Jungen.[3] So weit die Vorbemerkung.

1999 wurde in einem Wissenschaftsjournal berichtet, die WHO habe den Dioxin-Grenzwert herabgesetzt, weil Tierversuche eine Korrelation zwischen Dioxinfütterung und Entwicklungsstörungen erwiesen.[4] Als ich in einem Leserbrief hierzu Stellung nahm und die Beispiele Seveso und Taiwan anführte, antwortete einer der Verfasser des Berichts: „Zwar ist der Zusammenhang zwischen einer Verschiebung des Geschlechterverhältnisses in Seveso und Umgebung mit der Dioxinbelastung der Eltern nur eine Korrelation, gibt jedoch zweifellos zu Sorge Anlass.[5,6]"

So ist es. Lebens-, Kriegs-, Endzeit-, Zukunfts- und Umweltängste sind des deutschen Ökomichels erste Bürgerpflicht. Deshalb habe auch ich mir Sorgen gemacht und bin nach intensiver Forschungsarbeit auf eine erstaunliche, ja beängstigende Korrelation zwischen Obsttörtchen und allen möglichen Missliebigkeiten gestoßen. Es ist erschreckend. Aber lesen Sie selbst:

1. Die meisten Personen, die in Europa im letzten Jahr verstarben, haben irgendwann Obsttörtchen gegessen.
2. Fast jeder, der in einen Autounfall verwickelt war, hat mindest einmal Obsttörtchen verzehrt. Man bedenke, dass Pinguine, die keine Obsttörtchen essen, selten in Autounfälle verwickelt sind.
3. Selbst Schiffshavarien scheinen mit dem Genuss von Obsttörtchen in Zusammenhang zu stehen. Nach Berichten glaubhafter Zeitzeugen gab es zum Fünfuhrtee auf der Titanic Obsttörtchen.
4. Mindestens einer der Partner von Ehen, die kinderlos blieben, hat schon einmal Obsttörtchen genascht. Somit ist nicht auszuschließen, dass das Gebäck eine ähnlich endokrine Wirkung wie chlorganische Verbindungen oder Kunststoffweichmacher besitzt! Vielleicht könnte der Geburtenrückgang durch das Verbot von Obsttörtchen oder zumin-

dest durch eine saftige Obsttörtchensteuer gestoppt werden. Zur Absicherung des vorläufigen Verdachts schlage ich halbjährige Fütterungsversuche mit Ratten vor, täglich etwa 1 kg Obststörtchen pro kg Ratte. Sollte die Futtermenge etwas zu hoch angesetzt sein, ist sie auf die maximal tolerierbare Dosis (MTD) zu mindern und die Untersuchung so lange fortzuführen, bis die Nachkommenschaft ausbleibt.

5. Auch das gibt Anlass zur Sorge: Fast alle Mordopfer und ihre Mörder haben im Leben irgendwann Obsttörtchen verspeist.
6. Es ist beunruhigend, dass Konditoren, die in der Backstube ausrutschten und sich dabei ein Bein brachen, zumindest in der Lehrzeit einmal Obststörtchen gebacken haben.
7. Jeder, der zwischen 1890 und 1900 Obsttörtchen verzehrt hat, ist heute tot.
8. Seit nach der Erfindung des Gasherdes mehr Obsttörtchen gebacken werden, steigt der atmosphärische Kohlendioxidgehalt kontinuierlich, der für Hochwasserkatastrophen und tödliche Hitzewellen verantwortlich gemacht wird.
9. Auch Augenärzte dürften sich für die Obsttörtchenfor schung interessieren, denn sehr viele Menschen, die um 1960 Obsttörtchen aßen, müssen heute eine Brille tragen.
10. Obsttörtchen scheinen sogar zur Zerrüttung der Gesellschaft beizutragen, denn in vielen Ehen, die geschieden wurden, gab es Sonntagnachmittag Obststörtchen.

Die bestürzenden Ergebnisse der Obsttörtchenforschung sind bislang nur vorläufiger Natur und bedürfen zur weiteren Absicherung der wissenschaftlichen Erkenntnisse dringend weitere Drittmittelfinanzierung – Heiliger St. Korrelatius, stehe mir bei jetzt und in der Not immerdar.

ST. DATA-DREDGING – DER NOTHEILIGE

Forscher sind geplagte Menschen. Ständig müssen sie sich um ihre Reputation und Karriere sorgen, und die hängt von der Publikation wichtiger Forschungsergebnisse in Fachzeitschriften ab. Damit der politisch gesteuerte Fluss an Forschungsgeldern nicht versiegt, muss jährlich ein Knaller gezündet oder wenigstens eine wissenschaftliche Knallerbse geworfen werden. Maxeiner und Miersch kommentieren das possierliche Tischfeuerwerk des Forschungsbetriebs: „Wer einen Effekt findet, ist im Geschäft, wer keinen findet, ist draußen. In der Folge hat sich eine florierende Analysenindustrie entwickelt, die Gesundheitsgefahren und Umweltanklagen in Serie produziert. Eine beliebte Methode ist das ‚data dredging'."[7]

Dem Notheiligen St. Data-Dredging vertrauend, durchforsten Wissenschaftler der Ökoquisition gewaltige Datenbanken mit Hilfe billiger Computerkapazität, und zwar so lange, bis sich Treffer einstellen, die dann mit Hilfe von St. Korrelatius einem Ökogespenst zugeordnet werden. Die Methode hat einen hohen Unterhaltungscharakter, denn: „Wer lange genug bestimmte Lebensmittel durch bestimmte Krankengruppen rasen lässt, hat gute Chancen, irgendwann einen scheinbar auffälligen Zusammenhang zu finden. Sagen wir mal, zwischen Milchkonsum und Frühgeburten, Rotkohl und grünem Star, Leberkäse und Hühneraugen."[7]

In diesem Sinne dürfte es auch nicht allzu aufwendig sein, mittels ‚data dredging' eine Korrelation zwischen zunehmendem Flugverkehr und Wachstumsstörungen bei Regenwürmern zu finden. Man muss einen Computer nur lange genug die Datenbanken der Flugüberwachung mit denen der Wurmforschung abgleichen lassen. Irgendwann hat man genügend Daten, um Missbildungen bei Würmern auf den zunehmenden Luftverkehr zurückzuführen. Ähnlich lassen sich die verheerenden Erdbeben in Sumatra vom Januar 2004 oder die Tsunami-Katastrophe vom Dezember 2004 mit mehr als 200.000 Todesopfern dem zunehmenden Autoverkehr zuordnen (vgl. S. 174). Anything goes!

Hilft St. Data-Dredging beim Anbaggern von Forschungsgeldern nicht recht weiter, kann man das Ergebnis durch Herauspicken von Häufungen ein wenig aufpolieren. Die Masche wird von Statistikern auch die „Methode des texanischen Scharfschützen" genannt. Dieser schießt, ohne lang zu zielen, auf ein Scheunentor. Danach zeichnet er eine Zielscheibe um das Einschussloch und freut sich über seinen perfekten Treffer.[8] Mit dem Trick versuchte die Ökoquisition die Häufung von Leukämieerkrankungen in den Elbmarschen dem Kernkraftwerk Krümel anzuhängen. Das allerdings ging in die Ökohose. Obwohl von 1992 bis 2004 die Leukämiefälle für 4,55 Mill. Euro Steuergelder untersucht wurden, teilte die rot-grüne(!) Landesregierung von Schleswig-Holstein Ende 2004 mit: Spekulationen über eine Freisetzung von Radioaktivität oder eine Verseuchung der Elbmarsch auf Basis bloßer *Spekulationen* seien unverantwortlich, abwegig und abstrus und schürten nur Ängste in der Bevölkerung.[9]

MODELLE UND DER ÖKOERZENGEL ST. MODELLUS

Hat nichts mit den *Modellvorstellungen* zu tun, deren sich Naturwissenschaftler bedienen, um beispielsweise das Verhalten von Elektronen in einem Molekül oder in Atomen zu erklären. Allgemein bekannt ist ein äußerst einfaches Atommodell, bei dem die Elektronen den Kern umkreisen und bei Zufuhr von Energie von einer niedrigeren auf eine höhere Bahn springen. Das ist allerdings bei weitem nicht der Weisheit letzter Schluss, sondern spiegelt den Stand der Wissenschaft etwa um 1915 wider, denn Modelle erfahren eine ständige Veränderung, wie ich am Beispiel der Säuren veranschaulichen will.

Antoine Lavosier (1743 - 1784) und Justus v. Liebig (1803 - 1873) versuchten sich an einer einheitlichen Säure-Base-Theorie. Erst Svante A. Arrhenius (1859 - 1927) brachte einen echten Fortschritt[b]. Nach seinem Modell sollen Säuren im Wasser in einen so genannten Säurerest und in freie Wasserstoffionen (Protonen) zerfallen, die dann frei herumschwimmen. Heute wissen wir, dass die Wahrscheinlichkeit für solche Wasserstoffionen bei etwa P= 10^{-120} liegt. Ganz offensichtlich ist die Modellvorstellung von Arrhenius auch nicht der Weisheit letzter Schluss. Die Weiterentwicklung führte

[b] Arrhenius bekam 1903 den Nobelpreis für seine Theorie der elektrolytischen Dissoziation.

zu immer verfeinerten Modellvorstellungen, deren Details ich mir hier verkneife.[c] (Hoffentlich war das nicht zu unverständlich – es ist doch nur Naturwissenschaft!)

In der Physik geht's ähnlich bunt zu. Vor Galileo Galilei (1564 - 1642) und Johannes Kepler (1571 - 1630) war das Ptolemäische System angesagt. Nach dieser Modellvorstellung umkreist die Sonne die Erde. Heute wissen wir, dass es sich umgekehrt verhält. Besondere Virulenz besaß die Modellvorstellung des Ptolemäus (308 - 246 v. Chr.), weil sie aus *politischen Gründen* zum Dogma erhoben wurde.

Im Gegensatz zu Dogmatikern kennt die Naturwissenschaft keine ewig gültigen Wahrheiten. Ihre Modellvorstellungen und Theorien müssen sich vielmehr ständig der Realität stellen und nicht nur dem akademischen Filibustergefecht mit Argumenten, bei dem lediglich der bessere Sophistiker „gewinnt". Aus diesem Grund genießen die Naturwissenschaften im Gegensatz zu den Wortwissenschaften den Ruf der Exaktheit. Ob dieses zutrifft, sei dahingestellt.

Wie aber kommt man zu *naturwissenschaftlichen Modellvorstellungen*? Ein Standardlehrbuch[10] der modernen Chemie gibt Auskunft:

- Am Anfang stehen immer *Beobachtungen, Messungen und Experimente*, die Anhäufungen von Daten und Zahlen bilden. „Allgemeine Feststellungen", so das Lehrbuch, „die darauf gegründet sind, nennt man ‚Gesetze'. Ein *Gesetz* gibt nur eine Beschreibung von Erscheinungen, ohne sie zu erklären". Dem schließt sich die nächste Stufe an:
- „Um möglichst viele Erscheinungen miteinander zu verknüpfen, sie zu ‚erklären', wird eine *Hypothese* (Annahme) eingeführt, also *ersonnen*!" Eine Hypothese ist somit nichts als ein Konstrukt und nicht etwa die „Wahrheit".
- „Werden dabei Begriffe oder Vorstellungen aus anderen Erfahrungsbereichen benützt, so entwickelt man ein *Modell* und

[c] Zu nennen wären die Brönsted-Theorie der korrespondierenden Säure-Basen-Paare, die Lewis-Theorie der Elektronendonatoren und –akzeptoren sowie die Theorie harter und weicher Säuren nach Pearson.

dieses benützt man, um bestimmte Phänomene oder Gesetze auf anschauliche Weise zu deuten.... Bei diesen *Modellvorstellungen* handelt es sich nie um ‚ewig gültige Wahrheiten'; sie unterliegen Wandlungen entsprechend den Fortschritten der Erkenntnis."

Der Oxforder Physikochemiker Atkins sieht in einem Modell die *Vereinfachung eines Systems*, bei der „diejenigen seiner Eigenschaften erhalten bleiben, die für die betrachtete Theorie besonders wichtig sind. So kann man zum Kern des Problems vordringen und Komplikationen durch Eigenschaften vermeiden, die nur zweitrangige Bedeutung besitzen"[11]. Folgt man Atkins weiter, so entsteht eine *Theorie* aus einer Hypothese, wenn sie sich „gefestigt" hat und widerspruchsfrei Zusammenhänge zwischen anderen Aspekten der Wissenschaft herstellen kann. Hier wäre beispielsweise die Erkenntnis einzuordnen, wonach die Materie aus Atomen besteht.

Nach diesen notwendigen Vorbemerkungen kann man den Ökoerzengel St. Modellus unter die Lupe nehmen. Er wird von den Klerikern des Ökologismus hoch und heilig gehalten, weil er der Schutzheilige „numerischer Modelle" ist, die ich zur Unterscheidung von den Modellvorstellungen der Naturwissenschaft künftig in Anführungsstriche setzen werde. Der Chemienobelpreisträgers Paul Crutzen definiert: „Modelle" sind „als *Versuche* zu betrachten, Computernachbildungen des natürlichen Systemverhaltens zu schaffen, damit sich die Ursachen und Wirkungen besser erfassen lassen."[12] Verstanden? Nein? Man möchte die ganze Komplexität des Erdballs, der Menschheit, der Sträucher, der Grashalme, der Meereswellen, der Atmosphäre, des Winds, der Wälder, der Binnengewässer, der Städte, der Straßen, der Häuser usw. möglichst bis ins letzte Detail in ein Computerprogramm verpacken, um dann auf Wunsch der Politiker den zukünftigen Zustand des Planeten *zu prognostizieren*.[13]

Klingt richtig bedeutsam und ehrfurchtgebietend – ist es aber nicht! „Modelle", die mit naturwissenschaftlichen Modellen so viel gemein haben wie ein Seepferdchen mit einem Araberhengst, sind nichts als mathematische Algorithmen, die hunderte Parameter mittels komplexer Gleichungen über Millionen Arbeitsbefehle verknüpfen – und dennoch die Wirklichkeit nur annähernd beschreiben, wie das Bild 15 belegt.

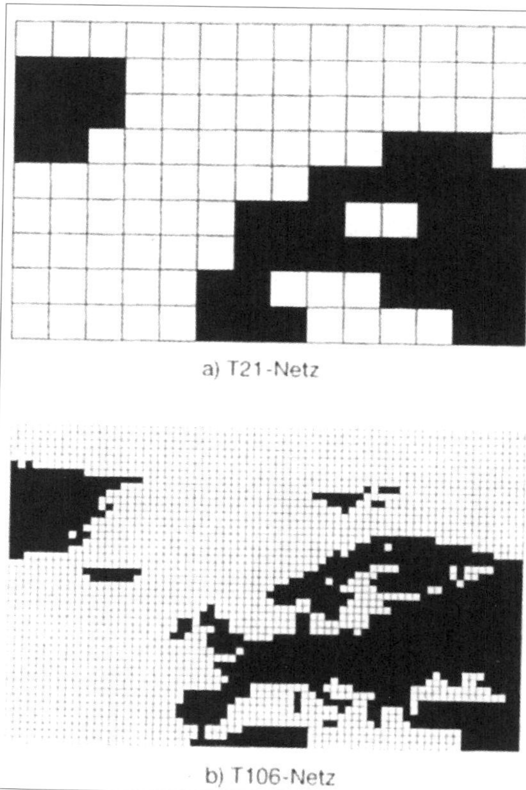

Bild 15: Rechen- und Beobachtungsnetz der Klimaforschung (a) und der Wettervorhersage (b)[14]

Für Unkundige: Das obere T21-Netz soll nach dem Stand der Klima-„Modelle“ um 1995 Grönland mit Europa darstellen, während das untere T106-Netz für die Wettervorhersage benutzt wird. Das T21-Netz prognostiziert nach dem Willen der Ökoquisition das Klima für die nächsten 100 Jahre, während das T106-Netz lediglich die Vorhersage für eine Woche ermöglicht. Ein Hoch den „Modellierern“! Was täten die Grünen und ihre kongenialen Ökopharisäer aller anderen Parteien ohne sie? Zwar sind die Netze mit steigender Rechenkapazität feiner geworden, dennoch erübrigt sich jeglicher Kommentar.

Besonders interessant wird es, wenn man bei Crutzen weiterliest: Ein aktuelles Beispiel für die bedeutende Rolle numerischer Modelle ist ihre Simulation von Veränderungen, die aufgrund von bestimmten einschränkenden oder *politischen Maßnahmen* auftreten könnten, wie zum Beispiel das weitere Produktionsverbot für

Fluorchlorkohlenwasserstoffe oder die veränderte Nutzung der Energiequellen in Form einer Mischung aus Kohle, Öl, Erdgas und Atomkraft. Für diesen Zweck bilden Modelle wichtige politische Entscheidungshilfen ... *Wegen der dringenden Nachfrage nach Empfehlungen werden ... Modelle bereits so eingesetzt, obwohl die wissenschaftlichen Erkenntnisse noch unvollständig sind* (Hervorhebung durch den Autor)."[15] Den letzten Satz muss man sich einmal auf der Zunge zergehen lassen.

„Modellierer" – spotten ihrer selbst und wissen nicht wie (vgl. Goethe, Faust I), denn ihre „Modelle" sind nichts anderes als in Mathematik gegossene Politik. So sah es auch der 2008 verstorbene Vater der wissenschaftlichen Meteorologie, Reid Bryson, von der Universität Wisconsin-Madison: „Computer-Klima-Modelle sind nichts anderes als die in Formeln gegossene Meinung ihrer Schöpfer."[16]

ST. MODELLUS UND DIE FALSIFIKATION

Bei Lottospielern erzeugt die Aussicht, in die Zukunft zu schauen leuchtende Augen und Euphorie. Bei modellgläubigen Politikern treten mentale Fieberschübe und epileptiforme Visionen auf. Wen wundert's also, wenn bereits der NATO-Umweltausschuss vor Jahrzehnten von „Modellen" schwärmte: „Es kann außerdem ohne Übertreibung erwartet werden, dass der durch den Umweltausschuss eingeleitete Prozess in methodologischer Hinsicht bahnbrechend wirken wird. Wenn erst einmal ein mathematisches Modell ausgearbeitet worden ist, wie im Fall der belgischen Studie über die Verschmutzung des Meerwassers oder der türkischen Studie über die Luftverschmutzung in Ankara, dann kann dieses Modell auch auf andere Gebiete angewandt werden."[17]

Offensichtlich gab die NATO-Initiative den Anstoß zur computergestützten *Futurologie*, über die in einem Wissenschaftsmagazin 1976 geschrieben wurde: „Tausende Wissenschaftler in aller Welt versuchen die Zukunft in Modellen und Prognosen in den Griff zu kriegen."[18] Zu den ersten Hohepriestern der Zukunftsforschung gehörten Herman Kahn und Robert Jungk, der in einem Anfall von

Aufrichtigkeit schrieb: „Man verlangt von ihr (der Futurologie, d. Verf.) eine Präzision, die sie gar nicht geben kann. Und die Unseriosität liegt darin, dass sich manche Leute stark gemacht haben, diese Präzision zu geben, anstatt zu sagen: Wir können diesen Grad der Präzision gar nicht erreichen, wir spekulieren.[18]"

Im Gegensatz zu heutigen Klimaforschern beherzigt Jungk die alte Erkenntnis des Aristoteles: Das Ganze (die Realität) ist mehr als die Summe der Einzelteile (passend gemachte Computer-‚Modelle'). Deshalb muss man der Politjunkszene ins in Jute gebundene Stammbuch schreiben: „Modelle" ersetzen nicht den kritischen, logischen, gesunden Menschenverstand, sondern sind, wie im Fall der Klimamodellierung, der Schlüsselreiz zur Errichtung einer weltweiten Planwirtschaft[d].

Taugen dann numerische „Modelle" (Computeralgorithmen) überhaupt nicht? Doch, wenn es um *einfache, überschaubare Systeme* geht, die nicht nach den Prinzipien der Chaostheorie von einer Bifurkation[e] in die nächste fallen. So kann man Biomoleküle oder biologische Membranen recht gut „modellieren" und vor allem hinterher auch *experimentell* überprüfen, ob das Ergebnis richtig ist.[19]

An der Stelle muss einmal etwas zur wissenschaftlichen Methodik gesagt werden. Entsprechend dem Denkansatz des *kritischen Rationalismus* von Karl Popper ist die Wahrheit in der Naturwissenschaft ein x, dem man sich durch Beobachtung und Experiment sehr weit nähern kann, ohne es jemals zu erreichen. Daher kann eine Theorie oder eine Hypothese niemals als *wahr* erwiesen (verifiziert), sondern immer nur *falsifiziert* werden.[35,36]

Da die Falsifikation eine Methode beziehungsweise ein *naturwissenschaftliches Experiment* ist, das versucht, eine gegenwärtig akzeptierte Theorie zu *widerlegen*, fallen nach Popper sämtliche Hy-

---

[d] Der Zertifikathandel mit CO_2-Verschmutzungslizenzen zur „Rettung" des Klimas ist Planwirtschaft pur.

[e] Bifurkation ist ein Begriff aus der Chaos-Theorie, die sich mit nichtlinearen Systemen befasst. Diese sind im Gegensatz zu linearen Systemen nicht exakt vorher berechenbar (Bsp. Fallzeit eines Apfels vom Baum), sondern springen unvorhersehbar durch winzige Veränderungen ab einem bestimmten Punkt (Bifurkation) von einem Zustand in den anderen.

pothesen und naturwissenschaftliche Modellvorstellungen unter den Tisch, die sich einer solchen Falsifizierung entziehen. Sie sind schlicht nichts anderes als Hirngespinste oder Wissenschaftsmüll.

Und jetzt kommt das Wesentliche: Erst nachdem ihr Verfallsdatum abgelaufen ist, stehen „Modelle" der Falsifikation zur Verfügung, denn als Artefakte – Scheinrealitäten – aus dem Computer beziehen sie sich immer nur auf die Zukunft. Diese Nichtfalsifizierbarkeit in der Gegenwart macht „Modelle" unangreifbar wie Teflon und ist dennoch ihr fundamentaler Konstruktionsmangel, weil es sich damit nicht um Wissenschaft, sondern um Politik handelt. Deshalb sind die „Modellierer" in erster Linie Politiker – auch wenn sie einmal Physik, Mathematik oder Chemie studiert haben. *Deshalb ist hier hervorzuheben: Die polit-physikalische Hypothese, unser Klima wird durch die anthropogene Emission von Treibhausgasen (*CO_2 *und Co.) gesteuert, ist nicht falsifizierbar! Sie existiert nur in den Supercomputern der Klimarechenzentren.*

Folgt man diesem Gedanken weiter, dann sind im gegebenen Moment die Aussagen von „Modellen" genauso unangreifbar wie seinerzeit die Behauptung der Inquisition, Hexen beherrschten das Maleficium. Die Inquisition verschanzte sich damals hinter den Behauptungen von Autoritäten der Scholastik, die Ökoquisition hinter den Forschungsergebnissen der „Modellierer". Wo ist da der Unterschied? Übrigens lässt sich mit Rechnen alles „beweisen", so auch 1 = 2. Hmm?????

Lösung: $1 - 1 = 1 - 1$

$1 - 1 = 1^2 - 1^2$

Anwenden der binomischen Formel resultiert

$1 - 1 = (1+1) \cdot (1 - 1)$

$(1 - 1) = (1 + 1) \cdot (1 - 1)$

Division durch (1 -1) ergibt:

$1 = (1+1) \cdot 1$

$1 = 2 \cdot 1 = 2$

Die Klimamodellierung ist ähnlich strukturiert. Alle zugrunde liegenden physikalischen Gesetze (*Kirchhoff*sches Strahlungsgesetz, *Bouguer-Lambert-Beer*-Gesetz, Planck'sche Strahlungsformel,

*Clausius-Clapeyron*sche Gleichung, Quantenmechanik anharmonischer Rotations-Schwingungsspektren, Flussgleichungen und vieles mehr) nebst unzähligen mathematischen Operationen wie nur numerisch lösbare Integro-Differentialgleichungen, Tensoren usw. entsprechen, für sich betrachtet, dem Stand der Wissenschaft. Daran gibt es nichts zu meckern. Alles zusammen in tausenden Algorithmen gegossen und in Hochleistungscomputer eingespeist ergibt: 1 = 2. Eben Klimamodellierung.

ST. MODELLUS UND DER FLOP OF ROME

1972 erschütterte der *Club of Rome* die Hoch-Intelligenzija mit einem „Weltmodell", das angeblich die Zukunft des Planeten vorhersagt. Dennis Meadows und seine Mitautoren schrieben damals: „Wir haben ein Modell für unsere Untersuchungen benutzt…, das von Professor Jay Forster, Massachusetts Institute of Technology (MIT), erarbeitet wurde und in seinem Buch *Der teuflische Regelkreis* beschrieben wird. Dieses Modell ist ein erster Versuch, unsere Denkmodelle von langfristigen weltweiten Problemen durch die Kombination großer Informationsmengen, die längst im Besitz der Menschheit sind, mit Hilfe der neuartigen Techniken der wissenschaftlichen Systemanalyse und der Datenverarbeitung entscheidend zu verbessern. Unser benutztes Weltmodell dient speziell der Untersuchung von fünf wichtigen Trends mit weltweiter Wirkung: der beschleunigten Industrialisierung; dem rapiden Bevölkerungswachstum; der weltweiten Unterernährung; der Ausbeutung der Rohstoffreserven und der Zerstörung des Lebensraums.[20]"

Auf Seite 17 des Berichts wird das Wirtschaftswachstum als Grundübel herausgestellt, weil es durch die damit einhergehende Industrialisierung und steigenden Wohlstand zu verheerender Umweltverschmutzung führt. Die Rettung des Globus erscheint nur möglich, wenn sich die Menschheit vom Wirtschaftswachstum verabschiedet und stattdessen einen Gleichgewichtszustand anstrebt. Das sollte Ökonomen und Politiker interessieren, die Arbeitslosigkeit mit Wirtschaftswachstum bekämpfen wollen.

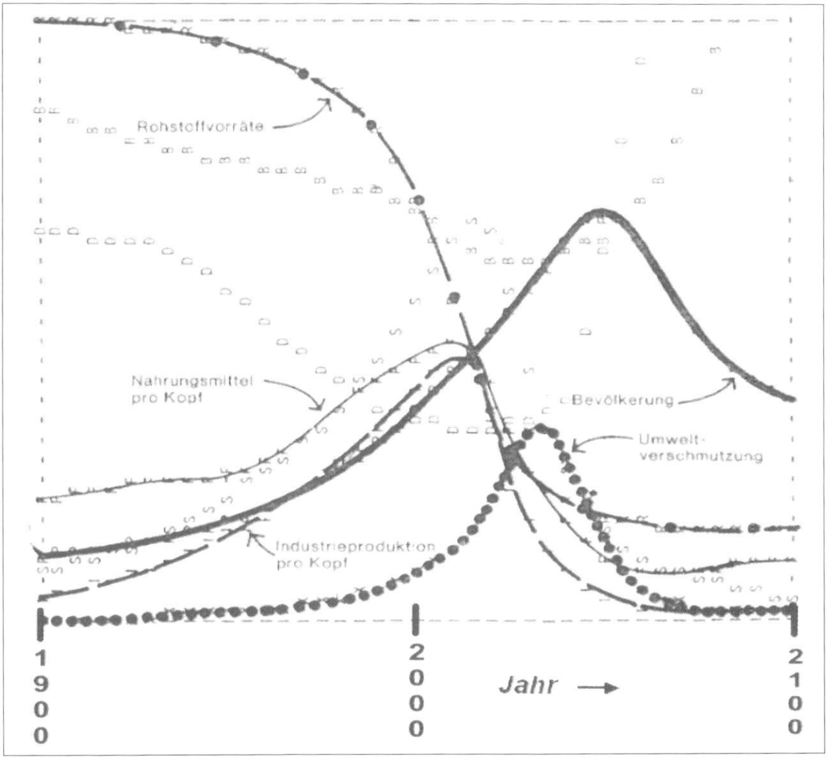

Bild 16: Standardlauf des Weltmodells des *Club of Rome*[34]

Bild 16 zeigt den Standardlauf des Weltmodells aus der Computerkristallkugel von 1972. Für alle, die auf ihre Figur achten müssen, enthält das Bild 16 eine frohe Botschaft: Ab dem Jahr 2000 kommt es zu einer Nahrungsmittelknappheit, die beim Abnehmen ungeheuer hilfreich sein dürfte. Um 2050 sind wir alle am Verhungern. Hier sollte man einen schönen Gruß von Thomas Robert Malthus[f] bestellen.

[f] Nach dem englischen Sozialforscher Malthus (1766 – 1834) wächst die Bevölkerung entsprechend einer geometrischen Progression, das Nahrungsmittelangebot aber nur arithmetisch. Deshalb sollte es zu unvorstellbaren Hungersnöten kommen. Malthus übersah, dass vor allem die Chemie (Liebig!), die Agrartechnik die Nahrungsmittelfrage löste. Ein Problem, das künftig die moderne Gentechnik zufrieden stellend lösen wird. Hungersnöte des zwanzigsten Jahrhunderts waren fast ausschließlich politisch organisiert.

Weiterhin geht aus Bild 16 hervor: Die mit dem Wirtschaftswachstum einhergehende Umweltverschmutzung wird um das Jahr 2030 ein Maximum erreichen und dann rasch sinken, weil mangelnde Rohstoffvorräte die Einstellung der industriellen Produktion erzwingen. Um das Jahr 2050 beginnt ein dramatischer Bevölkerungsschwund, da einerseits die Nahrungsmittel ausgegangen sind und andererseits die Umweltverschmutzung die Menschheit dahinsiechen lässt. Der fünfte apokalyptische Reiter fliegt nicht im Hirn vollkommen umnebelt als Islamist in Hochhäuser, sondern sitzt im Laborkittel am Gaul und schwingt ein Chemikalienfläschchen!

Eine weitere frohe Botschaft verkündet die Abbildung: Die Klimakatastrophe fällt aus, weil bereits um 2050 die Rohstoffe zu Ende gegangen sind. Keine Kohle, kein Öl – kein anthropogener Treibhauseffekt. Welche Rohstoffe sind uns nach den Aussagen der „Modellierer" von 1972 um das Jahr 2000 ausgegangen? Hier die Hitliste:[21]

Rohstoffart	**Reichweite**	**nicht mehr vorhanden ab**
Aluminium	31	2003
Kupfer	21	1993
Gold	9	1981
Blei	21	1993
Quecksilber	13	1985
Molybdän	34	2006
Erdgas	22	1994
Petroleum (Erdöl)	20	1992
Silber	13	1985
Zinn	15	1987
Wolfram	28	2000
Zink	18	1990

Einen heiteren Flop leistete sich der „Club of Foam" (Erich Wiedemann), als er 1972 einerseits die Kernenergie als CO_2-arme Energiequelle anpries und andererseits über die emittierte Abwärme jammerte. Die „thermale Umweltverschmutzung" würde die Atmosphäre direkt oder indirekt aufheizen, so die Angsttrompeter.[22] Hier die Gegenrechnung: Ein Mensch hat eine Heizleistung von 75 Watt. Geht man davon aus, dass Greise und Säuglinge einen geringeren Stoffumsatz haben, sind 50 Watt pro Kopf nicht allzu hoch gegriffen.

Die 8 Milliarden Erdbewohner heizen ihre Umwelt mit $4 \cdot 10^{11}$ Watt. Das sind 400.000 Megawatt oder die Leistung von ca. 300 Atomkraftwerken zu je 1300 MW. Nebenbei: 2021 waren knapp 436 Kernkraftwerke in Betrieb, die ihre Primärenergie zu 34 % in elektrische wandeln und 66 % als Abwärme emittieren wegen der Entropie.[23,24] Weil aber der Mensch ein viel zu kleines „Maschinchen" ist, sind seine Körperemissionen nach dem *ersten Hauptsatz des Ökologismus* vollkommen unbeachtlich. Nur Atomkraftwerke heizen die Atmosphäre auf. Mehr Gaga geht nicht.

2005 veranstaltet die „Bayerische Akademie der Wissenschaften" ein Rundgespräch über den Klimawandel. In der Diskussion meldete sich Roland Bulirsch, der an der TU München bis zu seiner Emeritierung höhere und numerische Mathematik lehrte, mit den Worten: „Der Club of Rome hat 1972 sensationelle Ergebnisse geliefert, die nicht die völlige Vernichtung der Erde, aber doch eine ziemliche Katastrophe zeigten. Wie aber kam das zustande? Diese Szenarien wurden durch ein System gewöhnlicher Differentialgleichungen beschrieben, bei denen Parameter vorkamen. Das Batelle-Institut in Genf hatte damals den Auftrag bekommen, die Parameter so anzupassen, dass die Differentialgleichungen genau die Lösungen lieferten, die für 2000 herauskommen sollten. Einer der damaligen Direktoren des Batelle-Instituts hat dies abgelehnt."[37] So viel zum kanonisierten St. Modellus.

DER HEILIGE ST. PROGNOSTIS

Wie schon hervorgehoben, erzeugt die Aussicht, in die Zukunft zu schauen, bei Lottospielern leuchtende Augen und Euphorie. Bei modellgläubigen Politikern treten mentale Fieberschübe und epileptiforme Visionen auf, die auf Klimakonferenzen ausgelebt werden. Bereits zu Beginn der Neuzeit versuchte der kaiserliche Feldherr Wallenstein im Dreißigjährigen Krieg den Ausgang einer Schlacht mit Hilfe der „Zukunftsforschung" zu prognostizieren. Sein „Modellierer“ war der Astronom Seni. Dessen Computer waren Fernrohr und Astrolabium, seine Wissenschaft die Astrologie und seine Prognosen so exakt wie die des *Club of Rome* von 1972.

St. Prognostis sorgte auch im Golfkrieg von 1990/91 für Unterhaltung. Als Ölquellen gesprengt wurden und sich ins Meer ergossen, geriet der Ökoapokalypso-Tanzclub vollkommen aus dem Endzeithäuschen. Endlich mal wieder so richtig was zum Aufregen – eine Ölpest! Dahinsiechende Seegraswiesen, verschwindende Korallenriffe, krebserregende PAKs, Chrom, Blei und Vanadium was die Region über Jahrzehnte verseucht. Ein Notstandsgebiet entsteht! Fünf Jahre später inspizierten Fachleute der UNEP die betroffenen Länder – alle Schäden waren fast spurlos verschwunden und sind es heute komplett.[25]

Der nukleare Winter war ein Prognoseprodukt der „Modellierer“aus den Siebzigerjahren, als es noch zu kalt war, um von der Klimakatastrophe zu schwärmen. Als 1991 im ersten Golfkrieg 700 Erdölquellen angezündet wurden, meinte Willy Brandt im deutschen Bundestag: „Die Folgen der Rußwolken wären, wenn sie etwa die Hälfte der Nordhalbkugel überdeckten, nicht weit von jenem nuklearen Winter, der bei einem entsprechenden Einsatz von Atombomben zu vermuten wäre.“ Die Natur muss es sich anders überlegt haben. Nachdem sich der Ruß über den halben Erdball verteilte – folgten heiße Sommer.

Gestützt auf Prognosen der Zukunftsforschung verdüsterte Herbert Gruhl 1975 die Zukunft: „Das 20. Jahrhundert wird zur Verelendung des gesamten Erdballs im 21. Jahrhundert führen“, und fabulierte zwei Jahre später: „Dass Völker schon sehr bald ihre Güter rationieren, ist so gewiss, wie zwei mal zwei gleich vier ist.“[26,27]

Die Litanei wissenschaftsbasierter kranker Prognosen ist schier endlos. 1928 schätzte der Wissenschaftler Louis Dublin die *maximal* erreichbare Lebensspanne eines Menschen auf exakt 64,75 Jahre.[28] Heute nähern wir uns in den entwickelten Ländern einem Durchschnitt von 80 Jahren an.

Auch die Prognose von Charles W. Elmer, dem Gründer der Firma Perkin-Elmer, ging in die Hose, als er 1944 sagte: „Höchstens

25 Infrarot-Spektrometer werden gebaut. Dann ist der Markt gesättigt."[29] Heute gehören die Geräte genauso zur Ausstattung vieler Chemielaboratorien wie das Telefon.

Einen hübschen Flop leistete sich Herman Kahn, ein Futurologe, dem man einen Intelligenzquotienten von 200 nachsagte. Nach seiner Prophezeiung sollte die DDR noch vor Ende des zwanzigsten Jahrhunderts den 2. Platz im europäischen Nationaleinkommen hinter der Bundesrepublik einnehmen – auch Intelligenz schützt vor dummen Prognosen nicht! Was haben Futurologen wie Hermann Kahn um 1970 noch so alles verzapft?:[30]

- Ab 1982 existiert die erste ständig bewohnte Mondbasis.
- 1985 findet die erste bemannte Mars-Mission statt.
- Im Jahr 2000 sind alle menschlichen Organe ersetzbar und drei Viertel aller Krebserkrankungen heilbar.
- Ab 2000 wird man für Spezialaufgaben künstliche Menschen nach dem Baukastenprinzip zusammensetzen.
- Ab 1985 ist der Meeresgrund besiedelt. Die Menschheit ernährt sich von Unterwasserplantagen und Fisch-Kolonien.
- Ab 1990 können wir das Wetter zuverlässig vorhersagen und sogar beeinflussen.
- 1988 verlassen die ersten 10.000 Bürger die Erde, um in kilometergroßen Raumschiffen zu siedeln. Im Jahr 2002 werden eine Million Menschen in einem 10 km langen Raumschiff mit einem Radius von 1000 m um die Erde kreisen. Häuser, Wiesen, Felder, glückliche Kühe und Menschen befinden sich darin. Habe ich da etwas versäumt oder nicht rechtzeitig meine Fahrkarte gelöst?

Der größte Widersacher des heiligen St. Prognostis ist die *Lernkurve*. Auf dem Höhepunkt der Energiekrise von 1973/75 wurden schrille Prognosen über den zu erwartenden Stromverbrauch aufgestellt. Die 1975 tonangebenden Propheten[g] aus der Prognoseindustrie lasen in ihrer Kristallkugel, die Westdeutschen würden im

[g] Prognos AG, Kernforschungsanstalt Jülich, Dr. Eppler (SPD), Prof. Pestel (Zukunftsforscher), Shell, RWE (nach Lit. 13, S. 12).

Jahr 2000 mehr als 1.000 Terawattstunden pro Jahr (TWh/a) verbrauchen. 1978 sank der Wert auf ca. 800 TWh/a, 1983 auf unter 600 TWh/a und um das Jahr 2000 lag der tatsächliche Verbrauch bei knapp 500 TWh/a.[31] 50 % weniger, als St. Prognostis den Sterndeutern einflüsterte!

ST. EXPERTUS

Reinhard Zellner, Vorsitzender Forschungsbeirat DECHEMA, prägte einmal das Bonmot: „Die Nachfrage der Politik nach gesichertem Wissen zwingt die Wissenschaft zu Aussagen, die immer stärker durch Nichtwissen gekennzeichnet sind." Offensichtlich ist dies beim ehemaligen grünen Umweltminister Trittin nicht angekommen, denn 1999 gab er zum Besten: „Wir brauchen die Wissenschaft, wenn es darum geht, aus der Reflektion über Ethik Maßstäbe für das praktische politische Handeln zu gewinnen.[32]" Weil dem so ist, löste Trittin nach der „Machterlangung" von Rot/Grün im Dezember 1998 die Reaktorsicherheits- und Strahlenschutzkommission (RSK) mit der Begründung auf, es säßen zu wenig Kernkraftgegner darin.

Als Erstes verlangten die neu berufenen „kritischen" Experten die Herabsetzung der Strahlungsgrenzwerte von 1,5 mSv/Jahr auf höchstens 0,15 mSv/Jahr (mSv = Millisievert).

Demnach müssten große Teile von Deutschland zum Sperrgebiet erklärt werden. Die natürliche Strahlungsexposition beträgt nämlich seit Urzeiten zwischen 0,14 mSv (Schleswig-Holstein) und 6,30 mSV (Katzenbuckel bei Eberbach, Baden-Württemberg).[33] Einer der einberufenen „Experten" behauptete, die Zunahme an Diabetes bei Kindern in den durch Tschernobyl betroffenen Gebieten sei auf die Einlagerung von Jod in der Bauch*speicher*drüse (!) zurückzuführen. Eine Nummer fürs Kabarett! Offensichtlich kann Trittins Experte fürs Ökohysterische schlicht nicht die Bauchspeicheldrüse von der Schilddrüse unterscheiden. Diese speichert tatsächlich Jod. Nicht weiter dramatisch, denn irren um der segensreichen Ökosache willen ist gutmenschlich. Möglicherweise dachte Trittins „Strahlenmedizinexperte" auch an eine Bauchspeicherdrüse für radioaktives Jod.

9. ÖKO-POTPOURRI

Alle Schreckgespenster aufzuzählen würde den Umfang des Buches bei weitem sprengen. Deshalb kann hier nur eine lose alphabetische Aufzählung einiger Spukgeschichten der Vergangenheit und der Gegenwart aufgelistet werden, die alle zu den Evergreens der Angsttrompeter gehören.

ACRYLAMID ODER WIR BACKEN UNS KEIN RISIKO

Wie kommen Bratendüfte zustande? Wieso riecht es in einer Backstube so gut? Weshalb wird die Kruste beim Brotbacken braun? Verantwortlich hierfür ist die seit 1912 bekannte Maillard-Reaktion, die sich heutzutage mithilfe der instrumentellen Analytik leicht aufklären lässt.[1] Dabei findet man in Kartoffelchips Methional, 2-Phenylacetaldehyd und 3-Methylbutanal.[2] Frisches Weißbrot duftet nach Furfuryldimethyl-disulfid, Karamell nach 2-Methyl-3-hydroxy-4(4H)-pyranon und gebratene Zwiebel nach 3A-Dimethyl-thiophen.[3] Chemie – Hilfe! Bereits die komplizierten Namen klingen nach Siechtum und Verderben. Und tatsächlich sind einige der Verbindungen, wie beispielsweise 3-Methylbutanal, im Tierversuch krebserregend (Klasse 2). Ein Risiko für den Menschen? Nein, und zwar aus den Gründen, die im Kapitel 7 ausführlich diskutiert wurden!

Zu den Produkten der Maillard-Reaktion, die Urmenschen beim Mammutsteakbrutzeln schon durchführten, gehören *naturgemäß* Stoffe mit hohem karzinogenem und erbgutveränderndem Potential, wie heterocyclische Amine und Imidazodinoline, die zu den stärksten Mutagenen zählen. Hätte damals schon ein Verbraucherschutzministerium die Steinzeitmenschen gewarnt, hätten sie sicher ein biblisches Lebensalter erreicht. Heute sind sie alle tot.

Der Lebensmittelchemiker Udo Pollmer berichtet, jeder Rinderbraten und jedes Putenschnitzel enthalte seit Menschengedenken 3-Amino-l-methyl-5H-pyrido[4,3-b]indol. Die Substanz zählt zu den gefährlichsten erbgutverändernden Verbindungen, die Toxikologen kennen. Weshalb hat sich die veröffentlichende Panikindustrie bisher nicht darauf gestürzt? Pollmer erklärt: Der Stoff ist leider nicht medientauglich, da ihn die meisten Moderatoren nicht auf Anhieb fehlerfrei aussprechen könnten.[4]

Im April 2002 versetzte eine schwedische Forschergruppe die Solidargerneinschaft der Panikflöter in höchste Verzückung.[5,6,7,8] Mithilfe der instrumentellen Analytik wurden hochgiftige 0,000.98 Gramm (980 Mikrogramm) Acrylamid in einem Kilogramm Kartoffelchips (5,7 Tüten) gefunden. Als der Todesstoff auch noch in Pommes frites nachgewiesen wurde, intonierten die Angsttrompeter, in Schweden würden jährlich Hunderte Menschen durch Pommes und Chips an Krebs erkranken. Der kämpferisch-engagierte Ökoveitstanztrupp des Verbraucherschutzministeriums (Neusprech: „Minischutz") geriet in höchste Verzückung. Endlich wieder Ökohalloween! Fast so schön wie BSE. Als dann der Meuchelstoff auch noch im Lebkuchen gefunden wurde, geriet sogar der Weihnachtsmann in Verruf.[9] Erst nachdem die Süßwarenindustrie beschwichtigt hatte, der Acrylamidgehalt sei durch ein geändertes Produktionsverfahren um 15 % gesenkt worden, knabberte die Ökochondergemeinde wieder vorsichtig am Gebäck.[10] Was sind eigentlich 15 % von nichts?

Hier die Fakten: Acrylamid entsteht beim Erhitzen von Lebensmitteln aus dem Naturstoff Glukose („Traubenzucker") und der natürlichen Aminosäure Asparagin – und ist seit Anbeginn der Menschheit fester Nahrungsbestandteil. In der Industrie hantieren Arbeitnehmer mit Kilogrammmengen oder sogar im Tonnenmaßstab mit Acrylamid. Dennoch können die Berufsgenossenschaften dem Produkt keine einzige Krebserkrankung zuordnen. Andernfalls wäre Acrylamid in der Krebsklasse 1 der gefährlichen Arbeitsstoffe aufgelistet und nicht in der Klasse 2.

Da man dem Homo sapiens sapiens bekanntlich alles einreden kann, ließ er sich vom „Minischutz" kräftig auf den Arm nehmen. Zur Ermittlung des Krebsrisikos hat man Ratten in einem Hochdosisversuch Acrylamid ins Futter gemischt. Die geringste Dosis, bei der eindeutige Effekte beobachtbar waren, lag bei ein bis zwei Milligramm je Kilogramm Körpergewicht.[162] Um diese Dosis zu erreichen, müsste ein durchschnittlicher Erwachsener täglich rund 70 Kilogramm Kartoffelchips knabbern. Gesundheitsschäden sind nicht auszuschließen.

ARTENSTERBEN UND ÖKOHOCHSCHOLASTIK

Aufgrund einer Untersuchung von 1954 mussten örtliche Behörden und Landbesitzer in den USA von 1998 bis 2004 mehr als 100 Millionen Dollar ausgeben, um eine kleine Feldmaus zu schützen, bis man 2004 durch moderne DNA-Analyse herausfand, die Maus hatte es so nie gegeben. Vielmehr handelte es sich um die bekannte Preble Wiesenspringmaus.[163] Zur Erinnerung: Das Artenschutzprogramm, auf dem dieser Slapstick beruht, geht auf Nixons NATO-Umweltinitiative zurück. In dem einschlägigen Protokoll wird beklagt, um 1969 seien bereits 150 Vogelarten durch die Menschen ausgerottet und weitere 1000 Arten selten geworden.[11] Kurz nachdem Frau Mead (vergleiche Kapitel 2) die Berufsapokalyptiker aufgerufen hatte, die Menschheit in Panik zu versetzen, wurde das Artensterben bestsellerfähig.

1974 schrieben Anne und Paul Ehrlich das Buch *Extinction.* Darin wurde prophezeit, bis 2025 sei die Tierwelt komplett ausgestorben. Der Nonsens hält sich wie unter einer Frischhaltefolie. 1997 meinte Wolfgang Engelhardt, der Präsident des Deutschen Naturschutzringes, es würden täglich 300 bis 400 Arten aussterben. Rechnet man einmal nach, dann müsste bis 2004 eine Million Arten verschwunden sein. Das wären zwei Drittel der 1,5 Millionen bekannten Spezies. Der Harvard-Soziobiologe Wilson macht es etwas billiger. Geschützt vom Professorentitel gibt er zum Besten, jährlich würden 27.000 Arten verschwinden. Was ist dran?

1979 prophezeite Norman Myers in seinem Buch *Die sinkende Arche,* jährlich würden 40.000 Arten aussterben. Der Kritiker der Ökosuchtszene, Björn Lomborg, hat nachgeforscht und fand, Myers habe keinen einzigen Beleg für seine Behauptung.[12] Alles sei wachsweiche Katastrophenkabbala, mit der die technische Zivilisation madig gemacht werden soll. Nach Lomborg behauptete 1974 Myers auf einer Tagung: „Nehmen wir an, dass das letzte Viertel unseres Jahrhunderts als Folge dieses groben Umgangs mit natürlichen Lebensräumen die Ausrottung von einer Million Arten erlebt – eine durchaus nicht unwahrscheinliche Prognose.[a] Das ergäbe im Laufe *von* 25 Jahren eine durchschnittliche Sterbensrate von 40.000 Arten pro Jahr und von über 100 Arten pro Tag."[13] Und niemand hat den Ökoscholastiker ausgelacht!

Bedauerlicherweise hält sich die Realität nicht an Ökodrehbücher, wie Maxeiner und Miersch erklären: „Biologen, die weniger Gehör in der Öffentlichkeit erlangen, haben die Schreckensmeldungen kritisch überprüft und Folgendes festgestellt: Alle diese Zahlenangaben sind Schätzungen, die sich aus hochgerechneten Hypothesen ergeben. Es gibt keinerlei Beweise dafür, dass auch nur annähernd so viele Pflanzen und Tiere wirklich aussterben ... Nur von 626 Tierarten wissen die Experten, dass sie seit dem 17. Jahrhundert durch den Einfluss des Menschen ausgestorben sind." So ist es. Der Höhepunkt des Aussterbens lag vor 1920, als noch kein Autoreifen die Gelbbauchfrösche platt machte.

In Wirklichkeit lässt sich die Natur nicht so schnell kleinkriegen. Immer mehr Spezies überleben sogar das Artensterben. So entdeckte man 2003 im Harz die seit 130 Jahren verschwundene Raubfliege namens Mückenhaft wieder.[14] Selbst Lachse verhalten sich ökopolitisch vollkommen inkorrekt. 1958 fing man bei Basel den – vorläufig letzten Rheinlachs. 1986 kam es zu einer Brandkatastrophe bei Sandoz. Angeblich sei der Rhein endgültig tot. Seit

[a] Der heilige St. Prognostis!

1989 werden wieder Lachse aus dem Wasser gezogen, die sich ganz und gar nicht an das Drehbuch der immerwährenden Rheinverseuchung halten.

Der Filmemacher der Naturschutzgruppe Sea Legacy, Paul Nicklen, filmte im Spätsommer 2017 auf der Baffininsel einen verhungernden Eisbären auf seinem Totenbett. Die herzzerreißenden Bilder rührten zu Tränen und gingen um die ganze Welt. Dem Narrativ zufolge starb das Tier, weil es aufgrund des Klimawandels kein Futter mehr fand. Professor Fickel vom Leibniz-Institut für Zoo- und Wildtierforschung in Berlin sah es anders: „Wenn es sich um ein Einzeltier handelt und keine ganze Population betroffen ist, halte ich eine Krankheit oder eine Verletzung für wahrscheinlicher." Tatsächlich starb das Tier an Krebs. Wohl auf Betreiben der Ökoquisition wurde der Anstellungsvertrag der Professorin Susan Crockford an der University of Victoria 2019 nicht mehr verlängert.[158] Ihr Vergehen: In einer Veröffentlichung wies sie nach, dass die Eisbärenpopulation nicht sinkt, sondern ansteigt und 2018 bei 29.500 Tieren lag: „Die einfache Wahrheit ist, dass Einwohner und Besucher der Arktis wegen der ansteigenden Population ein wesentlich höheres Risiko auf eine tödliche Begegnung mit den Tieren haben als 60 – 70 Jahre zuvor."[159] Ihr Problem ist, sie kann diesbezüglich keine „peer reviewed"-Veröffentlichung vorweisen (vgl. S. 290). Die Ökoquisition hat sie prompt als „Wissenschaftsleugnerin" gebrandmarkt und aus dem Olymp verbannt.

ASBEST UND RISIKO

Ständiges Einatmen von Asbeststaub kann eine Asbeststaublungenerkrankung (Asbestose) auslösen. Etwa die Hälfte dieser Erkrankungsfälle entwickelt sich nach 20 bis 40 Jahren zu einem Bronchialkarzinom und seltener auch zu einem Mesotheliom, für das es keinerlei Heilungschancen gibt. In diesem Fall verhärtet sich das Lungengewebe lederartig, und im Bauchbereich kommt es zu Verwachsungen. Solche Erkrankungen wurden schon von Plinius dem Jüngeren (61-114 v. Chr.) beschrieben.[16] Lange sah man keinen

Handlungsbedarf. Nachdem der englische Arzt W. E. Cook im Jahr 1924 Fälle von Asbestose bei hoch belasteten Industriearbeitern dokumentiert hatte, erließ die englische Regierung 1931 strenge Vorschriften über den Umgang mit Asbest.[17,18]

Zwischen 1959 und 1970 wurden weltweit 4539 Mesotheliomfälle gezählt. Dem stehen Millionen tödlich verlaufene Lungenkrebserkrankungen durch Rauchen gegenüber. Festzuhalten ist, dass die Erkrankungen immer mit einer sehr hohen Asbestbelastung zusammenhängen: So gibt es in den türkischen Zeolithdörfern um Tuzköy wegen der dortigen hohen Luftbelastung je 100.000 Einwohner 216 Pleuramesotheliomfälle.[19] Entgegen den Dogmen des Ökologismus ist epidemiologisch gesichert, dass die Asbestose dosisabhängig ist, womit die Risiken anhand der folgenden Tabelle abgeschätzt werden können[20,21]:

Personengruppe	**Durchschnittliche Faserbelastung**	**Maximale Faserbelastung**
Arbeiter bei Isolationsarbeiten mit Asbest	50.000.000 – 500.000.000 F/m^3	2.000.000.000 F/m^3
Textilarbeiter	30.000.000 F/m^3	300.000.000 F/m^3
Arbeiter in Asbestminen und Asbestmühlen	10.000.000 F/m^3	keine Angabe
Asbestzementarbeiter	6.000.000 F/m^3	60.000.000 F/m^3
Büroangestellte in Hochhäusern	3.000 F/m^3	50.000 F/m^3
Schulkinder	500 F/m^3	10.000 F/m^3

Da Asbest zur Klasse 1 der krebserregenden Arbeitsstoffe zählt, hat man keinen Grenzwert festgelegt, sondern lediglich einen Orientierungswert für die Sanierung. Dieser beträgt 1000 Fasern pro Kubikmeter. Multipliziert man mit dem Sicherheitsfaktor 1000, so resultiert die Schwelle, bei der beim empfindlichsten Versuchstier gerade *keine* Erkrankung feststellbar ist. Sie beträgt 1.000.000 Fasern pro Kubikmeter. Dies entspricht auch dem TRK-Wert[b] am

[b] Der zwischenzeitlich von der EU novellierte Begriff TRK-Wert ist die am Arbeitsplatz maximal zulässige Konzentration für eindeutig krebserregende Arbeitsstoffe der Klasse 1.

Arbeitsplatz. Wie hoch ist das erschreckende Krebsrisiko eines Kindes in einer „asbestverseuchten“ Schule? Nach Auskunft des deutschen Ärzteblattes. beträgt es höchstens 0,000.0001 % – wenn überhaupt.[22] Ein Kind muss aber auch bis zur Schule kommen und nicht auf dem Weg im Auto der Mutter tödlich verunglücken (350 Kinder starben 1994 als Mitfahrer im Auto eines Verwandten.)

BIOLANDBAU ODER ESOTERIK AUF DEM ACKER

Mit ihrer im Präludiumkapitel geschilderten Qi-Gong-Nummer dokumentiert Christa Sager die okkult-esoterische Passion 68er-Gründampfköpfe. So ist es nicht allzu verwunderlich, wenn Frau Künast, vom Ökotuten und -blasen getrieben, den biologisch-dynamischen Landbau des Anthroposophen Rudolf Steiner dreifach hochleben ließ.[23] Als „Minischutz“-Ministerin hatte sie auf der Homepage ihres Hauses die „Agrarwende“ gefeiert und die Theosophie in höchsten Tönen gepriesen: „Der ökologische Landbau ist keine Modeerscheinung. Schon 1924 wurde die biologisch-dynamische Wirtschaftsweise eingeführt. Auch andere Formen des ökologischen Anbaus, wie der organisch-biologische oder der naturgemäße Landbau, haben eine lange Tradition.[27] Es hat sich eine Tür aufgetan. Wenn man auf Rudolf Steiner zurückgeht, dann haben sich die Menschen seit den Zwanzigerjahren für einen nachhaltigen Umgang mit der Natur eingesetzt. Es war schon immer eine kleine radikale Minderheit.“[23]

Ob diese Minderheit seit 1968 vielleicht lediglich Schwierigkeiten mit dem Tässcheneinsortieren im Küchenschränkchen hat, darf aus Gründen der Political Correctness erst gar nicht gefragt werden.[c] Schließlich handelt es sich ja vielfach um Hoheitsträger. Wo bleibt die Fundamentalkritik der bürgerlichen Parteien?

Der biologisch-dynamische Landbau, wie er beispielsweise vom Anbauverband Demeter betrieben wird, setzt auf Naturdüngung, Wechsel der Fruchtfolge, biologische Schädlingsbekämpfung und

[c] Über Joschka Fischer und seine Gang schrieb Christian Schmidt das Buch "Wir sind die Wahnsinnigen" und zitiert den Buchtitel als Ausspruch des Ex-Vizekanzlers.

Aussaat bei bestimmten *Mondstellungen. In* einem denkwürdigen Vortragszyklus stellte Steiner 1924 Erkenntnisse mit hohem Tiefgang vor. So ist „das Wasser ... nicht nur aus H und O zusammengesetzt; das Wasser weist den Weg im Erdenbereich denjenigen Kräften, die zum Beispiel vom Mond kommen, so dass Wasser die Verteilung der Mondkräfte im Erdreich bewirkt“[23].

Nach über 200 Jahren Aufklärung halten grüne Ökoquark-Apostel im 21. Jahrhundert dies für der Weisheit höchsten Schluss und ergötzen sich beim Gedanken an spirituell erleuchtete Landwirte, die bei Vollmond Kuhhörner mit Düngemitteln gefüllt, im Acker verbuddeln, im festen Glauben, das Hornmaterial wäre für kosmische Energien durchlässiger als andere Materialien. Glitschiger Mist vom „gesunden Weidevieh“ statt Kunstdünger wird von Gesundbauern in höchsten Tönen gepriesen, weil er sich besonders zum „Aufsammeln terrestrischer Kräfte“ eignet. Da fehlt nur noch die Beschwörung guter Feen, die alte, besenreitende Frauen vom Acker fernhalten.

Bei genauer Betrachtung ist Steiners okkultistischer Landbau, den die ehemalige grüne Verbraucherschutzministerin lobt, ein verquastes mystisches Gebräu und genauso wenig Wissenschaft wie Astrologie oder Chiromantie.[23] Dies wird deutlich, wenn man folgende Sätze aus Steiners Vortragszyklus liest: „Im Apfel isst man den Jupiter, in der Pflaume den Saturn ... Das Minderwertigerwerden der Produkte ... hängt zusammen ebenso wie die Umwandlung der menschlichen Seelenbildung mit dem Ablauf des Kali-Yuga im Weltall.“[23]

Die Ministerin schwört auf „Klasse statt Masse“, Die sei nur gewährleistet frei von jeglicher „Chemie“, dem Sinnbild ewigen Siechtums und unendlichen Leids. Deshalb kommt in die ministerielle Ökokuh nur Gras, Wasser, Heu – und Kosmos. Originalton Steiner: „Geht man im Tier von vorn nach hinten, so hat es von der Schnauze gegen das Herz die Saturn-, Jupiter- und Marswirkung, in dem Herz die Sonnenwirkung, dahinter gegen den Schwanz zu die Venus-, Merkur- und Mondwirkung ... Das vom Mond zurückgestrahlte Sonnenlicht ist ganz unwirksam, wenn es auf den Kopf eines Tieres scheint. Aber diese Dinge gelten namentlich für das Embryonalleben. Das Mondlicht entfaltet seine größte Wirkung, wenn es auf das Hinterteil eines Tieres scheint."[23] Welche Wirkung geht eigentlich vom Ökologismus aus? Nicht auf das Hinterteil, sondern auf den Kopf der Menschen?

Dem Agrarbericht 2001 zufolge liegt der Ertrag des Ökolandbaus bei 52 % des konventionellen.[26] Dafür muss der Verbraucher für die Erzeugnisse das 2,65fache bezahlen.[26] Deshalb leistet sich meist nur eine schmale Klientel mit Porsche oder anderen Nobelhobel die Gesundbeterkost. Damit sich das ändert und die Produkte glücklicher Kühe und freilaufender Ökohennen nicht unterm Ladentisch vergammeln, wollte die grüne Verbraucherschützerin(!) Künast allen Ernstes gegen Dumpingpreise im Einzelhandel vorgehen. [25,27,28]

Hans D. Barbier kommentierte den Öko-Slapstick: „In welchem Milieu hat Frau Künast die Formel aufgeschnappt, was billig ist, müsse schlecht sein? Wollte sie wirklich das Land mit einem Netz von Mindestpreisen überziehen?" So weit kam es nicht, Kanzler Schröder pfiff die Frontfrau vom „Minischutz" zurück. „Aber damit", so Barbier, „kann die Sache nicht ausgestanden sein. Hier wird ein Dauerproblem der Politik erkennbar. Wo lernt man auf dem Weg in ein Ministeramt solchen Unsinn? Und warum wirkt das nicht als Eintrittssperre bei der Kabinettsbildung? Einen Heizungsmonteur, der uns der Künastschen Preistheorie Vergleichbares erzählen würde, ließen wir nicht ins Haus, und wir meldeten ihn zum Schutz aller Heizungsbesitzer als Irrläufer bei der Kreishandwerkskammer"[29].

DIE BSE-KLAMOTTE IM ÖKOKOMÖDIENSTADEL

Neben mir steht in der Metzgerei eine ältere Dame. Nachdem sie ein paar Markklößchen für ihre – vermeintlich – rindfleischfreie Gemüsesuppe eingekauft hatte, fragte sie: „Haben sie noch etwas für meinen Dackel?" Sie hätte hier etwas Pansen, bot die junge Verkäuferin an. „Nein, um Gottes Willen, das ist doch vom Rind – mein armer Seppl! Haben Sie nicht etwas vom Schwein?" Ungerührt wog die Verkäuferin ein halbes Pfund Schweinehackfleisch ab. Die alte Dame bezahlte und verließ das Geschäft in der Gewissheit, ihren Dackel vor geistiger Umnachtung und sicherem Tod bewahrt zu haben.

Um 2000 war BSE angesagt – und fast alle tanzten mit! Der Text der BSE-Schrullennummer geht so: 1920 berichteten Hans-Georg Creutzfeld und Alfons Jakob über eine neue Krankheit, die mit Merk- und Gedächtnisstörungen beginnt und mit progredienter Demenz bis zum tödlichen Ausgang verläuft. Weltweit tritt die Creutzfeld-Jacob mit einer Inzidenz von 1:1.000.000 auf, wobei die Fälle meist familiär gehäuft sind.[30] Lange Zeit interessierten sich nur Spezialisten dafür. Dann kam um 1985 die BSE-Erkrankung von Rindern ins Spiel, die für eine *neue* Variante der Jacob-Creutzfeld-Krankheit (nvCJK) verantwortlich sein soll.

Die BSE-Schnurre wird der industriellen Aufzucht von Nutztieren angelastet, bei der außer Klärschlamm, Kot, Leder und Sägespänen alles zu Tierfutter verarbeitet werden darf.[31] Fraglos hat Hydrauliköl nichts darin zu suchen. Auch sollte es nicht aus infizierten Tierkadavern gewonnen werden. Genau dies war jedoch der Auslöser des Skandals. Zur Energieeinsparung (Nachhaltigkeit!) erniedrigte die britische Futtermittelindustrie 1981 die Sterilisationstemperatur zur Herstellung von Rindermast-Tiermehl aus Kadavern.[32]

Natürlich sollte man St. Korrelatius immer mit größtem Mistrauen begegnen – zumal, wenn er von Ökoklerikern als „Beweis" zitiert wird. Dennoch scheint die Tiermehlverfütterung die Ursache gewesen zu sein, denn nach deren Verbot ging in England 2003 die Zahl der BSE-Neuerkrankungen auf Null zurück, während sie am Höhepunkt 1994 über 35.000 betrug.[33]

Wie wird die nvCJK-Krankheit ausgelöst? Denkbar wäre zunächst ein bislang noch nicht entdecktes Virus als Erreger. Einen wichtigeren Hinweis gab Stanley B. Prusiner, der für die Entdeckung der Prionen 1997 den Medizin-Nobelpreis erhielt.[34,35] Der Prionen-Hypothese nach sollen diese in zwei Formen vorkommen, nämlich einer harmlosen, löslichen Form (PrP^{C}) und in einer gefährlichen, unlöslichen Form (PrP^{Sc}). Letztere soll sich bei einer BSE-Infektion spontan aus dem vor allem im Nervengewebe vorhandenen PrP^C bilden. Die Infektion verläuft der Hypothese nach wie eine biochemische Informationsübertragung, bei der gutartige Prionen nach Art eines Dominoeffekts in bösartige Prionen umgebaut werden.[36,37]

Besonders infektiös soll das Rinderhirn sein, das 64,4 % der Gesamterregermenge enthält und je Gramm 1 Milliarde der Erreger enthalten kann. Im Knochenmark, aus dem man die leckeren Markklößchen macht, tummeln sich nur 10.000 Erreger pro Gramm.[38] Da andererseits ein einziges Rinderhirn in 5000 Wurstwaren wandert, die wiederum von 44.000 Menschen gekauft werden, schien das Abendland kurz vorm endgültigen Aus zu stehen.[39]

Die Engländer bewahrten die berühmte „steife Oberlippe", Obwohl jeder Brite 50 Mahlzeiten mit infiziertem Rindfleisch verzehrt haben dürfte, kam keine Hysterie auf.[40] David Tyrell, der Vorsitzende der englischen BSE-Sachverständigenkommission, antwortete 1998 auf die Frage, ob er wegen der Gefahr jetzt weniger Rindfleisch esse: „Ich esse eher mehr Rindfleisch als vorher. Weil die guten Stücke jetzt billiger sind."[41]

1995 verendete auf einer Farm in Sussex die „Kuh 133" an BSE (Spongiform Enzephalöpathie). Offensichtlich wurde das Tier durch nicht hinreichend sterilisiertes Tiermehl infiziert, das aus an Scrapie erkrankten Schafen gewonnen worden war.[42] Scrapie, auch Traberkrankheit genannt, ist gewissermaßen das BSE der Schafe und seit mehr als 200 Jahren bekannt.[d] Im selben Jahr, in dem die „Kuh 133" verendete, verstarben mehrere junge Menschen in England und den USA an nvCJK. Alle waren mit Wachstumshormonen aus Rinderhypophysen behandelt worden.

In Deutschland jaulte die Endzeitdrehorgel auf Höchsttouren. Was darf man überhaupt noch essen? Kommt die Milch nicht auch von der Kuh? Lauert vielleicht im Fläschchen der frühe Kindstod

[d] Jährlich erkranken weltweit Hunderttausende Schafe, die nach einer alten Bauernweisheit nicht verzehrt werden sollten. Dies ist aber mit Sicherheit sehr oft der Fall gewesen, denn die Krankheitssymptome treten erst im Spätstadium auf, wenn das Tier beinahe schon an Altersschwäche stirbt. Weshalb die Menschheit trotzdem nicht ausgerottet wurde, bedarf einer noch ausstehenden Erklärung.

in geistiger Umnachtung? Sollten Kleinkinder nicht besser vollkommen fleischlos ernährt werden, nachdem jetzt auch noch die Schweine- und Hühnerpest wüteten? Exotische Fleischsorten wurden der Renner! Zur Rettung seines Lebens legte manch einer für das Kilo Klapperschlangenfleisch 96 DM auf den Tresen. Straußengulasch wurde zum Kantinenhit, und ein Frankfurter Lokal servierte Känguru, Emu und Krokodil mit Grilltomate und Risotto zum Schnappchenpreis von 69 DM.[43]

Bei so viel Gemütselend schlug die Stunde rot-grüner Tatütata-Samariter. Im Dezember 2001 wurde per Eilgesetz die diabolische Tiermehlfütterung untersagt, und am 22.1.2002 das Bundesministerium für „Ernährung, Landwirtschaft und Forst" in Bundesministerium für „Verbraucherschutz, Ernährung und Landwirtschaft" – was eher ein Minischutz war – umgetüncht. Frau Renate Künast gewann den Polit-Jackpot und wurde dessen erste Ministerin.

Neben dem Umweltministerium ein weiteres Ministerium zum Organisieren von Angst und Panik. Die Grünen konnten es vor Glück kaum fassen. Nach ihrer ersten Rede im Bundestag, in der Frau Künast realitätsfern von 500 BSE-Fällen[e] sprach, verlangte sie, 400.000 Rinder zur Preisstabilisierung aufzukaufen und zu schlachten.[44]

Da Grüne im Ministerrang herzlich wenig über die Lohntüte von Otto-Normalkonsument wissen, verkündete die Frontfrau vom „Minischutz" das Ende niedriger Preise: „Schluss mit der Schnäppchenjagd." Der geile Geiz ist schuld an schlechten Lebensmitteln, die außerdem auch noch dick machen: „Gute Qualität gibt es nicht zum Nulltarif."[45]

Wie gefährlich ist eigentlich BSE? Nach Auskunft des Kieler Hochschullehrers Lorenzen dringt das BSE-erregende Agens durch die Nahrungsaufnahme so gut wie nicht in den menschlichen Körper ein: „Dieser Gesichtspunkt wurde von der Politik übersehen.

[e] Bis 2001 wurden in England insgesamt 180.802, in Irland 621, in Polen 509 und in der Schweiz 367 BSE-Rinder entdeckt. Deutschland reagierte am hysterischsten, obwohl es mit 36 BSE-Fällen auf den abgeschlagenen Plätzen lag.

Aber nicht nur dieses Versäumnis hat dazu geführt, dass nach Meldungen über BSE Panik ausbrach. Dafür gibt es eine weitere Ursache: BSE wird aus politischen Gründen als Tierseuche bezeichnet."[46]

Genau aus diesem Grund ordneten Behörden die Kohortentötung an. Demzufolge wurden in Mücheln (Sachsen-Anhalt) vollkommen sinnlos 1000 Rinder mit der Giftspritze getötet und die Kadaver als Sondermüll entsorgt.[49] Das gibt es nicht umsonst. Deshalb kostete die BSE-Hysterie die europäischen Verbraucher 92 Milliarden Euro (127 Euro pro Kopf).[50] Nach Auskunft des Bauernpräsidenten Gerd Sonnleitner gingen in der Landwirtschaft die Investitionen um fünf Milliarden zurück. Die mangelnde Auftragsvergabe wiederum vernichtete im Maschinenbau und Baugewerbe 50.000 Arbeitsplätze.[51]

2003 erschien im *Lancet* ein Artikel, in dem britische Forscher über die BSE-Todesfälle bei Menschen in England berichten. In England, wo 180.802 Rinder an BSE erkrankten, stieg die nvCJK-Sterberate von Null (1994) auf maximal 28 (2000). Danach ging sie stark zurück. 2001 gab es 20 nvCJK-Patienten und 2002 noch 17.[47] Zur Erinnerung: In Deutschland erkrankten bis Februar 2005 nur 230 und nicht etwa 180.802 Rinder.[f]

Die Mainzer Mikrobiologen Bhakdi und Bohl veröffentlichten 2002 eine kritische Analyse, die den ganzen Surrealismus des BSE-Horrors offenbart.[30] Hier die Fakten: Wesentlich für die statistisch zu erwartende Erkrankungsrate ist die *Inkubationszeit.* Je kürzer diese ist, desto weniger nvCJK-Opfer sind noch zu erwarten. Aufgrund der aus England vorliegenden Zahlen ist eine Inkubationszeit von 40 Jahren mit Sicherheit auszuschließen. Die Annahme einer noch höheren, nämlich von 60 Jahren und mehr, entbehrt nach Bhakdi und Bohl „jeder wissenschaftlichen Grundlage".[30]

Aufgrund der relativ kurzen Inkubationszeit und der geringen Zahl der BSE-Rinder sind in Deutschland in den kommenden Jahrzehnten maximal sechs nvCJK-Patienten zu erwarten. Dies unter der

[f] Einer Hochrechnung zufolge sind in England über die Jahre 750.000 Rinder in die Nahrungskette gelangt.

Voraussetzung, dass die Betreffenden vor Ausbruch der Krankheit keine tödlichen Unfälle erleiden (im Haushalt jährlich zirka 14.000, im Verkehr zirka 7500), Auch dürfen sich die potentiellen nvC-JK-Patienten bei einer Blinddarmoperation oder einem sonstigen Krankenhausaufenthalt keinen tödlichen Keim einfangen (10.000 Tote jährlich[g]).[30] Schadstoff: natürliche Toxine. *Diese sechs über Jahrzehnte verteilten menschlichen BSE-Opfer sind von den jährlich 125.000 Neuerkrankungen an Alzheimer in Deutschland zu unterscheiden.*[48] Rechnet man mit einer Inkubationszeit von 25 Jahren, dann werden in dieser Zeit 20.000 Fußgänger im Verkehr getötet. Damit ist der Gang zum Metzger 3300-mal so riskant wie BSE. Das war's!

Die Apokalypse-Cow-Nummer war nichts anderes als ein weiterer Meilenstein zum Umbau des Landes in die bevormundende „schöne neue Ökowelt"[h], Die *FAZ* kommentiert das ganze Angsttrompeterelend: „Jahre nach der Gründung der Stiftung Warentest könnte sich die Wirtschaft mit einer Gegengründung revanchieren: Nennen wir sie Stiftung Politiktest."[52]

CHLOR – DAS ELEMENT DES SATANS

Seit Rachel Carson mithilfe des Elektroneneinfangdetektors DDT überall in Ultraspurenmengen nachweisen konnte und mithilfe des heiligen Sankt Korrelatius dem Insektizid die dünneren Eierschalen von Singvögeln unterschob, ist die Ökoquisition hinter dem Chlor her (vergleiche Kapitel 4 und 6). Mit dem Spruch „Gott schuf 91 Elemente, der Mensch mehr als ein Dutzend und der Teufel eines

---

[g] Zum Test auf Krankenhauskeime stehen drei Euro pro Tag und Patient zur Verfügung, wohingegen die vollkommen unsinnigen BSE-Tests pro Rind 50 Teuro verschlingen.[30]

[h] In seinem Roman Schöne neue Welt beschreibt Huxley die volle Blüte einer konsequent verwirklichten, allseits umsorgten Wohlstandsgesellschaft, in der ein »guter Staat« das genormte Glück für alle garantiert. In dieser vollkommen „formierten" Gesellschaft erscheint jede Art von Individualismus als „asozial". Der rebellische Held dieses Romans fordert: »Ich brauche keine Bequemlichkeit. Ich will Gott, ich will Poesie, ich will wirkliche Gefahren und Freiheit und Tugend. Ich will Sünde! – Er wird sich doch nicht BSE-Rindersalami kaufen wollen?

– Chlor", rief Greenpeace 1992 zum kollektiven Chlorheulen auf. Nur die Bösmenschen der chemischen Industrie würden hochgefährliche chlororganische Chemikalien (Chlorkohlenwasserstoffe) synthetisieren. Das ist nachweislich falsch!

1995 waren zirka 800 *natürliche* chlororganische Verbindungen bekannt, und jährlich kommen 30 bis 40 weitere hinzu.[53] Chlor ist also ganz und gar kein satanisches Element, sondern überall in der Natur vorhanden. Die Weltmeere, in denen zugegebenermaßen der sehr schmackhafte Seeteufel lebt, enthalten 26 Billiarden Tonnen Chlor als Natriumchlorid. Brechende Wellen erzeugen Aerosole, durch die jährlich fünf bis 15 Milliarden Tonnen Chlor in die Atmosphäre gelangen. Etwa 35 % davon sind flüchtige chlororganische Verbindungen. Damit schafft die Natur genauso viel Chlorkohlenwasserstoffe in die Atmosphäre wie die gesamte industrielle Technik.[54]

Weil Bakterien begeisterte Chlorchemiker sind, werden in einer Tonne Heu 100 Gramm *natürliche* chlororganische Verbindungen gefunden – die armen Kühe! In finnischen Humusböden misst man je Gramm Trockensubstanz 100 bis 300 Mikrogramm organisch gebundenes Chlor. Schon zur Zeit des Neandertalers wurden deshalb je Hektar 100 Kilogramm Chlorkohlenwasserstoffe als natürliche Emission freigesetzt![53] Sogar die Hausschaben kommunizieren untereinander mittels chlorhaltiger Steroide, und das Auxin der Erbsenpflanze enthält ebenfalls Chlor.[55] Ist die Erbse vom Teufel besessen? Wo bleibt der grünfriedliche Protest!

Vulkane emittieren jährlich bis zu elf Millionen Tonnen Chlorwasserstoff.[i] Das entspricht in etwa der Menge, die in den 1995 produzierten 19 Millionen Tonnen PVC gebunden ist.[56] Den 40.000 Tonnen industriell erzeugten Methylchlorids stehen 5.000.000 Tonnen gegenüber, die von maritimen Organismen oder Pilzen freigesetzt werden. Ein anderes Beispiel: 1973 wurden 20.000 Tonnen Tetrachlormethan industriell hergestellt. Die Natur brachte es im gleichen Zeitraum auf 2.000.000 Tonnen. Allein die schwedischen

---

[i] Die 37-prozentige Lösung des Chlorwasserstoffs ist als konzentrierte Salzsäure bekannt.

Moore enthalten 300.000 Tonnen organisch gebundenes Chlor[57]. Weshalb hört man hierzu nichts von Greenpeace?

Aber beim PVC! Da wird das Ökogrammofon aufgezogen und die zerkratzte Platte von der bösen Chlorchemie aufgelegt. Als 1996 bei einem Großbrand am Düsseldorfer Flughafen 17 Menschen umkamen, wurde behauptet, beim Brand hätte PVC neben giftigen Dioxinen und Furanen vor allem „Salzsäuredämpfe" gebildet.[58] Die ZDF-Angsttrompeter verkündeten am 15.4.1996 im *heute journal:* „PVC brennt wie Zunder", und der Kieler Toxikologe Otmar Wassermann[j] legte als erfahrener Apokalyptiker nach, PVC sei zwar schwer entflammbar, „wenn es aber einmal Feuer gefangen hat, brennt es wie eine Zündschnur"[59].

Auf der gleichen Rille jammerte im Bundestag Professor Rochlitz von den Grünen über den „Kunststoff des Todes" und brachte einen Antrag „PVC-Verbot im öffentlichen Bauwesen, an Versammlungsorten und in Großkraftwerken" ein.[60] PVC könne leicht ersetzt werden, weil Ersatzstoffe kaum teurer wären und die wenigen verloren gehenden Arbeitsplätze nicht ins Gewicht fielen. Eine Prognose-Studie sieht das anders. Der Ersatz von PVC verursacht Mehrkosten von sechs Milliarden Mark, und im sozialen Wohnungsbau würden zusätzliche Investitionen von 4400 DM pro Wohnung fällig.[61]

Weiterhin fabulierten die Grünen in ihrem PVC-Verbotsantrag von „Erstickungs- und Verätzungsgefahr" und von chlorierten Dioxinen und Furanen als Supergifte. Kleinste Mengen „in der Größenordnung eines Tausendmilliardstel Gramms pro Kilogramm Körpergewicht führen ... zu immun- und fortpflanzungstoxischen Effekten und können Krebs erregen". Einmal in Brand gesetzt, würden auch schwer entflammbare Kabelisolierungen unter großer Rauchentwicklung abfackeln, was durch den Kamineffekt begüns-

[j] Zu Wassermann sei gesagt, dass sich sein Berufsverband 1994 offiziell von ihm distanziert hat, weil er die sachliche Auseinandersetzung mit Kollegen meidet und stattdessen die Bevölkerung mit wissenschaftlich nicht haltbaren, überzogenen Aussagen über halogenierte Dioxine und Furane beunruhigt.

tigt würde. Außerdem verwende man PVC auch in Atomkraftwerken, wodurch eine erhebliche Gefahr heraufbeschworen würde. „Brände", heißt es in dem Antrag der Grünen weiter, „gefährden die gesamte Sicherheit der nuklearen Anlagen"[60]. Das ganze Apokalyptikerprogramm – wow!

Was ist dran? Nichts! Versuche, die Lehrlinge Kunststoff verarbeitender Betriebe anstellten, zeigten: PVC brennt bei weitem nicht so heftig, wie unterstellt wurde.[62,63] Gestützt auf einschlägige Untersuchungen, stellte die nordrhein-westfälische Regierung fest, dass PVC als Kabelummantelung deshalb verwendet wird, weil es neben seinen günstigen physikalischen Eigenschaften schwer entflammbar ist und damit das Brandrisiko im Baubereich erheblich reduziert. Ein Abbrennen wie eine Zündschnur sei vollkommen ausgeschlossen.[64,65] Nach dem Bericht der offiziellen Untersuchungskommission des o. g. Flughafenbrands ist der Tod „bei allen 16 unmittelbaren Opfern eindeutig und allein auf eine *Vergiftung mit Kohlenmonoxid* aus den Brandgasen zurückzuführen.[66] Ursache hierfür waren die rechtswidrig eingebauten Polystyrolplatten, die infolge unsachgemäß durchgeführter Schweißarbeiten Feuer fingen."[67] Die Obduktion ergab *keine* Verätzungen der Atemwege, die auf „Salzsäuredämpfe" zurückzuführen wären.[68] Weiterhin heißt es in dem Bericht: „Die in den Medien und der öffentlichen Diskussion stark dominierenden Dioxine waren mit Sicherheit nicht Ursache für den Tod der 17 Opfer." Außerdem stellten die bei dem Brand entstandenen polyaromatischen Kohlenwasserstoffe (PAKs) ein 470-mal größeres Krebsrisiko dar als die gefundenen Dioxinspuren.[69]

Tatsächlich war der erstaunliche Radau um den Flughafenbrand die Spitze einer seit Jahren betriebenen Anti-PVC-Kampagne von Greenpeace, in der die Ökojakobiner das ganze Schadstoffpandämonium bemühen.[70,71] Das Gegenteil ist richtig: Weil Beschäftigte in Krankenhäusern und Patienten vielfach allergisch auf Naturgummiprodukte reagieren, wird PVC als Schlauchmaterial und für Blutbeutel verwendet.

DIOXIN – DAS GRÜNFRIEDLICHE ULTRAGIFT

Zur Dioxinfamilie zählt man 75 Polychlorodibenzodioxine (PCDD) und 135 Polychlorodibenzofurane, die alle mehr oder minder giftig sind.[72] Da es sich also um eine Stofffamilie handelt, hat man zur Beurteilung der Toxizität den *TEQ-Wert* als Summenparameter eingeführt. Das eigentliche „Seveso-Dioxin", das ich meist nur „Dioxin" nenne, wird übrigens mit TCDD[k] abgekürzt.

Grenzwerte werden durch Tierversuche ermittelt, wobei man sich am empfindlichsten Organismus orientiert; der ist beim Dioxin das Meerschweinchen, das 5000-mal empfindlicher als der Goldhamster reagiert.[72] Wegen der *endokrinen* Effekte des TCDD hat die WHO 1999 die „duldbare tägliche Aufnahme"(tolerable daily intake = TDI) von zehn Pikogramm TEQ pro Kilogramm Körpergewicht auf ein bis vier Pikogramm TEQ pro Kilogramm herabgesetzt.[73] So weit die Vorbemerkungen.

TCDD war schon zur Biedermeierzeit und davor überall in messbaren Mengen vorhanden – und zwar auch oberhalb des heute gültigen Grenzwertes.[74] In Wohnhauskaminzügen, die ausschließlich mit Holz betrieben wurden, kann man beispielsweise bis zu 21.630 Nanogramm Dioxin pro Kilogramm Ruß messen.[75] Deshalb ist es nicht allzu verwunderlich, wenn der Ulmer Chemiker Ballschmiter in Gärten der Schwäbischen Alb, die jahrhundertelang nur mit Holzasche gedüngt wurden, Dioxinmengen fand, die weit über den Grenzwerten liegen.[76]

Bleibt die Frage: Wie konnte die Menschheit in der Biedermeierzeit überleben, als man 0.000.000.000.001 Gramm TCDD noch gar nicht messen konnte? Ein Beispiel schafft Klarheit. Angenommen, beim Kaminkehren würden 15 Milligramm von „hoch belastetem-Ruß" (21.630 Nanogramm Dioxin pro Kilogramm) im Raum verteilt und von einer 70 Kilogramm schweren Person eingeatmet, dann hätte diese 324 Pikogramm ultragiftiges Dioxin aufgenommen. Das

---

[k] TCDD = 2,3,7,8-Tetrachlorodibenzo-p-dioxin

wäre das 4,6fache des oben genannten TDI-Grenzwertes. Eine Gesundheitsgefahr? Wohl kaum, wie sich belegen lässt.

Die Auswirkungen einer Dioxinvergiftung stellen sich eher schleichend ein.[77] In hohen Dosen verursacht TCDD eine äußerst unangenehme und hartnäckige Chlorakne, die früher als Pernakrankheit[1] bekannt war und erst nach Jahren, wenn überhaupt, ausheilt. Daneben kommt es zur Schädigung innerer Organe und des zentralen Nervensystems. Obwohl TCDD im Tierversuch[78] zu den stärksten Karzinogenen zählt, ist bislang kein einziger Fall dokumentiert, bei dem die Krebserkrankung eines Menschen einer Dioxinexposition eindeutig zuzuordnen ist. Dies verwundert nicht allzu sehr, denn TCDD ist eine Promotorsubstanz, die selbst keinen Krebs auslöst, aber die Wirkung Krebs auslösender Stoffe, etwa im Zigarettenrauch, beschleunigt.[79]

Selbst in Seveso, wo die Bevölkerung teilweise hohen Dosen ausgesetzt war, stieg die Krebsrate nicht signifikant an.[80] Weil aber die Ökoquisition niemals Ruhe gibt, hat man eine mehr als 30 Jahre laufende Langzeitstudie, die auf einer Hochdosisexposition von Arbeitern im Jahr 1953 beruht, so lange ausgewertet, bis man 1997 einen schwachen Hinweis fand, es gäbe doch einen begrenzten Anhaltspunkt („limited evidence") für die krebserregende Wirkung von Dioxin auf den menschlichen Organismus.[81,82] Zwei Fallbeispiele sind zur Beurteilung des Risikos von Interesse:

> 1956 stellte Professor Sandermann gezielt 20 Gramm Dioxin her. Das ist das 5.000.000.000.000fache des oberen Grenzwerts von vier Pikogramm. Die Substanz stand tagelang offen in einem Kristallisierschälchen auf seinem Schreibtisch.[83] Sandermann erkrankte an einer schweren Chlorakne und litt unter Gedächtnisverlust. Er bekam später keine auf Dioxin zurückzuführende Krebserkrankung, sondern verließ die Klinik vollkommen geheilt[84] und verstarb 39 Jahre später im Alter von 85 Jahren.

[1] Die Bezeichnung »Pernakrankheit« ist von den perchlorierten Naphthalinen abgeleitet. Arbeiter, die im 19. und zu Beginn des 20. Jahrhundert damit arbeiteten, bekamen Chlorakne.

Im Frühjahr 2004 versuchte der Geheimdienst, den ukrainischen Politiker Viktor Juschtschenko mit Dioxin zu vergiften.[85] Nach der Behandlung im Wiener Privatspital Rudolfinerhaus konnte er nach wenigen Wochen als voll arbeitsfähig entlassen werden.[86] Auf einer Pressekonferenz wurde mitgeteilt, im Blut des Patienten sei noch nach Monaten das 1000fache der normalen Dioxinkonzentration gefunden worden. Juschtschenkos Arzt, Michael Zimpfer, urteilte: „Das entspricht einer Dosierung im Milligrammbereich beziehungsweise im unteren Grammbereich und ist sehr leicht zum Beispiel in einer Schlagsahnesuppe zu verpacken.“[87] In der Tabelle auf Seite 150 - 151, habe ich die Letaldosis mit 0,07 Milligramm angegeben. Der Wert wurde aus Tierversuchen und einem tödlichen Arbeitsunfall bei der BASF gefolgert.[88] Angenommen, der Geheimdienst hat Viktor Juschtschenko keine Dosis im unteren Grammbereich, sondern „nur“ zehn Milligramm verabreicht, dann überlebte der Politiker das l42fache der bislang als tödlich angenommenen Menge. Zu seinem Glück wurde der Mordanschlag nicht mit dem Naturstoff Botulinustoxin versucht. Dann wären bereits 0,000.000.03 Milligramm tödlich gewesen, und in der Presse wäre mitgeteilt worden, Juschtschenko sei an einer Fleischvergiftung verstorben.

Übrigens hatte man in den USA vor Jahren Freiwilligen das 114.000fache des Dioxingrenzwerts mehrfach auf die Haut gepinselt. Bei keiner Person kam es zu irgendeinem Erkrankungssymptom. Noch nicht einmal zur Chlorakne.[89]

ELEKTROSMOG

Zweifellos hat der Elektrosmogdunst einen sehr hohen Unterhaltungswert[90]. Aber machen wir‘s kurz. Als Grenzwert für das elektrische Feld (E) hat man 20.000 Volt pro Meter festgelegt. Die Membranen der Nervenzellen, über die die Impulse im menschlichen Körper weitergeleitet werden, besitzen eine Dicke von 0,000.000.005

Metern, und die Membranspannung beträgt 50 bis 200 Millivolt. Nehmen wir zugunsten der Ökoquisition den unteren Wert, dann herrscht im *menscblicben* Organismus eine Mindestfeldstärke von:

$$E = 0{,}05\ V/0{,}000.000.005\ m = 10.000.000\ V/m$$

Das ist das 500fache des gesetzlichen Grenzwerts für Elektrosmog. Auch das Argument, Handysender und Ähnliches wären gepulst, ändert an der Lachnummer nicht viel.

Krebscluster in der Nähe von Sendeanlagen oder Trafohäuschen sagen auch nichts. Die hat man sogar in der Nähe von Gotteshäusern gefunden, in denen sich keine Funkanlagen befanden. Womöglich handelt es sich um Schäden, die auf der göttlichen Ausstrahlung der Kirchen beruhen.[91]

ENDOKRINE CHEMIKALIEN – UND GREENPENIS

1994 landete die *taz* einen Ökoknüller mit der Schlagzeile: „Endlich – Dioxin verweiblicht Männer“[92]. In dem Journal wurde über eine Untersuchung der EPA unterrichtet, wonach verschiedene Chemikalien die Funktion Hormon ausschüttender Drüsen stören würden. Das Seveso-Gift sei als endokriner Disruptor die reinste Östrogenbombe.[m] Im Tierversuch würden bereits fünf Nanogramm TCDD die Hormondrüsen total zerrütten. Weil der Testosterongehalt durch Umweltchemikalien sinken würde, habe die Durchschnittssamenblase bereits die Hälfte ihrer Spermien eingebüßt, und die Menschheit stehe kurz vor dem Aussterben! Was ist dran?

Seit einem Chemieunfall im Jahr 1980 sorgt sich die Ökointernationale um die Zeugungsfähigkeit der Männer. Damals gelangten größere Mengen des chlorhaltigen Insektizids Dicofol in den Lake Apopka (Florida). Zehn Jahre später fand man bei Alligatormännchen deutlich kleinere Penisse, und Weibchen legten unbefruchtete

[m] Dies war auch der Hauptgrund, weshalb die WHO, dem Vorsichtsprinzip folgend, den TDI-Grenzwert 1999 herabsetzte. ·

Eier. Gleichzeitig verschob sich bei einigen Fischarten und bei Möwen das natürliche Geschlechterverhältnis. Die Untersuchung der Alligatorgelege und die Messung des Hormonspiegels bei den Tieren riefen Sankt Korrelatius auf den Plan. Sein Urteil: Dicofol wirkte auf die Alligatormännchen wie eine geballte Östrogenladung.[93]

Der nahe liegende Befund ist allerdings nicht definitiv gesichert, sondern lediglich eine Korrelation.[94] Bemerkenswerterweise wurde mit dem gleichen Argument die Feminisierung männlicher Fische am Auslauf von Kläranlagen synthetischen Chemikalien angelastet.[95] Es geht aber auch andersrum. Nach Untersuchungen aus England beruht der Effekt auf den in menschlichen Ausscheidungen natürlich vorkommenden Steroiden.[96] Auch das ist interessant: Missbildungen und Fruchtbarkeitsstörungen bei Fröschen konnten eindeutig Wurmparasiten zugeordnet werden, und bei Rotwildpopulationen geht die Geburtenrate zurück, wenn die Tiere erhöhtem Stress ausgesetzt sind.[97,98,99] Außerdem verschiebt sich das Geschlechterverhältnis. Stress bei hoher Bevölkerungsdichte als endokriner Disruptor? Warum nicht?

Weniger bekannt ist, dass Industriechemikalien ein wesentlich geringeres Wirkpotential besitzen als die weiblichen Sexualhormone. So wirkt 4-Nonylphenol 5000-mal, Bisphenol-A 15.000-mal und das „hochgefährliche" DDT sogar 8.000.000-mal schwächer als natürliches Östradiol.[100] Dies schert die Ökoquisition herzlich wenig. Deshalb konnte der dänische Forscher Niels Skakkebaek 1993 einen lang ersehnten Ökokracher landen.[101] Seinen Aussagen zufolge sei die Spermienkonzentration in der Samenflüssigkeit, durch Umweltchemikalien bedingt, seit den Vierzigerjahren von 113 Millionen auf 66 Millionen gefallen. Die Panikmacher kringelten sich vor Freude. Zu früh gefreut, denn:[102]

- Erstens: Lässt man in der Veröffentlichung Skakkebaeks die Zeit *vor* 1950 weg und nimmt nur die Werte danach, so tummeln sich in neuerer Zeit sogar deutlich mehr Spermien im Ejakulat als in den Vierzigerjahren.
- Zweitens wurden in den Vierzigerjahren Proben mit geringerer Spermiendichte oft als Ausreißer verworfen.

- Drittens ergibt die heute übliche Computerauswertung bei gleichen Proben im Schnitt eine geringere Dichte als die, bei der das menschliche Auge durch das Mikroskop schaut.
- Viertens fand der Mediziner H. Fisch 1996 eine starke *geografische* Abhängigkeit der Spermiendichte. Samenproben von Männern aus New York enthielten pro Milliliter 131, solche aus Minnesota 101 und aus Los Angeles 73 Millionen Spermien.
- Fünftens ergab ein Ringversuch, bei dem die gleichen Ejakulatproben an verschiedene Labors geschickt wurden, Abweichungen bis zu 70 %.

Unermüdlich sucht das Öko-Entertainment nach neuen Hysterieschnäppchen. Deshalb werden auch immer abenteuerlichere Hypothesen hochgespült. 1996 behauptete ein Forscher aus dem Arbeitskreis von McLachlan, schwach wirkende endokrine Chemikalien würden tausendfach stärker an Rezeptoren gebunden, wenn gleichzeitig ähnlich wirkende Substanzen zugegen sind.[103] PVC-Weichmacher seien besonders schlimm. Leider währte die Ökofreude nur kurz, denn andere Forschergruppen konnten die Ergebnisse nicht bestätigen.[104] 1997 zog McLachlan die Veröffentlichung als Irrläufer offiziell zurück.[105]

Kommen Männer sonst nicht mit östrogenähnlichen Substanzen (Östrogenmimetika) in Berührung? Sogar in jeder Menge. Und wie immer kommt es auf die Dosis an! Zu den Naturstoffen, die als endokrine Disruptoren die Spermiendichte herabsetzen können, zählen Isoflavone (Sojabohne), Lignane (Leinsamen) und der Coumestane (Klee, Alfalfasprossen)[93]. Entdeckt wurde der Effekt, als man den Rückgang der Fruchtbarkeit australischer Schafe untersuchte, die eine bestimmte Kleeart gefressen hatten. Als Ursache wurden die *natürlichen* Inhaltsstoffe des Klees Equol und Coumestrol identifiziert. Ähnliche Beobachtungen wurden auch bei Rindern gemacht.[160]

Lignane gelangen von alters her durch Hülsenfrüchte, Getreidekleie, Gemüse und Obst auf den Tisch, und dennoch ist die Menschheit nicht ausgestorben. Man darf also davon ausgehen, dass unser

Organismus sehr wohl mit den Sexualhormonen des jeweils anderen Geschlechts zurechtkommt. Beim Mann beträgt der natürliche Östradiolspiegel 10 bis 45 Pikogramm pro Milliliter, wohingegen es die Frau auf stolze 40 bis 250 Pikogramm pro Milliliter bringt. Vielleicht ist das Hormon für den umsichtigeren Fahrstil von Frauen verantwortlich, der durch ihre reduzierten Einparkkünste ausgeglichen wird. Umgekehrt könnte ihr niedrigerer Testosteronspiegel (0,03 bis 0,6 Nanogramm pro Milliliter) dafür sorgen, dass Frauen nur ab und an in eine Polizeiradarfalle geraten, wohingegen es ihre Ehemänner mit ihren zwei bis sieben Nanogramm Testosteron pro Milliliter öfter schaffen.[106]

Über die von Greenpeace besonders bekämpften PVC-Weichmacher DINP (Diisononylphthalat) und DIDP (Diisodecylphthalat) lag 2003 der Bericht einer Sachverständigenkommission der EU vor. Danach sind diese Verbindungen weder krebserregend noch fruchtschädigend oder umweltschädlich. Vor allen Dingen beeinträchtigen sie nicht die männliche Fruchtbarkeit.[107]

Ende der Neunzigerjahre behauptete Greenpeace, aus Quietscheentchen und anderem PVC-Kinderspielzeug träten erhebliche Mengen des Weichmachers DINP aus. Saugfußrasseln würden zehn Milligramm abgeben und Winnie Pooh sogar 14 Milligramm, wenn Kinder an einem Quadratmeter der Folie lutschten. Ökobesorgte Mütter waren dem Nervenzusammenbruch nahe, und Karstadt räumte Greenpeace hörig die Regale. Die Überprüfung der grün-friedlichen Messungen durch den TÜV Rheinland und das Labor Dr. Budde ergab DINP-Werte von weniger als 0,05 Milligramm pro Quadratmeter DINP. Das war‘s. Oder doch nicht: 1992 rutschten zahlreiche Plastikentchen und andere Badeartikel auf dem Transport von China in die USA von einem Containerschiff. Über elf Jahre spielten Wind und Wellen mit den PVC-Quietscheentchen. Danach wurden die PVC-Artikel an Land gespült. Man bestimmte den Weichmachergehalt. Und siehe da: Er war noch genauso hoch, als hätten die Spielzeuge gerade die Fabrik verlassen! [108]

Auf der unermüdlichen Suche nach endokrinen Umweltchemikalien wird das Forschungs-Perpetuum-mobile weiter Labortiere mit

Höchstdosen traktieren und Samenproben untersuchen. Eigentlich kann man das Mäuserichmelken getrost einstellen: Es gibt bereits einen Langzeitversuch. Bullen, Hengsten und Ebern wird nämlich zur Zucht seit Jahrzehnten Sperma abgezapft. Eine Studie der Münchner Ludwig-Maximilians-Universität verglich 31.542 Bullenejakulate aus den Jahren 1972 bis 1997 auf Volumen, Gesamtspermienzahl und Spermienkonzentration. Ergebnis: In den letzten 26 Jahren ist kein Rückgang der Spermienqualität bei deutschen Bullen zu beobachten. Sie kommen noch immer mächtig![109]

DER MOLKEGEISTERZUG

Ein herzerfrischendes Hysteriesüppchen war die Tschernobylmolke, mit der die Ökoquisition lange für Unterhaltung sorgte. Nach 1986 fielen infolge des radioaktiven Fallouts durch Tschernobyl bei der Käseherstellung 5000 Tonnen Molke an, die schwach mit Cäsium-137 belastet waren. Eine Gelegenheit für Panikfestspiele, die man sich nicht entgehen ließ!

Sämtliche Fernsehkanäle prophezeiten von morgens bis abends unsägliches Siechtum, wenn sich jemand auch nur in Sichtweite der Molke begäbe. Die Strahlenschutzkommission sah das anders. Nach ihren Angaben stieg die Belastung eines Menschen, der sich zehn Stunden in unmittelbarer Nähe des „Todespulvers" aufhielt, von 200 Millirem (natürliche Strahlenbelastung) auf 200,4 Millirem.[110] Dennoch weigerte sich ein Lokführer, aufgeklärt durch die Medien, seinen Güterzug mit Molkepulver trotz mehrerer dazwischen gekoppelter leerer Waggons weiter zu fahren. Im Fernsehen äußerte er: „Mein Vater war an Krebs gestorben. Ich will nicht auch daran sterben."

Auch nachdem der damalige bayerische Umweltminister Dick einige Portionen der „Giftmolke" gelöffelt hatte, schwappte die Hysteriewelle ungebrochen weiter.[111] Erst nach langanhaltendem Ökogegacker wurde vier Jahre später ein Großteil des Panikpulvers in einer eigens dafür gebauten, 70 Millionen Mark teuren Anlage in Lingen „entgiftet". 1996 verbrannte man den Rest von 1900 Tonnen für zwei Millionen Mark, der bis dahin zum Schnäppchenpreis von 200.000 DM im Jahr in einer Halle gelagert worden war.[112] Bezahlt hat den Nonsens der Steuerzahler!

MÜLLKARMA ODER DIE PSYCHOPATHOLOGIE DER MÜLLTRENNUNG

Die Mülltrennungsmanie, die bis 2003 bereits 25 Milliarden Euro (312 Euro pro Kopf) kostete, zählte 1969 noch nicht zu den Top Ten der Ökocharts. Deshalb findet man in den Protokollen von Nixons NATO-Umweltinitiative zu den Problemen der Städte nur etwas über Luftverunreinigung und Wasserverschmutzung.[113]

Obwohl das Thema durch Medienkampagnen (vergleiche Hartkopf) immer am Köcheln gehalten wurde, heizte erst die Brundtland-Kommission von 1988 so richtig ein. Aus dieser ging im Übrigen die Rio-Konferenz von 1992 hervor, deren Ausfluss die „Agenda 21" ist. Seither wacht der blaue Erzengel des Ökologismus über den Müllrecyclingzirkus.[114] Damit der gesunde Menschenverstand nachhaltig ausgeschaltet wird, startete der ehemalige Umweltminister Töpfer (CDU) mit seiner Verpackungsverordnung von 1991 eine gigantische Dressurnummer. In Orwells Roman *1984* wurde der Begriff „Krieg" in „Friede" umetikettiert, die Verpackungsordnung macht Müll zu „Wertstoff" – eine der schrulligsten Neusprechwortschöpfungen. Seither jammern Ökotanzbären und -bärinnen beinahe jedem abgebrannten Streichholz hinterher, weil es im gelben Sack zerbröselt.

Statt wie früher 52-mal, kommt aus Umweltschutzgründen das Dieselsprit verbrauchende Müllauto gleich 100-mal im Jahr vorgefahren. Alle 14 Tage kommen die Entsorgungsfachkräfte und leeren die graue Tonne mit Restmüll. Am Tag darauf wird der braune Bio-Opferstock samt Schimmelpilzen und Maden auf die Straße gerollt, während sich der morgendliche Berufsverkehr hinter dem Müllauto staut. Was würden eigentlich die armen Rentner tun, wenn sie nicht auf dem Fensterbrett lehnend dem emsigen Treiben des Mülltourismus zusehen könnten?

Donnerstags klingelt der Müllmann gleich zweimal. Einmal für die blaue und einmal für die grüne Tonne – damit der Verkehr ganztägig entschleunigt bleibt. Zusätzlich sammeln die Messdiener des Ökologismus alle vier Wochen gelbe Säcke mit Milchtüten, weichgespülten Joghurtbechern, leeren Streichholzschachteln und pappigen Raviolidosen ein. Diese sind natürlich streng zu trennen von abgeschnittenen Fingernägeln, die als Wertstoff dienstags mit der Biotonne Ade sagen. Vier Mülltonnen sind nicht immer so leicht unterzubringen, weshalb mancher Gartenzwerg das Reihenhausgrün räumen musste, um den modischen Ökotanzbehältern Platz zu machen.

Zweifellos ist Ressourcenschonung eine sinnvolle Maßnahme. Aber um jeden Preis? Das schöne Sprichwort „Manch einer sucht einen Pfennig und verbrennt dabei zehn Lichter" beschreibt das Problem. Die Psychopathologie der Verpackungsordnung wird klar, wenn man sich vorstellt, jemand würde Raketen ins Weltall schicken, um abgebrannte Raketenstufen wieder einzusammeln. Dass dies eine Schnapsidee ist, sollte einleuchten, denn zum Einsammeln des Weltraummülls werden mehr Ressourcen verbraucht, als an „Wertstoff" zurückgewonnen wird. Der Grund ist die *Entropie* (zweiter Hauptsatz der Thermodynamik). Sie besagt nichts anderes, als dass zur Umkehrung eines Vorgangs (Recycling) immer *mehr* Stoff oder Energie benötigt wird als zur ursprünglichen Herstellung des Gegenstands.[115]

Theo Müller, der Inhaber der Molkerei Müller-Milch, scheint das zu verstehen: „Die Verpackungsverordnung ist potenzierter Unsinn ... Es ist die Suche nach einer Neuauflage des bereits vor Jahrhunderten gescheiterten Perpetuum mobile im Zuge der Entwicklung der Kreislaufwirtschaft." Würde es wirklich um die Umwelt gehen, hätte man dem Molkereibesitzer erlaubt, Verpackungsmüll zur Gewinnung von Prozesswärme zu verbrennen. Weil aber Vernunft im teutonischen Ökowahn der allerletzte Buchungsposten ist, wurde ihm die beantragte Müllverbrennungsanlage nicht genehmigt.[116]

Zu Recht macht sich der Journalist Müller-Ullrich über den Biomüll lustig:[117] „Der häusliche Komposthaufen, früher ein harmloses

Steckenpferd von Hobbygärtnern, dringt mit Bakterien, Pilzen und Gewürm bis in die Dielen bürgerlicher Stadtwohnungen vor. Dort hat man sich gerade angewöhnt, die Mottenschwärme, die dem Müslivorrat im Küchenschrank entsteigen, als Zeichen besonderer Naturverbundenheit zu achten. Jetzt hält in den urbanen Vierteln eine ultimative Parodie aufs Landleben Einzug – eben die besagte Biotonne. Auf den Straßen, vor den Häusern gärt und fault und modert es ... wie während des Streiks der Müllabfuhr."

Da sich der moderne Homo sapiens sapiens bekanntlich alles einschwätzen lässt, konnte sich in der hessischen Landeshauptstadt 1998 eine grüne Umweltdezernentin ein besonders schrulliges Ökodenkmal setzen.[n] Zuerst flatterte den Bürgern eine Broschüre ins Haus, worin ausdrücklich darauf hingewiesen wurde, die Einführung der „nachhaltigen" Biotonnen[o] würde keine höheren Gebühren verursachen.[120] Wie eigentlich? Immerhin sind seit Einführung der Biotonnen-Eselei in der Landeshauptstadt täglich 24 Müllwerker mit Spezialfahrzeugen unterwegs, um jeden der rund 23.000 nachhaltigen Duftkübel zu leeren.[118]

Die Wiesbadener Stadtkämmerin informiert: „Bei planmäßiger Verwirklichung der Bioabfallsammlung (würden) ab 1998 enorme Folgekosten von laufend jährlich mehr als vier Millionen Mark entstehen."[119] Solche Feinheiten wurden den Bürgern vorenthalten.[124] Lieber teilte man ihnen mit, sie müssten mit einer 59,8-prozentigen Erhöhung der Müllgebühren ab l. Januar 1998 rechnen. Das Sahnehäubchen war die Begründung: Die höheren Müllgebühren seien notwendig, weil durch die zurückgegangenen Müllmengen ein' Defizit entstanden sei.[120,121] Somit zahlt der Bürger dank der Töpfer'schen Verpackungsverordnung erst für den grünen Punkt (gelber Sack) und dann noch einmal, weil dadurch zu wenig Müll anfällt.

---

[n] Als Verkehrsdezernentin war die Frau auch für die Erneuerung der Fußgängerzone zuständig. Im Laufe der Jahre war der alte Plattenbelag zu einem unansehnlichen Kaugummi- und Kippengrab geworden. Als die Auswahl des neuen Pflasters anstand, entschied sich die grüne Verkehrsdezernentin für einen schrill-schrulligen Belag, der von der Fabrik aus schon mit Kaugummiflecken versehen war. Mehr Gaga geht kaum.

[o] Die Biotonne verdankt das Land der ehemaligen Umweltministerin Angela Merkel.

Es kommt noch besser. Weil kompostierbarer Abfall von der EU als Wirtschaftsgut (!)betrachtet wird, mussten für die Verarbeitung der 950 Tonnen Abfälle aus Wiesbadener Küchen und Gärten europaweit Angebote eingeholt werden. 1999 kostete die Wiesbadener Kompostierung 207,83 DM pro Tonne. Ein Anbieter in Thüringen tat es für weniger als die Hälfte.[122] Daraufhin karrte man den Abfall der Landeshauptstadt ins 223 Kilometer entfernte Misserode – natürlich nicht mit der Bahn, sondern über Deutschlands staugeplagte vier- bis sechsspurige Lagerhalle.[118] Dabei bläst ein Lkw jedes Mal 670 Kilogramm CO_2 ab.[123] Bei jährlich 1470 Fahrten (im Winter nur 14-tägig) wurde die Atmosphäre im Dienst des Wiesbadener Biomülls mit rund 1000 Tonnen CO_2 zusätzlich angereichert. Nicht in der Rechnung enthalten sind die Fahrten innerhalb der Stadt zum Einsammeln des nachhaltigen madenbesiedelten „Wertstoffs".

Was ist der kompostierte Bioabfall wert? Kompostproduzenten gaben 1999 als Herstellungskosten rund 190 DM pro Tonne an. Da Mineraldünger wesentlich günstiger ist, konnten über 50 % der Betriebe ihre Produktionskosten durch die Verkaufspreise nicht einspielen. Nur 11 % machten Gewinn.[125]

Stolz verkündete das DSD, 2001 seien in Deutschland durch das Recyceln von Leichtverpackungen 400.000 Tonnen CO_2 eingespart worden.[126] Franz Heistermann, der Direktor des Bundeskartellamts, rechnet vor, dass der Bürger – wer denn sonst? – hierfür je Tonne 3000 Euro gezahlt hat.[127] Die 400.000 Tonnen machen, nebenbei bemerkt, gerade einmal 1 % des von den Bundesbürgern ausgeatmeten CO_2 aus.[p]

Allein für die Reinigung der Containerstellplätze sowie für die Information der Bürger über die Getrenntsammlung gab Deutschland 2003 so viel aus wie Großbritannien für die gesamte Verpackungsentsorgung.[127]

[p] Das Atmungs-CO_2 ist keineswegs „klimaneutral". Unsere Lebensmittel haben vielmehr einen riesigen ökologischen Rucksack, weil zu ihrer Herstellung große Mengen fossiler Energie verheizt werden. Oder essen Sie ihre Brötchen ungebacken und das Fleisch roh?

2002 sammelte das „Duale System Deutschland“ (DSD) 4,9 Millionen Tonnen „Wertstoff“ ein. 0,57 Millionen Tonnen davon waren Kunststoffe. Um die wird das meiste Ökogedöns gemacht. Da ist es schon einmal ganz hilfreich zu wissen, dass von dem in Deutschland verbrauchten Erdöl nur ganze 6 % zu polymeren Werkstoffen (Kunststoffen) verarbeitet werden. Sind das alles Joghurtbecher und sonstiges Verpackungsmaterial? Nein, lediglich 27 % davon fanden als Verpackungsmaterial Verwendung.[128] Die restlichen 73 % waren technische Kunststoffe (Bau, Elektroartikel, Möbel, Automobilbau usw.). Somit wandelten sich lediglich *1,6 %* der Erdöleinfuhren in Joghurtbecher, Frischhaltefolien, Fleischsalattöpfe und Ähnliches. Nun könnte man auf die Idee kommen, den Kunststoff zu Dieselöl zu wandeln, um Müllautos damit. zu betreiben. Das geht. Nur ist der Aufwand so immens, dass 2003 ein aus Altkunststoffen gewonnener Liter Diesel fünf Euro kosten würde.[129]

Das Trittin‘sche Dosenpfand von 2003 ist blanke Blasphemie, denn die stoffliche Verwertung von Abfällen nach dem Kreislaufwirtschaftsgesetz war von Anfang an ein Irrweg. Weshalb beschränkt man die Mülltrennung nicht auf zentrale Sammelstellen für Glas, Papier, moderne Batterien und Akkus und verbrennt den Restmüll schlicht und einfach? Das Zeug gehört ungetrennt in den Ofen, denn der Heizwert unseres Hausmülls beträgt bis zu 18.000 Kilojoule pro Kilogramm.[130] Jener der Töpfer‘schen Verordnung dürfte noch höher sein, weil sie aus Papier besteht. Aus der Asche der Müllverbrennung können die wertvollen Elemente mit ähnlichen metallurgischen Methoden gewonnen werden, wie man sie bei der Gewinnung aus Erzen anwendet.

DAS OZONLOCH – GEHT‘S IHM BESSER

Die vollkommen unbrennbaren und ungiftigen Fluorkohlenwasserstoffe (FCKW) wurden als ideale Spraydosentreibgase, Kühlmittel und Kunststoffschäumer seit den Dreißigerjahren produziert. Wegen der guten Eigenschaften hatte man bis zum Montreal-Abkommen (in Kraft getreten 1989) jährlich eine Million Tonnen der Chemikalien hergestellt.[132]

1974 berichteten die Forscher Rowland und Molina erstmals über ihre Hypothese, bestimmte FCKW (zum Beispiel $CFCl_3$) und andere Chlorverbindungen könnten stratosphärisches Ozon (O_3) abbauen, das die schädliche UV-Strahlung vom Erdboden fern hält, Der chemische Reaktionsmechanismus des Ozonabbaus ist eine gesicherte Erkenntnis und lautet stark vereinfacht:[131,133]

$$CFCl_3 + \text{UV-Strahlung} \longrightarrow CFCl_2 + Cl$$
$$Cl + O_3 \longrightarrow ClO + O_2$$

Hilfe, Chemie, Buchstabensalat – unverständlich! Ist ja gut, ich höre schon auf.

Zur Sache: Obwohl Bodenstationen zwischen 1955 und 1985 keine Minderung der atmosphärischen Ozongesamtmenge gemessen hatten, zeigten Satellitenbeobachtungen, dass das Ozon abnahm.[134] Die Messungen ergaben eine Minderung von 250 Dobson (1970) auf 90 Dobson (1995).[q] [135]

1995 erhielten Paul Crutzen, Marie Molino und F. Sherwood Rowland den Nobelpreis – die beiden Letztgenannten für die Chemie und Messung des Ozonabbaus, während Crutzen der erste Laureat war, der den Nobelpreis für eine *Computermodellierung* bekam.[136] Konnte man den Ozonspiegel auch schon zur Zeit Goethes messen? Nein, dieses Problem löste Paul Crutzen in seinem Computermodell, indem er die Ozonmischungsverhältnisse in *vorindustrieller* Zeit und für das Jahr 1985 berechnete. Und siehe da, seine Modellierung für 1985 stimmte exakt mit den Messungen überein. Dies war der Beweis.

Unbelehrbare Starrköpfe, die meinten, das Ozonloch sei ein seit Urzeiten auftretendes Naturphänomen, wurden von Crutzen be-

[q] Dobson (Db) ist die Einheit für die Ozonmenge in der Lufthülle. Ein Dobson entspricht einer 0,001 Zentimeter dicken Schicht reinen Ozons bei null Grad Celsius und einem Druck von einem bar.

lehrt: „Das Ozonloch hat es *nicht* schon immer gegeben."[137] Vielmehr handle es sich um eine periodisch im antarktischen Frühling auftretende Zerstörung des Ozons in der unteren Stratosphäre durch Chlor- und Bromverbindungen.[138]

Schade, dass sich der stratosphärische Ozongehalt zu Goethes Zeiten nicht mehr messen lässt, sondern nur „modellieren" – vom Ökoerzengel St. Modellus. Dafür existieren aber ein paar Veröffentlichungen aus der Zeit um 1930, die Erstaunliches offenbaren. Damals wollte man die „Lichtemission" – die Spektren – weit entfernter Sterne messen. Zum Ärger der Forscher gelang dies nicht im UV-Bereich unterhalb von 300 Nanometern (sichtbares Licht geht von 400 bis 800 Nanometern), weil das Ozon in diesem Wellenlängenbereich alle einfallende Strahlung absorbiert. Da machte Günther Cario von der Princeton Universität (1928!) den Vorschlag, man möge im arktischen Winter messen, dann wäre mit einer Ozonausdünnung von 4000 Kilometern Durchmesser über der Arktis zu rechnen.[139] Zunächst konnte Carios Vermutung nicht bestätigt werden, weil man zur falschen Zeit gemessen hatte.[140,141] Als man dann die Messungen wiederholte und die jahreszeitlichen Schwankungen verglich, wurde um 1935 Carios Vermutung[r] über das Ozonloch bestätigt.[142]

Neben FCKW gilt Methylbromid (CH_3Br)[s] als reine Ozonlochbombe.[143] Methylchlorid (CH_3Cl), von dem die Natur jährlich fünf Millionen Tonnen produziert (Industrie: 30.000 Tonnen), soll das Ozon dagegen in Ruhe lassen, weil es bereits in Bodennähe durch so genannte OH-Radikale zerstört würde.[144] Ob es sich so verhält, darüber entscheidet die Bindungsstärke. Ein einschlägiges Lehrbuch informiert: Methylbromid wird in Erdbodennähe 1,2-mal leichter zerstört als Methylchlorid.[145] Dennoch soll es in die Stratosphäre gelangen und das Ozon vernichten. Merkwürdig.

---

[r] Leider konnte man damals nur im Polarkreis und nicht am Nordpol oder noch besser am Südpol messen. Die Ergebnisse wären noch bedeutender.

[s] CH_3Br ist je nach geografischer Lage zu 35 bis 80 % natürlichen Ursprungs und wurde in der Landwirtschaft als Begasungsmittel eingesetzt, Anwendungsverbot ab 2005.

1999 frohlockte die Ozongemeinde, das Schreckensloch würde kleiner, weil das FCKW-Verbot langsam Wirkung zeige.[146] 2000 gab es plötzlich einen Rekord, und man erfuhr, erst in drei bis vier Jahren sollten sich die Reduktionsmaßnahmen auswirken.[146] 2002 fiel das Ozonloch über der Arktis tatsächlich ungewöhnlich klein aus.[148] Dann, 2003, ließ es das Ozonloch mal wieder richtig krachen. Es war das zweitgrößte, das jemals gemessen wurde. Geschickt identifizierten „Modellierer" inzwischen den anthropogenen Klimawandel als Ursache.[149] Dieses verdammte Ozonloch, es ignoriert einfach die Ergebnisse von Computermodellierungen, denn 33 Jahre nach dem Montreal-Abkommen wurde 2020 wieder eines der größten Ozonlöcher seit 15 Jahren über der Antarktis gemessen.[157]

PYRETHROIDE – INSEKTIZIDE DES SCHRECKENS

Infolge des DDT-Verbots wurde nach Ersatzstoffen gesucht. Und man wurde fündig. Seit dem Altertum ist bekannt, dass Chrysanthemenblüten eine insektizide Wirkung besitzen. Deshalb gewinnt man daraus das natürliche Insektizid Pyrethrum (LD_{50} = 584 bis 900 Milligramm pro Kilogramm). Um die Wirkung dem Bedarf anzupassen, wandelte man die Struktur des Naturstoffes ab und erhielt die Pyrethroide. Zu nennen wären das toxischere Deltamethrin (LD_{50} zirka 130 Milligramm pro Kilogramm] und das wesentlich weniger giftige Permethrin (LD_{50} = 4000 Milligramm pro Kilogramm). Sowohl der Naturstoff als auch die synthetischen Kontaktgifte blockieren die spannungsabhängigen Natriumkanäle in den Nervenmembranen und töten dadurch alle Insekten – auch die Nützlinge.

In China vergifteten sich Ende der Achtzigerjahre Arbeiter und Arbeiterinnen, als sie Pyrethroide gegen den Wind spritzten, in der durch Spritzlösung durchnässten Kleidung tagelang schliefen, die Düsen der Arbeitsgeräte mit dem Mund säuberten und dazu ihren Reis in den Ansatzbehältern der Insektizidlösungen kochten. Es kam zu erheblichen Intoxikationen, von denen keine tödlich verlief und alle nach kurzer Zeit vollkommen ausheilten. Nach dem Bericht der behandelnden Ärztin Professor He brachten die Frauen später ganz normale, gesunde Kinder zur Welt.[150,151]

Die amerikanische Armee fürchtet bei Tropeneinsätzen von der Anophelesmücke übertragene Naturstoffe (zum Beispiel *Plasmodium malariae*) und imprägniert deshalb die Leibwäsche und Uniformen der Soldaten mit 125 Milligramm Permethrin pro Quadratmeter. Zur Risikoabklärung trugen 184 Freiwillige 21 Tage ein Pflaster, das mit einer 40-prozentigen Permethrinlösung getränkt war. Es ergaben sich keinerlei Erkrankungen. Wenn sie sich eine Milbenkrätze zugezogen haben, werden die Soldaten im Einsatz mit einer fünfprozentigen Permethrinsalbe behandelt. Auch hier kommt es bestenfalls zu einem leichten Kribbeln.[152] Das ist alles.

Da der Kot (Naturstoff) der Hausstaubmilben für kräftige Allergien sorgt, imprägniert man Wollteppichböden mit 150 Milligramm Permethrin pro Quadratmeter. Dadurch gelangen 2,6 Tonnen des Insektizids in Wohnungen und öffentliche Gebäude. Es wäre ein Wunder, hätte die Ökoquisition nicht ein Hysteriesüppchen daraus gekocht. „Nervengift aus dem Teppich“, schrieb ein Wissenschaftsmagazin.[153] Ein zutiefst verängstigter Umweltmediziner warnte: „Was wir bisher über die Wirkung der Chemie auf die Menschen wissen, ist erst die Spitze eines Eisbergs“, und empfahl die Rückkehr zur Mückenklatsche.[154]

Unbestrittene Verdienste für die Ökoquisition erwarb sich der Münchner Mediziner Professor Müller-Mohnssen. Er vermutete irreversible Nervenschäden, wenn Teppichböden die Raumluft mit 0,01 Mikrogramm pro Kubikmeter (0,000.01 Milligramm pro Kubikmeter) „belasten“. Seine „Beweise“ waren Selbstauskünfte der Patienten auf Fragebögen, die ihre langjährigen Beschwerden auf Raumluftbelastungen zurückführten. Dem stehen Untersuchungen von Arbeitnehmern in der Permethrinproduktion gegenüber, die trotz hoher Belastung keinerlei Erkrankungssymptome aufwiesen.[151] Wegen des erheblichen Radaus der veröffentlichenden Angsttrompeter kam es zu einer Anhörung, in welcher Müller-Mohnssen seine These vortrug.

Professor Zilker von der II. Med. Klinik (München) hielt ihm danach vor:[155] „Die Symptomatik, die Sie schildern, hat überhaupt nichts mit den Pyrethroiden zu tun. Das haben wir heute früh schon öfter dargestellt: Das sind Hautsymptome, Augensymptome, respiratorische Symptome und gewisse neurologische Symptome, aber nur, wie wir sie in der Arbeit von Frau He[151] gesehen haben, in Extremfällen. Alle diese Schwervergifteten haben sich wieder normalisiert. Was in mein Toxikologengehirn nicht reingeht: Wie kann eine Vergiftung im Niedrigstdosisbereich auftreten, wenn eine Vergiftung im Höchstdosisbereich folgenlos ausheilt?"

Professor Mayer (Berufsgenossenschaftliche Unfallklinik, Tübingen) äußerte sich etwas deutlicher:[156] „Herr Müller-Mohnssen, nachdem Sie hier in der Öffentlichkeit – bei einer öffentlichen Anhörung – noch einmal Ihre Thesen vorbringen, muss ich dann doch noch einmal Stellung nehmen. Neurologisch ist das, was Sie hier bringen, überhaupt nicht nachvollziehbar, das ist schlicht und einfach Unsinn ... Der von Ihnen postulierte Zusammenhang zwischen einer Pyrethroidintoxikation oder auch chronischer Exposition gegenüber Pyrethroiden und neurologisch-psychiatrischen Erkrankungsstörungen ist ja überhaupt nicht erwiesen. Ich behaupte nicht, dass dem nicht so sein kann. Aber mit diesen Untersuchungen und diesen bildhaft anschaulichen Darstellungen – entschuldigen Sie –, das ist pseudowissenschaftlich, da kann kein Mensch was mit anfangen. Die beweisen das überhaupt nicht. Das verunsichert nur ..."

Doch der ehemalige Umweltminister Trittin konnte damit etwas anfangen. In seiner Broschüre zum neuen EU-Chemikalienrecht (REACH) behauptet er:[161] „Pyrethroide gasen aus und können die Nerven schädigen." Obwohl Herr Trittin von den naturwissenschaftlichen Grundlagen des Umweltschutzes so viel versteht wie die Kuh vom Segelfliegen, wird er in einschlägigen Kirchenblättchen des Ökologismus und in Öko-Andachtssendungen als Experte bejubelt.

10. Nachhaltigkeits-Fieberträume im Klimagas-Treibhaus

Nachdem die NATO in den Siebzigerjahren ihre Ökopflicht getan hatte, übernahm die UNO das Weltuntergangsgeschäft. Hierzu wurde die Unterorganisation *UNEP* (United Nations Environment Programme) gegründet. Die UNEP wiederum kooperiert mit der *WMO* (World Meteorological Organisation), aus der 1988 der *IPCC* (Intergovernmental Panel on Climate Change) hervorging. Alle genannten UNO-Organisationen betreiben das Klimaschrullengeschäft mit höchster Professionalität, wobei sie sich dem Schutzheiligen Sankt Modellus anempfehlen.[1] Die Hauptaufgabe der Ökomusikmacher besteht in der Intonation von Endzeitsingsang, mit dem so genannte „Policy Maker" ihre Untertanen in Panik versetzen können. Da gleichzeitig politisches Handeln selbstherrlicher „Policy Maker" niemals falsch sein kann, nein darf, wachen WMO und IPCC als obere Ökoquisitionsbehörden mit ähnlichem Eifer über die Lehre vom klimaverändernden anthropogenen Treibhauseffekt wie seinerzeit die Inquisition über die Lehre vom Maleficium.

Bereits im Protokoll zu Nixons Umweltinitiative von 1969 begeisterte man sich für die Klimakatastrophe:[2] „Die Atemluft des Menschen wird durch etwa zwölf Milliarden Tonnen Kohlendioxid verseucht, die jedes Jahr von unserer Industriegesellschaft freigesetzt werden. Etwa die Hälfte dieser Menge bleibt permanent in der Luft ... Kohlendioxid ist normalerweise ein integrierender Bestandteil der Regenerationsprozesse unseres Planeten, aber einige Wissenschaftler erklären, dass das Klima der Erde durch einen enorm hohen Kohlendioxidanteil der Luft in bedeutsamer Weise verändert werden könnte." Die Formulierung „einige Wissenschaftler" ist bemerkenswert. Obwohl an dem Buch *Verdammter Friede* (siehe Kapitel 2) wahrscheinlich nichts dran ist, wurden offenbar im Vorfeld zu Nixons NATO-Initiative alle Noten zusammengekehrt, damit Angsttrompetern die Melodien nicht ausgehen.

Sind das wirklich zwölf Milliarden Tonnen CO_2, die durch die Verbrennung fossiler Energieträger in die Atmosphäre gelangen? Bereits 20 Jahre nach Nixons Initiative wird nur noch von fünf Milliarden Tonnen CO_2 fabuliert.[3] Diese fünf Milliarden Tonnen sind nicht mehr als *2,5 %* des Kohlendioxids, das jedes Jahr bereits zu Goethes Zeiten und davor durch Verwesung (50 Milliarden Tonnen), Pflanzenatmung[a] (50 Milliarden Tonnen) und Diffusion aus dem Meerwasser (100 Milliarden Tonnen) in die Atmosphäre gelangt.[3] Im Klartext: *97,5 % des atmosphärischen CO_2 sind natürlichen Ursprungs!* Außerdem weiß man von 2 bis 5 Milliarden Tonnen CO_2 nicht, wohin es jährlich verschwindet.[4]

Wie heißt es auf Bayerisch so schön? „Nichts Genaues weiß man nicht". Weil dem so ist, lebt die Klimaforschergemeinde vom manipulierenden Wohlwollen der veröffentlichenden Meinungsmacher, von der Ökologismusgläubigkeit des Politapparats, von der Anbetung der Heiligen Sankt Korrelatius und Sankt Modellus – sowie von *Konsensbeschlüssen*. Der Nobelpreisträger für Chemie, Kary Mullis, brachte es auf den Punkt:[5]

„Wenn 99 % aller Forscher einer Meinung sind, ist sie mit großer Wahrscheinlichkeit falsch."

Tatsächlich ist das Basiskonzept der politisch gehätschelten Klimaforschung unter Naturwissenschaftlern keineswegs so unumstritten, wie es von Ökosprechtüten rausgetrötet wird.[b] Im „Heidelberger Appell"[6] zur Rio-Konferenz von 1992 protestieren über

---

[a] Es ist weniger bekannt, aber Pflanzen emittieren nicht nur O_2, sondern auch CO_2.

[b] Daran ändern auch die heißen Dürrejahre 2018 und 2022 nichts, denn solche Trockenjahre sind keine Singularität! Sie beruhen mit höherer Wahrscheinlichkeit als die Ergebnisse der Computermodellierung auf ganz natürlichen Ursachen.

4000 Wissenschaftler und Intellektuelle gegen den ideologischen Missbrauch des Forschungsbetriebs, „der auf pseudowissenschaftlichen Argumenten, auf falschen oder unrelevanten Daten beruht". Darunter befinden sich 72 Nobelpreisträger, von denen etliche Physiker sind, die sehr wohl etwas von den Grundprinzipien des Treibhauseffekts verstehen und abschätzen können, was der Klimazweig der Ökoquisition da ausgeköchelt hat.

AUF GRASSLMANN-X GEHT DIE ÖKOPOST AB

Den Bewohnern von Graßlmann-X, einem Planeten, den man magische 68 Jahre nach Kyoto in der Nähe einer *erkalteten* Sonne im Sternbild Aquarius entdeckte, ist der Heidelberger Appell vollkommen unbekannt. Dort herrscht Endzeit – das „Age of Aquarius" -, dem die regierende psychedelische Minderheit seit 1968 entgegenfiebert. Die Aquarianer, wie sie offiziell heißen, besitzen eine Pupille, in der sich ständig eine Spirale dreht – lustig anzuschauen – und sie haben eine gekrümmte Antenne auf dem Kopf, über die sie fortwährend die neuesten Klimabotschaften der Apokalypsotrommler empfangen. Wenn sie erfahren, dass wieder ein paar der Verderben bringenden, glühend heißen Treibhausgasmoleküle vermieden oder gar eingefangen wurden, verfallen sie in possierliche Verzückungen und preisen den Suffizienzgott.

Weil sie sich so vorbildlich und allzeit betroffen verhalten, hat man ihnen auch den Namen Gutgraßlmannianer gegeben. Zur Demonstration ihrer Verbundenheit mit der Natur tragen sie luftige, chemiefreie Hightech-Jutekleidung und fahren auf Inlineskatern über ihre einstigen Autobahnen. Manche haben einen Rucksack mit Stoßdämpfern am Rücken, in dem sie ihren zur Rentensicherung in die Welt gesetzten Nachwuchs transportieren. An sich mögen Gutgraßlmannianer zwar Babys, aber keine Kinder, weshalb sie Letztere nicht mehr erziehen. Das überlassen sie Lehrern, denen sie aber gleichzeitig alle Erziehungsmöglichkeiten genommen haben. Deshalb geht es lustig zu in den Klassenzimmern auf Graßlmann-X.

Die Hitze ist unerträglich. Mit unbarmherziger Energie strahlen die Treibhausgase auf die Bewohner des Planeten nieder, die sich mühsam durch die Schluchten ihrer Hyperstädte schleppen. Obwohl die Regierenden aus volkspädagogischen Gründen den IPGG (Intergovernmental Panel on Greenhouse Gases) einrichteten, mochte zunächst niemand glauben, dass die Wärme nicht von der Sonne ausgeht, sondern von dem unerschöpflichen eigenständigen Strahlungsenergiequell der atmosphärischen Treibhausgase. Sie erwärmen die Oberfläche von Graßlmann-X und bringen die Meere auf eine Durchschnittstemperatur von 30 Grad Celsius. Ihrem größten Ozean haben die Graßlmannianer den Namen *Unsinn* gegeben. Sammeln sich über diesem besonders viele Treibhausgase, werden hier und da sogar gekochte Fische von einem Hurrikan an Land geworfen, während an anderer Stelle Inseln in den steigenden Fluten des Unsinns verschwinden.

Nun wissen die Bewohner von Graßlmann-X aus bitterer Erfahrung: Zur Erwärmung des Planeten bedarf es keinerlei Sonneneinstrahlung. Dies haben führende Wissenschaftler des IPGG durch „Modellierung“ und Mehrheitsbeschluss schon vor Jahren bewiesen. Schwankungen der kosmischen Strahlung und Vorgänge auf der Sonne sind genauso unbeachtlich wie die Abschirmung der Sonneneinstrahlung durch Wolken – ausschließlich Treibhausgase heizen die Atmosphäre auf.

Wenn wenig CO_2 vorhanden ist, kommt es deshalb zu einer Eiszeit. In der Vergangenheit erfroren viele Graßlmannianer, bis auf die Cleveren, die sich als Energievorrat einige Plastiksäcke mit Kohlendioxidgas in den Keller legten. Am Ende einer Eiszeit brechen auf Graßlmann-X Vulkane aus und schleudern riesige Mengen des Strahlungsenergieträgers CO_2 in die Atmosphäre. Der tief zugefrorene Unsinn taut wieder auf, und größere Mengen Wasserdampf verdunsten unter CO_2-Einwirkung. Der Wasserdampf kondensiert zu Wolken, die den Planeten noch stärker erwärmen. Nach einiger Zeit stellen sich Regenfluten ein und waschen den Energieträger CO_2 wieder aus der Atmosphäre. Der Kreis schließt sich, und eine neue Eiszeit beginnt.

Besonders heftig werden diese Fluten, wenn volkspädagogisch schwer erziehbare Graßlmannianer gesündigt haben – etwa durch Benutzung eines CO_2-emittierenden Fahrzeugs.

Die Exekutoren, wie man die Umweltminister auf Graßlmann-X wegen ihrer Wirtschaftskompetenz nennt, haben verstanden und ihre Bewohner zur Nachhaltigkeit abgerichtet.

Dabei muss man wissen, dass Nachhaltigkeit eine Variante des Sozialismus ist. Der echte *Sozialismus schafft Mangel* durch Demotivieren der Leistungsträger und verwaltet ihn dann planwirtschaftlich. Im Gegensatz hierzu verwaltet *Nachhaltigkeit vorgefundenen Mangel*, verursacht durch zu viele Bedürfnisträger, und verwaltet diesen dann planwirtschaftlich. Brav apportieren die Bewohner von Graßlmann-X das Ökostöckchen und trennen den Müll. Besondere Anstrengungen macht die kleine Provinz mit dem unaussprechlichen Namen Dnalhcsteud.

Schon seit Jahren plagten sich dessen Bewohner mit der Erbsünde, wonach gerade sie an allem Elend auf Graßlmann-X schuld seien. Freudig verschenken sie wegen der Nachhaltigkeit einen Großteil ihres Einkommens, damit Windmühlchen zur Abkühlung der Planetenoberfläche aufgestellt werden. Ihr nachhaltiger Umweltminister von der Partei der „Schrill-Schrulligen" hatte sich sogar für den Handel mit Kältelizenzen stark gemacht. Damit hatte er durchschlagenden Erfolg. Seit in Dnalhcsteud vor einigen Jahren das Geld ausging, wurde es wenigstens wirtschaftlich kühler.

Die Bewohner des Landes sind Meister im Bau kleiner Windanlagen, die mit ihren Diskoeffekten vor jedem Fenster für Unterhaltung sorgen. Bereits 2003 standen in Dnalhcsteud 14.300 Windenergieanlagen mit insgesamt 12.800 Megawatt Leistung, die beeindruckende 0,03 % vom Gesamtenergieverbrauch ausmachten – wenn der Wind wehte. Wegen des possierlichen Beitrags der Kleinwindanlagen nennt man die Bewohner von Dnalhcsteud auch die Kleiwians. Und wenn sie nicht aufgrund industrieller Schwindsucht ausgestorben sind, so lebt der nachhaltige Stamm der Kleiwians noch in 1000 Jahren und erfreut sich der kühlenden Windmühlchen.

Aber, o weh, 2022 heizten dem Narrativ gemäß im Sommer Treibhausgase den Planeten unerträglich auf. Da stellte vor dem Winter ein böser Nachbar das Heizgas ab. Nein, nicht CO_2, sondern Erdgas. Verzweifelt schüttelten im Dezember viele Bewohner Plastiksäcke mit Kohlendioxidgas im Wohnzimmer aus. Aber CO_2, machte die Wohnstuben partout nicht warm. Wer hätte das gedacht?

DIE BETREIBER DER KLIMAHYSTERIE

Vor ca. 45 Jahren erlangte Kernkraft in der BRD die Sympathiewerte von Fußpilz. Jeder, der sich für intelligent hielt, protestierte dagegen, zumal die Medien, allen voran Klaus Bednarz mit seiner investigativen Sendung *Monitor* im WDR, die *Frankfurter Rundschau, der Spiegel* – kurz, die ganze Journaille –, die Munition im Kampf gegen Kernenergie frei Haus lieferten. Atomkraftgegner benötigten keinerlei eigenen geistigen Input, nachplappern reichte vollkommen, um beispielsweise gegen das geplante Atommüll-Endlager in Gorleben zu sein. Unter Protestgekeuche erlangten Atomkraftgegner kämpferisch-engagiert am 3.5.1980 einen kollektiven Höhepunkt mit der Errichtung der „Freien Republik Wendland" – ein versifftes Feldlager mit Bewohnern gleicher Art. Die Atomkraftindustrie war höchst alarmiert und suchte kompetente Befürworter, die den medialen Öko-Sprechtüten Paroli bieten konnten. In dem Meteorologen Hermann Flohn wurde man fündig. 1980 veröffentlichte er einen viel beachteten Aufsatz mit dem Titel *„CO_2-induzierte Warmzeit gefährlicher als Kernenergie"*.[193] Es blieb nicht dabei. Neben Hermann Flohn sind weitere Befürworter der Kernenergie zu nennen, die die Klimakatastrophenorgel drehten. Da wären zunächst die Professoren Klaus Heinloth und Wolf Häfele, nebst der Deutschen Physikalischen Gesellschaft (DPG) und Politikern wie Franz-Josef Strauß. Heute kann man mit Fug und Recht behaupten: Die Klimahysterie wurde von der Kernenergie-Lobby in die Welt gesetzt – oder zumindest stark angefacht.[194,195,196,197,198,202]

KLIMAGASHEIZUNG – GESICHERTE THEORIE ODER HYPOTHESE?

„Difficile est satiram non scribere", dichtete Juvenal vor über 1900 Jahren. Tatsächlich verhält es sich ganz und gar nicht wie auf Graßlmann-X, weil Treibhausgasmoleküle keine eigenständigen Energiequellen und erst recht kein Perpetuum mobile sind. Manchmal kann man sich jedoch des Eindrucks nicht erwehren, dass strenggläubige Politiker und Politikerinnen der intraparlamentarischen Ökokongregation einen solchen Kokolores glauben. Was aber steckt dahinter?

Moleküle stehen nicht still. Vielmehr bewegen sich Luftteilchen bei Raumtemperatur mit einer Geschwindigkeit von 510 Metern pro Sekunde. Dabei kommen sie allerdings nur zirka 0,00001 Zentimeter weit, weil sie *wie* die Fahrzeuge eines Jahrmarkt-Autoscooters ständig mit anderen Molekülen zusammenprallen.

Beim Zusammenstoß geraten die Teilchen ähnlich wie Spiralfedern in Schwingung. Einige wie CO_2, Wasserdampf und Methan geben dann Wärmestrahlung ab.[c] Diese auf dem Planck'schen Strahlungsgesetz beruhende Strahlungsemission geht nach oben, seitwärts und nach unten. Die nach unten gerichtete Wärmestrahlung ist der Treibhauseffekt. Halt, nicht verzweifeln. Es ist doch nur simpelste Naturwissenschaft. Auf den nächsten Seiten muss man sich leider etwas anstrengen, sonst wird man zum Öko-Abnickbürger – dem modernen Homo scientiarum legasthenus! Lassen wir das Gelernte einen Moment absitzen und das Ausrufezeichen abkühlen.

So, jetzt geht's weiter. Wie im Bild 17 gezeigt, emittiert die Erdoberfläche Wärmestrahlung („Surface Radiation"), die von einigen Spurengasen in der Atmosphäre absorbiert wird.[d] Gemäß dem *Kirchhoff*-Strahlungsgesetz emittieren „Treibhausgase" IR-Strah-

---

[c] Man spricht von Infrarotstrahlung, abgekürzt IR-Strahlung. Die Hauptkomponenten der Atmosphäre, Stickstoff und Sauerstoff, sind übrigens hierzu nicht in der Lage.

[d] Gemeint sind die IR-aktiven „Treibhausgase" CO_2, Wasserdampf, Methan und ähnliche.

lung in gleichem Maße, wie sie diese absorbieren. Weil der Treibhaushypothese nach die absorbierte Strahlungsenergie die molekulare Bewegungsenergie (Wärme) *nicht* erhöht[e], ist im Bild 17 nur die *Rückstrahlung* („Back Radiation") der Treibhausgase („Greenhouse Gases") in Höhe von 324 Watt pro Quadratmeter angegeben.

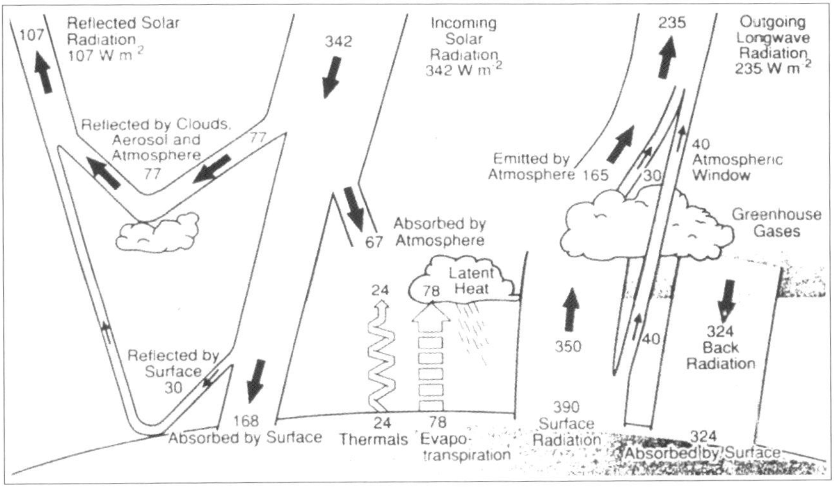

Bild 17: Strahlungsbilanz nach IPCC, Kiehl und Trenberth[7,8]

Von der ankommenden Sonnenstrahlung („Incoming solar Radiation") in Höhe von 342 Watt pro Quadratmeter wird ein Teil reflektiert, so dass nur *235 Watt pro Quadratmeter zur Erdoberfläche* gelangen oder in der Atmosphäre absorbiert werden. Da Energie nach dem Energieerhaltungsgesetz[f] nicht verschwinden und die Erde den Energieaustausch mit dem umgebenden Weltall nur durch Strahlung bewerkstelligen kann, werden die genannten *235 Watt pro Quadratmeter auch wieder als Strahlung emittiert* („Out-

[e] Für Naturwissenschaftler sei angemerkt: In einem Standardlehrbuch der Treibhauszunft wird sogar ausdrücklich darauf hingewiesen, dass sich im Fall der „Thermalisierung" die Luft wegen des Strahlungsenergieverlusts sofort abkühlen würde und damit der Treibhauseffekt zu gering ausfiele.[9]

[f] Um die Segnungen alternativer Energien zu belegen, steht hierzu sicher noch eine Novellierung des Gesetzes durch den Bundestag aus. Momentan klappt das noch nicht, weil es ein Naturgesetz ist.

going Longwave Radiation") (Bild 17). Die Erdoberfläche selbst strahlt 390 Watt pro Quadratmeter ab. Davon werden nur 40 Watt pro Quadratmeter durch die stets „offenen atmosphärischen Strahlungsfenster" als direkte Abstrahlung ins Weltall abgegeben. Das wären nur 10 % der Erdkörperabstrahlung! Betrachtet man die Emissionsspektren, die von Satelliten aufgenommen werden, erscheint dieser 10 %-Betrag viel zu niedrig angesetzt.[10,11] Dies aber muss so sein, sonst verliert der politisch gewünschte Treibhauseffekt seine dominierende Rolle! Schaut man noch etwas genauer hin, dann erfährt man, dass das exakt erscheinende Schema (Bild 17), auf das sich der IPCC ausdrücklich beruft, mit einem Fehler von plus/minus 5 % behaftet ist.[12]

Dass Gase wie CO_2 und Wasserdampf die Erdoberfläche anstrahlen, ist unumstritten. Das tun sie nach dem *Planck'schen Strahlungsgesetz* immer, wenn ihre Temperatur höher als minus 273 Grad Celsius (null Kelvin) ist. Woher die Moleküle ihre „Temperaturenergie" haben, ist für die Treibhaushypothese von untergeordneter Bedeutung. Die Vertreter der offiziellen Lehre gehen davon aus, dass sich die Luft vor allem durch Kontakt mit der Erdoberfläche erwärmt. Im Gegensatz hierzu soll die von der Erde ausgehende Wärmestrahlung die Atmosphäre nicht durch Strahlungsabsorption direkt erwärmen.[g] Zweifel an diesem Postulat sind ein ganz schweres Ökoficium. Dass sich der Klimazweig der Ökoquisition hier irrt, ist seit denVierzigerjahren bekannt und lässt sich durch einfache Experimente belegen.[13, 14, 15]

Gehen wir vorsichtig ein Stückchen weiter. Denn jetzt stellt sich die *theoretische* Frage, wie hoch die Mitteltemperatur des Globus wäre, gäbe es den Treibhauseffekt nicht. Ohne Sonne hätte die Erde die Temperatur der kosmischen Hintergrundstrahlung von minus

[g] Erste Anmerkung für Naturwissenschaftler: Im Bild 17 ist die Absorption auf der linken Seite mit „Absorbed by Atmosphere« gekennzeichnet. Bei der ausgehenden Strahlung („Surface Radiation") wird kein Anteil als „Absorbed by Atmosphere" (Erhöhung der Molekularbewegung) abgezweigt. Vielmehr nimmt man an, die Wärmestrahlung würde nach der Absorption zu 100 % wieder emittiert und so würde sich Schicht für Schicht ausschließlich im Sinne eines Strahlungstransports durch die Atmosphäre ins Weltall „durchhangeln". Dies aber ist ein Strahlungsenergie-Erhaltungssatz, den es bedauerlicherweise nicht gibt!

270,3 Grad Celsius. Die Sonneneinstrahlung allein erwärmt den Erdkörper bereits von minus 270,3 auf minus 18 Grad Celsius.[h] Es ist aber wesentlich wärmer. Nach einem *Konsens*, auf den sich die WMO vor Jahren demokratisch geeinigt hat, beträgt die irdische Mitteltemperatur plus 15 Grad Celsius. Der Angabe liegt eine – äußerst wacklige – Messwertmittelung von 1400 Wetterstationen zugrunde, die knapp 10 % der Erdoberfläche repräsentieren. Darauf basierend, hat man die Zeitspanne von 1931 bis 1960 kühn zur „Klimanormalperiode"[i] erklärt und Abweichungen davon als Klimaänderungen postuliert.[16]

Obwohl die diskutierten Emissions-Absorptions-Vorgänge zwischen Atmosphäre, Erdköper und Sonne durchaus real sind, lässt sich *nicht* beweisen, dass die Anhebung der irdischen Mitteltemperatur von minus 18 auf plus 15 Grad Celsius ausschließlich auf dem Treibhauseffekt beruht! Ein schlüssiges Experiment hierzu existiert nicht, denn „der Treibhauseffekt selbst kann nur berechnet werden", gibt in einer Veröffentlichung Professor Raschke vom Forschungszentrum Geesthacht unumwunden zu.[17] Es kommt noch besser: Die Treibhaushypothese – und damit meine ich die Erwärmung um 33 Grad Celsius durch klimawirksame Spurengase – kann auch nicht falsifiziert werden. Somit müsste sie nach dem Verständnis von Karl Popper eigentlich als Wissenschaftssondermüll entsorgt werden – wenn da nicht die *Politik* wäre, die die Saunaposse für ihr volkspädagogisches Erziehungsexperiment zur „Nachhaltigkeit" benötigt.

DIE BAGATELLE

In meinem ersten ökokritischen Buch beschrieb ich 1997 die Klima-Junkszene unter dem Titel *Die Saunameister*.[18] Die wichtigsten

---

[h] Zweite Anmerkung für Naturwissenschaftler: Man nimmt einen Geometriefaktor von einem Viertel und eine Albedo von 30 % an, sodass 0,25 · 0,7 von 1368 Watt pro Quadratmeter (Solarkonstante) in die Stefan-Boltzmann-Gleichung einzusetzen sind.

[i] Das ist ein ganz faules Konstrukt, weil man dann beispielsweise für die kleine Eiszeit (1400-1750) und in der mittelalterlichen Warmperiode (1100-1300) vollkommen andere „Klimanormalperioden" angeben müsste.

Fakten und Daten zum Kohlenstoffkreislauf, zur anthropogenen CO_2-Emission und zum Einfluss einzelner Klimagase gemäß der IPCC-amtlichen Darstellung wurden von mir genannt. Was ich in der allgemein gelesenen Wissenschaftsliteratur nicht fand, waren *nachvollziehbare* spektroskopische Daten, die etwas über den denkbaren „Sättigungscharakter" des Treibhauseffekts[19] aussagen.[j]

1984 veröffentlichte der bereits genannte Hermann Flohn einen Fachaufsatz über „Das CO_2-Klimaproblem".[20] Ausführlich wurde über den Anstieg des atmosphärischen CO_2 in den letzten Jahren berichtet und dann etwas über noch „recht widerspruchsvolle Ergebnisse der großen Klimamodelle'" geraunt. Wie stark sich die Erdoberfläche und damit die Atmosphäre erwärmen, wird in den „Modellen" durch so genannte Sensitivitätsparameter geregelt. Die aber sind höchst ungewiss und hängen ganz stark von frei *wählbaren* Vorgaben ab, mit denen die Forscher ihre Computer füttern. Und dann findet man in dem Aufsatz eine Grafik, aus der sehr dezent und versteckt hervorgeht, dass der CO_2-Treibhauseffekt weitestgehend gesättigt ist. Leider quantifiziert Flohn diese unbestrittene Tatsache nicht näher. Näheres hierzu war in einer Veröffentlichung des englischen Chemikers Barrett zu finden, worin dieser behauptete, der Treibhauseffekt sei bereits 30 Meter über dem Erdboden im Wesentlichen gesättigt.[21]

Anlässlich einer Autorenlesung traf ich einen alten Studienfreund. Mit am Tisch in der Nachsitzung saß ein promovierter Physiker. Schnell waren wir beim Thema. Dass Treibhausgase Wärmestrahlung nicht nur absorbieren, sondern auch emittieren und damit durch Rückstrahlung den Erdboden erwärmen können, war uns klar. Das ist Stand des Lehrbuchwissens für Naturwissenschaftler.[22,23] Inwieweit der Treibhauseffekt bei heutiger CO_2-Konzentration „gesättigt" ist, das konnte auch der Physiker nicht sagen. Mein

[j] Mit der »Sättigung« ist gemeint, dass der Treibhauseffekt seine maximale Wirkung erreicht hat – also nicht mehr nennenswert gesteigert werden kann. Es verhält sich ähnlich wie mit der Endgeschwindigkeit eines Autos, bei der ein noch so starker Druck aufs Gaspedal keine Beschleunigung mehr ergibt.

Freund bot mir an, in seiner Firma mit einem laborüblichen, so genannten FT-IR-Spektrometer nachmessen zu lassen.

Am Freitag darauf kamen die Spektren mit den entsprechenden Daten – das Wochenende war „gerettet". Ich saß am Schreibtisch und wertete aus.

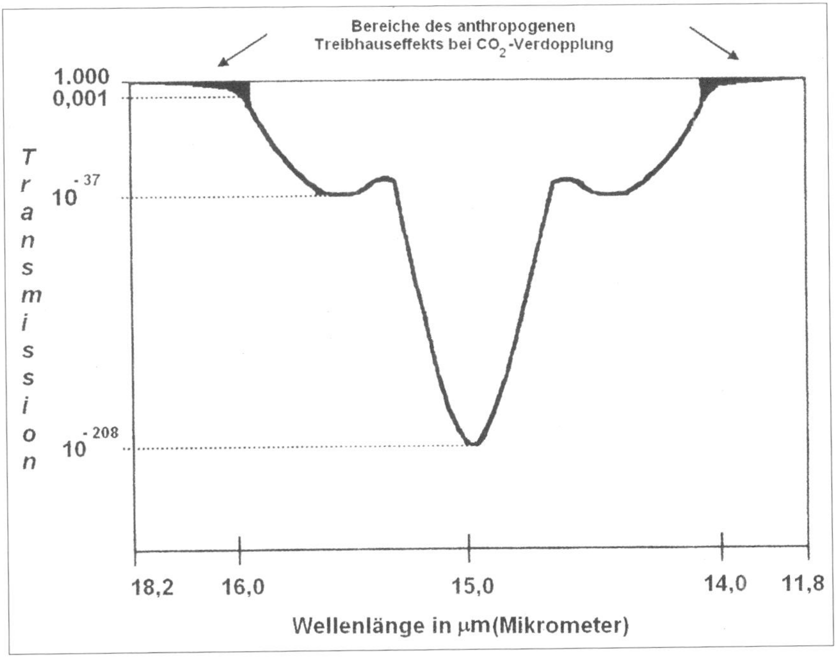

Bild 18: Absorptionsspektrum des CO_2 um 15 Mikrometer in der Luft

Es waren einfache Messungen, dennoch zeigten sie das Wichtigste: Der Treibhauseffekt des CO_2 war bereits unter vorindustriellen Konzentrationen – also zu Goethes Zeiten – weitestgehend gesättigt (Bild 18)!

Zum Verständnis der Grafik ist zu sagen: CO_2 besitzt mehrere „Absorptionsbanden", wobei für den Treibhauseffekt vor allem die 15-Mikrometer-Bande von Bedeutung ist. Das Transmissionsspektrum (Bild 18) gibt die Verhältnisse über eine Wegstrecke vom Erdboden bis in eine Höhe von über zehn Kilometern wieder.

Eine Transmission von T = 1 bedeutet, die Strahlung wird nicht absorbiert, sondern geht zu 100 % durch. Bei $T = 0{,}001$ kommt nur ein Promille der Strahlung am Ende einer bestimmten Wegstrecke an, bei $T = 10^{-208}$ nichts!

Nur die winzigen Eckchen an den Rändern des Transmissionsspektrums (unterhalb von 14 Mikrometern und oberhalb von 16 Mikrometern in Bild 18) könnten noch einen merklichen anthropogenen Treibhauseffekt bringen. Die zugegebenermaßen recht groben Messungen fand ich so interessant, dass ich sie 1998 unter dem Titel „Klimakatastrophe: Ein spektroskopisches Artefakt?" in der *Chemischen Rundschau* veröffentlichte.[24]

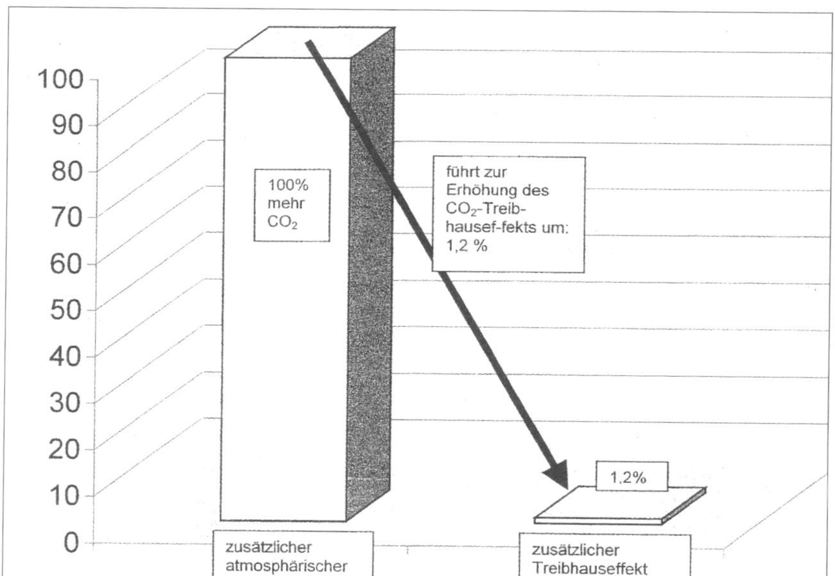

Bild 19: Vergleich des anthropogenen und natürlichen Treibhauseffekts

Weil die Messungen relativ einfach sind, nehmen wir uns jetzt einmal die *offiziellen IPCC-Zahlen* vor. Da kommt auch nicht viel anderes heraus. Gemäß Bild 17 beträgt die atmosphärische Rückstrahlung (Treibhauseffekt) 324 Watt pro Quadratmeter. Für das

„Radiative Forcing" (zusätzliche Rückstrahlung bei Verdopplung des atmosphärischen CO_2-Gehalts) gibt der IPCC 3,7 Watt pro Quadratmeter an.[25] Bild 19 zeigt die Verhältnisse.

Das muss man sich einmal auf der Zunge zergehen lassen. Eine Steigerung des Kohlendioxidgehalts um 100 %(!) bringt nach offiziellen Angaben einen zusätzlichen Treibhauseffekt von schwachbrüstigen 1,2 %. Eine solche Bagatelle soll wegen des Willens von Suffizienzpolitikern die Welt aus den Angeln heben!

Der Sättigungscharakter wird übrigens vom Nobelpreisträger Paul Crutzen ganz unumwunden eingestanden. Er schreibt in einem Lehrbuch:[26] *„Es gibt bereits so viel CO_2 in der Atmosphäre, dass in vielen Spektralbereichen die Aufnahme durch CO_2 fast vollständig ist, und zusätzliches CO_2 spielt keine große Rolle mehr."* Man kann es auch so ausdrücken*; Ein Treibhaus heizt sich bestenfalls geringfügig (Spureneffekt!) stärker auf, wenn man das normale Fensterglas gegen ein zehn Zentimeter dickes Panzerglas austauscht!*

DIE SPUR DER KLIMAERBSÜNDE

Im Bericht von 1994 schreibt das Zentralbüro der Klimahysterie, das IPCC:[27] Weil der CO_2-Gehalt der Atmosphäre schon hinreichend hoch sei, wird gelegentlich behauptet, der Treibhauseffekt sei gesättigt. Und dann wird's spannend. Man bekennt: „In der Mitte des 15-Mikrometer-Absorptionsbereichs hat zusätzliches CO_2 nahezu keinen Effekt ... Aber je mehr CO_2 in die Atmosphäre gelangt, desto stärker wird das Spektrum gesättigt. An den Rändern, wo weniger absorbiert wird, wird es aber immer einen ungesättigten Bereich geben, in dem zusätzliches CO_2 den Treibhauseffekt verstärken kann."[k] Stimmt. Das erinnert aber stark an die katholische Lehre von der Erbsünde. Der Gläubige kann noch so fromm leben, aber eine Restsünde – die Erbsünde – bleibt immer bestehen. Die 1,2 %-

[k] Originalton: „As more and more CO_2 is added to the atmosphere, more of its spectrum will become saturated – but there will always be regions of the spectrum which remain unsaturated and capable of enhancing the greenhouse effect if CO_2 concentrations are increased."

Klimaerbsünde vom ungesättigten CO_2-Absorptionsbereich (siehe Bild 18) beruht auf der so genannten Rotationsquantenzahl. Diese kann Werte von null bis unendlich annehmen, weshalb es immer einen ungesättigten Bereich geben muss.[28,29] Dumm, dass die Absorptions- und auch Emissionseffekte mit steigender Rotationsquantenzahl immer *schwachbrüstiger werden und bei den* atmosphärischen Temperaturen aus physikalischen Gründen überhaupt nicht nennenswert angeregt werden. Deshalb bleibt es beim vernachlässigbaren Spureneffekt – der Petitesse am Rand von Bild 18. Meine kleine Veröffentlichung erregte etwas Aufmerksamkeit. So wurde sie unter anderem im FOCUS und in der Wirtschaftswoche erwähnt.[30,31] Plötzlich zog es im politisch mollig warm geheizten Klimaforscherbiotop. Ein Professor, der an einer rheinischen Universität sein auf Ultraspurenmessung beruhendes Ökoauskommen hat, rief hoch empört bei der Redaktion der Chemischen Rundschau an und wollte einen Widerruf oder zumindest eine Gegendarstellung erreichen. Der Chefredakteur deutete ihm, dass es in der Naturwissenschaft keine absoluten Wahrheiten gebe und er deshalb die Publikation zu Recht angenommen habe. Daraufhin wollte der Herr einen Leserbrief schreiben, der aber niemals einging – auch nach mehrmaliger Aufforderung durch die Redaktion nicht.

Im Oktober 1998 fuhr man schweres Geschütz auf. Forscher des IPCC publizierten in der Chemischen Rundschau eine Gegenveröffentlichung mit dem Titel „Den zusätzlichen Treibhauseffekt gibt es doch!“[32] Ich hatte das nie bestritten, behauptete aber, es sei eine zu vernachlässigende Bagatelle, und stehe noch heute dazu. Die Klimaforscher warfen mir vor, mein zur Messung benutztes Spektrometer sei zu unempfindlich gewesen, weshalb ich den wichtigen Spektralbereich – den des anthropogenen CO_2-Treibhauseffekts – gar nicht hätte erfassen können. Und dann bestätigten die Herren exakt, was ich veröffentlicht hatte. Der interessante Bereich, in dem zusätzliches CO_2 den Treibhauseffekt verstärken kann, liegt in den äußersten Rändern des Spektrums, und zwar zwischen 11,8 und 14,0 Mikrometern sowie zwischen 16,0 und 18,2 Mikrometern. Dieser Bereich ist in der Tat ungesättigt, aber so schwach absorbierend, dass er sich den Möglichkeiten eines normalen, in der chemischen Forschung benutzten FT-IR-Spektrometers entzieht.

Weil es das erste Mal wäre, dass eine politisch diskutierte Ökokatastrophe nicht auf einem ideologiekonformen Spureneffekt beruht, verfasste ich eine Erwiderung mit dem Titel „Zusätzlicher Treibhauseffekt ist ein kleines Peakflankenphänomen".[33,34] (Unter einem Peak versteht man in der chemischen Analytik üblicherweise das gaußkurvenförmige Messsignal.)

DIE WASSERDAMPFVERSTÄRKUNG ODER DAS KATASTROPHEN-NEBELHORN

Rechnet man anhand der üblicherweise geltenden Gesetze nach, so erhöht sich bei CO_2-Verdopplung die irdische Mitteltemperatur um 0,7 Grad Celsius und nicht, wie behauptet wird, um bis zu 5,8 Grad Celsius.[1] Wie kommt der weit überzogene Wert zustande?

Damit die Treibhausschnurre so richtig rund läuft, haben sich die Saunameister einen sophistischen Hattrick ausgedacht. Professor Hinzpeters (Max-Planck-Institut für Meteorologie, Hamburg) beschrieb ihn 1985 in einer Fachzeitschrift:[35] „Obwohl eine Verdopplung der Kohlendioxidkonzentration in der Atmosphäre allein nur eine geringfügige Erhöhung der mittleren bodennahen Temperatur um wenige Zehntelgrade bewirken würde, da die Kohlendioxidbanden auch bei der gegenwärtigen Kohlendioxidkonzentration fast ´opaque´ (opaque = opak = undurchsichtig, vgl. Bild 18) sind und die Verdoppelung nur die von den Flanken der Kohlendioxidbanden herrührende Gegenstrahlung erhöhen würde, führt diese Temperaturerhöhung jedoch in der Folge zu einer Vermehrung der Wasserdampfkonzentration der Atmosphäre, die zu einer wesent-

[1] Zum Nachrechnen für Naturwissenschaftler sei angemerkt: Die „normale" Abstrahlung des Erdkörpers beträgt im Mittel 390 Watt pro Quadratmeter (siehe Bild 17). Wird das CO_2 um 100 % gesteigert, dann erhöht sich nach IPCC-Angaben der Treibhauseffekt um 3,7 Watt pro Quadratmeter. Somit sind in die Stefan-Boltzmann-Gleichung 393,7 Watt pro Quadratmeter einzusetzen. Der Vergleich mit dem Ergebnis von 390 Watt pro Quadratmeter ergibt eine Temperaturerhöhung von 0,7 Kelvin.

lich höheren Zunahme der Gegenstrahlung und damit zu der bekannten angenommenen Erhöhung der Mitteltemperatur um zwei bis drei Grad Celsius führen würde."

Zu gut Deutsch: Anthropogenes CO_2 selbst bewirkt keine nennenswerte Erwärmung. Die fast belanglose zusätzliche atmosphärische Rückstrahlung durch CO_2 erwärmt aber die Meere. Diese geben dadurch etwas mehr Wasserdampf an die Atmosphäre ab, der dann als eigentliches Treibhausgas die Globusoberfläche zusätzlich erwärmt. *Positive Wasserdampfrückkopplung* oder Super-Treibhauseffekt nennen die „Modellierer" das. Anders kommen sie nicht auf die von der Politjunkszene „erwünschten" Temperatureffekte, sondern bestenfalls auf 14 bis 25 % davon.[36] Weil nach dieser fixen Idee der *Wasserdampf dem* CO_2 *folgt,* wird er auch als *sekundäres* Treibhausgas bezeichnet. Ein toller Zaubertrick, der den Verhältnissen auf Graßlmann-X recht nahekommt, wo CO_2 sogar als eigenständige Energiequelle gilt! Auch die im Kapitel 12 von Prof. Schellnhuber genannte „2°C-Klimaschutzplanke" beruht auf dem klimaklerikalen Dogma von der Wasserdampfverstärkung. Selten wurde mit einem solchen Aufwand mehr Verdummung in die Welt gesetzt!

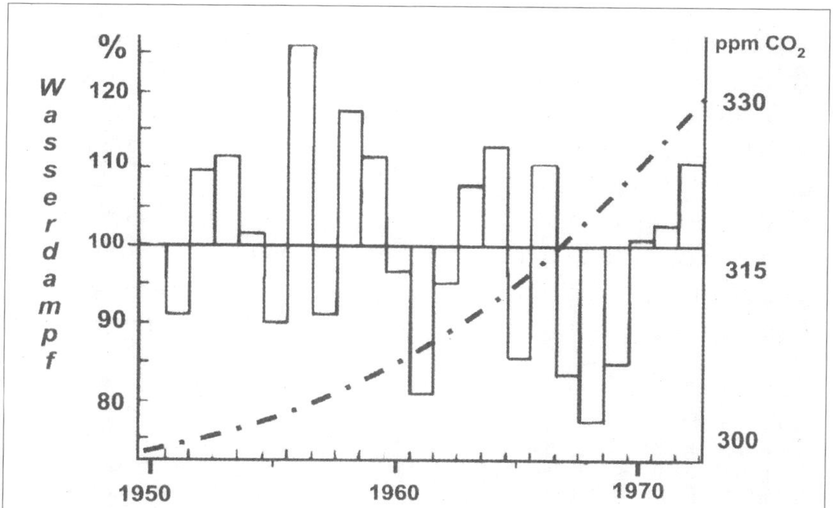

Bild 20: Wasserdampf über dem Atlantik und CO_2-Gehalt[38]

Sie haben Zweifel? Hier der Originalton IPCC:[37] *„Der Wasserdampf-Feedback ist nach wie vor der durchweg wichtigste Rückkopplungseffekt, der die von den allgemeinen Zirkulationsmodellen als Reaktion auf eine CO_2-Verdopplung vorhergesagte globale Erwärmung verursacht."*

Der Wasserdampfverstärkungsmechanismus ist allerdings falsifizierbar, denn er lässt sich durch Beobachtung plausibel überprüfen beziehungsweise widerlegen. Eine Veröffentlichung von Hermann Flohn aus dem Jahr 1978 zeigt, dass sich der atmosphärische Wasserdampfgehalt überhaupt nicht am CO_2-Gehalt der Atmosphäre orientiert (Bild 20). Vielmehr schwankt die Verdunstungsmenge über dem Atlantik zwischen 1950 und 1972 trotz stetig steigenden CO_2-Gehalts (gestrichelte Linie) um einen Mittelwert wild hin und her (Bild 20). Wieso war er um 1956 so hoch, und wer hat um 1968 den Wasserdampf geklaut? Tatsächlich handelt es sich um eine klassische *Antikorrelation,* die eindeutig belegt, dass sich der atmosphärische Wasserdampf einen feuchten Kehricht um die gerade herrschende Kohlendioxidkonzentration kümmert. Fazit: Die Wasserdampfverstärkung ist ein Ökoschnulli, mit dem „Modellierer" den CO_2-Sättigungseffekt (vgl. Bild 18) übertünchen.

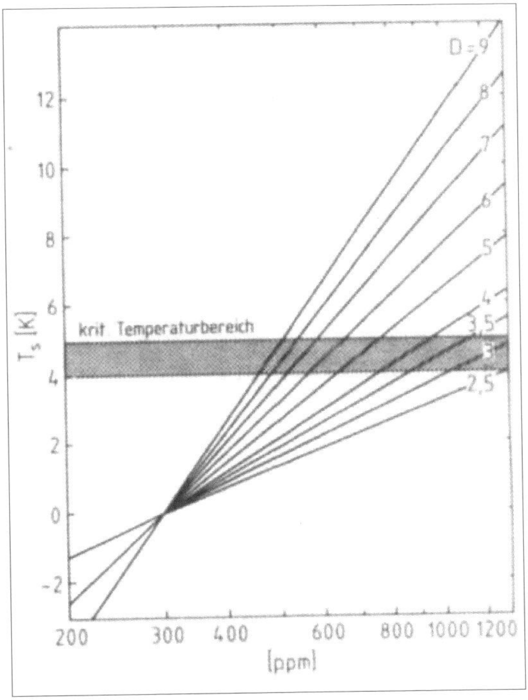

Bild 21: Änderung der Erdoberflächentemperatur in Abhängigkeit vom Parameter D

Zum Verständnis muss man sich das Bild 21 näher anschauen. Es stammt aus einer Veröffentlichung von Hermann Flohn aus dem Jahr 1984, als dieser in einer von Chemikern gelesenen Fachzeitschrift die Computermodellierung des hypothetischen Treibhauseffekts nach dem damaligen Stand der Wissenschaft erklären wollte. Dabei präsentiert er die ganze Perfidie, mit der hier getrickst wird.[20] Auf der Abszisse (x-Achse) ist der atmosphärische CO_2-Gehalt (A) in ppm und auf der Ordinate (y-Achse) der Anstieg der Erdtemperatur angegeben.

Wichtig ist der ***modellabhängige* Parameter D**. Je nach einem von den „Modellierern" *angenommenen* Betrag für *D* fällt die Erwärmung (T_S) schwächer oder stärker aus! Mit Hilfe von *D* gibt Flohn eine einfache Formel zur *Abschätzung* der Temperaturerhöhung ΔT_S über der Referenztemperatur T_S = 255 K (- 18 °C) bei steigendem CO_2-Gehalt an:

$$\Delta T_S = D \cdot \ln A \text{ (ln = natürlicher Logarithmus)}$$

Der Knackpunkt ist also der Parameter *D*. In ihm stecken weitere empirische Größen drin, die man bei einer Unsicherheit von 20 % nicht genau kennt[m]. Sie berücksichtigen u. a. die *fiktive Wasserdampfverstärkung* (vgl. Bild 20). Und jetzt wird getrickst: An der Realität angepasste Computermodellierungen legen für „*D*" den Wert *D* = 5,5 nahe (vgl. „Tuning the Models", S. 23). Rechnen wir einmal mit *A* = 300 ppm CO_2:

$$\Delta T_S = D \cdot \ln A = 5{,}5 \cdot \ln 300 = 31{,}4 \text{ K } (\triangleq 31{,}4\ ^\circ\text{C})$$

Hier ist anzumerken, dass Flohns Veröffentlichung dem Brauch viele Hochschullehrer der damaligen Zeit folgt: Verwirrung stiften, nicht klar verständlich schreiben, damit nur niemand etwas nachvollziehen kann. So ist die Referenztemperatur in Bild 21 mit T_S = 0 K angeben. Das ist natürlich Quatsch. Denn 0 K wären -273 °C.

[m] Empirisch = „aus der Erfahrung"

Flohn meint die globale Mitteltemperatur ohne „Treibhauseffekt" von ϑ = - 18 °C.[n] Addiert man die oben berechneten 31,4 °C dazu, resultiert: 13,4 °C. So exakt ist Klimamodellierung!

DER LANGE MARSCH DES TREIBHAUSEFFEKTS

1896 zündete der bereits erwähnte schwedische Chemiker Svante Arrhenius (siehe S. 199) einen naturwissenschaftlichen Schwelbrand. Im Journal *The Philosophical Magazine* beschrieb er den Treibhauseffekt in einem Artikel mit dem Titel[39] „On the influence of carbonic acid in the air upon the temperature of the ground". Es geht also um die *Erdbodentemperatur* – nicht um die Lufttemperatur! Die stellt sich nach der Treibhaushypothese ein, wenn die Luft mit der Erdoberfläche in Kontakt kommt.

Arrhenius beruft sich auf Joseph Fourier, der 1827 meinte, die Atmosphäre würde sich wie ein Treibhaus („hot hause") verhalten, weil sie das sichtbare Licht der Sonne ungehindert passieren lasse und die vom Erdboden ausgehende Infrarotstrahlung („dark rays") zurückhalte. Das irdische Klima und seinen Wandel hauptsächlich auf CO_2 zurückzuführen, schuf aber einen Erklärungsnotstand bei den Eiszeiten. Temperaturstürze, die zur Vereisung führen, begründete Arrhenius mit der Annahme, bei sehr hohem CO_2-Gehalt würde das Treibhausgas durch Silikate gebunden. Wie man heute weiß, ist diese Hypothese, die er bei seinem Kollegen Hogbom entlehnt hatte, nachweislich falsch.[40]

Arrhenius hat selbst nichts gemessen, sondern benutzte für seine Rechnungen spektroskopische Messdaten des amerikanischen Astrophysikers S. P. Langley (1834 - 1906). Da die Spektroskopie damals in den Kinderschuhen steckte und die irdische Troposphäre – der Teil der Atmosphäre, in der wir leben – mit 8 km bis 18 km zu dick ist, um in ein Laboratorium zu passen, nutze Langley

[n] Selbst in der Wahl der Formelzeichen für die Temperatur verwirrt der Autor. Mit T ist die Kelvintemperatur gemeint, während die Celsiustemperatur das Formelzeichen ϑ hat. Die sogenannte Kelvinskala fängt bei - 273 °C an. Dies wären Null Kelvin (T = 0 K). 0 °C sind dann 273 K und 20 °C sind 273 + 20 = 293 K.

zur Messung der atmosphärischen Lichtabsorption das Mondlicht als Lichtquelle. *Für Arrhenius war das System Erde-Mond also ein überdimensionales Spektrometer*! Datensätze, die zu unsinnigen Ergebnissen führten, wurden als Messfehler von ihm eliminiert. Der Chemiker Dieter Kunz hat sich mit der Arrhenius-Veröffentlichung ausführlich beschäftigt und seine Erkenntnisse vor einer wissenschaftlichen Gesellschaft im Juli 2022 vorgetragen.[199]

Sein Fazit:

- Die Lektüre ist in einem altertümlichen Stil gehalten und äußerst schwierig, weshalb die wenigsten, die sie zitieren, sie auch gelesen haben[200]. Außerdem werden gleiche Formelzeichen für unterschiedliche physikalische Größen verwendet.
- Die von Arrhenius benutzten Datensätze waren ungenau, weshalb er zu falschen Ergebnissen kam, obwohl die von ihm abgeleitete Formel richtig ist.
- Prof. A. Laubereau hat hierfür 2013 im Labor (TU München) den spektroskopischen Nachweis erbracht! Im Gegensatz zu Arrhenius nutzte er *aktuelle* Absorptionsdaten für die Berechnung der CO_2-Erd-Erwärmung und fand für die gegenwärtige CO_2-Konzentration einen Wert von ca. 0,3 °C! Diese Erwärmung ist 3-mal *schwächer* als die IPCC-Angabe.[199]

Damals konnte Arrhenius die Wissenschaftswelt nicht überzeugen. Aber die Lunte war gezündet und schmauchte zunächst mehr als 30 Jahre vor sich hin. 1938 belebte der britische Dampfmaschinenbauingenieur Guy Stewart Callendar den Treibhausgas-Zombie durch Beschwörung des heiligen *Sankt Korrelatius!* Er sammelte die Wetterbeobachtungsdaten der zurückliegenden 60 Jahre und ordnete sie dem atmosphärischen CO_2-Gehalt zu.[41] Wie aus Bild 22 hervorgeht, gibt es ab 1880 bis um 1940 tatsächlich eine verblüffende Übereinstimmung.[42,43]

Leider wusste Callendar um 1938 nicht, dass es trotz steigenden Kohlendioxidgehalts zwischen 1938 und 1975 (fast 40 Jahre!) keinen Temperaturanstieg, sondern im Gegenteil eine Abkühlung geben würde (s. Bild 22). Ein Fakt, den die Treibhausgasapostel bis heute nicht erklären können![45] Hätte Callendar dies gewusst, würde die gegenwärtige technische Zivilisation, der wir unsere Wirtschaftskraft und Arbeitsplätze verdanken, nicht durch politische Umtriebe zerstört (vergleiche Maurice Strong, Klaus Schwab u. a.). Zunächst hatte der Ingenieur wenig Erfolg, denn zwischen 1930 und 1945 interessierte man sich weniger für den atmosphärischen CO_2-Gehalt als vielmehr für die Wirtschaftskrise, einen europäischen Diktator und den Zweiten Weltkrieg.[41] Doch Callendar ließ nicht locker. Es gelang ihm, den akademischen Lehrer Al Gores, Roger Revelle, für die Treibhaushypothese zu gewinnen.[46]

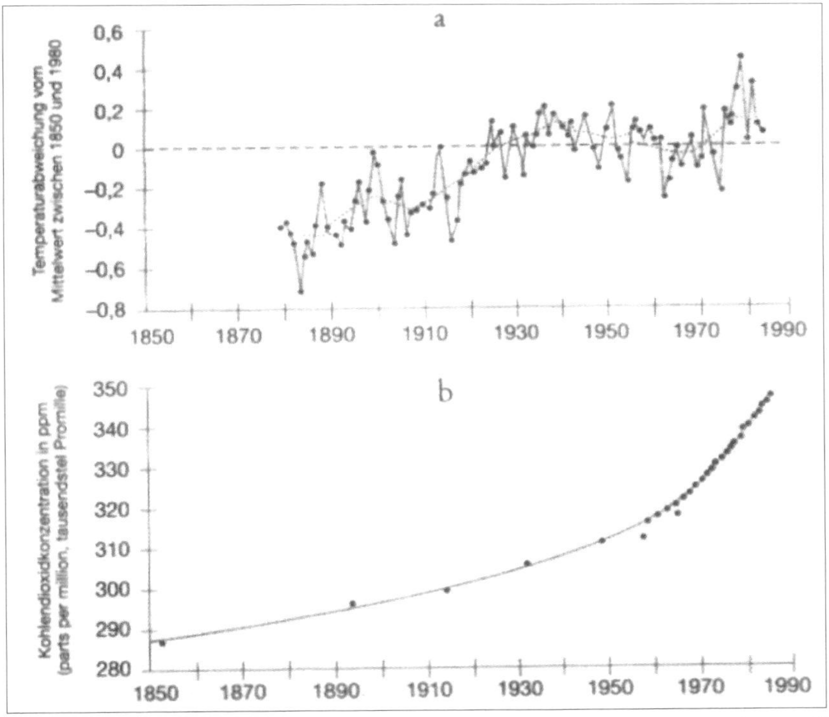

Bild 22: Mitteltemperatur und atmosphärisches CO_2 [44]

In seinem Buch *Wege zum Gleichgewicht* schreibt Al Gore:[46] „Roger Revelle war es durch schiere Beharrlichkeit gelungen, die wissenschaftliche Welt davon zu überzeugen, seinen Plan, regelmäßig die CO_2-Werte in der Atmosphäre aufzuzeichnen, in das Programm des internationalen Geophysikalischen Jahres (1957 - 1958) aufzunehmen ... Mitte der Sechzigerjahre unterbreitete Revelle seinen Studenten im Rahmen einer bevölkerungspolitischen Vorlesung die dramatischen Messergebnisse der ersten acht Jahre: Jahr um Jahr stiegen die CO_2-Konzentrationen an. Professor Revelle erläuterte, dass höhere Konzentrationen von CO_2 etwas hervorrufen würden, das er den Treibhauseffekt nannte, durch den die Erde erwärmt würde. Die Implikationen seiner Worte waren bestürzend ...".

Hilfe bekamen die Treibhausapostel auch von der ehemaligen englischen Premierministerin Margaret Thatcher.[47,48] Diese hatte wie alle erfolgreichen demokratischen Politiker ein feines Näschen für Tricks, mit denen man Wähler aufs Ärmchen nehmen kann. In den 80er-Jahren ließ sie sich als gelernte Chemikerin vom englischen Physiker Sir John Houghton über den Treibhauseffekt unterrichten. Wohl wissend, dass ihre Regierungskollegen in aller Herren Länder ausgebuffte naturwissenschaftliche Legastheniker sind, konnte sie ihnen die CO_2-Klimakastrophe als Ökorenner verkaufen. Ihre politische Beute machte sie aber nicht auf dem internationalen Parkett. Vielmehr hielt Frau Thatcher mit der CO_2-Argumentationsbombe die subventionsgierige Kohleindustrie und die Bergarbeitergewerkschaften in Schach.[48] Für John Houghton zahlte sich das Informationsstündchen bei der englischen Premierministerin aus, er wurde geadelt und später Leiter der „Wissenschaftlichen Arbeitsgruppe I" des IPCC.

ULTRASPURENLESER UND ABAKUSKÜNSTLER

Um die atmosphärische Absorption von Wärmestrahlung durch CO_2 und Wasserdampf zu ermitteln, musste Arrhenius in Ermangelung eines geeigneten Spektrometers auf das Mondlicht als Strahlungsquelle zurückgreifen (s. S. 267). Mithilfe dieser „Moonlight-Serenade" berechnete er die Durchlässigkeit der irdischen Atmosphäre für Wärmestrahlung über mehrere Breitengrade. Eine echte Fleißarbeit, wenn man bedenkt, dass damals keine Computer zur Verfügung standen.

Mitte der 50er Jahre begann sich der Spektroskopiker Gilbert N, Plass des CO_2-Treibhauseffekts anzunehmen.[49,50] Und jetzt wird es für unsere Überlegungen wieder besonders interessant, denn mit der Weiterentwicklung der IR-Spektroskopie („Spektroskopie der Wärmestrahlung") konnte Plass Messungen im Ultraspurenbereich durchführen, an die vorher nicht ansatzweise zu denken war. Problemlos konnten plötzlich die Signale von zehn parts per million (0,001 %) CO_2 präzise gemessen werden.[51,52] Und was noch wichtiger ist, man konnte die äußerst schwachen *Ultraspurenabsorptionsbereiche,* die sich im ungesättigten Bereich des CO_2-Spektrums befinden (vgl. Bild 18), zuverlässig bestimmen.

Heute findet man die Spektren der „Treibhausgase" als so genannte HITRAN-Spektren in einer Computerdatenbank[o].[53,54] Neben den Hauptsignalen werden vor allem die schwachbrüstigen Absorptionsbereiche, die wegen ihrer Geringfügigkeit nur mit Spezialgeräten zu messen sind, angegeben.[p] Betreut wird die HITRAN-Datenbank seit 1961 von Laurence Rothman am Air-Force-Laboratorium von Bedford (Massachusetts). Was das mit der Luftwaffe zu tun hat? Sie erinnern sich doch noch an Nixons NATO-Umweltinitiative, oder?

Als man winzigste spektroskopische Effekte messen konnte, kam die nächste Komponente ins Spiel. Es war die Nutzungsmöglichkeit großer Rechner.[55] Bereits 1955 machte Plass Lösungsvorschläge zur Berechnung des Strahlungstransports in der Atmosphäre.[56] Zum Segen der technischen Zivilisation konnte er damals noch nicht auf brauchbare Computer zurückgreifen. Erst als Mitte der Siebzigerjahre größere und vor allem schnelle Rechner zur Verfügung standen, konnten Manabe[q], Seller und viele andere den *natur-*

[o] HITRAN ist die Abkürzung für High-resolution TRANsmission molecular absorption database.

[p] Ein solch empfindliches Infrarotspektrometer wäre beispielsweise das IFS 125HR der Fa. Bruker, das je nach Ausstattung über 150.000 Euro kostet und eine Auflösung von 50.000 cm^{-1} hat. Ein normales Gerät, wie es beispielsweise in der Pharmaforschung verwendet wird, besitzt nur eine Auflösung von 1 cm^{-1} bis 8 cm^{-1} und kostet um die 17.000 Euro. Das Bruker IFS 125HR wird von den Regierungen zum Angstmachen mit Ultraspurenmessungen bereitwillig bezahlt. Ein Industriechemiker, der, in der Forschung arbeitend ein IFS 125HR anschaffen würde, könnte sich umgehend seine Papiere im Personalbüro abholen.

[q] Wie in der Einleitung geschildert, wurde Manabe 2022 mit dem Nobelpreis belohnt.

wissenschaftlich-politischen Klimagas-Schwelbrand stärker anfachen.[57,58] Mit Veröffentlichungen wie *The Effects of Doubling the CO_2 Concentration on the Climate of a General Circulation Model* begann um 1975 die Ära der „Modellierer".[58]

Wie bereits erwähnt, griff Nixon mit seiner NATO-Umweltinitiative den Treibhauseffekt begeistert auf. Nur dumm, um 1970 waren wegen der niedrigen Temperaturen Eiszeitängste angesagt (siehe Bild 22). Deshalb gab es 1970 für abkühlende, anthropogene Aerosole mehr Forschungsgelder als für Treibhausgasfantasien. Da die Ökojunkszene immer auf den jeweils aktuellen Musikdampfer aufspringt, rechnete sich der Klimaperformancekünstler und Stanford-Professor Stephen H. Schneider[r] mit Aerosolstäuben glücklich und schrieb 1976 ein Buch mit dem Titel *„The Genesis Strategy".* Darin fabulierte er von der unmittelbar bevorstehenden *Eiszeit,* die unabwendbar sei, weil die technische Zivilisation zu viele den Himmel verdüsternde Feinststäube (Aerosole) produziere.[59,60] Zur hellen Freude der Ökozündhütchen „bewies" Schneider 1971 mittels „Modellierung", dass *selbst eine 800-prozentige* (!) Steigerung des CO_2-Gehalts die Temperatur um höchstens zwei Grad Celsius erhöhen würde. Wer hätte denn das gedacht? Dem stünde eine Abkühlung durch die Aerosole der Industriegesellschaft von 3,5 °C gegenüber. Spätestens im Jahr 2000 wäre die neue Eiszeit da.[60]

Bei so viel Katastrophentaumel griffen die Medien begierig zu. Im Februar 1977 schrieb die *FAZ:*[61] „Frost bis minus 50 Grad und Schnee bis sechs Meter Höhe verwandelten große Teile der Vereinigten Staaten in eine Polarlandschaft." 80 Menschen erfroren in Häusern, in Autos und im Freien. Acht Bundesstaaten erlitten eine Versorgungskrise. Nach Auskunft von Professor Bryson (Universität von Wisconsin) sank die Durchschnittstemperatur seit 1945 um 0,4 bis 1,5 Grad Celsius.[s] Schnee- und Eisflächen in den Polar- und Gebirgsregionen seien in den letzten 30 Jahren um 15 % ange-

---

[r] Bereits um 1970 bezeichnete Schneider, als es kühler wurde, den Klimawandel als „Großmutter aller Umweltprobleme".

[s] Heute behauptet das IPCC, seit Beginn der Industrialisierung sei die Temperatur durch Treibhausgase bedingt um 0,6 Grad Celsius gestiegen!

wachsen. Einer CIA-Studie zufolge sind die Vorboten der Eiszeit mit künftigen Hungerkatastrophen unverkennbar.

Der „Modellierer" Schneider sagte einmal vor Jahren: *„Jeder muss entscheiden, ob er zur Durchsetzung einer Strategie ehrlich oder effektiv sein will."* Deshalb bekam er auch schnell die Ökokurve, nachdem permanente Warnungen vor einer neuen Eiszeit die Erde auf geheimnisvollem Weg erhitzt hatten. 1990 berief er sich in einem Fernsehinterview auf den heiligen Sankt Korrelatius: „Wir wissen, dass während der letzten Eiszeit vor 20.000 Jahren die Atmosphäre 25 % weniger Kohlendioxid und 50 % weniger Methan enthielt. Deshalb werden Kälteperioden von weniger und Warmperioden von einem Mehr an Treibhausgasen verursacht." interessant: 25 % weniger CO_2, und die Eiszeit ist da, während in der Jubelzeit des Aerosol-Eiszeitwahns selbst 800 % mehr CO_2 die Kälte nicht aufhalten konnten.

1988 war der Sommer in den USA ungewöhnlich heiß. Nachdem er in den Siebzigerjahren die These von der bevorstehenden Eiszeit vertreten hatte, erklärte James E. Hansen am 23. Juni 1988 vor dem US-Senatskomitee, „mit 99-prozentiger Sicherheit sei die gegenwärtige Hitzeperiode durch anthropogene Klimagase verursacht".[62,63] Alle Medien von CNN bis zur *New York Times* warfen den Riemen auf die Treibhausgasdrehorgel. Und da man dem Homo sapiens sapiens alles, aber auch wirklich alles einreden kann, glaubten 70 % der Amerikaner, Autofahrer brächten den Globus zum Kochen.

SANKT MODELLUS UND DIE TREIBHAUSAPOSTEL

Zur Vollsynthese des virtuellen Klimas um 2100 werden Hochleistungsrechner mit Hunderten Parametern gefüttert und komplexe Gleichungen mittels Millionen Arbeitsbefehlen miteinander verknüpft.[64] Damit alles möglichst realitätsnah abläuft, teilen die „Modellierer" die Erdatmosphäre in Gittersegmente von 250 Kilometer Seitenlänge und einem Kilometer Höhe ein.[65,66] Stellt sich die Frage: Kann man mit einer Genauigkeit, wie sie im Bild 15 auf Seite

202 (T-21-Netz) dargestellt ist, das Klima der Zukunft berechnen? Kaum, denn das eigentlich erforderliche Skalenspektrum von einem Millimeter bis 40.000 Kilometer für die Landmasse und die Meere schafft bislang kein Rechner.[67]

Lässt man die Computer nach getaner Programmierarbeit laufen, berechnen sie mit einer zeitlichen Auflösung von einer halben Stunde Wärme, Impuls und Feuchtigkeit in jedem Segment für mehrere hundert „Modelljahre". Da sich die Ozeane und die Atmosphäre aber nicht auf zwei unterschiedlichen Planeten befinden, muss man das Atmosphären- und das Ozeanmodell miteinander koppeln. Und genau da kommt es zum Crash; das gekoppelte atmosphärisch-ozeanische Zirkulationsmodell (AOGCM) läuft schön langsam, aber stetig von einem realistischen Zustand in einen neuen, unrealistischen Zustand[68]. Wer hätte denn das gedacht?

Wegen der vielfältigen Rückkopplungen und besonders wegen der verflixten Wolken muss man ein wenig an den Modellschrauben drehen – corriger la fortune, heißt es bei Minna von Barnhelm. Modellierer sprechen lieber *von* „Flusskorrekturen", die so gestaltet sind, dass sich die Computersimulation der Wirklichkeit anschmiegt.[68,69]

Obwohl nach wie vor eifrig getunt wird, sollen die Modelle nach heutigem Stand angeblich ohne Flusskorrekturen arbeiten. Professor Cubasch *vom* Hamburger Klimarechenzentrum schrieb 1995: *„Man hat als Modellierer also die Wahl, entweder ohne Flusskorrektur mit einem unrealistischen Klimazustand zu operieren, oder die Flusskorrektur mit ihren Schwächen zu akzeptieren, dafür aber ein realistisches Klima zu erhalten."*[68] Damit geben die Forscher offen zu, dass die Ergebnisse ihrer mathematischen *Klimamodelle, die grundlegend für Rio 92 waren,* entscheidend *von* den Eingabegrößen abhingen und dass ihre Modellrechnungen gleich mehrere Unbekannte (wie Veränderungen der Landnutzung, des Aerosol- und Wasserdampfgehalts der Atmosphäre oder der mittleren Wolkenbedeckung der Erde) enthielten, deren potentiellen Einfluss auf die Entwicklung der globalen Durchschnittstemperatur sie nur abschätzen konnten.

KRISTALLKUGELOLYMPIADE ODER EXPERIMENT?

Bei einem Interview schrieb der Bielefelder Soziologe Peter Weingart politischen Modellsuchtknochen und ihrer wissenschaftlichen Entourage ins schweinslederne Pflichtenheft:[70]

- „Das Springen auf die allererste Äußerung als schon gesichertes Wissen ist unverantwortlich ... Wir dürfen wissenschaftliches Wissen nicht mehr als gesichert, wahr und endgültig betrachten.
- Inzwischen geht es auch in der Wissenschaft zuweilen um viel Geld und Karrieren ... Im Fall der Klimaforschung kommt hinzu, dass schon die Wissenschaftler selbst einen von Menschen ausgelösten Klimawandel als politisches Problem dargestellt haben. Die Wissenschaft hat sich somit ins politische Geschäft begeben und ist ein hohes Glaubwürdigkeitsrisiko eingegangen.
- Es fragt sich, in welcher Beziehung Computermodelle zur Realität stehen und ob Wissenschaften, die überwiegend oder ausschließlich mit Computermodellen arbeiten, in der Öffentlichkeit als ebenso glaubwürdig gelten wie die klassischen Experimentalwissenschaften."

Ist da nicht Professor Weingart zu widersprechen? Denn die „Modellierer" „experimentieren" durchaus.[71,72] Dabei werden Computer verschiedener Institute mit den dort entwickelten „Klimarechner-Programmcodes" gefüttert.

Welch ein Nonsens – anders kann man es nicht nennen – dabei herauskommt, belegte der „Modellierer" R. D. Cess 1993.[73] In einem „Experiment" traten 15 Klimamodelle gegeneinander an. Ergebnis der piepsenden Computershow: Das „Radiative Forcing" bei verdoppeltem CO_2 liegt zwischen 3,2 und 4,9 Watt pro Quadratmeter, woraus ein Temperaturanstieg zwischen 1,8 und 5,8 Grad Celsius errechnet wird. Wohlgemerkt: alles unter der Annahme der Wasserdampfrückkopplung – heiliger Sankt Modellus, steh uns bei jetzt und in der Not!

Noch unterhaltsamer wird es, wenn Wolken ins Spiel kommen. 1996 traten 18 Modelle „experimentell“ gegeneinander an.[74] Acht Computerkristallkugeln tippten auf eine Abkühlung durch Wolken, während zehn meinten, Wolken würden zur Erwärmung beitragen. Die letzteren gewannen die Meinungshoheit. Offensichtlich unterliegt die Klimaforschung den Regeln des Fußballspiels. Wer die meisten Tore schießt bzw. die gruseligsten Katastrophen herbeimodelliert, ist Sieger und rückt in der Pokalklasse Eins auf.

Ob eine wissenschaftliche Hypothese oder gar Theorie der Wahrheit nahekommt, darüber entscheidet in der Naturwissenschaft einzig und allein das *reale* Experiment. Dies belegt beispielsweise die Geschichte vom Polywasser. Aufgrund von Beobachtungen meinte der Russe B. V Derjagin 1962, er habe eine bislang unbekannte, fettartige Modifikation des Wassers entdeckt. Sofort wurde eifrig geforscht, und tatsächlich bestätigten verschiedene Arbeitsgruppen die Beobachtungen. Der prominente amerikanische Spektroskopiker E. R. Lippincott brachte sogar einen Artikel über das Polywasser in dem angesehenen Wissenschaftsjournal *Science* unter.[75] 1971 krachte alles in sich zusammen. Das Polywasser war nichts anderes als ein Gemisch von Glasabrieb nebst fettartigen Stoffen, die von den Händen der Experimentatoren stammten.[76] Ähnliches erwartet uns bei der Klimaforschung, wenn deren „Modell-Experimente“ durch die Realität korrigiert werden.

KLIMA-GESCHICHTSKLITTERUNG

Drittes Fernsehprogramm, vor einigen Jahren am Sonntagmorgen. Professor Hartmut Graßl, ein drahtiger Mann in den Fünfzigern, der sich selbst als „Forscher, Priester und Politiker“ bezeichnet[77], beschwört in einem Hörsaal die Klimakatastrophe mithilfe des heiligen Sankt Korrelatius. Zur Unterstützung seiner Liturgie legt er eine Folie auf und predigt mit überzeugendem Tremolo: „Wenn das kein Beweis ist, meine Damen und Herren, dann weiß ich‘s nicht.“ Tatsächlich zeigen die von Graßl präsentierten Eiskernbohrungen aus der Zeitschrift *Nature* eine verblüffende Übereinstimmung zwischen irdischer Temperatur und atmosphärischem CO_2-Gehalt.[78] Leider sind Korrelationen kein Beweis, sondern nur eine notwendige Voraussetzung für einen behaupteten Zusammenhang. Schaut man sich die besagten Eiskernbohrungen näher an, erkennt man sogar einige *Antikorrelationen.*

So ganz einfach ist das also nicht. Der polnische UN-Wissenschaftler Professor Jaworowski zählt 19 Gründe auf, weshalb Eiskernbohrungen bei unvorsichtiger Interpretation systematisch falsche Kohlendioxidkonzentration widerspiegeln. Hauptfehlerquelle ist die sehr gute, druckabhängige Löslichkeit des CO_2 in Eis. Dadurch bedingt findet man in ein und derselben Probe 240 parts per million oder 500 parts per million CO_2. Deshalb werteten nach Jaworowski die Forscher ihre Messungen vielfach „selektiv" aus.[83]

Im März 1999 erschien in der Zeitschrift *Science* eine Veröffentlichung, in der die Eiskernbohrungen exakt und zeitlich hoch aufgelöst interpretiert wurden. Demnach erfolgt der Anstieg des atmosphärischen Kohlendioxids um 80 bis 100 parts per million im Mittel stets 600 Jahre *nach* einer Erwärmungsphase.[79] Im Mai des gleichen Jahres gab es einen weiteren Schlag ins Korrelationskontor. Benjamin P. Flower konnte zeigen, dass vor zirka 15 Millionen Jahren die irdische Mitteltemperatur um sechs Grad Celsius *höher* lag als heute, obwohl damals die Atmosphäre 20 bis 50 % weniger CO_2 enthielt.[80]

Wie U. Berner und Hj. Streif in einem der Ökoquisition richtig wehtuenden Buch belegen, gab es in der Kreidezeit sogar Kohlendioxidkonzentrationen von 950 parts per million bei einer Temperatur, die kaum über unserer heutigen lag![81] Auch konnten Geowissenschaftler Eiszeitperioden nachweisen, in denen die atmosphärische Kohlendioxidkonzentration zehn- bis 20-mal höher war als heute.[82,83,84]

Vielfach ist im Verlauf der Erdgeschichte *erst* die Temperatur angestiegen und dann das CO_2.[85] Den Effekt kennt jede Hausfrau. Wie warmes Selterswasser stärker sprudelt als kaltes, geben die Weltmeere auch mehr CO_2 an die Atmosphäre ab, wenn die Sonneneinstrahlung die Meere stärker aufheizt. Dies geschieht, wenn über einen längeren Zeitraum (Jahrzehnte oder Jahrhunderte) *die CO_2-unabhängige Wolkendichte geringer* ist. Offensichtlich scheint sich das Klima nicht allzu sehr für Treibhausgase zu interessieren! Das tut nur die Ökoquisition mit ihrem heiligen Sankt Korrelatius.

Professor Augstein vom Alfred-Wegner-Institut schätzt den Direktor des Weltklimaforschungszentrums, Graßl, als Mann ein, „der gern die Katastrophendrehorgel dreht, der notfalls auch versucht, Ziele, die er für richtig hält, mit zweifelhaften Argumenten durchzusetzen."[86] So ist es.

Auf der Bunsen-Tagung von 1999 „bewies" der Klimaforscher Graßl den anthropogenen Treibhauseffekt mit der Zunahme der Hochwasserhäufigkeit in Köln seit 100 Jahren[69] – und niemand in dem erlesenen Wissenschaftlergremium lachte schallend, obwohl die gegenwärtige Überflutungshäufigkeit und die Wasserstände vor der Industrialisierung vielfach weit übertroffen wurden, beispielsweise in den Jahren 1342, 1595, 1651, 1658 und 1784.

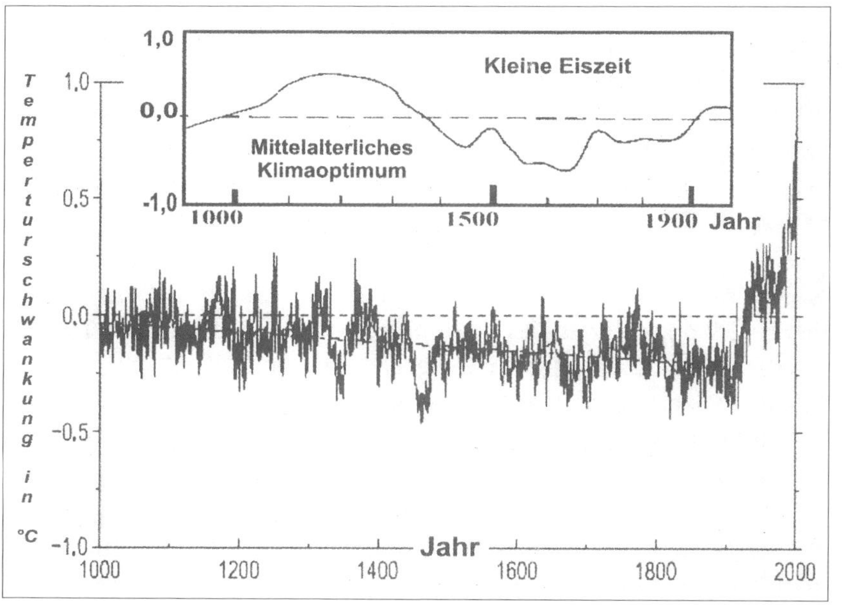

Bild 23: Klimaverlauf der Nordhemisphäre (obere Kurve, IPCC, 1990)[88] und nach Michael Mann (untere Kurve, IPCC, 2001)[89]

Statistik ist immer gut. 1995 behauptete Klaus Hasselmann vom Deutschen Klimarechenzentrum in Hamburg: „Die Wahrscheinlichkeit, dass die Erwärmung auf externe Einflüsse zurückzuführen ist – insbesondere auf die Zunahme der Treibhausgasemissionen –, liegt bei 95 %." Hierfür wurde er 27 Jahre später mit dem Nobelpreis belohnt. Was davon zu halten ist, habe ich ausführlich in der Einleitung beschrieben.

Hasselmanns Aussage ist genauso fraglich wie der Temperaturverlauf der Nordhemisphäre, den der IPCC 2001 für die Jahre 1000 bis 2000 veröffentlichte (Bild 23, S. 278, untere Kurve). Die Grafik ähnelt einem Hockeyschläger und wurde auf der Basis einer mehr als dubiosen Statistik vom Geowissenschaftler Michael Mann (Universität Virginia) ermittelt. Da die Kurve im 20. Jahrhundert dramatisch um zirka 90 % ansteigt, löste sie bei „Policy Makern" Fieberwahnschübe aus, weil damit *der* Beweis für den anthropogenen Treibhauseffekt erbracht schien. In Wirklichkeit hat Sankt Korrelatius wieder einmal ein kräftiges Obsttörtchen geworfen (vergleiche Kapitel 8).

Michael Mann leitete seine Daten fast ausschließlich aus nordamerikanischen Baumringen ab.[89] Die mit Sicherheit nicht auf CO_2 zurückzuführende mittelalterliche Warmperiode zwischen 1100 und 1300 entfällt bei ihm genauso wie der Temperaturabstieg in Richtung kleine Eiszeit zwischen 1400 und 1750.[90,91] Beide von CO_2 vollkommen unabhängige Phänomene sind tausendfach belegt und wurden sogar vom IPCC 1990 so angegeben (obere Kurve im Bild 23).[92–100] Deshalb wurde Manns „Hockey-Stick-Kurve" kurz nach der Veröffentlichung von den Harvard-Wissenschaftlern Soon und Baliunas plausibel entkräftet.[101]

Mclntyre und McKitrick (Universität Guelph, Ontario) hatten sich 2003 die Veröffentlichung Manns näher angeschaut und fanden, dass sie auf falschen Datenzusammenstellungen, abwegigen geografischen Zuordnungen, überflüssigen Zahlen, zurechtgestutzten Werten und mängelbehafteter Statistik beruht.[102] Die Autoren urteilen: „Die hockeyschlägerartige Form des Temperaturverlaufs in der Nordhemisphäre nach Michael Mann und seinen Mitarbeitern ist extrem beeinflusst von der Klimadiskussion des 20. Jahrhunderts."

Aufgrund des offensichtlich begründeten Widerspruchs hat sogar die amerikanische Umweltbehörde, die EPA, die Mann'sche Klamaukkurve verworfen, was die fest von Kargheitsaposteln beherrschte Klimainquisition natürlich nicht schert.[103] Selten war mehr Manipulation im Lande.

Man kann es noch deutlicher sagen: Der IPCC ist angeblich ein internationales wissenschaftliches Gremium, in Wirklichkeit aber eine politische Behörde, die sich willfähriger Wissenschaftler bedient, die gut daran verdienen. Leider scheint auch der hochangesehene Nobelpreis unter die Zeitgeist-Räder gekommen zu sein. Deshalb halte ich es durchaus für möglich, dass Michael Mann für seine bahnbrechenden Forschungsergebnisse auch noch den Nobelpreis erhält.

IM FREIBAD ODER DIE SOLARHEIZUNG DER OZEANE

Weil die „Modelle" ohne Ausnahme Unsicherheiten aufweisen, forderte Professor Raschke 2001 in der *FAZ* einen TÜV für Klimamodelle.[104] Das hilft auch nicht weiter, denn selbst wenn die Modelle irgendwann genauer werden und besser übereinstimmen, so ist dies kein Beweis für ihre Richtigkeit. Vielmehr kann es auch daran liegen, dass alle denselben Fehler produzieren, wie der Klimaforscher Richard Kerr meint.[105] 1999 fragte der Klimaforscher Bengtsson vom Max-Planck-Institut Hamburg in einer Publikation: „Weshalb schreitet die globale Erwärmung wesentlich langsamer voran als erwartet?"[71] Es gibt eine Antwort: Der anthropogene Treibhauseffekt ist eine spektroskopische Petitesse (siehe Bild 18 und Bild 19). So wenig wie man mit einer kleinen Zitrone nicht den Bedarf einer ganzen Limonadenfabrik bedienen kann, so wenig ist der anthropogene Treibhauseffekt in der Lage, das Klima maßgeblich zu ändern. Es sei denn, ein Ozeandampfer lässt sich vom Kurs abbringen, wenn man auf der Backbordseite einen Kaffeelöffel ins Fahrwasser hält. Weshalb es überhaupt wärmer wird, hat *solare* Gründe!

Der *Hypothese* nach sollen die Treibhausgase den Globus um 33 Grad Celsius aufheizen. Irrigerweise wird dabei angenommen, die Erde, die zu 70 % mit Wasser bedeckt ist, würde sich ähnlich verhalten wie der vollkommen *wasserlose* Mond. Nimmt man zugunsten der Treibhauspriester an, nur die ersten *zehn Meter Wassertiefe* der Ozeane würden die mittlere Erdtemperatur thermostatisch regeln, ergibt die Rechnung, dass die Ozeane im Temperaturbereich von minus 18 bis plus 15 Grad Celsius eine Energiemenge von $1{,}57 \cdot 10^{18}$ Megajoule speichern. Nun die Gegenrechnung: In 24 Stunden werden durch den irdischen Treibhauseffekt $1{,}43 \cdot 10^{16}$ Megajoule umgeschlagen (berechnet nach den Daten aus Bild 17). Der *gesamte natürliche Treibhauseffekt* macht somit nur *0,9* % der Energie aus, die in den Ozeanen bei einer Wassertiefe bis zu zehn Metern gespeichert ist.[106] Nicht mehr! Man kann es auch anders formulieren: Eine knapp zehn Zentimeter dicke Ozeanoberflächenschicht speichert bereits so viel Energie, wie *der gesamte* natürliche Treibhauseffekt hergibt.

Wie aber erwärmen sich die Ozeane? Obwohl „Treibhausgase" die Auskühlung der Weltmeere behindern, „heizen" sie die Gewässer weniger auf als die direkte Sonneneinstrahlung, denn flüssiges Wasser absorbiert äußerst effektiv die *direkte* Sonneneinstrahlung – allerdings nicht im sichtbaren Bereich[t].[107] Deshalb bleibt jedes Freibadbecken im Sommer bei bedecktem Himmel kalt, obwohl angeblich die Rückstrahlung der Wolken den Treibhauseffekt noch verstärkt. Die Sonne macht's, weil ihre Infrarotstrahlung die Meere mit bis zu 415 Watt pro Quadratmeter aufheizt.[108,109] Damit wird auch die positive *Wasserdampfrückkopplung* zur Bagatelle, denn die *direkte* Sonneneinstrahlung lässt das Meerwasser wesentlich stärker verdunsten als der mickrige anthropogene Treibhauseffekt mit seinen 3,7 Watt pro Quadratmeter bei CO_2-Verdopplung. Dies dürfte auch der Grund sein, weshalb sich der Wasserdampfgehalt nicht um den anthropogenen Treibhauseffekt schert (vgl. Bild 20).

[t] Weil flüssiges Wasser (Weltmeere!) im nahen Infrarotbereich (NIR Spektralbereich) stark absorbiert, ist der Wellenlängenbereich über 0,75 Mikrometer besonders interessant.

Fazit: Die hauptsächlich unter direkter Sonneneinstrahlung erwärmten Ozeane sind eine Speicherheizung erster Güte und verhindern die – nächtliche – Auskühlung der Erdoberfläche wesentlich effektiver als das bisschen Treibhauseffekt. Weil der Schwanz nicht mit dem Hund wackelt, machen die Ozeane mit dem Energiegehalt der Atmosphäre, was sie wollen. Dies erklärt auch, weshalb die „Modellierer" bei ihrem gekoppelten atmosphärisch ozeanischen Zirkulations-„modell" (AOGCM) mit *Flusskorrekturen* arbeiten müssen, was sie heute – corriger la fortune – angeblich im Griff haben. Ökopolitiker kaufen ihnen das gerne ab.

WOLKEN VERDÜSTERN DIE „MODELLE"

Wie schon berichtet, haben „Klimamodelle" erhebliche Schwierigkeiten mit den Wolken. Diese steuern aber das Klima und nicht die Treibhausgase. Ist die Wolkenbedeckung hoch, wird es kälter, weil sich die Ozeane vor allem am Äquator (Hadley-Zelle)[110] nicht mehr hinreichend aufheizen. Bei *geringerer* Bewölkung erleben wir eine Warmzeit.

Die Dänen Svensmark und Friis-Christensen veröffentlichten 1997 eine Untersuchung, wonach die Wolkenbedeckung fast deckungsgleich mit der *kosmischen Strahlung* korreliert.[111] Nun halte ich im Gegensatz zur Ökoquisition Korrelationen ganz und gar nicht für beweiskräftig. Es ist jedoch auffällig, dass der Korrelationskoeffizient zwischen Wolkenbedeckung und irdischer Mitteltemperatur 0,97 beträgt, während der zwischen CO_2 und dem Klima nur einen Wert von 0,89 hat. Prompt dudelten „Modellierer", die Untersuchung der Dänen sei nicht beweiskräftig, weil sie nur einen Zeitraum von 1979 bis 1995 abdeckt. Dem ließ sich abhelfen. Russische Forscher untersuchten den Zeitraum zwischen 1961 und 1986 und gelangten zu ähnlichen Ergebnissen.[112] Sogar El-Niño- und La-Niña-Ereignisse lassen sich sehr gut auf Solareinflüsse zurückführen.[113,114,115] „Leider" dürfte es erst um 2030 und um 2200 ähnlich kalt werden wie während des Maunder-Minimums im 17. Jahrhundert.[116] Bis dahin können sich unsere Ökogouvernanten mit erhobenem Zeigefinger auf ihre „Modellzauberer" berufen.

Im Sommer 2003 veröffentlichten Nir Shaviv (Universität Jerusalem) und Jan Veizer (Ruhr-Universität Bochum) eine Untersuchung, die eindeutig die kosmische Strahlung als wesentliche Klimagröße belegt und den Treibhauseffekt auf die letzten Ränge verweist.[117,118,119] Nach den Ergebnissen der Wissenschaftler durchquert unsere Sonne im regelmäßigen Rhythmus von etwa 145 Millionen Jahren einen Spiralarm der Galaxis. In diesem Takt ändert sich der kosmische Strahlungsfluss und damit auch die Dichte der Bewölkung. Der Theorie nach sollte es immer dann zu einer Kälteperiode kommen, wenn die kosmische Strahlung dabei zunimmt. Und genau diese Vermutung wurde bestätigt. Die Autoren der Veröffentlichung schätzen vorsichtig, dass das irdische Klimageschehen mindestens zu *zwei Dritteln* auf Schwankungen der kosmischen Strahlung zurückzuführen sei. Seine Kritik brachte Veizer auf den Punkt:[120] Das „Klima allein auf CO_2 zu reduzieren, ist zu simpel".

Die obersten Hüter der monomythischen Treibhaushypothese wurden durch die Publikation an ihren Computerkristallkugeln aufgescheucht. Im Oktober 2003 veröffentlichte das heilige Klimagasoffizium vom „Potsdam-Institut für Klimafolgenforschung"[u] eine Pressemitteilung.[121] Darin wird von „äußerst fragwürdigen Methoden", von „wissenschaftlich nicht haltbaren" Schlussfolgerungen, einer „fragwürdigen Statistik" und einer zu geringen Probenzahl gesprochen. Auch sei die Zeitskala gestreckt; viel zuverlässiger wären doch die sakrosankten Eisbohrkerndaten. Und dann folgt der übliche Hinweis, alle Forscher würden dahinter stehen und Hunderte Studien (richtiger: Computer-„Experimente") die anthropogene Klimagashypothese stützen. Daraufhin forderten Shaviv und Veizer die Potsdamer Forscher auf, zur sachlichen Diskussion zurückzukehren.[122] Shaviv wunderte sich, wieso „eine wissenschaftliche Debatte mittels Pressemitteilungen" geführt würde, und Veizer ergänzte: „Es betrübt mich, dass die Debatte auf dieses Niveau ge-

[u] Das besagte Institut wurde 1992, während der Kanzlerschaft Helmut Kohls, gegründet.

sunken ist, aber dies ist symptomatisch für die gesamte Atmosphäre rund um das Thema Klimaveränderung."

Wie aber funktioniert es im Detail? Die kosmische Strahlung kommt aus den Tiefen des Weltalls und besteht zu 90 % aus Wasserstoffkernen (positiv geladene Protonen), die in der irdischen Atmosphäre als Kondensationskerne für Wasserdampf wirken. Je höher die Aktivität der Sonne (Sonnenflecken) ist, desto stärker wird *ihr* Magnetfeld und desto *weniger* Protonen dringen in unser Planetensystem und erreichen letztlich die irdische Atmosphäre. Aus diesem Grund bilden sich bei *hoher* Sonnenaktivität *weniger* Wolken. Die Ozeane über dem Äquatorgürtel (die Wettermaschine!) werden stärker aufgeheizt, und wir erleben eine Warmzeit.

Inzwischen werden die Beweise für die solare Steuerung des Klimas immer erdrückender.[123] Im November 2003 findet man in den *Physical Review Letters* einen Bericht über die Sonnenaktivität. Demzufolge war die Sonnenaktivität seit dem Jahr 850 noch nie so hoch wie im Zeitraum nach 1940.[124,125,126] Diese Tatsache gilt auch 2023 noch.

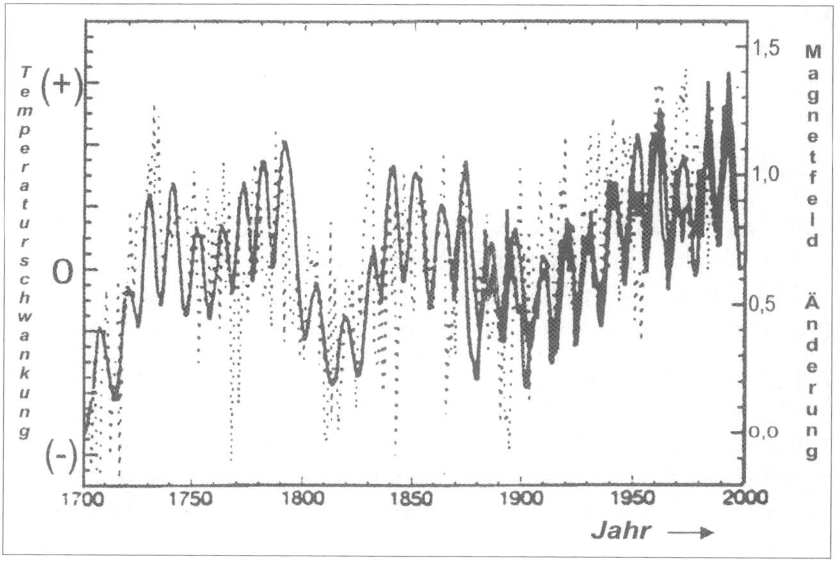

Bild 24: Solares Magnetfeld und Temperatur[129] seit 1700

Anderen Messungen zufolge hat sich das Magnetfeld der Sonne in den letzten 100 Jahren verdoppelt.[127] Und tatsächlich spiegelt der Magnetfluss an der Sonnenoberfläche, der die auf den Globus einwirkende kosmische Strahlung steuert, seit 1700 exakt den irdischen Temperaturverlauf wider. Die parallel verlaufenden Kurven im Bild 24 beschreiben sowohl das Maunder-Minimum (1640-1710) als auch das Dalton-Minimum (1770-1830), aufgrund dessen kurz nach dem amerikanischen Unabhängigkeitskrieg 1813 der Sommer komplett ausfiel.[128] Auch die Abkühlungsphase um 1970, die man der Industriegesellschaft mit ihren Staubemissionen anlastete, wurde vom kosmischen Strahlungsfluss verursacht.[129] Was aber besonders wichtig ist: *Noch nie seit 1700 war das solare Magnetfeld so hoch wie um 2000.* Deshalb brauchen wir uns über die heißen Sommer und milden Winter in dieser Zeit nicht zu wundern.

Inzwischen gestand sogar die Klimagas-Fangemeinde ein, dass die Globaltemperatur auch seit der Industrialisierung erheblich von der Solaraktivität gesteuert wird. Deshalb wurde dieser Faktor eine Zeit lang berücksichtigt. Allerdings übte das Treibhausgas-Ökoficium auf die Solarforscher massiven Druck aus.[130,131] Und wunschgemäß widerlegten diese sich selbst und „bewiesen" 2004 mit „Modellexperimenten", dass die Temperatur und Solaraktivitätskurven in den letzten 30 Jahren deutlich auseinanderliefen.[133] Dies interpretieren IPCC-Nutznießer, pardon, Klimaforscher, als eindeutiges Argument für die Treibhausgase. Dabei übergehen sie stillschweigend, dass nach 1930 eine 40-jährige Abkühlung trotz steigenden CO_2-Gehalts folgte (siehe Bild 22). Meines Erachtens spielen beide Faktoren eine Rolle, wobei Klimagase den kleinen Juniorpartner abgeben, der nichts Großes ausrichtet.

WAS IST FAUL AM KLIMA-„MODELLIEREN"?

Ich hoffe, den Leser nicht allzu sehr mit naturwissenschaftlichem Schnickschnack erschlagen zu haben. Trotz allem wird man mir vorwerfen, ich hätte unzulässig verkürzt. Alles sei viel komplizierter. Das tun Rabulistik-Akrobaten immer, wenn sie nicht mehr weiterwissen. Weil aber schon diese knappe Darstellung, bei der bei weitem nicht auf alle „Ja-aber-da-ist-doch-noch-etwas-Argumente" eingegangen werden kann, für Nichtnaturwissenschaftler eine echte Herausforderung darstellt, fasse ich die Argumente knapp zusammen:

- Das Klima ist ein chaotisches System, das sich prinzipiell der Berechenbarkeit entzieht. Deshalb ist Klimamodellierung der Versuch den Laplace'schen Dämon zum Leben zu erwecken: *„Eine Intelligenz, welche für einen gegebenen Augenblick alle in der Natur wirkenden Kräfte sowie die gegenseitige Lage der sie zusammensetzenden Elemente kennte und überdies umfassend genug wäre, würde in derselben Formel die Bewegung der größten Weltkörper wie des leichtesten Atoms umschließen; nichts würde ihr ungewiss sein und Zukunft wie Vergangenheit würden ihr offen vor Augen liegen."*[207, 208] Ein solches Wesen könnte locker die Lottozahlen der kommenden Woche vorausberechnen sowie die Entwicklung des Klimas. Und genau das funktioniert nicht!
- Die Erde ist ein Wasserplanet und kein Gesteinshaufen im Weltall. Deshalb verhindert bereits die tagsüber „aufgeladene" Warmwasserspeicherung der Ozeane eine Durchschnittstemperatur von minus 18 Grad Celsius, wie es die Treibhausgastheorie postuliert. Selbst am Grund eines zugefrorenen Gewässers beträgt die Temperatur immer noch plus vier Grad Celsius.
- Die *wichtigste* Grundlage aller Klimamodelle, der Wasserdampfverstärkungsmechanismus, existiert nicht, sondern ist „Science-Fiction". Dies, weil der Super-Treibhauseffekt, der den CO_2-Treibhauseffekt durch Wasserdampfbildung verstärken soll, durch die *Beobachtung widerlegt* wird (Bild 20).
- Die Hypothese, die irdische Mitteltemperatur würde durch Treibhausgase um 33 Grad Celsius angehoben, ist monokausal und entzieht sich der Falsifikation. Sie kann nicht durch ein naturwissenschaftliches Experiment bewiesen werden! Es sei denn, man meint „Computermodellierungsexperimen-

te". Damit macht man sich lächerlich und verlässt den Boden der exakten Naturwissenschaft.

- Der anthropogene Treibhauseffekt ist ein Ultraspurenphänomen (vergleiche Bild 18 und Bild 19). Dieses Argument ist ein besonders schweres Ökoficium. Ich bleibe dabei, denn die Erhöhung der Mitteltemperatur des Globus um weniger als 1 °C in letzter Zeit beruht offensichtlich nur zum geringsten Teil auf Treibhausgasen. Entscheidend ist die von der kosmischen Strahlung beeinflusste Wolkendichte über dem Äquatorgürtel. Hier werden das Wetter und das längerfristige Klima gemacht. Da die Atmosphäre im 13. Jahrhundert mit Sicherheit weniger CO_2 als heute enthielt, es aber mindestens so warm war wie heute, ja sogar außergewöhnliche Katastrophen („Luciaflut", „Große Mandränke") auftraten, kann das CO_2 nur geringen Einfluss haben und bestenfalls eine kleine Modulation auf der allgemeinen Temperaturkurve sein.
- Akzeptiert man die CO_2-Treibhausgastheorie und rechnet nach, dann steigt die Temperatur *ohne* Wasserdampfverstärkung bei 100 % mehr CO_2 nur um 0,7 Grad Celsius und nicht um 5,8 oder gar um 11,5 Grad Celsius, wie Paniktrompeter des IPCC im Januar 2005 behaupteten.[132]
- „Modelle" sind eine Fiktion und nicht die Realität. Dies belegen die Probleme der treibhausgasfixierten „Klimamodellierung" mit den Wolken.
- 2018 und insbesondere 2023 gab es in Deutschland und weiten der Welt und natürlich auch Europa einen Supersommer, begleitet von großer Dürre und ausgedehnten Waldbränden. Diese „Klimakatastrophe" ist doch der Beweis, dass die Treibhausgashypothese richtig ist. Nein! Warum? Diese von geringerer Wolkenbedeckung verursachten heiße Sommer bewegen sich innerhalb des chaotisch-stochastischen Rauschens der Atmosphäre und nicht außerhalb![206] Wie aber funktioniert das Chaos?
  Die Chaostheorie ist eine junge Wissenschaft, die sich mit dem Verhalten *nichtlinearer Gleichungen* beschäftigt.[208, 209, 210]

Lineare Gleichungen sind simpel zu lösen. Sie beschreiben beispielsweise, wie ein Gummiband umso mehr gedehnt wird, je höher die Zugkraft ist. *Nichtlineare Gleichungen* verhalten sich vollkommen verrückt. Die Ursache ist die *Rückkopplung*, die bei linearen Gleichungen nicht auftritt. Bei diesem Vorgang wirkt das Ergebnis auf den Ausgangszustand ein. Man kennt dies, wenn ein mit einem Mikrophon gekoppelter Lautsprecher plötzlich zu pfeifen anfängt. Wird der Lautstärkeregler gedreht, wechselt das System aus dem einen stabilen Zustand (Ruhe = Attraktor) ab einem *kritischen Wert* in einen anderen stabilen Zustand (Pfeifen = Attraktor).

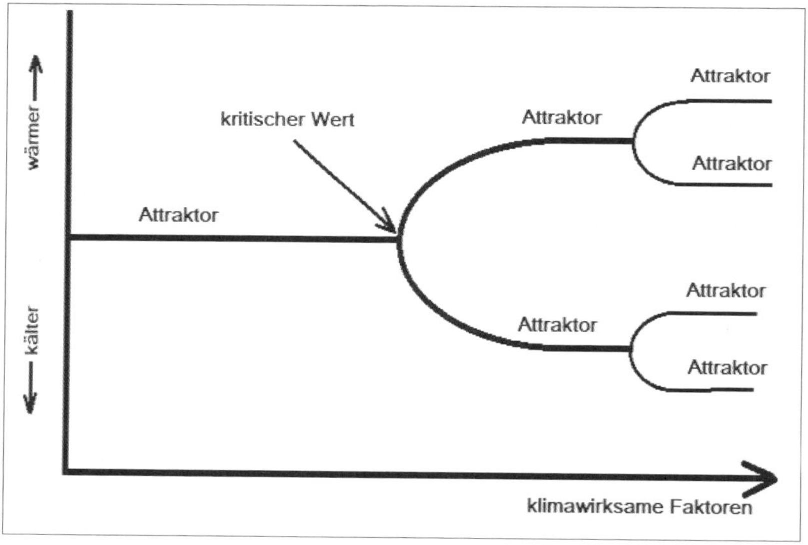

Bild 25: Chaostheorie und Verzweigung (Bifurkation) oder der Wechsel zwischen Warm- und Kaltzeit [209]

Was hat das mit dem chaotischen Verhalten des Klimas zu tun? In Bild 25 ist das Prinzip grafisch dargestellt. Schon immer hat sich das Klima unter dem Einfluss *klimawirksamer Faktoren* zwischen mehreren stabilen Zuständen (= *Attraktoren*) bewegt. Beispiele sind das römische und mittelalterliche Klimaoptimum, das Maunder Minimum oder die Abkühlung zwischen 1957 und 1974 sowie die momentane Warmperiode. Sieht man vom Katechismus der Klimakirche ab, die ernsthaft meint, Treibhausgase wären der entscheidende Faktor, so belegt die Vergangenheit, dass neben der Vulkanasche der eigentlich *klimawirksame Faktor* die Solaraktivität ist – es sei denn, die Römer sind schon mit dem Mercedes durch den Teutoburger Wald gebraust. Erreichen klimawirksame Faktoren einen kritischen Wert, wechselt das Klima plötzlich in einen neuen stabilen Zustand – eine wärmere oder kältere Periode. Das geht ständig hin und her und ist vom Menschen so wenig zu beeinflussen wie die Lottozahlen am kommenden Sonntag. Genau aus diesem Grund sind die Jahre 2018 und 2022 und andere nur der Beleg für eine Klimaänderung, aber kein Beleg für die Wirksamkeit von Treibhausgasen.

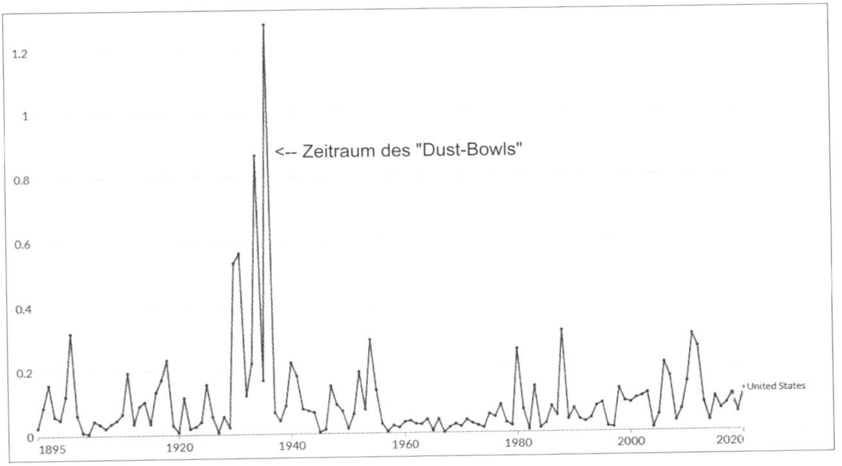

Bild 26: Hitzewellenindex, USA (1895 - 2021)

Dass Treibhausgase auf keinen Fall die Ursache kurzfristiger Klimaschwankungen sein können, belegt auch der Hitzewellenindex der USA[211] in Bild 26. Nach 1930 gab es mehrere Hitzewellen in den USA mit einem Höhepunkt 1936. Danach verschwanden sie wieder. Gemäß der Chaostheorie waren die Hitzewellen ein Attraktor, der von einem anderen Attraktor abgelöst wurde. Besonders gut zu erkennen ist der Attraktor der Kälteperiode zwischen 1957 und

1974. In Deutschland gab es 1976 einen Supersommer mit großer Trockenheit. Der schneereiche Winter 1978/79 brachte über Monate extreme Kälte. Klimawandel durch Treibhausgase?

Und noch etwas ist hervorzuheben. Die Atmosphäre transportiert ihre Energie in Form planetarischer Wellen. Diese steuern nicht nur Hochs und Tiefs, sondern es findet auch eine Art „Spiegelbildwetter" statt.[205] Während in Europa Dürre herrschte, kam es im August 2022 in Pakistan zu massiven Überschwemmungen. Wenn wir einen Schmuddelwinter erdulden, frieren in den USA die Flugzeuge am Boden fest.

Obwohl IR-aktive Gase (CO_2 und Co.) nur einen marginalen Einfluss auf das Klima haben, beruht der allgemeine Treibhauseffekt nach Jan Veizer zu 80 % auf dem Wasserdampf. Weshalb dies ignoriert wird, erklärt der Leibnizpreisträger:[82] *„Der Wasserkreislauf lässt sich global vom Menschen nicht so leicht beeinflussen und ist damit für die Politik uninteressant."* Auch seien die Computer falsch herum programmiert, denn Sonne und Wolken zusammen machen über den Wasserkreislauf das Klima, „außer man glaubt, dass CO_2 die ganze Galaxie treibt!"[133].

In treuer Nachfolge von Nixons NATO-Initiative betreibt das IPCC mehr Politik als Wissenschaft. Hierzu äußerte sich 1996 der ehemalige Präsident der „U. S. National Academy of Science", Frederick Seitz. Nach seinen Worten war das „Peer-Review-Verfahren"[v] für den zweiten IPCC-Report on 1995 die größte Korruptionsmasche, die er je erlebt habe.[134]

Keith Shine, der Mitherausgeber dieses Reports, sagte einmal:[83] „Zunächst fertigten die Wissenschaftler einen Entwurf an. Dieser wurde im Anschluss daran von Politikern so lange redigiert, bis das gewünschte Ergebnis herauskam."

Peter Dietze, der im dritten IPCC-Bericht als offizieller „Reviewer" genannt wird, kommt nach sorgfältiger Analyse des irdischen

[v] Unter dem „Peer-Review-Verfahren" versteht man die Begutachtung einer eingereichten Arbeit durch andere Wissenschaftler. Dies sichert aber keineswegs die Objektivität, denn die damit beauftragten Fachkollegen achten mehr darauf, ob sie selbst hinreichend oft zitiert werden und die ökopolitische Korrektheit gewahrt ist.

Kohlenstoffkreislaufs, des Strahlungstransportmodells und des Solareinflusses zu dem Schluss, dass das IPCC die Erwärmung durch CO_2 um 600 % zu hoch ansetzt.[45]

Sogar der erste Trompeter des Klimahysterie-Orchesters, Stephen H. Schneider, konstatierte 2000 ernüchtert, die tatsächliche Klimasensitivität der Erde sei *„unbekannt"*, es wird jedoch *angenommen* (!), dass der *wahrscheinlichste* Gleichgewichtswert (bei verdoppeltem CO_2) zwischen 1,5 und 4,5 Grad Celsius liegt.[136,137] Selbst der Nestor der „Klimamodellierung", der spätere Nobelpreisträger Syukuro Manabe, mahnte 2003 auf einer Tagung, sämtliche „Modellierung" mit Hochleistungscomputern sei unseriös, solange man die Klimasensitivität nicht richtig kenne.[137]

Die Schutzheiligen der Treibhausgasreligion sind Sankt Korrelatius und Sankt Modellus. In ihrem Enthusiasmus, die Wünsche der Politapparatschikszene zu erfüllen, schrecken Klimaforscher auch nicht vor Geschichtsklitterung zurück. So urteilt der Meteorologe Hans von Storch über Manns hockeyschlägerförmige Temperaturkurve (siehe Bild 23) zu Recht: „Die Kurve ist schlicht Quatsch."[138]

Die Treibhausgashypothese ist lediglich eine Konsensmeinung wie seinerzeit die Phlogistontheorie[w], wobei die mathematischen Algorithmen der „Modelle" in sich richtig sind. Daran habe ich keinerlei Zweifel. Man kann das meinetwegen auch als „Wissenschaft" bezeichnen, nur darf man dabei nicht vergessen, dass der Einfluss der kosmischen Strahlung erst nach den Kyoto-Beschlüssen in den Modellen auftauchte und dass der nichtexistierende Wasserdampfverstärkungsmechanismus immer noch darin herumspukt.

Selbst die Temperatureffekte der einzelnen „Treibhausgase" sind Konsensmeinung. So wird dem Wasserdampf ein Effekt von 20,6 Grad Celsius und dem Kohlendioxid eine Erwärmung um

[w] Nach der im.18. Jahrhundert herumgeisternden Phlogistontheorie soll bei Verbrennungsvorgängen die Substanz Phlogiston entweichen. Dies erklärt, weshalb beispielsweise Holzrückstände nach dem Verbrennen leichter sind. Als man später feststellte, dass „verbrennende Metalle" schwerer werden, behaupteten die Anhänger der Phlogistontheorie, Phlogiston habe je nach Art der verbrennenden Substanz einmal ein positives und ein anderes Mal ein negatives Gewicht. Fast könnte man meinen, es gab schon vor 200 Jahren politisch inspirierte „Modellierer".

7,2 Grad Celsius zugeschrieben. Die Differenz zu 33 Grad Celsius („Gesamttreibhauseffekt") soll auf den anderen IR-aktiven Gasen beruhen. Diese Zuordnung findet man bei Schönwiese[139], der die Zahlen aus einem vom IPCC-Wissenschaftler Sir John Houghton herausgegebenen Buch abgeschrieben hat. In dem Werk geben die Russen Kondratjew und Moskalenko eine komplexe Formel an, mit der man die Temperatureffekte der einzelnen Treibhausgase berechnen kann[140]. Rechnet man damit, resultiert tatsächlich das, was die Treibhausgasgemeinde behauptet. Die Autoren weisen auf eine in russischer Sprache geschriebene Originalveröffentlichung hin, in der die Formel angeblich plausibel hergeleitet wird.[141] Das macht doch neugierig! Deshalb traf ich 1998 in Karlsruhe einen emeritierten russischen Hochschullehrer. Der alte Herr war Physikochemiker und sprach ausgezeichnet Deutsch. Im Gepäck hatte er eine Kopie der Originalveröffentlichung. Als wir die Stelle suchten, in der angeblich plausibel abgeleitet wird, weshalb 0,03 % CO_2 die Atmosphärentemperatur um 7,2 °C erhöhen, landeten wir im Sachwortverzeichnis! Auch im Rest des Buches, das wir Seite für Seite durchgingen, wurden wir nicht fündig.

Als ich daraufhin mit dem ehemaligen Leiter eines großen deutschen Klimarechenzentrums Kontakt aufnahm und besonders die Rolle des Wasserdampfs hervorhob, schrieb er mir: „Lieber Herr Hug, ... bitte betrachten Sie solche Zahlen nur als Hilfsgrößen, um die Größenordnung bestimmter Effekte zu erklären. Leider wird das in der Literatur nicht richtig gemacht! Die Formel von Kondratjew vergessen Sie besser!"

DER TROST DER WISSENSCHAFTSTHEORIE

Was ist, wenn der Treibhauseffekt von vollkommen untergeordneter Bedeutung für unser Klima ist und wir das Ganze besser vergessen? Die Politiker sind als Vegetarier, die heimlich Braten verschlingen, fein raus, weil sie sich immer hinter ihren Klimaforschern verstecken können. Uns Bürger wird die Wissenschaftstheorie trösten. Je nach Temperament werden wir uns nach dem Jahr

2050 für eine der vier Hauptströmungen der Wissenschaftstheorie entscheiden:[142]

1. Der *Positivist* wird wütend konstatieren: Die Klimaforscher irrten fürchterlich, und das war schlimm, denn sie verfehlten die Wahrheit, und sie sind deshalb auch Lügner. Und nicht nur das. Der Positivist wird 2050 sagen: Wegen dieses Blödsinns gibt es heute nur noch Elektrokarren ohne wirksame Klimaanlage und mit mäßiger Heizung oder ich muss jeden Tag anderthalb Stunden bei Wind und Wetter auf den Bus warten.
2. Der *kritische Rationalist* wird etwas gnädiger mit den Saunameistern sein. Er wird sagen: Die Klimaforscher irrten fürchterlich. Das war schlimm. Aber es gibt ja keine endgültige Wahrheit, sondern immer nur Hypothesen mit einer gewissen Wahrscheinlichkeit. Während es vor dem Buswartehäuschen Bindfäden regnet, wird der kritische Rationalist sinnieren: Es hätte ja auch so sein können. Immerhin war der Unterhaltungswert der Klimahysterie nicht zu unterschätzen und noch dazu eine wertvolle Ergänzung zum Ozonsmog im Sommer.
3. Der *Anhänger der Paradigmentheorie nach Thomas S. Kuhn* wird sagen: Von „Irrtümern" der Klimaforscher kann man nur reden, wenn man unser heutiges Verständnis von 2050 als das wahre unterstellt. Nach 1985 war das Treibhausmodell zwar nicht von den Skeptikern aus der Wissenschaft, aber doch allgemein von den „Modellierern" und den Politikern akzeptiert. Mit der Treibhaushypothese als Paradigma ließen sich immerhin so lange die Computer füttern, bis sich am Ende herausstellte, dass das Klima von der Solaraktivität gesteuert wird. Somit gibt es immer nur Paradigmen (zum Beispiel Treibhaushypothese), die in einem „revolutionären" Prozess von anderen (zum Beispiel Solaraktivität) abgelöst werden,[143] Der Anhänger der Paradigmentheorie wird 2050 im Buswartehäuschen bei Hochsommertemperaturen um 15 Grad Celsius genauso schaudern wie seine Leidensgenossen und sich vielleicht damit trösten, dass es bald wärmer wird,

wenn die Klimaforscher eine neue, politisch verwertbare Hypothese gefunden haben.

4. Der *Dadaist,* der den Denkansatz von *Paul Feyerabend* über die „richtige“ Forschungsmethodologie vertritt, wird milde lächelnd sagen: „Anything goes.“ Nach seiner Meinung irrten die Saunameister „nicht nur nicht“, sondern ihr Verständnis der Klimaprozesse war von einer so schönen und richtigen Geschlossenheit, wie wir es kaum erträumen konnten. Außerdem waren sie und herrschsüchtige Politiker glücklich damit, und darauf kommt es an. Auch der Dadaist wird 2050 im Hochsommer bei 15 Grad Celsius auf den Bus warten, vielleicht eine Baskenmütze tragen, ab und zu an seinem Vin rouge nippen und sein Baguette mit Camembert verdrücken, während die Gletscher langsam wieder zu Tal kriechen.

DIE SUFFIZIENZREVOLUZZER – EINE ERSTE ANNÄHERUNG

Mit welchen Tricks die Nachhaltigkeitsdompteure arbeiten, schildert der amerikanische Physiker Fred Singer.[144] 1991 veröffentlichte er zusammen mit Al Gores akademischem Lehrer Roger Revelle einen kritischen Aufsatz über die Treibhausgastheorie im Wissenschaftsjournal *Cosmos.* Revelle, der kurz nach Erscheinen der Publikation verstarb, schrieb darin:[145] *„Die wissenschaftliche Basis des Treibhauseffekts ist viel zu unsicher, um zum gegenwärtigen Zeitpunkt drastische Maßnahmen zu rechtfertigen.“* Al Gore behauptete in seiner Katastrophenlyrik *„Wege zum Gleichgewicht“* genau das Gegenteil.

Kurz bevor Gore 1993 Vizepräsident der USA wurde, erhielt Singer von einem Dr. Lancaster einen Anruf. Singer sollte eingestehen, Revelle habe eigentlich gar nicht richtig an dem Aufsatz mitgearbeitet. Als sich dieser dagegen verwahrte, verbreitete Lancaster, Singer hätte Revelles nachlassende geistige Kapazität ausgenutzt, um ihn als Koautor zu gewinnen. Nachdem das widerlegt werden konnte, forderte ein Mitarbeiter Al Gores vom *Cosmos*-Herausgeber, der Aufsatz solle nachträglich zurückgezogen werden. Auch das fruchtete nicht.

Als das herabsetzende Stänkern aus Al Gores Mitarbeiterstab nicht nachließ, strengte Singer eine Verleumdungsklage an, die er haushoch gewann. In dem Prozess wurde öffentlich, dass der Vizepräsident höchstpersönlich eine Diffamierungskampagne betrieb gegen Klimaskeptiker wie Hugh Elsaesser, William Happer, Sherwood Idso, Richard Lindzen, Patrick Michaels, William Nierenberg (Nachfolger Revelles), Chauncey Starr, Roy Spencer und natürlich Fred Singer. Alle seien sie von der Ölindustrie bestochen. Damit mehr Pep hinzukam, setzte Al Gore den Redakteur von ABC Nightline, Ted Koppel, massiv unter Druck. Er solle verbreiten, die Klimaskeptiker seien von der Kohle- und Ölindustrie gesponsert.[144,146] Zum Glück ließ sich dieser nicht beeindrucken, sondern benachrichtigte Fred Singer.

Vordergründig beschäftigte man sich in der Rio-Konferenz mit Konzepten zur Minderung von Treibhausgasen, um die „Klimakatastrophe" zu verhindern. Tatsächlich ging es um die Zerstörung der Industriegesellschaft (siehe M. Strong, S. 130). Weil es nicht mehr so weitergehen darf, so die Argumentation der Gutmenschen, müssen die bisherigen materiellen Wertvorstellungen durch eine *Suffizienzrevolution* beseitigt werden. (Leider zeigt die jetzige junge Generation den Suffizienz-Gouvernanten nicht nachhaltig den Vogel, sondern chattet lieber in Social Media-Netzwerken oder steppt gleich mit beim Weltuntergangstanz der „Last Generation".)

Lernmittel der Volkspädagogen ist das *Handbuch lokale Agenda 21.* Die *Lehrmittel* zur Abrichtung von Ökohallelujajüngern sind: ein paar Stürme, Überschwemmungen und heiße Dürresommer – die Klimakatastrophe mit Blitz und Donner. *Lernziel:* Die Menschen sollen freiwillig dem „Besitzindividualismus" entsagen und auf „Gewinn und Verbrauch" verzichten.[147, 148] Etwas, das die Mitarbeiter von Kaufhäusern und Ähnlichem interessieren könnte, die seit Jahren um ihren Arbeitsplatz bangen.

Bis 2050 soll der Wertewandel(!) eine CO_2-Minderung von 80 % bringen. Angestrebt wird das Carsharing oder im Klartext: ein ökokorrekt windgegerbtes, autofreies Leben auf dem Fahrrad unter dem Motto: „Völker, tretet die Pedale!". Oder: „Zurück zu Schusters

Rappen – auf ökolinken Schlappen." Dies dürfte unter anderem die Aufmerksamkeit von Opel-Mitarbeitern erregen, deren Arbeitsplätze bereits 2004 um 6.500 Stellen reduziert wurden und weiter reduziert werden.

Hier ist vorab ein Wort zum Atemkohlendioxid angebracht, denn das ist keineswegs „klimaneutral", weil Naturgesetze nicht unterscheiden, ob das CO_2 aus der menschlichen Atmung oder aus einem Kohlekraftwerk stammt. Hier die Fakten: In einem 70-jährigen Leben nimmt der Mensch ca. 19 t kohlenstoffhaltige Kohlehydrate, Eiweiß und Fette (als Trockensubstanz berechnet!) zu sich.[149] Der durchschnittliche Kohlenstoffgehalt der verstoffwechselten Lebensmittel beträgt 47 %. Somit werden täglich 350 g Kohlenstoff aufgenommen. Zieht man davon die mit den Faeces und Urin ausgeschiedene Menge von 15 g ab, verbleiben 335 g täglich zu Atemkohlendioxid verstoffwechseltem Kohlenstoff. Auf CO_2 umgerechnet sind das *1000 g* bzw. *1 kg* am Tag. Es kommt noch schlimmer, denn auch Brot stammt aus Erdöl, denn zur Herstellung von einem Laib wird ein Liter der fossilen Energie benötigt, wovon allein die Bäckereien 0,64 Liter verheizen.[150] Das World Watch Institute nennt einen Energieverbrauch von 126.000 Kilojoule zur Erzeugung von einem Kilogramm Schweinefleisch – „entsprechend der Energiemenge von fast vier Litern Benzin". Dabei schmeckt doch ein Schnitzel so lecker! Insgesamt verursacht nach Literaturangaben die *Nahrungsmittelproduktion* in Deutschland jährlich eine Emission von 150 Millionen Tonnen CO_2.[151] Das ist *das 4,2-fache des Atemkohlendioxids* der Bürger! Da beißt die Ökomaus keinen Faden ab.

Folglich beträgt das *täglich* emittierte Atemkohlendioxid der 8 Milliarden Menschen *mindestens* 8 Milliarden Kilogramm oder jährlich 3 Milliarden Tonnen CO_2. Vom gesunden Menschenverstand verschonte Gutmenschen halten dagegen: „Das vom Menschen ausgeatmete CO_2 stammt aus dem eigenen Stoffwechsel, war also bereits im biologischen Kreislauf vorhanden: Menschen und Tiere nehmen den in der Nahrung chemisch gebundenen Kohlenstoff auf und atmen ihn als Kohlendioxid wieder aus. Pflanzen bilden dann daraus wieder Nahrung."[201] Für wie blöd werden die Bürger eigentlich gehalten? Das ist doch nur richtig, wenn wir gesammelte Wildbrombeeren, zwischen Steinen gemahlene Grassamen, Insekten und Regenwürmer roh essen würden.

Aber zurück zu den Suffizienzrevoluzzern. Für *überbesiedelte* Länder wie die Bundesrepublik empfiehlt die Agenda 21 ein „vernünftiges städtisches Management“, damit die „Zersiedlung der Städte nicht zu einer noch ausgedehnteren Ressourcenzerstörung führt“.[152] Da strahlt einen die ganze gutmenschliche Stadtplanung der letzten Jahre an: die Menschen möglichst dicht auf Konzentrationsbauplätzen zusammenpferchen und am Bedarf vorbeiplanen mit kleinen Wohnungen in großen Häusern statt großen Wohnungen in kleinen Häusern. Das entspricht dem Konzept des integrativen Wohnens, das Eichels[x] rot-grüner hessischer Chaostrupp vor Jahren mit Soziosingsang umhüllte:[153] „Die günstige polyzentrale Struktur der Ordnungsräume ist durch die systematische Schwerpunktbildung bei der Siedlungsflächenplanung, bezogen auf Zentren, Achsen und Räume, nach dem Prinzip der dezentralen Konzentration weiterzuentwickeln.“ Nach dem Konzept des integrativen Wohnens sollten „die Reichen“ nicht mehr in ihren Einfamilienhäusern und Villen residieren (Neid!), sondern mit den „sozial Schwächeren“ unter einem Dach leben. Die „Guten“ sollten die „schlechter Gestellten“ zu einem besseren Leben anleiten. In diesem Sinne wollte Le Corbusier in den Zwanzigerjahren ganz Paris abreißen und dem Prinzip der „strahlenden Stadt“ gemäß mit getrenntem Auto- und Fußgängerverkehr sowie *Großwohneinheiten* wieder aufbauen. Ostdeutschlands Platte lässt herzlich grüßen.

Da die CDU/CSU bereits vor Frau Merkels Kanzlerschaft bis über die Halskrause im Schlamm der Ökofalle steckt, konnte das Umweltbundesamt während Kohls Kanzlerschaft eine lupenreine Wahlwerbung für die *Grünen/ Bündnis 90* herausgeben. In der Broschüre *Nachhaltiges Deutschland* wurde das Carsharing über den Schellenkönig hoch drei gelobt und gefordert, „dass das Fahren mit dem pri-

---

[x] Falls es außerhalb Hessen weniger bekannt ist: Hans Eichel war hessischer Ministerpräsident und der zweite Ministerpräsident, der mit den Grünen eine Koalition einging.

vaten Pkw demgegenüber in die Nähe eines egoistischen, gemeinschädigenden Verhaltens gerückt" werden solle.[154] Weiterhin solle der „Urlaub in der Region anstelle einer Fernreise treten"[y].[155] Der Einsatz von Düngemitteln solle der Erlaubnispflicht[156] unterliegen, und den Bürgern müsse eine „Änderung der Ernährungsmuster"[157] anerzogen (!) werden. Ziel ist die Senkung des Fleischverzehrs um ein Drittel und des Eierverbrauchs um ein Fünftel. Die Begründung liest sich höchst drollig: „Nicht zuletzt mit Blick auf eine Solidarität mit den weniger entwickelten Ländern" wird die „Abnahme des Fleischkonsums (unter anderem durch höhere Preise)" angestrebt.[158] Eine Scheibe Salami weniger am Brot – und schon leben die Menschen in Angola besser. Den gleichen Effekt erreicht man durch Wassersparen, indem man weniger duscht – schwups, sprießt das Gras in der Sahelzone. Zu Ludwig Erhards Zeiten standen CDU/CSU für Wirtschaftskompetenz und Freiheit. Heute haben sich die Christdemokraten sozialdemokratisiert und in einen einstimmigen Chor von Ökogutmenschen gewandelt, der sich nur noch marginal von den Linken und den Grünen unterscheidet.

Längst haben die Christdemokraten zu Herbert Gruhl aufgeschlossen, der 1978 die CDU aus Verdruss über deren Wirtschaftsorientierung verließ. In seinem Bestseller *Ein Planet wird geplündert* argumentierte er 1975, es gäbe nichts mehr zu verteilen. Deshalb müsse der Staat „wegnehmen, entziehen, rationieren – und das nicht nur einer Gruppe, sondern allen! Er müsste eine Überlebensstrategie nicht nur konzipieren, sondern auch rücksichtslos durchsetzen. Nicht Produktionsprogramme, sondern Sparprogramme müssen aufgestellt werden. Regierungen und Parlamente werden nicht mehr den Überfluss, sondern den Mangel zu verwalten haben"[159]. Hierzu der „große Vorsitzende" Joschka Fischer 1989:[160] „Sämtliche Aufgaben der Zukunftssicherung werden enorme zusätzliche Kosten verursachen, die woanders eingespart werden

[y] Das dürfte besonders die vom Weihnachts-Tsunami 2004 betroffenen Urlaubsregionen interessieren, die, auf den Tourismus angewiesen, um ihr wirtschaftliches Überleben kämpfen. Damit es dort nicht zum Desaster käme, setzten sich 2005 sogar die gleich geschalteten Sender des ARD und ZDF für Flugreisen nach Phuket ein. Schizo, schizo, tralalalala ...

müssen und also dort fehlen werden. Das heißt aber in den allermeisten Fällen, dass man jemandem etwas wegnehmen muss."

25 Jahre nach Gruhls Parteiaustritt äußert Heiner Geißler:[161] „Wenn Gruhl bei uns geblieben wäre, hätte es die Grünen möglicherweise gar nicht gegeben." Besonders ärgert er sich über seine Fraktion: „Die haben ihn rausgemobbt ... ein ganz entscheidend schwerer politischer Fehler." Tatsächlich war der kauzige Mitgründer der Grünen, Gruhl, ein Asket reinsten Wassers – auch dann, wenn es nichts brachte. Der CDU-Abgeordnete Lippold erinnert sich:[161] Als er ihn einmal im Winter zu irgendeinem Hauptbahnhof brachte, habe Gruhl darauf bestanden, aus Energiespargründen die Heizung im Auto abzustellen. Die Einsicht, dass der Automotor dann die überschüssige Abwärme vermehrt an die kalte Außenluft abgibt, erfordert naturwissenschaftliches Denken, das offensichtlich bei tiefschürfenden Gründenkern nicht allzu sehr verbreitet ist.

Zur Abrichtung von Ökotanzbären und -bärinnen haben das Dritte-Welt-Haus Bielefeld und der BUND 1997 eine volkspädagogische Lehrfibel mit dem Titel *Entwicklungsland Deutschland* herausgegeben. Wegen guter Erfahrungen mit Räterepubliken wird die Einrichtung eines ökologischen Rats empfohlen, der nicht nur das Parlament und die Regierung „berät", sondern auch legislative Kompetenzen in Form eines Einspruchsrechts erhalten soll.[151] Besonders über den Verbrauch tierischer Produkte regen sich die Ökoschulmeister auf. Die Verbrauchsminderung schmackhafter Fleischprodukte um 50 % würde nach Auffassung der Trockenbrotenthusiasten die Treibhausgasemission um 5,7 % verringern. Damit würden in Deutschland 59 Megatonnen CO_2 weniger emittiert, was bei einer Globalemission von 850.000 Megatonnen[162] eine Verringerung um beachtliche 0,007 % ausmacht.

Die Suffizienz-Volkspädagogik ist eines der größten Erziehungsprojekte seit Maos Kulturrevolution. Wie man die Bereitschaft für so eine Kampagne weckt, hatte schon vor 90 Jahren ein deutscher Meister der Volkspädagogik verraten:[163] „Wir haben gar keine Veranlassung, unsere Absichten unter den Scheffel zu stellen. Wir sagen das offen und frei heraus: Wir *haben* eine Tendenz. Wir treten auch für diese Tendenz ein, und wir sind auch entschlossen, dem ganzen öffentlichen Leben diese Tendenz einzuhämmern und aufzuzwingen."

Die Tendenz ist für jeden heute klar zu erkennen und wird an späterer Stelle des Buches noch einmal hervorgehoben. Im nachhaltigen Deutschland soll „statt individuellen Eigentums nur ein Nutzungsrecht für die Dienstleistung eines Produkts erworben" werden.[164] Dies erfordert die „Änderung der Lebensstile, die die bisherigen Formen von Nutzung, Eigentum und Besitz tangieren". Eine zukunftsorientierte Mehrfachnutzung wäre beispielsweise „die Verwendung eines Joghurtglases als Trinkglas"[164]. Wie ist es mit Toilettenpapier, das bislang nur einseitig benutzt wurde? Nicht ohne Grund schreibt die PDS in ihrem Programmentwurf 2001:[165] *„Sozialismus heißt nachhaltiges Wirtschaften* ... Die Forderungen nach Zukunftsfähigkeit und Nachhaltigkeit sind im Grunde nur über eine demokratisch geplante, also über eine sozialistische Wirtschaftsweise verwirklichbar, Nachhaltigkeit entspricht diametral der Markt- und Profitmaximierung." Auferstanden aus Ruinen!

WER DIE WAHL HAT, HAT DIE QUAL

Kein Politiker wird sich an der Suffizienz-Schulmeisterei stören, denn fast alle sprechen sie heutzutage Grünwelsch:

- Angela Merkel 1997:[167] „Energie ist heute zu billig ... Es müssen aus meiner Sicht gezielt die Steuern auf Energie angehoben werden, sei es über Mineralöl, Heizgas oder Strom. Der gewünschte umweltpolitische Lenkungs- und Lerneffekt tritt freilich nur ein, wenn klar ist, dass die Steuersätze über Jahre allmählich angehoben werden." Dazu ein interessanter Wahlkampfslogan von 1998:[168] „Mit Trittin Fünf-Mark-Benzin. Grüner Wahnsinn. Wir verhindern das, CDU." In der Mainzer Fastnachtssitzung 2003 brachte es „Der Bote vom Bundestag" auf den Punkt: „Die Christen predigen die Armut, und Rot-Grün zeigt uns den Weg dahin." Damals dachte niemand daran, dass mit Russlands Putin 2022 einer der großen Erfüllungsgehilfen von Frau Merkels Visionen[z] herangewachsen ist.

- CDU-Papier „Steuerreform – Einführung einer CO_2-Energiesteuer":[169] „Wir bauen auf den bisherigen (Klimaschutz-) Maßnahmen auf, einschließlich der von der Industrie eingegangenen Selbstverpflichtung. Diese Selbstverpflichtung erfasst nicht alle Bereiche und kann für sich allein das Ziel nicht erreichen. Deshalb muss eine CO_2-Energiesteuer ergänzend eingeführt werden."

Man kann das ganze Politspektrum durchgehen, ob Kurt Biedenkopf (CDU), Alois Glück (CSU), Helmut Kohl (CDU), Hans Peter Repnik (CDU), Klaus Töpfer (CDU), Mathias Wissmann (CDU), Angela Merkel (CDU), Christian Wulff (CDU), Günter Rexroth (FDP), Bundeskanzler Scholz nebst seinen Ministern 2022 sowie Exbundeskanzler Schröder – alle haben sich irgendwann für die Ökosteuer ausgesprochen. „Selbst Edmund Stoiber wollte einmal ökologische Ziele im Steuerrecht verankert wissen", schrieb die *FAZ*.[170, 171] Wozu eigentlich noch wählen, wenn alle Parteien in der Ökofalle sitzen und die Bürger mit Suffizienzprügel abstrafen wollen?

ALTERNA(T)IVE ENERGIEN

Der Winter 2022, die Nagelprobe für alternative Energie. Da hilft auch kein Schwafeln von der x-fachen Energie, die die Sonne täglich einstrahlt, und auch davon nicht, dass sie keine Rechnung schickt (Franz Alt). Sie schickt sie sehr wohl! Es sind die überteuerten Preise, die die Bürger für ihren Strom bezahlen müssen als Entwicklungshilfe für alternativen Energien (vgl. CO_2-Steuer). Im Übrigen ist der nicht regelbare Wind- und Solarstrom 4-mal teurer als der plan- und regelbare Strom aus Kraftwerken.

---

[z] Politische Zukunftspläne werden euphemistisch als Visionen beschrieben. Dabei sind Halluzinationen und Visionen nicht nur eng verwandt, sondern symptomatisch für bipolare Störungen, die zur Gruppe der Psychosen gehören. Die Betroffenen erfahren starke Veränderungen in ihrer Wahrnehmung und ihrem Denken – so wie manche Politiker, die den Bezug zum Alltag der Bürger verloren haben.

Obwohl die jährliche Sonneneinstrahlung von $3{,}5 \cdot 10^{15}$ kWh das 2500fache des geschätzten Gesamtenergiebedarfs der Menschheit beträgt, liegt die Crux „alternativer" Energien in ihrer geringen Energiedichte.[172] Rechnet man die jährliche Energieproduktion einer Solaranlage auf ihre potentielle Volllast um, so kommt eine typische Photovoltaikanlage gerade einmal auf 800 Volllastnutzungsstunden. Zur Erinnerung: Ein Jahr hat 8760 Stunden.

Für eine Komplettstromversorgung Deutschlands mittels Photovoltaik benötigte man eine Fläche von der Größe Schleswig-Holsteins (7000 Quadratkilometer). Wegen der durchschnittlich nur 15-prozentigen Verfügbarkeit der Sonneneinstrahlung[aa] müssten Energiepuffer zur Verfügung stehen. Diese könnten moderne Lithium-Cobaltdioxid-Akkumulatoren – kurz Batterien genannt – sein. 2007 überzeugte Elon Musk die Australische Regierung, für 172 Milliarden Dollar eine 150 MW-Batterie zu diesem Zweck anzuschaffen. Diese 150 MW kann die Batterie maximal 77 Minuten lang liefern. Wird mehr verlangt, verringert sich die Zeit dramatisch. Bei einem Strombedarf von 230 TWh kann Australien damit ganze 3,4 Minuten vorm Black-out geschützt werden. In Deutschland, das 624 TWh benötigt, ginge das Licht nach 1,3 Minuten aus. Wenn das kein Fortschritt ist! Ende Juli 2021 ging übrigens die australische 150 MW-Batterie in Flammen auf. Die noch größere im Bau befindliche 450 MW-Batterie dürfte ein noch lustigeres Feuerwerk liefern.

Alternativ zu Batterien könnten auch 20.000 Eder Talsperren errichtet werden.[172] Damit wäre der Klimaschutz tatsächlich „ein Markt ungeahnter Größe"– für die Hersteller von Batterien und für Tiefbauunternehmen. Die erforderlichen Talsperren würden übrigens die gesamte Fläche der alten Bundesländer überdecken. 2001 wurde in Freiberg (Sachsen) auf einer Schule für 210.000 Euro eine 31 Kilowatt-Anlage errichtet. Bei elfjähriger Abschreibung und üblicher Sonnenscheindauer gelangt man zu einem Erzeugerpreis von 86 Cent pro Kilowattstunde. Nach Expertenangaben lagen 2003 die typischen Stromentstehungskosten der Solarenergie zwischen 71 und 99 Cent pro Kilowattstunde (netzgekoppelt) und 1,42 Euro pro Kilowattstunde (Inselanlage).[173] Dieser Luxus wird durch die

Zwangssubvention in Form der Einspeisungsvergütung von 51 Cent pro Kilowattstunde ermöglicht. Niedriger Nutzen – hohe Kosten.

Ökoseligen Perpetuum-mobilisten der Schröder-Fischer-Regierung hielt 1999 Berthold Romacker von AAB entgegen:[174] „Wer glaubt, mit Solarzellendächern einen merklichen Beitrag zur großtechnischen Energieversorgung leisten zu können, der hat noch nie nachgerechnet ... Das 100.000-Dächer-Programm ist ein unüberlegter Schnellschuss, Aktionismus um seiner selbst willen, eine Verschleuderung volkswirtschaftlichen Vermögens." Alles, was nach 15 Jahren davon übrigbleiben wird, sind Zehntausende über das Land verteilte kleine Investitionsruinen. So ist es.

Was bringt die Windradfolklore? Nicht viel. Nur 0,2 - 2 % der auf die Erde treffenden Sonnenenergie wird in Windströmung umgewandelt. Bedauerlicherweise beträgt die Energiedichte nur 40 Watt pro Quadratmeter Windradfläche, was noch dazu durch einen schlechten Umsetzungsgrad von 6 % weiter gemindert wird.[175] Weiterhin liefern Windräder im Schnitt nur an 77 Tagen im Jahr Strom, während sie rechnerisch die restlichen 288 Tage stillstehen, dafür aber ganzjährig von den abgezockten Bürgern subventioniert werden.[173] Dennoch wird gern mit gigantischen Zahlen jongliert. So warb man 1998 mit 40 % Sonderabschreibung für den größten Windpark Europas.[176] Jährlich sollten dadurch dank frommer Ökowünsche 110.000 Megawattstunden „saubere" Windenergie produziert werden. Rechnet man nach, entspricht dies knapp 1 % eines 1300-Megawatt-Kernkraftwerks. Beeindruckend.

Nach den Worten des verflossenen Umweltministers Trittin, der in einer demokratischen Ökovolksrepublik auch gut das „Mini-Suff" leiten könnte, sind 2002 36,4 Millionen Tonnen CO_2 durch „erneuerbare" Energien[bb] eingespart worden.[177] Eine Ökobagatelle, weil

[aa] Im Winter während des größten Energiebedarfs nur 2 %.

[bb] Energie kann nicht erneuert werden, sondern nur gewandelt von einer Form in die andere. Ein 1500 kg schweres Auto hat bei 120 km/h eine kinetische Energie von 831,7 kJ (=Kilojoule). Tritt männlich/weiblich/divers auf die Bremse, wird diese Energie in Wärmeenergie gewandelt – und nicht erneuert. Ich möchte einmal gern wissen, wer den bescheuerten Begriff der „erneuerbaren Energie" in die Welt gesetzt hat. Dem gehört heute noch das Idiotenpatent ausgehändigt!

dies ziemlich genau dem Atemkohlendioxid der Bundesbürger in Höhe von 35 bis 36 Millionen Tonnen entspricht (s. S. 296). Berechnet man mit den Zahlen des Stuttgarter Energiewissenschaftlers Voß den Materialeinsatz pro erzeugter Energieeinheit, dann benötigt die *Photovoltaik* im Schnitt 6,6-mal so viel Eisen, 45-mal so viel Kupfer und 120-mal so viel Bauxit wie die Braunkohle.[178] Auf die Kernenergie bezogen, sind es sogar 28-mal so viel Eisen, 51-mal so viel Kupfer und 160-mal so viel Bauxit. Auch die *Windräder* schneiden nicht viel besser ab. Die spargelförmigen Vogeltotschläger benötigen im Vergleich zur Kernenergie 15-mal so viel Eisen, 13-mal so viel Kupfer und viermal so viel Bauxit.[178]

Der Grund für das schlechte Abschneiden alterna(t)iver Energiequellen liegt in ihrer geringen Leistungsdichte, die den Materialeinsatz je erzeugte Energieeinheit hochschraubt. Und nicht nur das. Weil selbst in einem windhöffigen Gebiet wie an der Küste Westdänemarks die Leistung der Windräder binnen Stunden zwischen null und mehr als 2000 Megawatt schwankt, müssen im Hintergrund ständig konventionelle Kraftwerke mitlaufen.[173] Herrscht Flaute, übernimmt das konventionelle Kraftwerk die Stromeinspeisung. Fällt es dem Wind gerade einmal ein, kräftiger zu blasen, müssen die konventionellen Kraftwerke sofort vom Netz genommen werden. In diesem Fall wird ihr Wasserdampf für die Turbinen als *Regelverlust* sinnlos und nutzlos in die Atmosphäre abgeblasen.

Wegen dieser bereitzustellenden Schwankungsreserve sind Windräder *indirekte* CO_2-Emissionsquellen – und zwar kräftige! Nun kommt es: Je stärker die Windenergie ausgebaut wird, desto gigantischer wächst die Verschwendung. Nach Verwirklichung der Ausbaupläne rechnen große Stromproduzenten mit einem *Regelverlust* von 30 %.[179]

Es kommt noch besser: Weil die tatsächliche Windkraftleistung nur 14 - 20 % der Nennleistung beträgt, müssen für ein Megawatt Windenergie 0,9 Megawatt als Regelenergie am Netz bleiben. Bei deutschlandweit 63.924 installierten Megawatt Windkraft (2022) sind folglich 57.500 Megawatt Regelenergie notwendig. Somit bleiben im Idealfall maximal ca. 6.400 Megawatt als Leistung sämtlicher

Windräder übrig und nicht 63.924 Megawatt, wie Ökosprechtüten in den Medien und Politiker unentwegt behaupten! Bleibt als einzige Schlussfolgerung: Windräder sind eine Hobbyenergie, mit der Nachhaltigkeitspolitiker die Wirtschaft nachhaltig an die Wand fahren.

Der aktuelle Schlager 2022 im Repertoire des Öko-Entertainments ist die Versorgung Deutschlands mit „grünem" Wasserstoff – ich kenne das Gas nur als farblos und die Wasserstoffdruckflaschen sind rot mit Linksgewinde am Ventil. Seltsam! Interessanterweise wurde im Dritten Reich nicht nur die Windenergie, sondern auch die Energieversorgung mittels Wasserstoffs intensiv erforscht[cc]. Pikanterweise greift man eine alte Nazi-Idee auf. Mittels Windenergie und Druckelektrolyse erzeugter Wasserstoff sollte damals sowohl zum Heizen von Wohnungen und Dampflokkesseln herangezogen werden als auch als Reduktionsgas in der Eisen- und Stahlindustrie dienen.[204]

Als sich 2003 der CDU-Bundestagsabgeordnete Axel Fischer wegen der Regelenergieverschleuderei kritisch zum Erneuerbare-Energien-Gesetz (EEG) äußerte, löste er beim Umweltminister Trittin mit seinem Achtzylinder-Audi-Dienstwagen schallendes Gelächter und bei seiner eigenen Fraktion heftigsten *Widerstand* aus.[180] Der CSU-Abgeordnete Ramsauer meinte als Eigentümer eines kleinen Wasserkraftwerks, „eine der unsinnigsten Reden, die ich je gehört habe", und rief: „Der spricht nicht für uns!" Kann auch schlecht sein, denn die damaligen Bundestagsabgeordneten Dietrich Austermann (CDU), Thomas Dörflinger (CDU), Georg Girisch (CSU), Josef Göppel (CSU), Peter Goertz (CDU), Hermann Kues (CDU), Helmut Lamp (CDU) sowie Doris Meyer (CDU) sind laut Briefkopf des BEE Beiratsmitglieder des „Bundesverbands erneuerbarer Energien e. V.". Dazu kommen Peter Ramsauer (CSU, offene Lobbyarbeit für alternative Energien), Clemens Stroetmann (CDU, „Initiative pro Wind"), Gerhard Wächter (CDU, Promoter „Energie Landwirte"), Martina Krogmann (CDU, niedersächsische Ener-

[cc] In dem Zusammenhang sei nur daran erinnert, dass der unter ständigen Blähungen leidende Adolf H. auch ein vorwiegend vegetarisch lebender Nichtraucher war.

gieagentur, Leitantrag zur Windenergie) und Cajus-Julius Caesar (CDU, Mitinitiator einer Biogasanlage). Man kann es nur wiederholen: Da auch die FDP (Beispiel: Hans-Michael Goldmann und Angelika Brunkhorst) beim Windspargelfest mitschlemmt, stecken die bürgerlichen Parteien bis zur Halskrause in der Ökofalle. Wen kann man noch wählen? SPDGRÜNELINKEAFDCDUCSUFDP?

Dem ehemaligen Wirtschaftsminister Müller platzte wegen des wirtschaftlichen Kollateralschadens der Kragen:[183] „Wenn ich es heute noch einmal machen könnte, gäbe es kein 100.000-Dächer-Programm zur Solarförderung." Und er setzt noch eins drauf. In seinem Energiebericht von 2001 schreibt er, man könne nicht beides wollen, nämlich aus der Kernenergie aussteigen und gleichzeitig bis 2020 den Ausstoß von Kohlendioxid um 40 % gegenüber 1990 drücken. Da die Stromproduktion zur Hälfte aus der Kohleverbrennung und zu einem Drittel aus der Kernenergie stammt, würde eine solche radikale Energiepolitik die Bürger 250.000.000.000 Euro kosten.[184] Dies sind 3125 Euro pro Kopf! Frau Merkel, die als Kanzlerin dem Land durch Sozialdemokratisierung der CDU riesigen Schaden zufügte, der ab 2022 immer deutlicher wird, hat beides gemacht. Um von einer ökohysterischen Bevölkerung wieder gewählt zu werden, beschloss sie 2011 nach Fukushima sowohl aus der Kernenergie als auch aus der Nutzung fossiler Energien auszusteigen.

Nach Angaben des Statistischen Bundesamts kassierte bereits 2002 der Staat von jedem Bürger 712,50 Euro an offenen und verdeckten Umweltsteuern.[185] Dennoch wurde Rot-Grün 2002 wegen eines Hochwassers und des Irakkriegs im Amt bestätigt. Offensichtlich repräsentieren Wahlen nicht mehr das Demokratieprinzip, sondern nur noch den kleinsten gemeinsamen Intelligenzquotienten und der dürfte deutlich unter 100 liegen. Wird von Subventionen gesprochen, reagiert die Windspargel-Suchtgemeinde äußerst gereizt. Marco Bülow (SPD), der als Greenpeace-Mitglied vom Bundestag aus die Bevölkerung schurigelte, veröffentlichte 2003 folgende Pressemitteilung:[186]

„Bei der Förderung der Windenergie durch das ‚Erneuerbare-Energien-Gesetz' (EEG) handelt es sich nicht um Subventionen, sondern um ein Umlagesystem, das die Mehrkosten verursachergerecht auf die Endkunden umlegt. Eine Reduzierung der Vergütungssätze kann daher nicht zum Abbau der staatlichen Subventionen oder zur Konsolidierung des Staatshaushalts beitragen."

Dem Bürger ist es doch ziemlich egal, ob die Subvention via Finanzamt an die alternativen Energie-Windspargelbetreiber weitergereicht wird oder ob er durch das EEG über den Strompreis direkt abgezockt wird. Das gilt auch für die die 2021 neu eingeführte stetig steigende (!) CO_2-Bepreisung für Verkehr und Wärme, die als Herzstück des Klimaschutzprogramms der 2023 gebietenden Ampelkoalition gepriesen wird.

Fazit: Der Teppichvertreter verkauft Teppiche, der Staubsaugervertreter verkauft Staubsauger, der Volksvertreter verkauft das Volk – für dumm. Die Merkel-CDU sagte: „Wählt uns, wir senken euren Lebensstandard durch Treibhausgas-Steuern nachhaltig." Rot-Grün echauffiert sich: „Nein, vollkommen falsch. Wählt uns, wir machen das noch viel effektiver!" Richtig: 2021 hat es geklappt.

KNALLGASKÖPFE ODER DIE MÄR VON DER WASSERSTOFF-TECHNOLOGIE

Weltweit werden jährlich von Bedürfnisträgern verursacht 35.000 Mio. t CO_2 emittiert. Wegen der politisch angeordneten Klimaneutralität der menschlichen Atmung spielt diese keine Rolle. Mit 627 Mio. t hat Deutschland daran einen erschreckenden Anteil von 1,8 %. Da Hessen mit beängstigenden 32,5 Mio. t ebenfalls für Hitzewellen und Extremwettereignissen sorgen soll, hat der Hessische Landtag am 05.07.2022 mit der Drucksache 20/8758 einen Gesetzentwurf vorgelegt. Im schönsten juristischen Schwalldeutsch heißt es: *„Das Hessische Energiegesetz (HEG) ist bis zum 31. Dezember 2022 befristet. Von der ursprünglich geplanten Verlängerung des HEG durch Sammelgesetz (Sammelsurium Gesetz?) des Ministeriums der Justiz muss nach dem Klimaschutz-Beschluss des Bundesverfassungsgerichts vom 4. März 2021 (Az.: 1 BvR 2656/18 u. a.) Abstand genommen werden. Aufgrund der damit einhergehenden*

Änderung des Bundes-Klimaschutzgesetzes (KSG) vom 24. Juni 2021 (neu aufgenommenes Ziel: Netto-Treibhausgasneutralität bis 2045) ist eine Anpassung der im HEG festgesetzten Ziele im Energiebereich unumgänglich... Ziele dieses Gesetzes sind die Deckung des Endenergieverbrauchs von Strom und Wärme zu 100 Prozent aus erneuerbaren Energiequellen ... bis zum Jahr 2045..."

Als originellen Beitrag zur Rettung des Planeten schlägt die FDP ein *Hessisches Wasserstoffzukunftsgesetz* vor: *„Wasserstoff ist ein universell einsetzbarer Energieträger, der eine sichere, wirtschaftliche, technologieoffene und klimaneutrale Energieversorgung ermöglicht. Wasserstoff kann in allen Sektoren, der Wärmeerzeugung, im Verkehr, der Industrie und Elektrizitätserzeugung eingesetzt werden und ermöglicht damit in besonderem Maße Wirkungsgrad- und Effizienzgewinne."* [212]

Ein eigens von dieser Partei bestellter Gutachter sticht mit spitzer Nadel in den Knallgas-Luftballon mit den Worten: „Diese Stellungnahme zeigt, dass die Zielsetzung mit *grünem Wasserstoff* die Energiewende zum Erfolg führen, zwar technisch-physikalisch nicht unmöglich ist, aber in der Realität und von den volkswirtschaftlichen Kosten einen unverhältnismäßigen Aufwand darstellt, die vorgesehene Zielsetzung nicht erreichen kann und somit unrealistisch ist." Weiterhin stellt der Gutachter fest:[213]

- „Wasserstoffnutzung im Verkehrssektor bedeutet – in welcher Konstellation auch immer – bis zur energetischen Nutzung extreme Energieverluste."
- „So bedeutet der extrem niedrige Wirkungsgrad für die Anwendung von Wasserstoff im Verkehr, im Vergleich zur batteriegestützten E-Mobilität, fast den 4-fachen Ausbau der *__V__olatilen __E__rneuerbaren __E__nergien (VEE)*[a] in Deutschland."
- „Auch propagierte Wasserstoffträger oder andere alternative Energieträger (z.B. Methanol oder Ammoniak) können im Vergleich der Energiedichte mit heutigen Kraftstoffen nicht

[a] VEE = Strom von Windmühlen, Photovoltaik, Wasserkraft u. ä., umgangssprachlich: „Flatterstrom"

bestehen. Jede Substitution führt zu vielfältigen Nachteilen, bei den Kosten, dem Volumen, dem Gewicht, der Transportkapazität, der Reichweite, dem technischen Aufwand etc."

- „Die Einschätzung des Wasserstoffbedarfs der Bundesregierung ist mindestens um den Faktor 5 niedriger als in diesem Papier im Detail nachgewiesen. Die offiziellen Darstellungen und Pläne entsprechen meist nicht den Realitäten, sondern beschönigen und blenden Problembereiche aus."
- „Das begrenzte Potenzial des möglichen Ausbaus der VEE in Deutschland führt dazu, dass praktisch der gesamte Wasserstoff importiert werden muss. Die angekündigte weltweite Umstellung auf Wasserstoff kann zu extremen Engpässen und damit zu deutlichen Preissteigerungen sowie zu problematischen Abhängigkeiten von politisch instabilen Staaten führen. Eine neue Energiekrise könnte folgen (vgl. Ölkrise 1973)."
- „Der Import von flüssigem Wasserstoff über deutsche Nordseehäfen erfordert sehr große Spezialschiffe, die es derzeit nicht gibt. Das benötigte, zusätzliche Wasserstoffnetz in Deutschland wird Investitionen im dreistelligen Milliardenbereich erfordern."
- „Die Endenergie *Wasserstoff* ist vier bis fünf Mal teurerer als die bewährten fossilen Kraftstoffe (Benzin, Diesel, Kerosin, Heizöl, Erdgas). Das führt dazu, dass volkswirtschaftliche Mehrkosten von jährlich 200 Mrd. €, allein für Wasserstoff, entstehen würden, die nur einen Teil der Energiewendekosten darstellen. Nur für Wasserstoff würden rechnerisch grob 9.500 € pro Jahr für einen 4-Personenhaushalt anfallen."
- „Zur Ehrlichkeit gehört zu sagen, dass auch nach den immensen Investitionen von wenigstens 7 Billionen Euro[b] bis 2050 weiterhin jährliche Mehrkosten für Wartung, Betrieb und Erneuerung in dreistelliger Milliardenhöhe für Deutschland aufgebracht werden müssen."

[b] 7 Billionen sind 7000 Milliarden. Bei 80 Millionen Einwohner macht das 12.500 Euro bzw. 12.500 Bällchen Speiseeis pro Kopf. Eine vierköpfige Familie muss in dem Zeitraum 50.000 Euro blechen.

Soweit das Gutachten. Natürlich werden bestbesoldete Professoren aus renommierten Instituten heftig widersprechen, schließlich geht es um ihren Job als Politikberater, und außerdem haben sie die Wahrheit gepachtet, genauso wie die uns regierenden Vierjahres-Fürsten. Dennoch gelten folgende Fakten:

- Die wirtschaftlichste Variante zur Erzeugung von Wasserstoff ist die Elektrolyse. Der durch Wasserstoff zu deckende jährliche deutsche Energiebedarf beträgt für Wärmeerzeugung (Heizen mit H_2), Verkehrsbereich (fahren, fliegen, Schiffsverkehr mit H_2), Zementindustrie, Chemische Industrie, PTx (Power to Gas = E-Fuels, z. B. Synthesebenzin) 2.053 TWh.[c] Zur Bereitstellung dieser Energiemenge müssten die VEE-Flatterstromerzeuger zirka eine Leistung von 850 bis 1100 GW erbringen. Ende 2020 standen nur 116 GW zur Verfügung.[214]
- Der oben angeführte Energiebedarf berücksichtigt noch nicht die Energie zum Betrieb von Computern (Digitalisierung!), den Energiebedarf des Dienstleistungssektor (Krankenhäuser, Schulen, Justiz etc.) und ganz wichtig: die Energie zur Produktion von Lebensmittel (Landwirtschaft, Bäckereien, Brauereien, Mühlen usw.), aus der dann nach Überzeugung von Qualitätsmedien und Politikernden klimaneutrales Atemkohlendioxid entsteht. Berücksichtigt man all dies, benötigt Deutschland 3.630 TWh. Um hierfür den Wasserstoff bereitzustellen, reichen nicht 850 bis 1100 GW aus Windmühlen und Co. aus, vielmehr benötigt man 1500 bis 1945 GW.
- Fazit: Die *Nationale Wasserstoffstrategie* ist ein totgeborenes Kind, weil mindestens 10-mal mehr VEE als gegenwärtig notwendig wäre.[216] Wie erwähnt muss der Wasserstoff importiert werden aus Regionen, in denen die Sonne häufiger aufs Hirn scheint – wie beispielsweise in Afrika. Schweizer Konten der regierenden Kleptokraten warten schon auf den Geldsegen (vgl. S. 337). Der Transport könnte dann über ähnlich politisch stabile Pipelines wie Nord Stream 1 und 2 erfolgen

[c] Achtung: Energie (Joule, Wattstunden = Wh) darf nicht mit der Leistung (Watt) verwechselt werden.

oder in Form von Flüssigwasserstoff-Tankern (LH_2-Tanker). Letztere gäben einen kräftigen Doppel-Bumms, wenn es einmal zur Zündung käme (vgl. Luftschiff Hindenburg).

- Als Königsweg wird LH_2 gepriesen. Fahren wir doch einmal Auto damit: Der Wirkungsgrad der Elektrolyse beträgt 0,64. D. h. 100 kWh elektrischer Windmühlen- und Fotovoltaik-Energie ergeben 64 kWh Wasserstoffenergie. Damit nicht genug. Der Wasserstoff muss verflüssigt werden. Die Energie zum Antrieb der Kompressoren wird mittels Wasserstoff erzeugt bei einem Wirkungsgrad von 0,65. Von unseren 100 kWh elektrischer Energie sind nur noch 64 kWh · 0,65 = 41,6 kWh Wasserstoffenergie vorhanden. Es sind weitere Verluste einzurechnen, die von den 41,6 kWh noch weniger übriglassen. Dazu zählt der Pipelinetransport innerhalb Afrikas, sowie der Flüssiggastransport (Tanker, LKW/Bahn) nebst Speicherverluste (Lagertanks der Großhändler, Tankstelle). Insgesamt gehen dadurch noch einmal 55 % des übrig gebliebenen Wasserstoffs flöten. Von den 41,6 kWh der o. g. Wasserstoffenergie schwappen als LH_2 41,6 kWh · (45/100) = 18,7 kWh[d] im Tank des Autos. Von dem der Sonne abgetrotzten 100 kWh sind am Schluss also nur noch 18,72 kWh übrig. Eine Bäckerei, die von 100 kg angelieferten Mehl nur 18,7 kg zum Backen verwendet und mit 81,3 kg den Backofen heizt, müsste eilends Konkurs anmelden! So wie Regierungen, die auf Anraten von renommierten Beratern einen solchen Nonsens verfolgen.
- Jetzt steigen wir aber einmal in ein mit LH_2 betriebenes KFZ. Die Dichte flüssigen Wasserstoffs beträgt 71,4 g/Liter. 1 kg LH_2 benötigt deshalb ein Tankvolumen von 14 Liter. Nun wollen wir mit einer Tankfüllung 600 km fahren. Für diese Strecke werden auf Grund der Energiedichte 8,32 kg LH_2 benötigt. Da der Tank wegen der Isolierung und der Druckstabilität (700 bar!) sehr dickwandig sein muss, besitzt er ein Volu-

[d] 100 % - 55 % = 45 % ≙ Faktor 0,45

men von ca. 290 Liter.[215] Ein Dieselfahrzeug kommt für die gleiche Reichweite mit einen 45 Litertank aus.

- Oberhalb der sogenannten kritischen Temperatur von ca. -241 °C ist Wasserstoff mit keinem auf der Erde realisierbaren Druck in flüssiger Form zu halten. Entweder ist der Tank stets auf eine Temperatur unterhalb -241 °C zu halten oder verdampfender Wasserstoff muss entweichen können. Mit anderen Worten: Bei einem mit LH_2 betriebenen Fahrzeug entweicht stets eine geringe Menge des hochentzündlichen Gases über das Sicherheitsventil. Da auch der Bundestag durch Gesetzesbeschluss und Verordnung diese Naturgesetzlichkeit nicht ändern kann, müssen Garagen bzw. Tiefgaragen besonders gut belüftet sein. Andernfalls gibt's was auf die Ohren (Explosionsbereich H_2/Luft: 4 bis 76 Volumenprozent).
- Eine andere Technologie ist die Bindung gasförmigen Wasserstoffs an eine geeignete organische Flüssigkeit (LOHC)[e], von der das Gas durch Erwärmung wieder freigesetzt wird. Eine auf den ersten Blick faszinierende Lösung. Nur müsste ein Fahrzeug für 600 km Reichweite einem Masse von 540 kg zusätzlich mit sich herumschleppen bei einem Tankvolumen von 1800 Liter. Da müssen die Passagiere schon etwas zusammenrücken! Besonders interessant dürfte es für einen Motorradfahrer sein, dessen Fahrzeug nur 50 % eines Autos verbraucht. Er dürfte mit einem 900 Liter Rucksacktank sogar den Weihnachtsmann in der Hochsaison toppen.
- Es gibt noch eine Menge weiterer Lösungsvorschläge wie CO_2 – möglichst aus der Luft mit hohem Energieauswand eingefangen –zu Methan bzw. Methanol hydrieren. Auch kann der Luftstickstoff mit Wasserstoff zu Ammoniak umgesetzt werden. Der Ammoniak wird anschließend mittels Platinkatalysatoren verbrannt und die Energie zum Antrieb eines Fahrzeug genutzt. Alle diese Systeme sind genauso alltagstauglich wie das Hamsterrad zur Stromerzeugung.

[e] LOHC = liquid organic hydrogen carrier (Wasserstoff heißt auf Englisch nicht etwa „Waterstuff" sondern „Hydrogen")

11. HORCH, WAS EXPLODIERT DENN DA?

„Bio“ ist gesund, dröhnen Foodwatch-Pfarrer unablässig von den Kanzeln der Ökokirche. „Wenn’s doch alle sagen, muss es wahr sein“, äußern Biogläubige, während sie selig verklärt im mit Regenwasser gewaschenen Salat stochern und mit der Gabel BSE-freie Putenstreifen aufpicken. Vom tiefen Glauben durchtränkt wissen sie: Biolebensmittel, Breichen und Müsli – chemiefrei und unbelastet, garantieren ein langes, gesundes und beschwerdefreies Leben. Wer so etwas glaubt, preist jeden Wurm im Apfel, jeden Schimmelherd auf der Zwiebel und würde bedenkenlos Bio-Gammelfleisch der Firma Wilke konsumieren – Hauptsache frei von Konservierungsmitteln. Kein Wunder, denn die Angsttrompeter schrillen in den höchsten Alarmtönen. So forderte Greenpeace 2013 die Grenzwerte von Pflanzenschutzmitteln in Lebensmitteln auf 0,01 mg/kg zu senken, weil Labore ab dieser Größenordnung die Belastung messen können![1] Und prompt reagierte die EU: 2021 wurde der Höchstwert für das Fungizid Chlorthanonil von 6 mg/kg auf 0,01 mg/kg gesenkt.[2] Dabei hatte der alte Höchstwert bereits einen Sicherheitsfaktor von 100 (s. S. 170 ff)[a]. Wird der neue Grenzwert um das 100fache überschritten (= 1 mg), so beträgt die erschreckende Chlorthanonilbelastung immer noch $^{1}/_{6}$ des alten Grenzwertes.

[a] Die Toxizität wurde mit Hochdosisversuchen ermittelt. Für Ratten beträgt die LD50 >10.000 mg/kg24. Mäuse wurden 90 Tage mit hohen Dosen gefüttert. Die Tiere, wen wundert’s, wurden krank. Erst bei einer Absenkung auf 30,4 mg/kg konnte bei allen Versuchstieren kein Karzinom gefunden werden.23 Den Tieren wurden also 2736 mg/kg verfüttert. Hochgerechnet auf ein 15 kg schweres Kind wären dies 41.040 mg = 41,04 g.

Weltbevölkerungsuhr
26-04-2023 16:56:18

8 078 876 616	**Aktuelle Bevölkerung**
4 076 239 143	Aktuelle männliche Bevölkerung (50.5%)
4 002 637 473	Aktuelle weibliche Bevölkerung (49.5%)
51 769 643	Geburten dieses Jahr
315 892	Geburten heute
20 000 094	Tote dieses Jahr
122 038	Tote heute
0	Nettozuwanderung dieses Jahr
0	Nettozuwanderung heute
31 769 549	Bevölkerungswachstum dieses Jahr
193 854	Bevölkerungswachstum heute

Bild 27: Weltbevölkerungszuwachs

Ökokosmetik vom Feinsten! Tausende Tonnen Lebensmittel wurden in der Vergangenheit und werden immer noch wegen Überschreitung von Grenzwerten vernichtet oder aus dem Verkehr gezogen. Dabei spielt die Musik auf einer ganz anderen – einer schrägen Rille (Bild 27). Das Bevölkerungswachstum findet vor allem in der Dritten Welt statt, deren Menschen über unsere Probleme schallend lachen!

Die zeitgeistgetragene ökoduselige Schadstoff-Ultraspuren-Kammerjägerei – die verbissene Jagd auf das Nichts – begeistert allenfalls Endzeitlemminge, lenkt aber vom eigentlichen Problem ab und bewirkt letztlich nur eine Vergeudung von Kapital und Ressourcen. Leider wird auch Zeit verplempert. Spätestens bei der UN-Weltbevölkerungskonferenz von 1965 hätte Verhütung – hormonell oder anderweitig – das Zentralthema sein müssen, zumal die „Pille“ bereits 1960 in den USA auf dem Markt kam. Mit vollkommen absurden Argumenten lehnten Feministinnen im Vorfeld der UN-Bevölkerungskonferenz von 1995 das Bevölkerungswachstum als Ursache von steigender Armut und Umweltzerstörung ab. Sie meinten, damit würden Frauen nicht nur die Schuld zugeschoben, sondern sie würde auch zum Ziel der Bevölkerungspolitik. Mehr Gaga geht nicht.

Um individuellen Freiraum, globalen Wohlstand und dauerhaften Frieden zu gewährleisten, müsste das Bevölkerungswachstum nicht nur eingeschränkt, sondern sogar auf den Stand von vor der

Industrialisierung zurückgeführt werden. Nur so ist dem gesunden Menschenverstand (engl. *Common Sense*) folgend eine „nachhaltige Entwicklung“ gewährleistet. Weniger Menschen ist mehr!

WACHSTUM OHNE ENDE – ODER ENDE DER FAHNENSTANGE?

Eine Abschätzung der Zahl der Menschen, die in den letzten 600.000 Jahren lebten, kommt auf eine Zahl von etwa 77 Milliarden. Geht man davon aus, dass diese Zahl stimmt, so leben allein heute rund 10 % dieser 77 Milliarden. Vor zehntausend Jahren, also in der Jungsteinzeit, schätzt man die Zahl der Menschen auf 5 bis 10 Millionen. Um 6000 v.Chr. gab es immer noch nicht mehr als etwa 10 Millionen Menschen. Dies entspricht ungefähr der heutigen Bevölkerung einer Großstadt wie Tokio (9,6 Millionen) oder London (10,3 Millionen). Wie gesagt, das war damals die gesamte Erdbevölkerung! Um Christi Geburt lebten 252 Millionen, die sich bis zum Dreißigjährigen Krieg auf etwa 610 Millionen vermehrt hatten. Kurz danach aber setzte, wie im Bild 28 gezeigt, die Bevölkerungsexplosion ein.

Kontinent	1950	2016	Zuwachs %	Zuwachs/Jahr %
Asien	1.400	4.437	217	3,29
Afrika	230	1.203	423	6,41
Nord-Amerika	450	997	122	1,85
Europa	550	740	35	0,52
Ozeanien	300	40	-87	-1,3
Welt	2.550	7.418	191	2,9

Bild 28: Bevölkerungsexplosion

Es handelt sich um eine **stille Explosion**, deren Auswirkungen sich **schleichend** bemerkbar macht. Das Ganze geschieht so unauffällig wie das Altern, bei dem man sich jeden Tag im Spiegel betrachtet und feststellt, dass man noch so aussieht wie gestern. Kaum ein Politiker beschäftigt sich ernsthaft mit der Eindämmung des Bevölkerungswachstums! Da ist es schon einmal wohltuend, wenn jemand wie der 2016 verstorbene FDP-Generalsekretär Guido Westerwelle im *FAZ-Magazin* auf die Frage „Was ist für sie das größte Unglück?", antwortet: „die Überbevölkerung".

Die in den letzten Jahrzehnten angeschwollene Verkehrslawine, der sich in den nächsten Jahren verdoppelnde Flugverkehr, auf dessen beschäftigungswirksamen Effekt unsere Politiker so sehr setzen, das sind laute, hörbare Ereignisse, die Niemandem verborgen bleiben. Die bekommt jeder mit. Genauso wie den alltäglichen Klamauk, wenn ein „Fridays-for-Future"-Happening zelebriert wird oder ökomarxistische Schwesterchen und Brüderchen der „Last Generation" sich auf der Straße festkleben. Deren Ängste sind für unser eigentliches Problem genauso uninteressant wie „gefährliche" Arsen-Pikogrammengen im Sand von Kinderspielplätzen oder in Babysäften.

Die vorhandene und stetig wachsende Zahl der nach Überleben und höherem Lebensstandard strebenden Bedürfnisträger ist die eigentliche Ursache aller Umweltbelastung. In den Medien und der Politik ist es *das* Tabuthema. Unter dem Stichwort „Vergreisung der Gesellschaft" tun deutsche Politiker sogar alles, damit die Bundesbürger wieder mehr Kinder in die Welt setzen. Der Ökomusterknabe Deutschland gibt angesichts der herannahenden Betonwand volkspädagogisch Vollgas, damit der Aufprall nicht so hart wird! Die Eltern, die heute hellauf empört sind, wenn Ultraspuren eines Pflanzenschutzmittels in der Babynahrung gefunden werden und ernsthaft glauben, die Gesundheit ihres Kindes sei dadurch gefährdet, machen sich keine Gedanken darüber, dass ihre Sprössling dereinst von den Enten im Wald platt getreten werden, nämlich dann, wenn die Erdbevölkerung bei einem jährlichen Wachstum von 97 Millionen in absehbarer Zeit auf 12 Milliarden explodiert ist. Das ist der doppelte Wert dessen, der zur Kindheit der heutigen Elterngeneration galt. Jede Sekunde beträgt der Geburtenüberschuss drei Erdenbürger. Das ist täglich eine Großstadt mit rund 265.000 Einwohnern etwa in der Größenordnung von Magdeburg oder Wiesbaden.

Bereits um 1810 hatten wir die erste Milliarde Erdenbürger erreicht. Über 12.000 Jahre hat es gedauert, bis diese Milliarde erreicht war! Heute schaffen wir eine solche Milliarde locker in der Zeitspanne von ca. 12 Jahren! 2011 waren wir 7 Milliarden und 2023 sind es 8 Milliarden. Billigt man jedem Menschen eine Fläche von etwas mehr als einem halben Quadratmeter zu, so konnte man noch um 1810 die gesamte Erdbevölkerung auf einer Fläche von der Größe des Bodensees unterbringen. Um 1990 benötigte man bereits die 1,2fache Fläche des Saarlandes! 1950, das ist noch gar nicht so arg lange her, bevölkerten 2,5 Milliarden den Globus. Zur Verdoppelung von 2,5 auf 5 Milliarden benötigten lustgetriebene, bienenfleißige Betthüpfer nur knapp vierzig Jahre! Ach so, die Menschen in den unterentwickelten Ländern machen das nicht aus Lust, sondern müssen so viele Kinder zur Altersversorgung zeugen. Wer so etwas glaubt, ist auch sicher, dass der Weihnachtsmann mit dem Christkind den Osterhasen gezeugt hat. Nein, die Bevölkerungsexplosion beruht vorwiegend auf ungezwungen ausgelebter Lust, die in unterentwickelten Ländern mangels Verhütungsmittel, Bildung und Aufklärung die entsprechenden Ergebnisse präsentiert. Jedes zehnte Mädchen zwischen 15 und 19 Jahren bekommt in Afrika ein Kind! Natürlich spielen auch archaische Glaubensdogmen sämtlicher Religionen eine Rolle (Bsp.: „Seid fruchtbar und mehret euch und regt euch auf Erden, dass euer viel darauf werden." 1.Mose 9:7). Auch werden in mancher Familie so lange Nachkommen gezeugt, bis endlich ein „Stammhalter" geboren wird – welch ein Blödsinn!

Weil es hinreichend Absurditätsvirtuosen unter den Politikern gibt, die sich immer noch hinstellen und die Geschichte vom verheerenden Bevölkerungsschwund hierzulande runterleiern, dem man mit Zuwanderung gegensteuern muss, rentiert es sich, ein paar vollkommen absurde Rechnungen aufzustellen. Geht man von einer Verdoppelungszeit von 41 Jahren aus, so gibt es bei ungebremstem Wachstum um das Jahr 2630 nur noch Stehplätze auf dem Globus.

Isaac Asimow[3] rechnete vor Jahren noch weiter und fand, dass bei ungebremstem Wachstum die Gesamtmasse aller menschlichen Körper im Jahr 3550 gleich der Gesamtmasse der Erde wird. Und wenn es dann immer noch genügend Unwohlmeinende gibt, die uns einreden, wir müssten bei unserem generativen Verhalten auch an die Wirtschaftsentwicklung und die Rentensicherung denken, und wenn genügend religiöse Wahrheitsbesitzer immer noch den Fruchtbarkeitskult predigen, dann werden wir, uns immer weiter fortpflanzend bis zum Jahr 3550 längst ins Weltall aufgemacht haben.

In neuerer Zeit kommt es zunehmend zu handfesten Konflikten um knappe Agrarflächen und Siedlungsraum wie in Ruanda 1994. Auch wenn der Saunakaiser mehr Fiction als Science sein dürfte, atmet heute bereits jeder der 8 Milliarden Menschen jährlich mindestens 0,21 t CO_2 aus und die meisten dürften es sogar auf 0,45 t bringen. Geht man von der letztgenannten Zahl aus, so werden jedes Jahr $3{,}6 \cdot 10^9$ t Kohlendioxid allein durch die menschliche Atmung emittiert und das ist *kein* „Bio-CO_2“, denn die Nahrungsmittelgewinnung und -verarbeitung ist mittelbar mit der Nutzung fossiler Energien verbunden (s. S. 296). Die Atmung von 8 Milliarden Menschen trägt in die Atmosphäre so viel CO_2 ein wie etwa 7 Milliarden PKW.[b] Aber im Kampf gegen den „automobilen Wahnsinn“ sehen regierende Umweltkosmetiker einen äußerst wichtigen Beitrag zur Rettung der heilen Welt. Da lachen doch die Ökohühner!

Die theoretische Maximalbevölkerung wird nicht nur vom Mindeststehplatz her beschränkt, sondern auch von der Zahl der Zellen. Die Gesamtzahl der Zellen aller Lebewesen auf der Erde beträgt 10^{30}. Die Gesamtzahl der Zellen aller heute lebenden Menschen ist 10^{23}. Demnach könnten theoretisch zehn Millionen-mal so viele Menschen wie heute leben, bis alle Zellen auf die Zahl der mensch-

[b] 2021 wurden global 13 Milliarden PKW betrieben. 1996 entsprach das Atem-CO_2 noch der Emission des damals weltweit vorhandenen Autobestands.

lichen Körper verteilt wären. Da jeder Organismus und ganz besonders der Mensch nur auf Kosten eines anderen leben kann, müssten wir uns ein besonderes Recyclingsystem ausdenken, denn vorher hätten wir die Erde kahlgefressen. In dem dystopischen Film „Soilent Green" ist die Lösung beschrieben. Guten Appetit!

Auch die chemischen Elemente begrenzen die maximal mögliche Menschenzahl. Ihre Verteilung in der Erdrinde und im menschlichen Körper sieht folgendermaßen aus:[20]

Element	Erdrinde (%)	Mensch (%)
Sauerstoff	50	63
Eisen	5	0,004
Calcium	3,6	1,5
Kalium	2,6	0,25
Wasserstoff	0,9	10
Kohlenstoff	0,09	20
Stickstoff	0,03	3
Phosphor	0,08	1

Vom Anteil her ist Kohlenstoff das limitierende Element. Spätestens wenn es im Verhältnis der menschlichen Körper aufgeteilt sein wird, ist Schluss mit der Fortpflanzung und wir müssen uns ein neues Rentensystem ausdenken. Wann ist das der Fall?

Ein Mensch mit 70 kg Gesamtgewicht enthält 14 kg Kohlenstoff. Das Gesamtvorkommen des Elements in der Erdrinde beträgt $2 \cdot 10^{16}$ t. Demnach sind $1{,}43 \cdot 10^{18}$ Menschen möglich. Bei der bereits oben angegebenen Verdoppelungszeit von 41 Jahren haben wir den Kohlenstoff der Erdkruste im Jahr 3141 im Verhältnis der menschlichen Körper aufgeteilt. Die angegebene Kohlenstoffmasse umfasst auch den anorganischen Kohlenstoff. Nimmt man nur die in der Biosphäre verfügbare Kohlenstoffmasse von $1{,}84 \cdot 10^{12}$ t, so sind maximal nur $1{,}3 \cdot 10^{14}$ Menschen möglich. In dem Fall haben wir die Grenzen des Wachstums der menschlichen Körper bereits um das Jahr 2590 erreicht. Bis dahin wird sich auch die Kirche etwas Neues einfallen lassen müssen. Vielleicht ist der Spruch „Seid fruchtbar und mehret euch" auch nur ein Übersetzungsfehler. Bereits 1989 (!) beanspruchte die Menschheit 40 % der durch Photosynthese an Land erzeugten organischen Materie für sich![4] Man muss sich hier schon einmal fragen, ist der Mensch als Krone der Schöpfung und sind die Regierenden als Krone des Durchblicks noch ganz klar im Kopf, wenn sie für mehr Kinder plädieren? *Jede Bevölkerung, die von sich aus ihr generatives Verhalten reduziert, verhält sich vernünftiger als ihre Politiker.*

Die Überbevölkerungsdebatte ist alt. 1798 führte der englische Pfarrer und Sozialforscher Thomas R. Malthus in seiner Streitschrift „An Essay of the Principle of Population" das Elend seiner Zeit auf das Anwachsen der Bevölkerung zurück. Nach seinen Überlegungen wächst die Bevölkerung in einer geometrischen Reihe, während die Bodenerträge nur arithmetisch anwachsen. Da die Nahrungsmittelversorgung nicht nur die Zahl der Menschen begrenzt, sondern Ursache des Pauperismus ist, gibt es nach Malthus nur einen Ausgleich durch Vorbeugung (späte Heirat, Enthaltsamkeit) oder durch Wiedervernichtung von Leben mittels Seuchen und Kriegen. Der erste Teil der These von Malthus ist inzwischen widerlegt. Schließlich ist es der Chemie gelungen, den Ernteertrag gegenüber dem 19. Jahrhundert zu vervielfachen und außerdem hat man die „Pille" erfunden. Das ist ein Segen und kein Fluch! Im Fazit ist die Malthusianische Seuchen- und Kriegsthese heute aber nach wie vor brandaktuell! Nicht zuletzt konnte sich Corona 2020 nicht nur wegen der hohen Mobilität der Weltbevölkerung, sondern auch wegen der hohen Zahl potentieller Überträger so rasch ausbreiten.

Der 1972 erschienene Bericht des Club of Rome „Die Grenzen des Wachstums"[5] hat die Öffentlichkeit leider vom Problem der Bevölkerungsdynamik abgelenkt und die industrielle Betätigung des Menschen mit ihrer Umweltbelastung und die Endlichkeit der Ressourcen als limitierende Faktoren genannt. Im Klartext: Das Bevölkerungsproblem löst sich, weil wir an unserem eigenen Dreck ersticken werden. Aber vorher gehen die Rohstoffe zu Ende. Dass aktiv etwas gegen den Bevölkerungszuwachs getan werden muss, klingt zwar hier und da an, ist aber nicht die eigentliche Botschaft der Endzeitpropheten. Zunächst drücken sich die Clubmitglieder etwas zurückhaltend aus und formulieren: „Umweltverschmutzung könnte die Lebenserwartung der Menschen beeinflussen." Dann aber auf Seite 107 ihrer Home-made-Apokalypse sind sich die Endzeitpropheten sicher: „Umweltverschmutzung beeinflusst die Lebenserwartung mit Sicherheit negativ." Wer hätte das gedacht? Auf solch eine Offenbarung haben 68er- Hobbydurchblicker gewartet. Mit der Umweltverschmutzung als Menschheitsproblem Nr. 1 erlöste 1972 der Club of Rome die jungen Patentrezeptler vom Frust und gab den Startschuss zum heute grassierenden sanften Öko-Wahn – dem religiösen Ökologismus (zum Club of Rome vgl. a. S. 210).

Auf der Seite 137 seines Berichts lässt der „Club of Foam" (Erich Wiedemann) schließlich die öko-marxistische Katze aus dem Sack und vertritt die Auffassung, dass auf der Welt zu viel Kapital vorhanden sei: „Die Feststellung, dass das weitere Wachstum von Bevölkerung und Kapital jetzt bald gebremst werden muss, wird sehr viel Widerspruch erregen. Dennoch wird kein vernünftiger Mensch ernsthaft behaupten wollen, dass das materielle Wachstum auf diesem Planeten endlos fortgesetzt werden könne."

In der Bundesrepublik mit ihrer gepflegten Neidkultur trifft so etwas auf offene, linke Ohren. Klar müssen wir uns einschränken – in erster Linie natürlich „die anderen".

Tatsächlich darf sich die öko-marxistische Internationale zugutehalten, dass es ihr mehr als 60 lange Jahre gelungen ist, die Öffentlichkeit und die Politiker vom eigentlichen Umweltproblem Nr. 1, die wachsende Zahl der Bedürfnisträger, abzulenken. Stattdessen wurde die Nanogrammjägerei (0,000.000.001 g-Jägerei) zum Ökorenner mit Fetischcharakter erhoben. *Damit haben intellektuelle Empörungsprofis letztlich erreicht, dass heute 60 Jahre aktive Bevölkerungspolitik verschenkt wurden! Bleibt zu fragen: Wie intelligent sind eigentlich Intellektuelle?*

ZUM WALDSTERBEN BRAUCHT'S KEINE TECHNIKGESELLSCHAFT

Nicht das Kapital, sondern schon allein die ganz schlichten *Grundbedürfnisse der Menschen* verursachen erhebliche *Umweltbelastungen* und das wiederum hat ausschließlich etwas mit der *Bevölkerungsdynamik* zu tun! Hierzu ein Beispiel: Im Mittelalter war Europa etwa zu 70 % mit Urwald bedeckt. Er war zwar nicht mit von Baum zu Baum springenden Affen bevölkert, sondern mit Bären, Auerochsen, Wildschweinen, bösen Geistern, Hexen, Einsiedlern und Räubern. Um 1995 hatte die europäische Waldfläche nur noch einen Anteil von 38 %. Dies aber nicht, weil wir die Bäume gefällt haben, um im 20. Jahrhundert den Boden mit Straßen zu versiegeln, sondern weil bereits im Mittelalter eine Bevölkerungsexplosion stattfand, denn im 14. Jahrhundert lebten in England, Frankreich und Deutschland 40 Millionen Menschen. Das waren dreimal so viele wie im 11. Jahrhundert! Wäre die Zuwachsrate gleichgeblieben, so würden heute in den genannten Ländern nicht 206 Millionen leben, sondern 1000 Millionen, sprich, eine Milliarde.

Die oben genannten 40 Millionen Menschen verbrauchten den Wald als Energie- und Rohstofflieferanten, wobei der Schiffsbau, die Salinen und Glashütten die größten „Waldfresser" waren. Auch die Bäcker, Brauer, Köhler, Schmiede, Töpfer, Kalk- und Ziegelbrenner hielten sich nicht zurück. Jedes Jahr hatte man, allein um das Grundbedürfnis nach Salz zu befriedigen, unter den Sudpfannen von Lüneburg und Reichenhall 200.000 Festmeter Holz verheizt. Es ging also nicht um Luxus, mit dem man heute das Schlechtgewissen in den „reichen Ländern" anheizt, sondern nur um Grundbedürfnisse!

Um 1500 holzten allein die 10.000 Einwohner des Großdorfes München jährlich einen kleinen Wald ab, indem sie 14.000 Festmeter Brenn-, Bau- und Werkholz verbrauchten. Obwohl kein saurer Regen fiel und niemand den Zündschlüssel umdrehte, lebte man vor 500 Jahren auch nicht gerade nach dem ökologischen Reinheitsgebot. Auch das ist interessant: Um 1 t Roheisen zu gewinnen, wurden seinerzeit 8 t Holzkohle eingesetzt, zu deren Herstellung wiederum 30 t Holz geschlagen wurden. Wenn nicht die Pestseuchen und der Dreißigjährige Krieg die Bevölkerung dezimiert hätten, wäre der deutsche Wald längst verschwunden[6]!

Apropos Wald. Trotz über 20-jährigem Waldsterben konnte bereits in den Neunzigerjahren für den deutschen Wald ein stetiges Wachstum dokumentiert werden. So gab es 1950 in der alten Bundesrepublik nur noch 7,02 Mio. ha Wald. Diese Fläche stieg bis 1989 auf 7,41 Mio.[7]. Würde jeder Erdbewohner 1,4 Festmeter verbrauchen, wie das die Münchner um 1500 taten, so benötigte allein die Bundesrepublik jährlich 8 Milliarden Festmeter. Das wäre das Fünffache der Rundholz-Weltproduktion von 1995! Auch das belegt: Wir sind bereits jetzt schon zu Viele!

Das Waldproblem macht sich nur deshalb nicht so stark bemerkbar, weil seit dem 19. Jahrhundert die Kohle und seit dem 20 Jahrhundert das Erdöl nebst Erdgas den Wald als Energie- und Rohstofflieferant entlasten. Für PVC-Kunststofffenster, deren stoffliche Grundlage Erdöl ist, wird kein Baum gefällt. Betonfußböden aus Kies, Stahl (für die Armierung) und Zement, der wiederum unter Erdöleinsatz bzw. Altreifenverbrennung hergestellt wird, enthalten kein Holz. Richtig ist, dass wir Zeitung lesen, zu deren Herstellung Holz verbraucht wird. Aber deshalb sollen wir uns von Kargheitsschwärmern kein schlechtes Gewissen einreden lassen, denn der Löwenanteil des bundesdeutschen Zeitungspapiers stammt zwischenzeitlich aus dem Recyclingprozess.

Um 1978 begann das Waldsterbenlamento. Zur Abrichtung von ÖkotanzbärInnen liefen im Fernsehen Horrorfilme, wonach die Umgebung von Heidelberg 1990 eine entwaldete Wüste sein werde. Damals war es der saure Regen, der natürlich nur von unserem Wohlstand und nicht aus den Braunkohleschloten der untergegangenen Ostblockländer kam. Heute stirbt der Wald, weil wir noch kein „Tempo-100“ auf der Autobahn haben und dadurch sogar die Klimakatastrophe befeuern.

Wer so was glaubt, muss schon eine besondere psychische Grundstruktur aufweisen. Wenn die Frugalitätsschwärmer im Jahr 2028 ihr fünfzigjähriges Waldsterben unter dichtem Nadel- und Laubdach feiern, hat man zur Erklärung der ständig ansteigenden Baumsterbenstatistik bestimmt einen neuen Hysterie-Renner. Auf die naheliegende Schlussfolgerung, dass zu viele Menschen da sind, die das Waldsystem verschleißen und unter Stress setzen, kommt man nicht.

Hätte man, nebenbei bemerkt, die Schadensstufe 1 fallen lassen, so hätten wir von 1984 bis 1989 einen Rückgang der Waldschäden von 17 % auf 16 % statt eines Anwachsens auf ca. 53 % gehabt. Das ist keine Kosmetik, sondern wurde 1988 von den Forschern Blank, Roberts und Skeffington vorgeschlagen, weil bei der Schadstufe 1 *normale Wachstumsschwankungen mitgezählt* werden[25]. Da aber die Bäume in Mangeljahren überschüssiges Grün abwerfen, müssen einfach ökosterbenskranke Bäume dann mitgezählt werden, wenn Trockenheit herrscht. Natürlich gibt es die kaputten Bäume, das wird niemand bestreiten. Man brauchte sich um 1985 nur einmal im Erzgebirge, an einigen Stellen des Schwarzwalds und Bayrischen Waldes umzusehen. Kahlheit überall! Mit dem unbegrenzten Tempo auf Teilstrecken unserer Fernstraßen hat das so viel zu tun wie der König Herodes mit dem Kinderschutzbund.

Die ökolarmoyanten Anhänger der Fahrrad- und Sandalenkultur behaupten einfach, dass die Belastung gleichgeblieben sei, weil mehr gefahren wird. Das ist schlicht Quatsch. Wenn die PKW-Abgase seit der Einführung des Katalysators um 1985 um 90 % gereinigter den Auspuff verlassen, dann müsste bereits Mitte der Neunzigerjahre etwa zehnmal so viel gefahren worden sein. Tatsächlich wurden 1985 in den alten und neuen Bundesländern zusammengerechnet 495,5 Milliarden Kilometer mit dem PKW gefahren. 2019 hat sich die Ziffer um den Faktor 1,30 auf 644,8 Milliarden Kilometer erhöht, aber nicht verzehnfacht![8]

Was zugenommen hat, ist vor allem der stauverursachende LKW-Transitverkehr. Wurden in den alten Bundesländern 1980 nur 48,7% der Güter über die Straße transportiert, waren es 1992 bereits 60,4 %. Gleichzeitig sank der Anteil der Bahn von 25,4% auf 17,8%. Hinzu kommen in neuerer Zeit unzählige Fahrten im Zusammenhang mit dem Einkauf über das Internet. Dabei wurden die Autobahnen hauptsächlich für den Personenverkehr konzipiert und nicht für den Massenmaterialtransport im Fernverkehr. Aber der ist eine heilige Kuh, weil damit viel EU-Aktionismus verbunden wird. Bereits 1990 schätzte man, dass der grenzüberschreitende LKW-Verkehr wegen des europäischen Binnenmarktes um die Jahrtausendwende noch einmal bis zu 50 % steigen wird. Die Realität hat die Schätzung sogar weit übertroffen!

Die ganz schlichte *Anwesenheit des Menschen* lässt in einem Land wie die Bundesrepublik nur noch wenigen Arten genug Lebensraum.[9] Zur Erinnerung: 2022 beträgt die Bevölkerungsdichte hierzulande 233 Menschen/km^2. Das sind 2,28 Menschen je Hektar. Ein Steinadler benötigt 10.000 - 14.000 ha ungestörten alpinen Lebensraum. Ein Luchs braucht zwischen 5.000 und 15.000 ha Fläche und der Uhu kommt nicht unter 6.000 ha aus. Selbst das Hermelin wird auf seinen 3 ha theoretisch von fast sieben Menschen gestört. Nur die Wühlmaus mit 0,01 ha kann sich entsprechend breit machen. Wann taucht endlich der Politiker auf, der die Trommel dafür rührt, dass wir auch in der Bundesrepublik massiv weniger werden müssen?

DIE SIEBENKÖPFIGEN RAUPEN

Abgesehen davon, dass sich die Prognosen des Club of Rome von 1972 überwiegend als falsch herausgestellt haben, sind die Ressourcen selbstverständlich begrenzt.

Die landwirtschaftlich nutzbare Fläche der Erde beträgt etwa $3{,}3 \cdot 10^9$ ha. Das sind rund 22 % der Landfläche. Um 6000 v. Chr. kamen theoretisch auf jeden Erdenbewohner 330 ha Ackerland. Um Christi Geburt waren es nur noch 13,1 ha. Heute sind es lediglich 0,6 ha. Das reicht durchaus noch aus, aber nur, weil wir eine *intensive* Landwirtschaft mit nitratbelastetem Dünger und böser Chemie betreiben und eben nicht den Boden mit dem Stock aufkratzen, um vorsintflutlichen Emmer zu säen! Deshalb muss selbst dann kein Mensch hungern, wenn nur 0,2 ha/Kopf wie in der Bundesrepublik zur Verfügung stehen.

Trotz Flächenstilllegung versorgten 1993 die 567.295 Betriebe mit ihren 17,9 Millionen ha die Bundesbürger ausreichend. Unser *Selbstversorgungsgrad* beträgt nämlich 95%.[10] Natürlich wachsen in Deutschland keine Zitronen und Bananen auf dem freien Feld. Aber bei den Grundnahrungsmitteln Fleisch, Milch, Kartoffeln und Zucker haben wir sogar eine Überproduktion. Sieht man vom Honig ab, ist das Land lediglich bei Gemüse, Obst und Eiern auf Einfuhren angewiesen. (s. a. Bild 29).

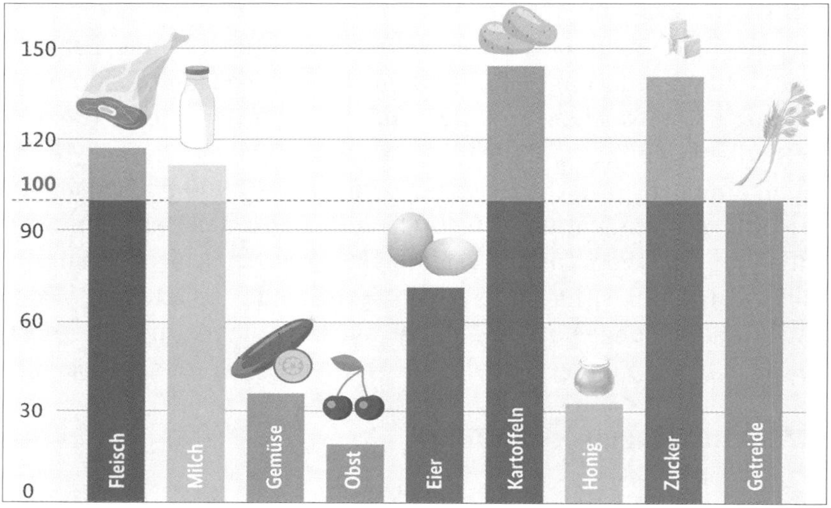

Bild 29: Selbstversorgungsgrad Deutschland 2022

Wie sieht es mit den Ökolandwirten aus, die den Boden *extensiv* nutzen? Riesenhaft. Nur 4385 anerkannte „ökologisch wirtschaftende Betriebe“ gab es um 1995. Diese 0,7 % alternative Landwirte mögen sich zwar für das Seelenheil der Hühner und um glückstrahlende Schweine verdient machen, ernähren werden sie uns kaum können. Auch wenn der Anstieg der Öko-Betriebe 2019 auf 9 % gestiegen ist, können sie bestenfalls Öko-Kirchgänger zufrieden stellen. In Bangladesch, wo 833 Menschen auf einem Quadratkilometer leben, stehen sogar nur 0,08 ha Ackerland pro Kopf zur Verfügung. Ich kann mir kaum vorstellen, dass man sich dort viel um die seelische Ausgeglichenheit von Huhn, Rind oder Schwein und um das Gedeihen von Wildkräutern kümmert.

Alternaivos meinen ernsthaft, dass die extensive Landwirtschaft an die Stelle der herkömmlichen industriellen mit ihren lebensfeindlichen Eingriffen (Pestizide, Antibiotika, wachstumstreibender Mineraldünger usw.) treten solle. Dazu Folgendes: Um 1930 wuchsen auf dem Hektar 23 dt (Dezitonnen) Getreide. Mitte der

Achtzigerjahre waren es nicht zuletzt dank der bösen Chemieonkels und -tanten mehr als das Doppelte, nämlich 50 dt. Auch hatte sich die Produktivität je Arbeitskraft in dieser Zeitspanne um den Faktor 8,3 erhöht. Noch um 1900 ernährte in Deutschland eine landwirtschaftliche Arbeitskraft nur 5 Personen, 1978 bereits 43. Die Ausgaben für Nahrungsmittel eines bundesdeutschen Vier-Personen-Arbeitnehmerhaushaltes sanken in der Zeit von 1949 bis 1980 von 47,8 % auf 20,1 % und haben sich seit der Zeit auf diesem Level gehalten – sieht man von vorübergehenden Schwankungen ab[11]. Anhängern des Folklore-Landbaus sei die folgende Feststellung des ehemaligen Landwirtschaftsministers Ertel ins schweinslederne Stammbuch geschrieben[12]:

„Meine Mitarbeiter haben einmal ausgerechnet, was erforderlich wäre, um unsere heutige Nahrungsmittelproduktion mit den Methoden von 1949/1950 zu erstellen. Wir würden benötigen: 7 Millionen Arbeitskräfte, 2,2 Millionen Pferde, 700.000 Zugkühe und -ochsen und 25 Millionen Hektar landwirtschaftlich genutzte Fläche (statt jetzt 12,3 Millionen Hektar). Von dieser Fläche würden allein 3 Millionen Hektar zur Erzeugung des Futters für die Zugtiere erforderlich sein. Das wäre der Weg zurück zur Natur, von den Kosten gar nicht zu reden.“ Ach, könnten wir doch wieder in einer kuhwarmen, guten, heilen Welt leben (Bild 30).

Bild 30: Bauer, Bäuerin und Kuh Liesel – So geht Ackern ohne Diesel! © Bundesarchiv

Würden wir unseren gesamten Landbau unter ökologischen Gesichtspunkten betreiben, läge unser Selbstversorgungsanteil nicht bei 95 %, sondern nur bei rund 72 %. Und selbst dieser Anteil dürfte nach einigen Jahren noch sinken, weil wir nur knapp

25 % der aus den Fäkalien gewonnenen Klärschlämme auf den Acker fahren. Biobauern würden deshalb nach kurzer Zeit nur phosphorarme Böden beackern und wir müssten noch mehr Lebensmittel importieren – etwa aus der Ukraine, die im Februar 2022 von Putins Russland mit Krieg überzogen wurde. Alternativer Landbau ist etwas für Wohlhabende, die nicht allzu sehr auf die zur Verfügung stehende Anbaufläche achten müssen. Besonders interessant ist es seit 2005, wo gegenüber 1995 eine Milliarde Menschen mehr versorgt werden müssen. Die für Landbau zur Verfügung stehende Fläche sank in diesem Zeitraum um 17,5 %. 2060 treten sich bei weiter ungebremster Fortpflanzung 16,5 Milliarden Menschen gegenseitig auf die Füße. Jeder Erdbewohner hat dann wie bereits heute in der Bundesrepublik nur noch 0,2 ha Landbaufläche zur Verfügung. Man darf gespannt sein, wie sich dann unsere Spontangrün-Liebhaber die Versorgung der Erdbevölkerung ohne „Chemie in der Landwirtschaft" vorstellen. Sicherlich sollen wir uns dann von biotopgerechten Wildkräutern und Insekten ernähren. Das Insektenhotel als Nahrungsquelle!

Am liebsten hacken die Ökos auf unserem Fleischkonsum herum, denn der ist, da gibt es nichts zu beschönigen, äußerst energieintensiv. „Für eine Kalorie Rindfleisch werden zuweilen über 30 Kalorien Fremdenergie aufgewandt." Bedingt durch die Verarbeitung hat der Durchschnittsamerikaner nur 1/10 der Energie auf dem Teller, die vorher an technischer Energie hineingesteckt wurde. Bei wenigen Menschen ist das kein Thema. Bei einer Multi-Milliardenbevölkerung sehr wohl und so verwundert es nicht allzu sehr, dass bereits 1995 für einen „ökologisch sauberen" Hamburger 200 (!) Dollar auf den Tresen der Imbissbude hätten gelegt werden müssen[13].

Überzeugte Veganer finden nichts dabei, auf Fleisch zu verzichten. Sie dürfen aber nicht davon ausgehen, dass sie den Rest der Menschheit mit ihrer Überzeugung beglücken können. Die eine Milliarde Zwangsvegetarier in Mao´s China sind ein beredtes Beispiel dafür, dass das nur in einer Diktatur klappt. Nebenbei darf man auch nicht vergessen, dass nur die Pflanzenfresser, wie das Zebra, echte Ökos sind. Nur sie leben von der ausschließlich durch Sonneneinstrahlung gewachsenen Biomasse. Ein Löwe, der das Tier frisst, holt wegen der Entropie (s. Fußnote e, S. 72) bereits nur einen Bruchteil der Energie heraus, die das Zebra vorher mit dem Gras gefressen hat. Des Weiteren braucht der Mensch die in den Proteinen enthaltenen essentiellen Aminosäuren. Beispielsweise benötigt ein erwachsener Mann täglich 0,8 g der Aminosäure L-Valin. Bei Mangel kommt es zu Störungen des Nervensystems, die sich in Ataxie und Krämpfen ausdrücken. In der Bundesrepublik haben wir wahrhaftig keinen Mangel an Proteinen, die L-Valin enthalten. Anders sieht es in den Hungergürteln des Globus aus.

Wachstumsstörungen sind das Mindeste, was ohne ausreichende Proteinzufuhr zu erwarten ist. Deshalb sollten wir uns weder unseren Hamburger noch das Rumpsteak durch Öko-Frugalos versalzen lassen. Aus den Weltmeeren können sich künftige Bedürfnisträger bei weiter steigender Anzahl nur bedingt bedienen, denn der Energieaufwand ist noch viel größer als in der konventionellen Landwirtschaft – und die Hochsee ist nahezu rettungslos überfischt. 2019 wurden den Ozeanen 82 Millionen Tonnen Meerestiere entnommen. Gegenüber 1950 ist das eine Steigerung um 475 % und sogar 20-mal so viel wie zu Beginn des 20. Jahrhunderts. Damit aber genügend Futter für kommende Generationen übrig bleibt, muss die Politik darüber aufklären, dass wir weniger werden müssen – auch in den Industrieländern! Nach Ulrich v. Weizsäcker hat die Politik, nachdem sie bereits 1975 auf die Gefahr hingewiesen wurde, die „friedliche“ Lösung des Bevölkerungswachstumsproblems 45 Jahre verschlafen. Sie ist bis heute nicht aufgewacht.

Bei den Rohstoffen unterscheidet man zwischen *Reserven* und *Ressourcen*. Der erstere Begriff umfasst die momentan bekannten Mengen, die sich mit heutiger Technik rentabel gewinnen lassen. Die Ressourcen dagegen entsprechen den vermuteten Gesamtmengen. Interessant ist der Vergleich der Jahre bis zur Erschöpfung der Rohstoffe, wie man es heute sieht, mit den Vorhersagen des Club of Rome von 1972. Beide Quellen gehen von einem ansteigenden Verbrauch aus:

Rohstoff	Reserven in 2030	Ressourcen in 2030	Club of Rome ab 1972
Aluminium	124	407	55
Kupfer	4	26	48
Kohle	29	457	150
Erdöl	3	7	50

Prognosen sind immer schwierig – besonders wenn sie sich auf die Zukunft beziehen. Beim Aluminium liegt der Club of Rome am weitesten daneben. Beim Erdöl jedoch irren beide Quellen. Nach Zahlen des BVEG von 2021 reicht das Erdöl noch 40 Jahre.[26] Trotz der 2014 noch möglichen Förderung von gut 5,8 Billionen Barrel sind die Vorräte endlich![29] Deshalb bedarf es dennoch einer vernünftigen Strategie, die etwas mit weniger Bedürfnisträgern und nicht mit der albernen Joghurtbechersammelei zu tun hat. Deren Ertrag ist – auf den grünen Punkt gebracht – geringer als der energetische Aufwand, den man beim Einsammeln, Sortieren und Wiederaufbereiten des Altkunststoffs hineingesteckt hat.

DIE „RENTEN-SIND-SICHER"-LEGEBATTERIEN

Jetzt wird es Zeit einmal wirklich querzudenken und nicht nur den schrulligen Sülz abzulassen, der von Bessermenschen mit dem Prädikat progressiv-alternatives Denken versehen wird. Wenn es richtig ist, dass die 15 % der im Wohlstand lebenden Menschheit 80 % der Rohstoffe und Energien verbraucht, so leben bereits heute zu viele Menschen – auch in den Industrieländern! *Wir sind schon lange überbevölkert – nur die Verantwortlichen machen das nicht zum Hauptthema!* Stattdessen wird wegen der Rente und des Arbeitnehmerbedarfs ständig das Liedchen von der Kinderfeindlichkeit, der überalterten und aussterbenden Bevölkerung gedudelt.

Ernst U. v. Weizsäcker und seine Mitautoren griffen 1992 das Problem auf[16]: „Ein neuer Volkszorn wird auf weltreisende Pensionäre sowie auf Yuppie-Paare gelenkt, die als Inbegriff der Egoisten gelten, weil sie sich später von Kindern anderer durchfüttern lassen werden. Als Abhilfe gilt folglich die finanzielle Besserstellung der Kinderreichen beziehungsweise die wesentlich stärkere Steuerbelastung der Kinderlosen. Dagegen ist sozialpolitisch und rentenpolitisch nichts einzuwenden. *Aber ökologisch betrachtet ist die Förderung des Kinderreichtums vor allem in den ökologisch überbevölkerten Ländern des Nordens, um die es bei der Rentendiskussion ausschließlich geht, der helle Wahnsinn* (Hervorhebung durch den Verfasser)."

So ist es. Bei Licht besehen ist unsere Rentenversicherung nebst Pflegeversicherung nichts anderes als ein verklausulierter Kettenbrief. Nur mit dem Unterschied, dass man zur Rentenbeitragszahlung und Beiträge zur Pflegeversicherung verdonnert wird, während man beim Kettenbrief aus Dummheit teilnimmt. Genauer betrachtet hat kein einziger Beitragszahler den „Generationenvertrag" unterschrieben. Noch schlimmer: Die Rentenbeiträge, die ein junger Arbeitnehmer im Alter von fünfundzwanzig Jahren einzahlt, werden fast am selben Tag von denjenigen verfrühstückt, die schon in Rente sind. Ein toller Aberwitz! Zu allem Überfluss hat man die Rentenkassen mit versicherungsfremden Verpflichtungen belastet. Das ganze System kann deshalb nur so lange funktionieren, wie jeder Mensch bereit ist, als „Teil einer Legebatterie" (*FAZ*) mitzumachen. Abgesehen davon handelt es sich bei unserer Altersversorgung gewiss nicht um eine echte Versicherung. Die müsste nämlich auch dann noch auszahlen können, wenn weniger Beitragszahler auftauchen. Hierzu häufen Lebensversicherungen erhebliche Vermögenswerte und Rückstellungen an.

Niemand zeugt ein Kind, weil er dabei an seine Rente denkt! Trotzdem tun manche Politiker so, als würden sich die Ernährer kinderreicher Familien für die gesinnungslosen Hedonisten opfern, die nach der *veröffentlichten Meinung* lieber ihr Geld verleben, statt Kinder großzuziehen. Andere Politiker sind da schon weiter. Obwohl sie sich sicher auch über süße Enkelchen freuen, akzeptieren sie das aus umweltpolitischen Gründen vernünftige generative Verhalten der deutschen Bevölkerung und suchen andere Wege. In einem *FOCUS*-Interview äußerte der ehemalige Ministerpräsident von Sachsen, Kurt Biedenkopf: „Eine Neuordnung der Alterssicherung rechtfertigt eine Erhöhung der Mehrwertsteuer – aber nur sie." Der Vorteil wäre, dass die *Altersversorgung dann arbeitsmarktunabhängig aus der Stärke der Volkswirtschaft erwüchse*! Man könnte beispielsweise die jetzigen Rentenbeiträge als Grundrentensteuer „umetikettieren" und nach und nach durch die Mehrwertsteuer ablösen. Koppelt man dann die Auszahlung der Altersversorgung an die Lebensarbeitsleistung, kann man verhindern, dass sich jemand, statt nach der Ausbildung zu arbeiten, gleich in die soziale Hängematte schmeißt. Wer im Alter mehr als die Grundrente haben will, kann sich während seiner Lebensarbeitszeit zusätzliche Anteilsscheine kaufen. Klar kann man das Modell nach Lust und politischer Laune zerreden. Das bisherige Legebatteriemodell ist aber auf keinen Fall zu retten.

Heuchlerisch beabsichtigen tränenerstickte Gutmenschen unsere Rente durch „Einwanderung" zu sichern. Stillschweigend setzen sie dabei voraus, dass die Leute schreiben, rechnen, lesen können, Deutsch lernen wollen, sich unserer Kultur anpassen (z. B. den Rechtsstaat respektieren) sowie eine rentenbeitragspflichtige Arbeit aufnehmen wollen.[c] Auf eine entsprechende Interviewfrage antwortete 1995 der ehemalige Bundesinnenminister Kanther:[17] „Wie groß sind denn die Chancen von Zuwanderern auf dem deutschen Arbeitsmarkt – bei 3,5 Millionen Arbeitslosen? Das Bundesarbeitsministerium hat in einer Studie nachgewiesen, dass die Mehrzahl der Zugewanderten in der Sozialhilfe landet, weil die deutsche Wirtschaft keine für sie geeigneten Arbeitsplätze bereithält. Die Zahl der arbeitslosen Ausländer hat sich in den vergangenen Jahren verdoppelt; bringen wir doch sie erst mal in Lohn und Brot. Die Behauptung, aus dem Zustrom jüngerer Ausländer ergäbe sich ein Zuwachs an späteren Rentenzahlern, ist daher abwegig."

[c] Wie die Mitglieder der Miri-, Abou-Chaker- und Rammo-Großfamilien das sehen, ist bislang ungeklärt zumal etliche deren Mitglieder gerne als Krypto-Apotheker mit nicht zugelassenen Pharmawirkstoffen wie Amphetamin (Speed), Ecstasy, Kokain und Heroin handeln, Raubüberfälle inszenieren, Geldwäsche betreiben oder auch gerne einmal eine 100 kg schwere Goldmünze aus dem Bode-Museum rollen.

Bleibt zu ergänzen, dass die Zugewanderten als Arbeitnehmer auch ein Anrecht auf eine Rente erwerben, zu dessen Erfüllung weitere Einwanderer benötigt würden: ad infinitum!

Sowohl die Werbung für mehr Nachkommen als auch die für mehr Zuwanderung sind umweltpolitisch unsinnig, wenn nicht gar debil. Die Chinesen hatten das Problem, das zwangsläufig irgendwann zur Mangelversorgung führt, eher erkannt als wir. Genau betrachtet handelten sie mit ihrer strikten Ein-Kind-Politik zwischen 1979 und 2016 humaner als unsere zynischen Gutmenschen, die mit tollen Computerprogrammen hantierend herausfinden, dass das Bevölkerungswachstum nebst der Industrieproduktion so lange zunehmen wird, bis Umweltverschmutzung und Rohstoffverbrauch Grenzen setzen.

Leider ging die strikte Ein-Kind-Politik nicht einher mit einer Bewusstseinsänderung. Da man traditionsverbunden noch immer den Sohn als Nachkommen bevorzugt, ließen chinesische Ehepaare weibliche Föten abtreiben – tolle Aussichten für die späteren jungen Männer.

Fazit: Den bedeutendsten Beitrag zur Umweltpolitik muss die Bevölkerungspolitik leisten. Daher ist die humanste Umweltpolitik nicht die *Suffizienzpolitik* bei gleichzeitigem Warten, bis sich das Bevölkerungsproblem durch Kriege und Seuchen löst. Die beste Umweltpolitik wäre – vor allem für Frauen – neben mehr Bildung und Aufklärung die Ächtung des Kindersegens in *allen* Ländern durch Verhütung. Sonst nichts.

NEHMEN DIE REICHEN LÄNDER DEN ARMEN DIE BUTTER VOM BROT?

Im Herbst 1994 fand in Kairo eine Weltbevölkerungskonferenz statt. Bezüglich der Bevölkerungsexplosion brachte man außer heißer Luft, Absichtserklärungen und einiger Bankette wenig zustande. Die Weltreligionen mit ihrem jahrtausendalten Fruchtbarkeitswahn, die Hauptverursacher der Überbevölkerung, blieben politisch korrekt ausgeklammert. Eine der erstaunlichsten *Ablen-*

kungsthesen wurde von bunten Truppen der NGOs aufgewärmt. Vor allem die Industrieländer hätten durch ihren *Wohlstand* und *Konsum* zu verantworten, dass 95 % des Bevölkerungswachstums in der Dritten Welt stattfände, da dort die Armut grassiere. Erich Wiedemann kommentierte den Unfug vor Jahren: „Doch die Zusammenhänge zwischen Hamburger-Konsum in den Vereinigten Staaten und dem schwach entwickelten Breitenwohlstand in Teilen der Dritten Welt sind nicht nachzuweisen[18]."

Die Behauptung, Armut verursache die Überbevölkerung ist genauso falsch wie die Aussage, eine geringe Bevölkerungsdichte sei schon allein ein Garant für Wohlstand. Wäre das richtig, dann muss die Bundesrepublik Deutschland mit 232 Menschen/km^2 ärmer sein als die westafrikanische Republik Niger mit ihren 19 Bewohnern/km^2 (2020). Tatsächlich hatte Deutschland 2020 ein Bruttosozialprodukt pro Kopf von 46.305 Dollar, während in der Republik Niger nur 568 Dollar zusammenkamen. Nebenbei bemerkt ist die Einwohnerdichte von Niger zwischen 1995 und 2020 von 6 Einwohnern auf 18 Einwohner pro km^2 gestiegen.

Ganz so einfach kann es also nicht sein. Deshalb hat die UNO dem „Eine-Welt"-Singsang noch ein paar Strophen angehängt. Eine lautet: Die „ungleichen weltwirtschaftlichen Partizipationschancen", der „Protektionismus" und das „Exportdumping" der Reichen sind schuld an der Armut der Dritten Welt. Wenn das so stimmte, hätten ostasiatische Tigerstaaten in den Neunzigerjahren kein Wirtschaftswachstum von über 8 % erreichen können, denn sie hatten am Ende der Kolonialzeit die gleichen Ausgangschancen wie jedes andere Dritte-Welt-Land. Außerdem gäbe es keine Globalisierung der Wirtschaftsstandorte.

Die nächste Strophe ist die von der Schuldenkrise. Nach diesem Narrativ haben die reichen Länder den Entwicklungsländern Kredite aufgeschwätzt, die diese dann mit dem Export von Rohstoffen zurückzahlen sollten. „Weil praktisch alle rohstoffexportierenden Länder den Ressourcenverkauf gleichzeitig forcierten, kollabierten schließlich die Rohstoffpreise auf den Weltmärkten."[141] Die These setzt voraus, dass die Länder sich mit ihrem Warenangebot gegenseitig Konkurrenz machten. Wie sah es nach den Zahlen zur Zeit der Weltbevölkerungskonferenz von 1994 aber tatsächlich aus?

Nigerias Export bestand zu 96 % aus Erdöl. Nicaraguas wichtigste Exportziffern lauteten: 21 % Kaffee, 20 % Fleisch, 11 % Zucker und 11 % Baumwolle. Indiens Export setzte sich hauptsächlich zusammen aus 23 % Textilien, 20 % Kunsthandwerk (Schmuck u. ä.), 17 % Agrarerzeugnisse, 13 % Maschinen und Geräte. Kap Verde (Westafrika) exportiert hauptsächlich Fisch (Anteil 54 %) und Bananen (Anteil 36 %). Für Kenia lauten die Ziffern: 54 % Nahrungsmittel (Tee, Kaffee) und Blumen sowie 22 % Industriebedarf. Die Komoren (Ostafrika) exportierten hauptsächlich Vanille (69 %), Ylang-Ylang, ein ätherisches Blütenöl für die Parfümindustrie (15 %), Gewürznelken (12 %). Die Bewohner Lesothos (Südafrika) exportierten vor allem Bekleidung, Schuhe und Wolle (Mohair). Liberia exportierte zu 80 % Eisenerz und Naturkautschuk. Marokko beteiligte sich am Welthandel mit Konsumgütern (28 %), Nahrungsmitteln (26 %), Halbwaren (24 %), Phosphat (8 %). Mexiko lebte zu 82 % vom Export der verarbeitenden Industrie (darunter 27 % Elektrotechnik/Elektronik, 17 % Kraftfahrzeuge). Der Export von Naura (Ozeanien) bestand zu 100 % aus Phosphat. Papua-Neuguinea (Ozeanien) machte Kap Verde kaum Konkurrenz, weil es seinen Export zu 75 % durch Bergbauprodukte, darunter 47 % Kupfererze, bestritt. Sicher gab und gibt es Schnittmengen, in denen sich die Exportinteressen zweier Schwellen- und Entwicklungsländer konkurrierend überdecken. Das kann aber nicht die Ursache der kollabierenden Rohstoffpreise sein, denn Brasilien beispielsweise konkurriert mit Australien beim Export des Aluminiumminerals Bauxit. Das Australische Bruttosozialprodukt liegt je Einwohner bei 14.653 Dollar, während die Brasilianer sich mit 1.961 Dollar begnügen müssen. Verkaufen etwa die Australier ihr Bauxit teurer? Nein, es liegt am jeweiligen politischen System.

Eine andere Strophe lautet: Die Armut der Dritten Welt beruht auf der Ausbeutung durch Kolonialländer. Demnach müssten alle Nichtkolonialländer bettelarm sein. Gunnar Sohn schreibt: „Diese These ist nicht nur außerstande, den Reichtum der Schweiz oder Finnlands (oder Singapurs, Taiwans...) zu erklären, sie versagt auch vor der – bis vor kurzem – ziemlich miserablen Situation Spaniens oder Portugals, die ja doch als zwei der Hauptplünderer und Kolonialmächte ökonomisch wie eine Eins dastehen müssten."[142]

Richtig ist: Arme Entwicklungsländer produzieren mehr Menschen, als ihre unterentwickelte Volkswirtschaft trägt und die verantwortlichen Regierenden schüren das noch. Beispielsweise hat man im Sudan 1984 sogar einen Orden fürs Kinderhecken eingeführt. Die Goldmedaille gibt's bei neun, die silberne für mehr als sieben und die Produktion von fünf Kindern wird immer noch mit einer Bronzemedaille ausgezeichnet.[140] Programme zur Eindämmung des Bevölkerungszuwachses versagen in afrikanischen Ländern auch nicht deshalb, weil keine Empfängnisverhütungsmittel verfügbar sind, sondern weil kein Mensch sie haben will. Unfruchtbarkeit gilt als Fluch. Die Yoruba im Sudan glauben, eine unfruchtbare Frau habe einen Pakt mit bösen Geistern geschlossen. Sie töte ihre Kinder, um nach ihrem eigenen Tod mit den bösen Geistern zusammenzuleben. Manchmal funktioniert die Geburtenplanung nicht, weil die Instruktoren den Gebrauch eines Präservativs demonstrierten, indem sie das Kondom über einen Stock streiften. Ein Jahr später kamen sie wieder in das Dorf und sahen im Boden aufgepflanzt lauter Stöcke mit aufgerollten Präservativen, um die eine fröhliche Kinderschar tobte.

Eine weitere Tatsache ist, dass die westliche Welt meistens mit engagierter Betroffenheit zuschaut, wenn sich in einem Land der Dritten Welt irgendein vollkommen unfähiger, despotischer Operettengeneral an die Macht putscht und sich durch Mord, Folter und Bürgerkrieg an der Macht hält. Diese Pfeife wird nicht mit Hilfe der UNO gestürzt, sondern oftmals sogar hofiert. Das hat auch etwas mit dem Geburtsfehler der UNO zu tun. Sie darf nicht in die „inneren Angelegenheiten" eines Landes eingreifen.[d]

Auch unternimmt man nichts, wenn Entwicklungsgelder sachfremd verwendet werden. Mobutu, der nach einem Militärputsch von 1964 bis 1994 in Zaire herrschte, ist so ein Beispiel. Jährlich steckte er Millionen von Hilfsgeldern in seine europäischen Schlösser, während sein Volk sich mit einem Bruttosozialprodukt pro Kopf von 210 Dollar begnügen musste. „Die totalitären Staaten", schrieb Erich Wiedemann, „sind – ganz gleich, ob rechts oder links – durchweg Dropouts und Habenichtse. Negatives Musterbeispiel: Uganda. Knapp zehn Jahre Parteien- und Militärdiktatur reichen aus, um ein fruchtbares blühendes Land, die ‚Perle Afrikas', wie Winston Churchill es nannte, in einen qualmenden Trümmerhaufen zu verwandeln."[15]

Hier lohnt schon einmal ein Blick auf den Reichtum afrikanischer Kleptokraten. Nach Angaben des Recherchehauses *love-money* von 2021 verfüg(t)en die oftmals von den Industriestaaten umworbenen Regierungsstrolche über beträchtliche Dollar-Vermögenswerte:

Idi Amin	Uganda	100 Millionen
Teodoro Obiang Ngu Mbasogo	Äquatorialguinea	650 Millionen
Robert Gabriel Mugabe	Simbabwe	1,2 Milliarden
Ali Bongo Ondimba	Gabun	1,7 Milliarden
Daniel Toroitich arap Moi	Kenia	2,6 Milliarden
Zine el-Abidine Ben Ali	Tunesien	8,5 Milliarden
Mobutu Sese Seko	Kongo	10,2 Milliarden
José Eduardo dos Santos	Angola	17 Milliarden
Ibrahim Badamasi Babangida	Nigeria	19 Milliarden
Ali Abdullah Salih	Jemen	54,5 Milliarden
Muammar al-Gaddafi	Libyen	170 Milliarden

[d] Diese Regelung geht auf Stalin zurück, der fürchtete, die UNO könne eines Tages auch seiner Regierung gefährlich werden. Die entscheidende Weichenstellung geschah bereits 1943 auf der Teheran Konferenz. F. D. Roosevelt, der starke Sympathien für linke Ideen hegte[21], präsentierte einen Plan zur Gründung der UNO. Nur mit Mühe und unter erheblichen Zugeständnissen war Stalin zu überzeugen, der Organisation beizutreten.[22]

Diese Leute hätten niemals an die Macht kommen und an der Macht bleiben dürfen. Ihre Unfähigkeit, deren Kleptomanie und die Bürgerkriege, die sie auslösen, sind eine wesentliche Ursache des Drittweltelends. Nebenbei bemerkt: Kim Jong-un, dessen Volk in bitterer Armut lebt, hat 3,25 Milliarden Dollar im Portemonnaie.

DAS UMVERTEILTE WELTVERMÖGEN

1993 ließ sich der Gutmenschenmulti Greenpeace in seiner Hauspostille über die heiß ersehnte Ökodiktatur aus. In einer Öko-Fictionstory wird die Arbeit des Abteilungsleiters Paul Strahten vom Naturgesetz-Ministerium beschrieben. Im Dienst der guten Sache haut er unermüdlich allen Bösewichten auf die Finger: „Allen, die nicht Maß hielten, die nicht an das Ganze dachten, wie diese asozialen Renegaten, die das Teilen mit der Dritten Welt nicht lernen wollten, würde er zeigen, was das Naturgesetz auch ist: das Recht des Stärkeren.“[19]

Geht es der Bevölkerung in der Dritten Welt wirklich besser, wenn das Weltbruttosozialprodukt gemäß dem ökomarxistischen Kinderglauben gleichmäßig verteilt wird? Die Frage ist leicht beantwortet. Man braucht nur einen Taschenrechner und die notwendigen Zahlen: 7,7 Milliarden Menschen erwirtschafteten 2021 ein Weltbruttosozialprodukt von 96,3 Billionen Dollar. Pro Kopf wären das:

$$9{,}63 \cdot 10^{13} \text{ Dollar}/7{,}7 \cdot 10^{9} \text{ Menschen} = \textit{12.506 Dollar/Kopf}$$

Geht man vereinfacht davon aus, dass dieses Sozialprodukt verfrühstückt wird, und würden wir wirklich teilen, wie sich das Bessermenschen so vorstellen, dann stünden theoretisch jedem Bundesbürger nicht 46.305 Dollar im Jahr zur Verfügung, sondern nur knapp ein Viertel davon. Damit hätten wir etwa den Lebensstandard der Bevölkerung von Ägypten, der es durch Teilen keinen Deut besser gehen würde. Richtig ist, dass einige Länder wie Uganda um den Faktor 5,5 und Burundi sogar um den Faktor 16 besser dastehen würden.

Der deutsche Otto Normalsteuerzahler reagiert gelassen: Nein, beim Teilen mit den Ländern der Dritten Welt sollen natürlich nicht die Arbeitnehmer und kleinen Selbstständigen mit ihrem krummen Buckel den Rücken hinhalten. Nein, dazu haben wir doch unsere Egoisten, die oftmals kinderlosen Besserverdienenden und vor allem die Einkommensmillionäre. Wie sieht es da aus? Betrachtet man einmal die letzte Gruppe, so gab es 2018 in der Bundesrepublik 26.256 Einkommensmillionäre. Mit einem durchschnittlich zu versteuernden Einkommen von 2,20 Millionen Euro hatten diese 57.763.200.000 Euro zu versteuern. Nimmt man diesen Egoisten den über das Durchschnittseinkommen hinausgehenden Teil weg, hätten sie jeweils nur rund 2,15 Millionen und damit nur 56.450.400.000 Euro zu versteuern. Würde diese Unsumme auf alle 83 Millionen Bundesbürger gleichmäßig verteilt, hätte jeder

56.450.400.000 Euro/83.000.000 Köpfe = 680 Euro/Kopf

mehr im Geldbeutel. Gerechtigkeit! 2018 schätzt die Weltbank die Zahl der Menschen unterhalb der Armutsgrenze auf 3,4 Milliarden. Jetzt teilen wir einmal die rund 56,5 Milliarden Euro, die man den Hartherzigen abgenommen hat, mit besagten 3,4 Milliarden Menschen, dann hat jeder von denen 16,6 Euro (17,7 Dollar) mehr in der Tasche. Bessermenschen sprechen von Gerechtigkeit!

Wenn es außerdem richtig ist, dass die Umweltverschmutzung an das verfügbare Kapital geknüpft ist, wie das der Club of Rome 1972 postulierte, wäre noch nicht einmal die Umwelt entlastet, denn das Weltbruttosozialprodukt würde durch das Teilen nicht geringer, sondern betrüge nach wie vor $9{,}6 \cdot 10^{13}$ Dollar. Auch dies belegt, wir sind längst zu Viele!

12. Die Explosionen des Guten …

… sind ein riesiges Feuerwerk auf dem satirischen Jahrmarkt menschlicher Dummheiten. Lassen wir also zunächst die Religion des Ökologismus links liegen (wo sie auch hingehört) und wenden uns den dahinterstehenden Kräften zu. Nein – keine Verschwörungstheorie, es wird alles Punkt für Punkt belegt, auch wenn es den Direktor:Innen der angestrebten Eine-Welt-Knechtschaft nicht gefällt. Sie sind nämlich dumm genug, ihre Absichten öffentlich zu machen. In Konferenzen, über die von Hofberichterstattern in Qualitätsmedien emsig berichtet wird. Ja, sie sind sogar so dreist, ihre menschheitsbeglückenden Absonderungen in Büchern niederzulegen, die nicht zur grauen Literatur zählen.

Fest steht, wir leben in einer total durchgedrehten Zeit, in der bewährte, tradierte Normen verpönt und den Stempel unmodern, ewiggestrig, reaktionär, faschistoid und anti-progressiv aufgedrückt bekommen. Alles, was bislang vernünftig war, wird dem ausgeflippten, schrill-schrulligen Zeitgeist geopfert. Ein psychedelischer Zeitgeist, der von Politiker:Innen mit Hilfe von Sozialwissenschaftler:Innen stets aufs Neue synthetisiert wird.

Darf man heute noch zwischen links und rechts, richtig und falsch, oben und unten, Recht und Unrecht, schwarz und weiß, gesund und krank, reich und arm, elektrischer Plus- und Minuspol, magnetischer Nord- und Südpol, Alt und Jung, West und Ost, Nord und Süd, nass und trocken, Schulden und Guthaben, mein und dein, heiß und kalt, hoch und tief, verrückt und normal, Mann mit männlichem und Frau mit weiblichem Geschlechtsteil, Gut und Böse unterscheiden?

Sind wir nicht alle ein bisschen *queer* und ist nicht alles *queer* – ein riesiger, bunter Brei? Ist nicht vielleicht das magnetische Feld, sondern sogar das elektromagnetische Feld („Licht") *queer*? Schließlich gibt es nicht nur schwarz und weiß, sondern unendlich viele Grautöne dazwischen. Darf man also noch unterscheiden zwischen Gut und Böse? Ja, man darf, man muss sogar! Demzufolge ist unabdingbar zwischen dem **Guten** und dem **Bösen** zu unterscheiden:

A) Der ***Gutmensch***, den George Orwell als ***Gutdenker*** bezeichnet, steckt voller edler Absichten und erweckt als Politiker den Anschein, benachteiligten Mitmenschen zu einem besseren Leben zu verhelfen. Dies wird ihm geglaubt, weshalb er nicht nur in Deutschland, sondern generell in Demokratien einen Wahlerfolg nach dem anderen einfährt. In Wirklichkeit ist der Gutmensch vom naiven Glauben an die Möglichkeit der Weltverbesserung[a] besessen und leidet an chronischem Mangel an gesundem Menschenverstand. Geschickt nutzen gutmenschliche Politiker:Innen die in Deutschland grassierende Neidsucht und weitverbreitete Missgunst aus. Jedem, der etwas mehr besitzt, wird unterstellt, das Vermögen auf Kosten Ärmerer erworben zu haben, weshalb die Erbschaftssteuer der „Gerechtigkeit" halber konfiskatorische Höhen annehmen sollte.[129] Expropriiert die Expropriateure! Der Soziologe Helmut Schoeck schrieb einmal: „An wem der Neid nagt, oder wer sich durch den vermuteten Neid anderer geplagt glaubt, beide finden Trost beim Sozialismus; aber beide ahnen nicht, dass ihnen sowohl die falsche Diagnose als auch die falsche Prognose für ein Grundproblem der Menschheit geliefert wird.[130] Wenig schmeichelhaft analysiert der Psychologe Wolfgang Krüger: „Deutschland ist eines der neidischsten Länder der Welt.[36]" Und tatsächlich haftet der Neidbazillus auf deutschen Gehirnwindungen wie Plaque auf den Zähnen.

[a] Hier sei an Jean-Baptiste Molière (1622 – 1673) erinnert, der lapidar feststellte: „Es gibt nichts Dümmeres, als zu versuchen, die Welt zu verbessern."

Wer dennoch meint, starke Schultern können mehr tragen, der sei daran erinnert, dass die Leistungsträger irgendwann die Lust verlieren, wenn sie zu sehr ausgelutscht werden. Der amerikanische Religionsführer W. J. H. Boetcker brachte es 1916 auf den Punkt mit den Worten: *„Ihr werdet die Schwachen nicht stärken, wenn ihr die Starken schwächt. Ihr werdet denen, die ihren Lebensunterhalt verdienen müssen, nicht helfen, indem ihr die ruiniert, die sie bezahlen. Ihr werdet keine Brüderlichkeit schaffen, indem ihr den Klassenhass schürt. Ihr werdet den Armen nicht helfen, indem ihr die Reichen ausmerzt. Ihr werdet mit Sicherheit in Schwierigkeiten kommen, wenn ihr mehr ausgebt, als ihr verdient. Ihr werdet kein Interesse an den öffentlichen Angelegenheiten und keinen Enthusiasmus wecken, wenn ihr dem Einzelnen seine Initiative und seine Freiheit nehmt. Ihr könnt Menschen nie auf Dauer helfen, wenn ihr für sie tut, was sie selber für sich tun sollten und könnten."*

Hierarchisch aufgezählt trifft man den Gutmenschen in multinationalen Gremien wie den Vereinten Nationen, der OECD und den EU-Organen, wo er als Lichtgestalt eifrig Konversation unter Gleichgesinnten pflegt; wo man sich herzlich umarmend gegenseitig auf die Schulter klopft und im Vollbesitz der „wissenschaftlich abgesicherten" Wahrheit wichtige Beschlüsse fasst. Häufig findet man den Gutmenschen auf informellen Milliardärs- und Prominententreffen wie den Bilderbergern sowie auf internationalen Konferenzen, bei denen es um die „Sicherheit" geht wie in München oder um die „Wirtschaft" wie in Davos – überall gibt der moralgeladene Bessermensch sein Bestes.

Da er über die Deutungshoheit verfügt, sind Redaktionsstuben und Fernsehstudios nicht von ihm verschont. Dabei macht ihm im Heucheln niemand etwas vor. So verbreitete der ehemalige Moderator des ZDF-Nachrichtenmagazins „heute journal", Claus Kleber, gerne – selbst mit einem Vermögen von 5 Millionen und einem Jahressalär von 600.000 Euro[68] versehen – die frohe Botschaft vom „reichen Deutschland", das

mehr Solidarität mit den Armen der Dritten Welt zeigen soll, während Rentner um die Ecke verschämt nach Pfandflaschen in Papierkörben kramen.
Aber auch im Kleinen ist der Gutmensch eifrig am Wühlen. Er hat unzählige Lieblingstummelplätze. Einer davon ist der Gerichtssaal, wo er fleißig den gesunden Menschenverstand verprügelt, ohne jemals Rechtsbeugung zu begehen, denn die Gesetze sind von der Politik vorgegeben und daran hält er sich – der Gutmensch.
Gutmenschen tummeln sich gerne in Lehrerkollegien, aber auch im Kindergarten, um jungen Menschen den geheiligten Zeitgeist näherzubringen. Von Klimaschutz, Chemie als Synonym für Siechtum und frühes Ableben, Anti-Atomkraftbewegung über die „Eine-Welt-Bewegung", Political correctness, LGBTIQ-movement, Rad fahren statt Auto fahren bis Veggi-Day – nichts lassen sie aus. Von ungestümem Gestaltungswillen getrieben, dulden sie als gewiefte Pädagogen keinen Widerspruch und rasten aus, wenn man ihnen widerspricht. Mit ausgeprägter Toleranz aber begegnet der Gutmensch denjenigen, die sich etwas „danebenbenehmen" wie im Fall von Ehrenmorden. Die Taten sind halt Ausdruck einer andersgearteten Kultur, für die man gefälligst Verständnis haben solle. Dagegen reagiert der Bessermensch mit aggressiver Intoleranz gegen diejenigen, die nicht seiner Meinung sind (z. B. Pegida). Flugs macht er „Rock gegen rechts", übt sich in Intoleranz und holt die Nazikeule raus. Dabei merkt er nicht, dass der inflationäre Gebrauch der Nazikeule diese zu einer Faschingsklatsche macht, wodurch die Opfer der größten Barbarei des 20. Jahrhunderts beleidigt werden!
Gern greift der Gutmensch Argumente der Qualitätsmedien auf und „gewinnt" damit jede Diskussion. Deshalb meint er, besonders intelligent zu sein. Marie-Louise Ebner Eschenbach bringt solche Selbstüberschätzung auf den Punkt: „Wer nichts weiß, muss alles glauben." Deshalb ist er im Kern strohdumm, denn eigenständiges Denken und Analysieren er-

fordert neben Intelligenz *schöpferischen* geistigen Input und mehr Anstrengung als etwas nachzuplappern.
Als Politiker ist der Gutmensch links verortet. Seine Wähler meinen, der von ihm vertretene Sozialdemokratismus stünde für ein besseres Leben und für Gerechtigkeit. Auch sei Solidarität ein „Teilen", für dessen Kosten andere aufkommen müssen. Soweit die Theorie. Nun zur Praxis: Von der „Jesuitenreduktion" (1609 - 1667) in Südamerika bis heute sind hunderte sozialistische Experimente gescheitert. Warum? Es ist ein freiheitsfeindliches Prinzip und kann nicht ohne Zwang durchgesetzt werden [133] – auch der Sozialdemokratismus, der nichts mit der Sozialdemokratie Kurt Schumachers oder Helmut Schmidts zu tun hat. Planwirtschaft ist charakteristisch für den Sozialdemokratismus, der keinen Wohlstand schafft, sondern Mangel.[134] Heuchlerisch wird die Verteilung desselben als Gerechtigkeit bezeichnet. Generell hat die gutmenschliche Glaubenskongregation das Problem, dass ihr früher oder später das Geld anderer Leute ausgeht. Ferner ist linke Politik ein Prokrustesbett, bestehend aus: Verboten, Neid, Reglementierungen, Schikanen, Zwängen, Einschränkungen, Heucheln, Bevormundung nebst Denk- und Sprechkontrollen (vgl. Political Correctness). Denn: „Nicht jeder, der Glück verspricht, bringt Glück."[135]

B) Der Antipode des *Gutmenschen* ist der ***Normalmensch***, manchmal auch als ***Bösmensch*** verschrien. Wertkonservativ, wie er ist, folgt er dem Motto: „Never change a runnig system." Der Normalmensch leidet unter gesundem Menschenverstand und ist deshalb sprach- und hilflos dem Tumult ausgeliefert, den boshaft-eloquente Gutmenschen lostreten, um beispielsweise den Lebensstil westlicher Industriegesellschaften anzugreifen. In der Regel ist der Normalmensch Nettosteuerzahler, hat einen harten Arbeitstag und zu wenig Freizeit, um sich um gesellschaftliche Belange zu kümmern. Schlecht organisiert, wie er ist, überlässt er den politischen

Raum linken und linksradikalen Kräften, deren zerstörerischen Narrative sich im politischen Diskurs durchsetzen.
In mancher Hinsicht erinnert der *Normalmensch* an den Protagonisten des Dramas „Biedermann und die Brandstifter“ von Max Frisch. Der gutgläubig-hilflos-vertrauensselig-bequeme, aber auch feige Gottlieb Biedermann lässt sich als Hauseigentümer von den Brandstiftern Schmitz und Eisenring ein Benzinfass nach dem anderen auf den Dachboden rollen. Am Schluss hilft er noch die Zündschnur zu vermessen. Ein „Dr. phil.“, von Eisenring als „Weltverbesserer“ bezeichnet, ergänzt das Brandstifter-Trio. In der Realität spielte dessen Rolle 1992 Maurice Strong in der Rio Konferenz. Aber auch auf David Rockefeller passt das, wenn er meint: „Wir befinden uns am Anfang einer globalen Umwälzung. Alles, was noch fehlt, ist eine große weltweite Krise, bevor die Nationen die ‚Neue Weltordnung’ akzeptieren.“ In die gleiche Kerbe schlägt Klaus Schwab, über den weiter unten zu berichten ist.

DIE ÖKOGESCHAFTLHUBER

Kurz nachdem Richard Nixon die NATO mit einem dritten Standbein versah (s. S. 51), kam es zu mehr oder minder heftigen Eruptionen des lauteren und reinen Ökologismus. Für Forschende bzw. Naturwissenschaftlernde (Genderspeak) war das eine Einladung zum Gelddrucken. Wie Kinder, die einen Bonbonladen stürmen dürfen, wurden und werden ständig neue Bedrohungen kreiert. Hilfsmittel sind die moderne Instrumentelle Analytik nebst Computermodellierung. Mit dicken Backen werden die Ergebnisse von medialen Angstblechorchestern in die Welt posaunt. Daraus wiederum erwachsen Handlungsanweisungen für „Politikernde“ (engl. *policy maker*), die mit Genuss an der Ökogarotte drehen. Es läuft genau, wie von Margaret Mead gewünscht (s. S. 80).

1977 ging in Wyhl die Post ab, als Kernkraftgegner Randale machten. Da Wyhl in der Nähe des Kaiserstuhls lag, wurden die Weinbauern mit dem Argument überzeugt, der Wasserdampf der

Kühltürme würde die Traubenreife durch vermehrte Nebelbildung beeinträchtigen. So ein Blech wurde geglaubt.

1981 droschen mit dem Spaten in der Hand 3000 heldenhafte Kernkraftgegner in Brokdorf auf Polizisten ein. Da es sehr kalt war, unterstützten sie ihre Argumente mit wärmenden Molotow-Cocktails.

Frühe Hysteriebeben waren bzw. sind u. a. das Waldsterben, der DDT-Vogeltod, das Ozonloch nebst unzähligen UN-Konferenzen zur Rettung der Welt. Randale gegen Autobahnbau und generell gegen die komfortable automobile Fortbewegung sind der aktuelle Hit.

WISSEN IST NIX – BILDUNG IST ALLES

Die nächste Explosion des Guten war die Bildungsreform der Siebzigerjahre in Westdeutschland, die von der OECD angeregt wurde. Infolgedessen redete um 1965 der an der Freiburger Universität unterrichtende Religionslehrer Georg Picht den Politikern ein, in Deutschland gäbe es zu wenig Studenten. Er prägte den Begriff vom „Bildungsnotstand", der unweigerlich zum wirtschaftlichen Niedergang führe. Es war die hohe Zeit der Hochschulpädagogen und Didaktiker, die es verstanden, eine profitable Beratungsindustrie aufzubauen und selbstbestimmtes Lernen als Lösung aller Probleme zu empfehlen. Allenfalls die Rolle eines sich anbiedernden Showmasters sollte der Lehrer in der BRD noch spielen. Durchgeknallte, linksliberale Bildungspolitiker sorgten damals mit Hilfe der von ihnen erlassenen Curricula dafür, dass Wissenserwerb durch Memorieren wie Auswendiglernen von Vokabeln, mathematischer, chemischer oder physikalischer Formeln verpönt wurde. Auf keinen Fall die Schüler anstrengen oder fördern durch fordern, sondern Spaßpädagogik war angesagt. Kreativität statt Wissen wurde Trumpf! So wie bei Pippi Langstrumpf: „Ich mach mir die Welt, wie sie mir gefällt – 3 x 3 macht 6 – widdewidde".

Josef Kraus, der ehemalige Präsident des deutschen Lehrerverbands, zählt die Tabus und Lebenslügen der Gaga-Bildungspolitik auf: „Autorität, weil ‚repressiv'; Begabung, weil jeder für alles ‚begabt‘ werden kann; Elite, weil unter ‚Faschismus-Verdacht‘; Erziehung, weil sie ‚Herrschaftsansprüche‘ der Eltern/Erzieher bestätigt; ‚Fleiß‘, weil er die „freie Entwicklung‘ verhindert; Leistung, weil, zynisch‘ und ‚faschistoid‘.“[45] Kraus verortet die Koordinaten des Bermuda-Vierecks linker Schulpolitik in der – Gleichheitsutopie (Rousseau), dem Machbarkeitswahn (Skinner), dem Lustprinzip (Marcuse) und dem Untergangsalarmismus (Greenpeace) als „Ausdruck einer Ursehnsucht“. Die Lust am Unstrukturierten zeigt sich für Kraus in der pädagogischen Vorstellung von Gleichheit, Chancengleichheit und Chancenausgleich. Vehement fordert er ein Ende der Diskreditierung von Anstrengung, Leistung und Leistungsmessung. „Wir brauchen wieder ein Verständnis dafür, dass Lernen auch Anstrengung bedeutet und dass Lernen mit Üben, Wiederholen und Arbeit zu tun hat.“[46]

Im Gegensatz dazu wird in vielen Bundesländern Schülern die Möglichkeit gegeben, mangelnde Leistungen im Fach Deutsch durch „darstellendes Spiel“ zu ersetzen – Abitur beim Discounter um die Ecke![47] Der Bildungsforscher Rainer Bölling erklärt die westdeutsche Abiturientenzahlexplosion: „Die Anforderungen wurden im Laufe der Zeit schleichend vereinfacht, keine Frage. Dahinter steht die Forderung der OECD, dass Deutschland mehr Abiturienten, mehr Akademiker brauche, weil es in anderen Ländern mehr gebe.“

Auf die inflationäre Vergabe höherer Schulabschlüsse angesprochen, entgegnete der ehemalige GEW-Vorsitzende Erich Frister um 1980 in einem Interview: Er sähe darin kein Problem, ein Tankwart mit Abitur hätte schließlich dank höherer Bildung ein erfüllteres Leben als einer ohne Abitur.

Mit der Bildungsreform einhergehend, verloren Lehrer in der BRD ihr Ansehen. Dies zum einem, weil sie in Latzhosen, mit Rauschebart und der *Frankfurter Rundschau* unterm Arm Schülern statt Physik die frohe Botschaft vom beglückenden Sozialismus nebst Abschaltung der Kernkraftwerke ans Herz legten. Zum anderen, weil zu dieser Zeit die Eltern die Erziehung zunehmend dem Kindergarten und der Schule überantworteten. Sie wollten bloß nur noch lieb sein, nur loben, nichts verbieten und das Kinderzimmer mit allerlei

Spieltrödel überschwemmen. Die Schüler fanden schnell heraus, dass der Lehrer außer dem nicht ernst zu nehmenden „pädagogischen Gespräch“ keine wirksamen Erziehungsmittel hat, weshalb ein 16-jähriges Gymnasial-Früchtchen am Elternabend den Lehrer im Beisein seines Vaters beschimpfte: „Halt's Maul, du Arsch!“. Der Vater, aufgefordert, auf seinen Sohn mäßigend einzuwirken, zuckte die Schultern: „Ich habe doch keine Gewalt mehr über den Jungen!“[48]

Die massenhafte Vergabe der Hochschulreife hat heute die Entwertung dieses Schulabschlusses verursacht nebst einem Verdrängungswettbewerb. Konnte ein Realschulabsolvent um 1960 noch hoffen, einen Ausbildungsplatz bei einer Bank zu bekommen, so ist das gegenwärtig fast aussichtslos. Ganz zu schweigen von Hauptschulabsolventen, die vollkommen abgehängt werden. Sind die Deutschen durch die Bildungsreform intelligenter und klüger geworden? Nein, Hochschulen müssen heute Eingangskurse in Mathematik einrichten, damit die Abiturienten den Grundvorlesungen folgen können.

Um nicht missverstanden zu werden: Im rohstoffarmen Deutschland werden dringend gut ausgebildete Arbeitnehmer benötigt und auch Hochschulabsolventen der MINT-Fächer. Was wir weniger brauchen, sind nebst frustrierten Studienabbrechern Heerscharen von Geschwätzwissenschaftler:Innen, die mangels mathematisch-naturwissenschaftlicher Begabung nichts anderes studieren konnten! Ein Bösmensch bezeichnete sie mir gegenüber einmal als Rindviecher mit Abitur. Auf der anderen Seite mussten Kunden nach Mitteilungen von Handwerksverbänden 2022 monatelang warten, weil den Betrieben 25.0000 Fachkräfte fehlen. Der Generalsekretär des Zentralverbands des Deutschen Handwerks brachte es auf den Punkt: Der Engpass wird verursacht „durch eine falsche Bildungspolitik“.[43]

Was zur Zeit der Bildungsreformen von der OECD verschwiegen wurde, ist, dass man in den als Vorbild dienenden Vereinigten Staaten „zwischen 1964 und 1968 jeden unbeschäftigbaren Halbanalphabeten“ in der Bildungsstatistik den Abiturienten zuzählte (Helmut Schoeck).[131] Außerdem entspricht das Collegestudium dort in vielem der deutschen dualen Ausbildung (Betrieb/Berufsschule)! Daran gemessen gab es zu Pichts Zeiten gar nicht zu wenig Studenten in Deutschland. So absolviert eine Krankenschwester in den USA ein Studium. Ähnlich sieht es aus mit der Sekretärin, dem Elektriker oder dem Automechatroniker. Meist haben diejenigen in den USA ihre Fähigkeiten durch ein Collegestudium erlangt.

DER CHARAKTERBEHINDERTE STRAFTÄTER

Die *Strafrechtsreform* um 1970 in der BRD war ein possierlicher Rohrkrepierer des Guten auf dem Jahrmarkt menschlicher Dummheiten, der noch heute nachhallt. Zweifellos galten bis dato auch abwegige, ja perverse Gesetze, die leicht modifiziert noch aus dem Kaiserreich oder der Nazizeit stammten. So gab es den § 172 a, der Ehebruch unter Strafe stellte. Der § 175 a bestrafte die „Unzucht zwischen Männern". Mit dem § 175 b wurde die „Widernatürliche Unzucht" (z. B. Fellatio) verfolgt. Der Kuppeleiparagraf § 180 a bedrohte Eltern, die gestatteten, dass der Freund der Tochter in deren Zimmer übernachten durfte. Auch die „Verbreitung unzüchtiger Schriften" war ein Offizialdelikt gemäß § 184 a.

An skandalösen Justizskandalen war in der frühen Bundesrepublik wahrlich auch kein Mangel. Ein Beispiel ist die „Hamburger Glocke", eine winzige „Beruhigungszelle" im Untersuchungsgefängnis der Hansestadt. Ein im Boden eingelassener Lattenrost diente als Bett und ein Loch im Fußboden als Toilette. In diesem Raum wurde 1964 der wegen Diebstahls einsitzende Häftling Ernst Haase wegen Renitenz vom Justizpersonal mit dem Gummiknüppel fast zu Brei geschlagen. Das Opfer starb, die Täter wurden nie bestraft. Haase war nicht der einzige Betroffene, auch im Kölner Klingelpütz und anderswo ging es hoch her. Eine Justizvollzugs- und Strafrechtsreform war damals dringend geboten! Aber wie so oft menschelt es: erst der Brunnen, dann das Kind und dann der Deckel – und alle halten dicht, weshalb ehemalige NSDAP-Juristen in der jungen Bundesrepublik als Abgeordnete in Parlamenten unterkriechen konnten oder als Juristen hohe Ämter bekleideten.

Unter dem Motto „Resozialisierung statt Bestrafung" inszenierten linksliberale Politiker einen maßlosen Übertreibungszirkus. „Die Strafrechtslehre, wie sie sich unter Einfluss der linken Gesellschaftskritik Anfang der Siebzigerjahre in Deutschland herauszubilden beginnt, versteht Delinquenz konsequent als Versagen der gesellschaftlichen Institutionen", schreibt Jan Fleischhauer[31]. Auf den Punkt gebracht: Der Täter kann für sein strafbares Verhalten nichts, denn er ist selbst Opfer, Opfer der Gesellschaft, die ihn zur Straftat genötigt oder zumindest gedrängt hat.

Der Grundsatz „Jeder ist seines Glückes Schmied" sollte um 1970 gemäß der linksliberalen(sozio-singsang)-Justizreform-Schickeria nicht mehr gelten. Eine schlimme Kindheit, Opfer sexuellen Missbrauchs, gewalttätiger Vater, trunksüchtige Mutter, in Armut aufgewachsen, vielleicht auch vom Wickeltisch gefallen. Nach Meinung federführender Soziologen, Kriminologen und Philosophen, die den Aufbau der permissiven Strafrechtsreform begleiteten, sind das alles Gründe für einen Freispruch oder zumindest für eine Strafmilderung. Das Zuchthaus wurde abgeschafft. Lebenslange Haft bedeutet heute in der Regel 15 bis 17 Jahre.[b] Das Jugendstrafrecht sorgt dafür, dass selbst noch 60-Jährige wegen Mordes zu einer Freiheitsstrafe von 10 Jahren verurteilt werden, wenn sie nach Ansicht psychologischer Gutachter nicht die Reife eines Erwachsenen besitzen.

Wird man erwischt, reicht die Feststellung der Personalien aus, um bis zum Prozess auf freiem Fuß zu bleiben – außer es besteht Fluchtgefahr. Der Philosoph und Soziologe Arno Plack plädierte sogar für eine Abschaffung des Strafrechts und meint: „Wir bestrafen ja den, der als *Charakterbehinderter* mit den Auswirkungen einer repressiven Gesellschaft an sich selber schon genügend bestraft ist."[32] „Charakterbehindert" – solch ein Gaga muss man sich auf der Zunge zergehen lassen! Die sozial-liberale Strafrechtsreform „(war) eine gewaltige Umstellung von der Praxis entschiedener Härte zu einem Prozess staatlicher Ermahnung und therapeuti-

[b] Bei besonderer Schwere der Schuld bekommt der Straftäter tatsächlich lebenslang, allerdings nach Abbüßung der „lebenslangen Strafe" gibt es lebenslang eine mehr oder minder komfortable Sicherheitsverwahrung.

scher Anleitung", stellt Jan Fleischhauer fest. In einem Vortrag vor der Casino-Gesellschaft in Wiesbaden brachte es 2022 der ehemalige Bundesverfassungsgerichtspräsident Hans-Jürgen Papier auf den Punkt: Nicht mehr Recht entscheidet über richtig und falsch, sondern ein Moraldiktat selbsternannter Gerechter.[49]

Fröhliche Urständ feiert die Strafrechtsreform von 1969/70 im Umgang mit Ehrenmorden. Die Deutsch-Kurdin Hatun Aynur Sürücü ist von ihren Eltern aus Deutschland abgeschoben worden, weil sie sich im Verlauf ihrer Pubertät gegen den strenggläubigen Lebensstil der Familie auflehnte und mehr und mehr nach freiheitlichen westlichen Begriffen leben wollte. Um ihr die Flausen auszutreiben, hatte man sie in Istanbul im Alter von 16 Jahren mit einem Cousin zwangsverheiratet. Sie wurde schwanger, bekam als emanzipierte Frau Streit mit ihrem Ehemann und floh. Nachdem sie in Deutschland ihr Kind zur Welt brachte, absolvierte sie eine Elektrikerlehre und wollte das Fachabitur erlangen. Am 7.2.2005 wurde Hatun Aynur Sürücü von ihrem Bruder Ayhan Sürücü mit drei Kopfschüssen ermordet. Der Bedauernswerte musste aus tiefer Scham so handeln, denn eine Frau, die eigenständig lebt, ihr Kopftuch ablegt, sich schminkt, attraktiv macht und den westlichen Lebensstil annimmt – das geht gar nicht! Die Mordwaffe (brauchen wir ein strengeres Waffenrecht?) hatte der ältere Bruder Mutlu besorgt, unterdessen der mittlere Bruder während der Tat für „moralischen Beistand" sorgte. Das Berliner Landgericht verurteilte den Täter zu einer Jugendstrafe von 9 Jahren und 9 Monaten und sprach in gutmenschlicher Absicht die beiden mitangeklagten älteren Brüder aus Mangel an Beweisen frei. Berlins Innensenator Ehrhardt Körting (SPD) bejubelte das Urteil als Ausdruck des funktionierenden Rechtsstaats.[c]

Noch eine Fehlzündung des modernen Rechtsstaats: Ein Rollstuhlfahrer wurde 2020 von einem Mann, der wegen Mordes an seiner

[c] Zur Ehrenrettung der Justiz muss hervorgehoben werden, dass der Freispruch der älteren Mittäter vom 5. Strafsenat des Bundesgerichtshofs in Leipzig aufgehoben und an ein anderes Landgericht überwiesen wurde. Die beiden mutmaßlichen Mordgehilfen hielten sich zu diesem Zeitpunkt in der Türkei auf. Dort wurden sie erneut angeklagt – bislang ohne Erfolg. Es geht halt um die „Ehre".

Verlobten bereits 2001 eine „lebenslange" Freiheitsstrafe erhielt, mit Schwung auf die Gleise direkt vor einen einfahrenden Zug gestoßen. Glück im Unglück: Der Lokomotivführer konnte rechtzeitig bremsen. Das Landgericht verurteilte den schuldunbewussten Charakterbehinderten zu 8 Jahren Haft. Gutmenschlich hob der BGH die Strafzumessung als zu hoch auf mit der Begründung, das Landgericht hätte unter anderem nicht hinreichend berücksichtigt, „dass der Angeklagte zum Zeitpunkt des Urteils bereits 69 Jahre alt gewesen war und so erst im hohen Alter in Freiheit kommen würde". Oooch!

2020 zitterte im kleinen Taunusörtchen Wambach die Bevölkerung vor einem psychisch kranken, drogenabhängigen, polizeibekannten 24-Jährigen. Bedrohungen der Anwohner nebst zahlreichen Sachbeschädigungen und Handgreiflichkeiten veranlassten die Eltern, ihre Kinder kaum noch auf die Straße zu lassen. Erwartungsvoll wandten sich die Bürger an die staatlichen Stellen in der Hoffnung, Schutz vor dem nicht zurechnungsfähigen Gewalttäter zu erhalten. Sie kannten den Rechtsstaat schlecht! Die Gesundheitsbehörde meinte, sie könne die anderen zuständigen Behörden informieren. Mehr ginge nicht. Ein Anwalt konnte auch nicht helfen, denn aus datenschutzrechtlichen Gründen machte die Polizei keine Angaben zu Aufenthalten des Mannes in der Psychiatrie. Das Polizeipräsidium teilte mit, es bestünden „insbesondere bei freiheitsentziehenden Maßnahmen durch die Polizei hohe gesetzliche Anforderungen". Anstatt den Delinquenten am Schlafittchen zu packen, wegzusperren und so seine Opfer vor ihm zu schützen, geschah nichts.[33]

Schuldspruch in einem Vergewaltigungsprozess: Zwei junge Syrer vergewaltigten 2016 die 15-jährige Tochter einer Flüchtlingshelferin. Das Urteil: zwei Jahre Jugendstrafe auf Bewährung für Schadi A., 18 Monate für seinen Komplizen, dazu jeweils 500 Euro Geldbuße. Die jungen Schlingel sind längst wieder auf freiem Fuß. Etwa zur gleichen Zeit saß ein Herr Georg Thiel drei Monate in einer 8-Quadratmeter-Zelle der JVA Münster in Erzwingungshaft. Sein Vergehen: Seit 2013 weigerte er sich, Rundfunkgebühren zu zahlen. Er besaß nämlich seit vielen Jahren weder Radio noch Fernseher. Einen Appell an den WDR beantwortete der Intendant

Tom Buhrow mit den dürren Worten: „Ihrer Bitte, den Haftbefehl zurückzuziehen, können wir nicht nachkommen." Dazu das Wahlplakat der Merkel-CDU: „Für ein Deutschland, in dem wir gut und gerne leben." Herrn Thiel muss so etwas wie Hohn in den Ohren klingen – die jungen Syrer haben verstanden.[132]

„Butterweiche Strafurteile" nennt der Richter Thorsten Schleif Fehlzündungen deutscher Strafjustiz. Da geht es beispielsweise um zwei junge Männer, die mit getunten Autos ein illegales Straßenrennen in Köln-Deutz veranstalteten[28]. Eine unbeteiligte junge Radfahrerin wurde angefahren und tödlich verletzt. Das Landgericht Köln verurteilte die Hobbyrennfahrer zu zwei bzw. eineinhalb Jahre Haft *mit* Bewährung. Nach Anfechtung des Urteils wurde das Strafmaß deutlich erhöht auf zwei bzw. eineinhalb Jahre Haft *ohne* Bewährung. Weshalb hat man die Charakterbehinderten nicht gleich zu zwei Jahren Fernsehverbot ohne Bewährung verknackt?

Seine ganze Härte zeigte der Rechtsstaat 2007 im Fall einer Seniorin, die ein Duftspray im Wert von 1,99 Euro geklaut hatte. Da sie eine Wiederholungstäterin sei, wurde sie zu zwei Monaten auf Bewährung verurteilt.[34] Auch traf es eine Kassiererin, die nach Auffassung des Gerichts zu Recht entlassen wurde. Sie hatte in einem Lebensmittelmarkt eine Leergutflasche mehrfach über die Kasse gezogen und das Pfandgeld in Höhe von 3,25 Euro in die eigene Tasche gesteckt.[35]

Ein Autofahrer wird mit 180 Euro und einem Monat Fahrverbot beglückt, wenn er in einer der sich epidemisch ausbreitenden Tempo-30-Zonen (überall Schulen, Kindergärten, Altersheime!) mit Tempo 60 geblitzt wird. Andererseits durfte eine ausgelassen tanzende Hochzeitsgesellschaft aus dem Migrationsmilieu mit ihren AMG Mercedes und Alpina BMWs eine Wiesbadener Hauptverkehrsader unbehelligt stundenlang blockieren.[d] Aus dem 100 m entfernten Polizeirevier wurde auf Anfrage empörter Bürger geantwortet: „Wir können ja nicht alles sehen."[37] So sind sie halt, der Rechtsstaat und seine Organe.

HOFBERICHTERSTATTUNG – IMMER GUT DESINFORMIERT

Progressive Qualitätsmedien sind immer für einen Knallfrosch des Guten zu haben. Die im national-sozialistischen[e] Unrechtsstaat gleichgeschalteten Medien wurden nach 1945 verboten. Neue Zeitungen, Journale, Redakteure und Journalisten mussten her! Freda Utley, eine damals sehr bekannte Journalistin und Publizistin mit Zugang zum Weißen Haus, schildert in ihrem Buch „Kostspielige Rache" die Entnazifizierung und Medienneugründung in Westdeutschland. Dabei wurde die „Information Control Division" der amerikanischen Militärregierung mit „wohlbekannten Kommunistenfreunde(n) und Sowjetaposteln" wie Paul K. Padover und Cedric Belfrage vom P.M. besetzt[f]. Als Lizenzträger für die *Frankfurter Rundschau* setzte Mr. Belfrage den deutschen Kommunisten und ehemaligen KZ-Häftling Emil Carlebach ein.[38] Ungeachtet dessen, dass Carlebach später als Helfershelfer der SS bei der Ermordung anderer Häftlinge des KZ Buchenwald entlarvt wurde, avancierte die *Frankfurter Rundschau* in der BRD zur Lieblingslektüre progressiver Lehrer der 68er Generation. Auch in Süddeutschland setzten sich Ende der Vierzigerjahre nach Zeitzeugen, die Freda Utley nennt, Kommunisten dafür ein, dass leitende Funktionen in Zeitungen, Rundfunk- und Nachrichtenagenturen mit „ihren Leuten" besetzt wurden. Der Rot- und spätere Rot-Grün-Stich der Berichterstattung wurde also schon direkt nach 1945 angelegt.

Die *Neue Zürcher Zeitung* berichtet 2021 über eine Untersuchung des Leipziger Professors für Kommunikationsmanagement Christian Hoffmann.[51] Demnach wählen 57,1% der jungen Journalismus-Volontäre des ARD die Grünen und 23,4 % Die Linke (Bild 31).

---

[d] Die vollkommen übertriebene und unverständliche Ausgelassenheit beruht auf vermeintlichen Vorschriften des Koran, der Jungfräulichkeit zu einem hochverehrten Kultfetisch erhebt. Es geht also um die „Ehre". Mit einer Hochzeit werden alle Bremsen gelöst – Jubel, nun darf der Geschlechtsverkehr zwanglos ausgeübt werden!

[e] Zum Begriff „sozialistisch" schreibt Joseph Goebbels 1931 im „Der Angriff": „Der Idee der NSDAP entsprechend sind wir die deutsche Linke ... Nichts ist uns verhasster als der rechtsstehende nationale Besitzbürgerblock ..."

[f] Mit P. M. ist das linke Nachmittags-Boulevardblatt Magazin *Post Meridiem* gemeint.

Dass etliche Qualitätsmedien zur Angsttrompeten- und Panikindustrie zählen und wohlfeile Steigbügelhalter für hochtourig linksrotierende Politiker sind, bedarf wohl keiner Hervorhebung.

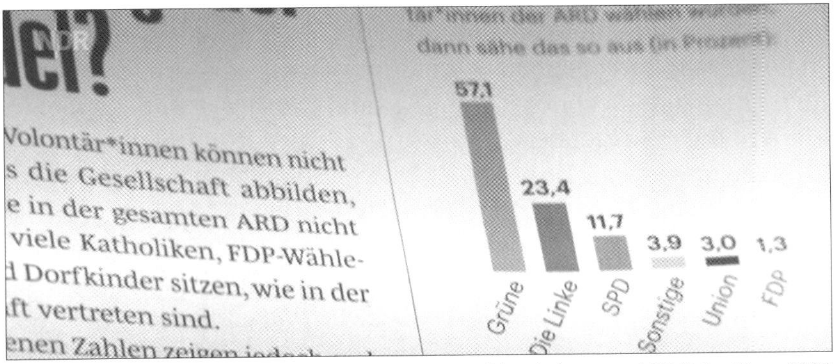

Bild 31: Wahlverhalten von ARD-Volontären 2021

Es ist einfach evident. Ein Lichtblick im Dschungel der Desinformationsindustrie waren lange Zeit die *FAZ* und *Die Welt*. Jedenfalls solange die Demokratie noch korrekt funktionierte und die CDU nicht merkelte, sondern eine wertkonservative Wirtschaftspartei war. Also lange bevor eine abgedrehte, klimaangstgetriebene schwarz-rot-grüne-Wählerschaft zur bürgerlichen Mitte ernannt wurde. Die *FAZ* jedenfalls war so lange ein Hoffnungsschimmer, bis Frank Schirrmacher 1994 die Nachfolge von Joachim Fest antrat. Danach flackerten die schwarzen Buchstaben der *FAZ* irritierend rot-grün. Selbst *Die Welt* hat sich während der Merkel-Regierung dem klimakatastrophal-gutmenschlichen Zeitgeist gebeugt.

Wer meint, von schrill-schrulliger Volkspädagogik beim Krimischauen im Fernsehen verschont zu sein, wird bitter enttäuscht. Mit Hilfe des Rundfunk- und Fernsehrats, der mit Vertretern politischer Fraktionen, der Gewerkschaften, Frauenverbände und Kirche besetzt ist, manipuliert der progressiv-modernistische Politbetrieb überall mit. Der „Tatort“ im Ersten, die „SOKO Leipzig“ im Zweiten und viele andere aus deutscher Produktion stammende Krimis sind längst zu einer multikulturellen, rot-grünen Agitpropmaschine verkommen. Ein Mord und dann wird fast 90 Minuten lang sozialpädagogisch gelabert – ein Sozio-singsang-Schwätzkrimi als Transmissionsriemen schrill-schrulliger Volkspädagogik. Nur keine spannende Unterhaltung, statt dessen hart aber korrekt mit offensichtlichen Straftätern umgehende, Hunde streichelnde Polizisten, radfahrende und singende Kriminalbeamte, dazu genuschelte Dialoge, kein durchgehender Handlungsfaden, sondern ständig unübersichtliche Rückblicke. Themen sind: „Outing" im Polizeidienst, Frauenpower, heulende Kommissare mit Psychoproblemen, Mord in einer queerfeministen WG[122], pädophile Millionäre, Gewalt gegen Lebensabschnittspartner:Innen, lesbische und schwule Polizistende (Genderspeak), mieterschikanierende Hauseigentümernde (Genderspeak), illegale Giftmüllbeseitigung und Pharmaskandale zur Profitmaximierung, Rechtsradikale im Polizeidienst und bei der Bundeswehr nebst Morden „zu Ungunsten" von Migranten durch Springerstiefel tragende Glatzköpfe.

Die Gruppenvergewaltigung durch Täter aus dem Migrationsmilieu findet in deutschen Fernsehkrimis kaum statt. Selbst bei den Themen wie Zwangsprostitution und BTM-Handel wird sozialpädagogisiert. Fehlt nur noch der Totschlag einer unter strengstem Naturschutz stehenden Wespe. Im Gegensatz zu Schwedenkrimis werden Straftäter im ARD-/ZDF-Krimi prinzipiell mit Samthandschuhen angefasst. Clankriminalität, Zwangsehe, Ehrenmorde und Kriminalität der Antifa-Szene finden so gut wie nicht statt oder werden exkulpiert. Klar, Linksradikale sind gute Täter, Nicht-Linke sind rechtsradikal und böse. Ein Krimineller aus der Unterschicht gilt als Charakterbehinderter, der von der „repressiven" Gesellschaft zur Straftat genötigt wurde.

Mit dem konservativen Kanzler Sebastian Kurz hatte Österreich eine kleine Chance, dass sich der gesunde Menschenverstand in der Politik wiederfindet – zumindest in diesem Land. In seiner Jahresvorschau 2018 schrieb der *Spiegel* über Kurz: „International hat er in seinem ersten Jahr als österreichischer Bundeskanzler für Aufmerksamkeit gesorgt, weil er erst 32 Jahre alt ist und weil er mit Rechtspopulisten regiert. ... Vor allem sein rechtspopulistischer Koalitionspartner FPÖ hat die Grenzen des Sagbaren in Österreich verschoben. In Zukunft dürfte sich der Ton gegen Ausländer, Flüchtlinge und Migranten weiter verschärfen, denn Kurz lässt den Koalitionspartner FPÖ die schlimmen Dinge sagen, aber schweigt selbst dazu. Seine Popularitätswerte bleiben derweil hoch."[50] So was raubt Hofberichterstattern des gutmenschlichen Zeitgeists den Schlaf. Der *Spiegel* und die *Süddeutsch*e, zuständig für betreutes, politisch-korrektes Denken, sorgten mit einer von ihnen eingefädelten Intrige dafür, dass die Regierung Sebastian Kurz 2019 zurücktreten musste.[104]

Besondere Verdienste leistet die Journaille bei der Camouflage von Offizialdelikten. Im Pressekodex heißt es: „In der Berichterstattung über Straftaten ist darauf zu achten, dass die Erwähnung der Zugehörigkeit der Verdächtigen oder Täter zu ethnischen, religiösen oder anderen Minderheiten nicht zu einer diskriminierenden Verallgemeinerung individuellen Fehlverhaltens führt. Die Zugehörigkeit soll in der Regel nicht erwähnt werden, es sei denn, es besteht ein begründetes öffentliches Interesse. Besonders ist zu beachten, dass die Erwähnung Vorurteile gegenüber Minderheiten schüren könnte."[52]

Ein begründetes öffentliches Interesse bestand im Fall der NSU-Prozesse. Da wurden vollkommen zu Recht Namen und Fotos der Angeklagten veröffentlicht. Warum aber keine Täterfotos und Klarnamen bei Raub, Totschlag, Geldautomaten-Sprengern, Gruppenvergewaltigungen durch junge Männer mit Migrationshintergrund? Der deutsche Presserat meint: „Auch Täter haben Anspruch auf Schutz"!

DIE UNO – DAS LOTTERBETT DER GUTMEINENDEN

Wenig bewusst ist die ***sozialistische Grundströmung der UNO***, die heute vom ehemaligen Präsidenten der „Sozialistischen Internationalen", António Guterres, geleitet wird. Die Gründung der Organisation geht auf den Präsidenten Franklin D. Roosevelt von der Partei der „Democrats" zurück. Über den Schöpfer des „New Deals", Franklin D. Roosevelt, der Amerika aus einer dramatischen

Wirtschaftskrise führte, schrieb Thomas Mann 1941 nach einem zweitägigen Besuch im Weißen Haus: „Hier ist endlich einmal ein Massen-Dompteur großen Stils, der das Gute oder doch das Bessere will..." Roosevelt, der von Stalin 1945 immer als „Uncle Joe" sprach, bemühte sich stets ein positives persönliches Verhältnis zu dem Despoten aufzubauen.[21] Für linke Ideen hegte Roosevelt stets große Sympathien, denn er war in erster Linie ein „sozial und planerischer Reformer", dessen Ausstrahlung in den Fünzigerjahren neben der SPD viele europäische Mitte-Links-Parteien erfassten. „Das amerikanische Jahrhundert, das jetzt weltweit hereinbricht, ist, genau betrachtet, das Rooseveltsche Jahrhundert", schrieb der Historiker Hans-Peter Schwarz.[21]

Nach Roosevelts Tod im April 1945 bat sein Nachfolger, Harry S. Truman, Roosevelts Witwe, Eleanor Roosevelt, eine leitende Funktion in der UNO während deren Gründungsphase zu übernehmen. So wurde sie 1946 als Vorsitzende der UNO-Menschenrechtskommission zur federführenden Verfasserin der „Universal Declaration of Human Rights". Zum weiteren Verständnis ist es notwendig zu wissen, dass Frau Roosevelt beträchtliche Sympathien für Linksintellektuelle, Gewerkschafter und sozial benachteiligte Schwarze hegte. Nicht zuletzt deshalb kümmerte sie sich besonders um den „linken Flügel der New-Deal-Koalition"[21].

Der am Occidental College in Los Angeles lehrende Politikwissenschaftler und Historiker Peter Dreier beschreibt Eleanor Roosevelt als radikale Linksaktivistin und Feministin, die sich ihr Leben lang für die Rechte der Arbeiter, Bürgerrechte, für sozial Benachteiligte und Menschenrechte einsetzte. Die politische Umsetzung progressiver Ideen prägte ihre Arbeit in der UNO und ist grundlegend für deren politische Ausrichtung.[39]

Die UNO wird von den Beiträgen der Mitgliedsstaaten unterhalten. Aber das Grundstück, auf dem die UNO-Gebäude in Manhattan stehen, wurde gespendet. Und das kam so: Möglicherweise haben amerikanische Milliardäre permanent ein schlechtes Gewissen, weshalb sie sich heuchlerisch als Philanthropen präsentieren müssen. Klar, besitzt man 10 Milliarden Dollar, kann man locker

5 Milliarden davon spenden. Der Rest reicht immer noch für ein Zehnerpäckchen Lear-Jets, eine 80 Millionen-Villa, eine Luxusautosammlung für 50 Millionen, eine komfortable Hochseejacht und fürs Stammessen in 3-Sterne-Restaurants nebst anderen Annehmlichkeiten. Das schlechte Gewissen muss ganz besonders die Familie Rockefeller plagen. Möglicherweise deshalb griff 1952 John Davison Rockefeller Jr. in die Portokasse und spendete der UNO für 8,5 Millionen Dollar ein Grundstück zum Bau des UN-Gebäudes in Manhattan. Heutiger Wert: 93,5 Millionen Dollar.

Woher das schlechte Gewissen? John Davison Rockefeller Sr., der Stammvater der Rockefeller Dynastie, war ein gerissener, mit allen trüben Ölen gesalbter Geschäftsmann – vollkommen ohne jeglichen Skrupel. Um 1862 erkannte er, dass mit dem neu entdeckten Rohstoff Erdöl viel Geld zu machen ist. Es ging noch nicht um Benzin und Diesel, vielmehr um Öl für Beleuchtungszwecke. „Rockefeller hatte begriffen, dass der wunde Punkt der Petroleumindustrie nicht in den Ausgaben bestand, die die Ölgewinnung erfordert, sondern in den hohen Transportkosten."[40] Sein Konkurrent war ein Holländer namens van Skyle, der den Transport des Rohöls mit Fuhrwerken von Titusville zu den Eisenbahnstationen besorgte. Als steigende Löhne die Frachtgewinne drückten, baute van Skyle eine Pipeline zu den Verladebahnhöfen. Er hatte die Rechnung aber ohne Rockefeller gemacht. Heimlich kaufte dieser Eisenbahnlinien nebst Verladevorrichtungen und diktierte die Weitertransportkosten. Außerdem kam Rockefeller zupass, dass aufgebrachte Fuhrleute die Pipelines seines Konkurrenten sprengten und Fördertürme abfackelten. Zum Schutz der Anlagen musste van Skyle Schlägertrupps und Revolvermänner einstellen, die ihn aber immer mehr Geld kosteten. In der Not gab er Anteilscheine zur Finanzierung aus. „Biedere Freunde" kauften sie ihm ab und gaben sie postwendend an Rockefellers Agenten weiter."[40] Als Rockefeller 51 % der van Skyle-Papiere besaß, warf er diesen raus und schluckte die Firma. Ein anderes toll-dreistes Rockefeller-Geschäft waren 300 Millionen Öllampen aus Blech, die er den Chinesen schenkte. Dadurch verschaffte er sich 300 Millionen Kunden, die sein Leuchtöl kauften.[40]

„BUSINESS & PARTNER“

Obwohl Rockefeller fast ohne Partner handelte, ist er der Prototyp von „Business & Partner“. Der durchtrieben-smarte Geschäftsmann dieser Sorte ist Teil des amerikanischen Lebensgefühls und wurde in den Achtzigerjahren in der Seifenoper „Dallas“ mit der Figur des J.R. Ewing persifliert. Man sollte meinen, diese Leute wären stockkonservativ. Nein, amerikanische Milliardäre dieses Typs finden es todschick, links-grüne Projekte und linke Politik zu finanzieren. Von den 614 US-Milliardären unterstützten 124 die Wahl Joe Bidens durch mehr oder minder kräftige Spenden.[41,42] Traditionell spielen Joe Bidens „Democrats“ den linksliberalen Part in den USA. Kapitalismus und *Sozialismus sind für diese Gruppe also kein Widerspruch, denn es geht nicht um Enteignung, sondern um die Förderung gutmenschlicher Gesellschaftspolitik! Der gleiche Trupp beeinflusst auch kräftig die Arbeit der UNO*. Was treibt „Business & Partner“ sonst?

Ein natürlicher Feind der beiden ist die leichte Reparaturmöglichkeit von Gebrauchsgegenständen. Deshalb sorgen sie dafür, dass 2022 die meisten Handys weder über einen austauschbaren Akku noch über eine leicht ersetzbare Speicherkarte verfügen. Ist der Speicher voll oder der Akku defekt, muss ein neues Mobiltelefon gekauft werden. Wenn das nicht reicht, werden technische Standards so geändert, dass Altgeräte nicht nachrüstbar sind oder ständige Wartungen erforderlich machen. So hat ein deutscher Edelautohersteller aus Stuttgart die Elektronik seiner Fahrzeuge ganz im Sinne von „Business & Partner“ so programmiert, dass die Vehikel einmal im Jahr zur Inspektion müssen. Unabhängig davon, ob damit 1.500 km oder 24.000 km gefahren wurden.

Das „klimaneutrale Deutschland“ ist ein El Dorado für Business & Partner. Schließlich garantiert ultragrüne Staatskunst Windmüllern und Photovoltaikern einen flotten Reibach – für Fake-Power. Zwar wurde 2022 die EEG-Umlage abgewürgt, damit Rot-Grüne Energiepolitik nicht den Beliebtheitsgrad von Furunkeln erhält. Stattdessen wird weiter fleissig abgezockt, denn mit der Energiewende sind die Regelkosten auf 2,3 Milliarden (27,71 Euro/Einwohner) gestiegen. Hinzu kommt die Abschaltentschädigung bei zu hohen Windgeschwindigkeiten für Geisterstrom in Höhe von 1 Milliarde Euro. Prof. Appel vom NAEB-Stromverbraucherschutz e.V. rechnet vor, dass jede Fake-Power-kWh einen volkswirtschaftlichen Schaden von 23 Cent verursacht.

Ein hübsches Beispiel von „Business & Partner" ist die Abzockerei bei Treibstoffpreisen. Während der ersten Ölkrise 1973 reduzierten die OPEC-Länder die Ölförderung um 5 %. „Business & Partner" ließ den Börsenhandelspreis für Rohöl in kurzer Zeit um über 70 % steigen! Als der tolle Ajatollah Khomeini 1980 einen Krieg mit dem Irak vom Zaun brach, kam es zur zweiten Ölkrise. Weil 4 % des Welterdölhandels ausfielen, erhöhten „Business & Partner" den Benzinpreis von 0,78 DM (1978) auf den Schnäppchenpreis von 1,40 DM (1981). Tatsächlich werden mangels funktionierender Konkurrenz Benzin- und Dieselpreise von einem *Angebotsoligopol* nach Lust und Laune diktiert. Hier wäre das Kartellamt in der Pflicht! Strapazieren „Business & Partner" wieder mal die Autofahrer mit fadenscheinigen Argumenten, müsste das Kartellamt die Wirkung mangelnder Konkurrenz durch ein „Preisdiktat synthetisieren". Anschließend müssten „Business & Partner" detailliert belegen, weshalb die beabsichtigte Preiserhöhung gerechtfertigt ist – also eine Beweislastumkehr. Das ist keine Planwirtschaft, sondern die Wiederherstellung der Marktfunktion.

Zur Freude von „Business & Partner" wurde nach amerikanischem Vorbild die Post privatisiert und der mürrische Postbeamte, der drei Minuten vor Schalterschluss keinen Einschreibebrief mehr annehmen wollte, vor die Tür gesetzt. Leider werden seither Portokosten im Jahresrhythmus erhöht, während die Zahl der öffentlichen Briefkästen im gleichen Takt sinkt. Dasselbe passierte mit der Bahn. Aus einem Beamtenapparat wurde ein privat geführtes Unternehmen, das nur noch rentable Strecken unterhält. Bahnhöfe wurden zugesperrt, verkauft oder dem Zerfall preisgegeben. Sollen die Kunden doch im Regen auf den Zug warten – dort wo der Pfeffer wächst. Um die Bahn für den Börsengang fit zu machen, wurde jahrelang an allen Ecken und Enden gespart. Ergebnis: 2022 werden zur Sanierung der lange vernachlässigten Infrastruktur 51,1 Milliarden Euro benötigt. Verspätungen sind die Regel und nicht die Ausnahme. Auch kann ein Zug schon einmal in die falsche Richtung geschickt werden.[82]

Gesundheitsreformen sind zur Entlastung der Krankenkassen sinnvoll, aber auch ein herrlicher Spielplatz für „Business & Partner". Das Konzept geht auf die amerikanischen Mediziner Fetter und Thompson zurück, die 1969 eine buchhalterisch sinnvolle Verwaltung von Krankenhausbetten vorschlugen.[30] Was hat „Business & Partner" daraus gemacht? Nach dem Konzept der Fallpauschale wurden staatliche und karitative Krankenhäuser zu gewinnorientierten privatisierten Betrieben, die sich kaum noch um die Pflege kümmern, sondern die Patienten nach einer OP innerhalb kürzester Zeit nach Hause schicken (Stichwort: „blutige Entlassung").

Die Globalisierung ist ein wahres Feuerwerk für „Business & Partner". Dem Narrativ zufolge wird dadurch der Wohlstand der Welt gesteigert. China und Indien profitierten davon – und drückten als „verlängerte Werkbank der Welt" gleichzeitig die Löhne in den westlichen Industrienationen. Dafür ist ein Handy schon für 110 Euro zu haben. Toll! Natürlich können reiche Chinesen plötzlich deutsche Edelautos kauften. Dafür trat im Januar 2020 beim Autozulieferer Webasto der erste Coronafall in Deutschland auf, weil eine aus China zurückkehrende Ingenieurin ihre deutschen Kollegen ansteckte. In Norditalien kam es im März 2020 zu einem massiven Coronaausbruch, da „Business & Partner" erkrankte chinesische Arbeiterinnen im toskanischen Prato für Hungerlöhne billige Klamotten („pronto moda") zusammennähen ließ. Die Rumhopserei mit dem Flugzeug tat ein Übriges. Klar, was soll man Urlaub in Bayern machen, wenn der Flug samt Hotelunterkunft auf die Seychellen schon für 1.450 Euro zu haben ist.

Als clevere Fabrikanten hatten „Business & Partner" die Produktion von Medikamenten nach Indien und China verlagert. Dort wird nicht nur billiger gearbeitet, sondern man ist auch von REACH (s. S. 70) verschont und kann deshalb die Umwelt nach Lust und Laune mit ungeklärten Produktionsabwässern beglücken. Als es während der Corona-Epidemie zur Nagelprobe kam, brach die Logistik zusammen und in Indien und China musste wegen Erkrankungen die Herstellung gedrosselt werden. Leider hatte „Business & Partner" die Produktionslinien in Deutschland stillgelegt. Nun ist eine chemisch-pharmazeutische Anlage ein hochkomplexes Gebilde, das nicht einfach wie ein Automotor abgestellt und wieder gestartet werden kann. Prompt kam es in Deutschland zu einem Mangel an fiebersenkenden Arzneimitteln wie Paracetamol oder an Medikamenten gegen Blasenentzündungen.

Ein unübertroffenes Meisterstück leisteten sich „Business & Partner", als sie Deutschland fast komplett vom russischen Erdöl und Gas abhängig machten. Da kann man so richtig schön abstauben. Nicht nur Wintershall und BASF machten prächtig Kohle mit Erdgas. Als Putin im Februar 2022 in der Ukraine einmarschierte, fiel das den Deutschen auf die Füße. Gleichzeitig waren wegen der Ökohysterie Kernkraftwerke stillgelegt worden. Merke: Kernkraftgegner überwintern bei Dunkelheit und kaltem Hintern – insbesondere während einer *Dunkelflaute*, wenn weder Fotovoltaik noch Windmühlen elektrische Energie liefern.

Aufgrund langfristiger Lieferverträge gerieten 2022 Gasgroßhändler wie Uniper in Schieflage, die das Gas noch zu „Vorkriegspreisen" liefern mussten, aber selbst nur noch überteuert einkaufen konnten. Der grüne Bundeswirtschaftsminister Robert Habeck wollte das Geschäftsrisiko auf die Verbraucher durch eine Gasumlage abwälzen und damit die Firmen retten. Da dem Gleichheitsprinzip nach die Einnahmen aus der Gasumlage auf alle einschlägig tätigen Konzerne zu verteilen sind, hielten auch solche die Hand auf, die mit überteuertem Gas riesenhafte Gewinne machten. „Business & Partner" als Trittbrettfahrer.

DER WEG IN DIE KNECHTSCHAFT – RIO-KONFERENZ 92

Auf der Rio-Konferenz 92 zündete die UNO den ohrenbetäubenden *Agenda 21*-Polenböller (s. a. S. 295 ff). Wegen des großen Zerstörungspotentials für den gesunden Menschenverstand und dem

Fortbestand der technischen Zivilisation muss auf den dynamitgestopften Knallfrosch noch einmal eingegangen werden.

Angeblich nimmt sich die Agenda 21 „der drängendsten Probleme der heutigen Zeit an". Das eigentliche Problem, die über jedes vernünftige Maß hinaus unbeeinflusst gestiegene Zahl der Bedürfnisträger, wird ohne wirklichen Lösungsansatz mit dem Begriff *Bevölkerungsdynamik* umschrieben. Unter dem Punkt 5.50 der Agenda wird kräftig herumgeeiert: „Die Regierungen sollten aktive Schritte unternehmen, um vordringlich und in Übereinstimmung mit den Gegebenheiten und dem Rechtssystem des jeweiligen Landes Maßnahmen zu ergreifen, durch die sichergestellt wird, dass Frauen und Männer das gleiche Recht haben, frei und eigenverantwortlich über die Zahl ihrer Kinder und die Geburtenabstände zu entscheiden und je nach Bedarf Zugang zu den Informationen, der Aufklärung und den Mitteln zu haben, die sie in die Lage versetzen, dieses Recht im Einklang mit ihrer Freiheit, Würde und ihren persönlichen Wertvorstellungen und unter Berücksichtigung ethischer und kultureller Gesichtspunkte auszuüben."

Hintergedanke: Wenn man dem in Wohlstand lebenden Teil der Menschheit genügend abluchst – beispielsweise durch steuergeldträchtiges Schüren von Klimaängsten –, dann reicht es für noch mehr Erdenbürger! Deshalb werden im Sudan weiter Orden fürs Kinderkriegen gespendet und eine unfruchtbare Frau steht weiter unter Verdacht, mit bösen Geistern einen Pakt abgeschlossen zu haben. Dies entspricht den dortigen Wertvorstellungen und berücksichtigt ethische und kulturelle Gesichtspunkte. Macht nix, denn laut UNO werden die reichen Länder den Geburtenüberschuss aufnehmen – *müssen*. Hier sei an Peter-Scholl-Latour, den Meister des gesunden Menschenverstandes, erinnert: „Wer halb Kalkutta aufnimmt, rettet nicht Kalkutta, sondern wird selbst Kalkutta." So ist es.

Tatsächlich ist Rio 92 die Kapitulation vor dem ungebremsten Anwachsen der Weltbevölkerung, beruhend auf überkommenen sozio-kulturellen Wertvorstellungen nebst Einflüssen der Weltreligionen, die alle den Fruchtbarkeitsmythos predigen. Wahrscheinlich ist es auch schon zu spät. Mit dem Verkaufsstart der „Pille" Ende der

Sechzigerjahre hätte die UNO ähnlich dem heutigen Umwelterziehungsprogramm ein Sexualerziehungsprogramm auflegen müssen mit dem Ziel, weniger Kinder in die Welt zu setzen bei ungetrübter Freude am Sex. Dann hätte sich die „Nachhaltigkeit" ganz von selbst eingestellt – ohne Zwang. Auch die um 1980 entwickelte Abtreibungspille RU 486 wäre nebst einer freiwilligen Vasektomie beim Mann dienlich gewesen. Volkspädagogik, auf die die Agenda 21 so sehr vertraut, hätte weltweit darauf hinwirken müssen, dass Paare nicht mehr als eins bis zwei Kinder in die Welt setzen. Gleichzeitig hätte die Abtreibung weiblicher Föten streng reglementiert werden müssen. Weshalb? In China hat die Einkindpolitik deshalb versagt, weil Eltern zugunsten eines „Stammhalters" weibliche Embryonen abtreiben ließen.

Ein Schlüsselbegriff der Agenda 21 ist die *Nachhaltigkeit*, ein Begriff aus der Forstwirtschaft, nach dem aus einem Wald nur so viel Holz entnommen werden darf, wie nachwächst. Für die Bevölkerung der Industrieländer bedeutet dies bei weiter weltweitem Wachstum der Bedürfnisträger, dass sie ihren Lebensstandard zu Gunsten der armen Länder immer stärker reduzieren müssen. Das muss man auch einmal den Gewerkschaften erzählen, wenn sie für höhere Löhne streiken.

Liest man weiter in dieser Agenda, findet man vieles, das sich vernünftig anhört. Es geht um Armutsbekämpfung, Förderung der menschlichen Gesundheit, Zugang zu Bildungseinrichtungen für junge Menschen, Erhaltung und Bewirtschaftung der Ressourcen.[53] Bei der Siedlungsentwicklung wird man schon deutlicher. Hier wird zur Deckung des benötigten Flächenbedarfs im Gegensatz zum Privateigentum die „Förderung in gemeinsamem oder kollektivem Eigentum stehender Flächen" empfohlen.[54] Immer wieder klingen Elemente der Planwirtschaft an, die man mittels Volkspädagogik durchsetzen will. So etwa beim Wasser.[55]

Im Teil 3 lässt man die Wutz aus dem Stall. So sollen Jugendliche stärker in politische Entscheidungsprozesse eingebunden werden. Ergebnis: „Fridays for Future", „Last Generation"... Das führte zu bildhübschen Explosionen des Guten wie 2019, als junge Patentrezeptler bei Protesten gegen den Weiterbau der A 49 im Dannenröder Forst Polizeibeamte mit Kot bewarfen. Dazu legten sie Nagelbretter aus, spannten Drahtseile über Zugangswege, setzten Pyrotechnik ein und schossen Stahlkugeln aus Zwillen auf Polizisten.

Der größte Klops findet sich im Teil 3 der Agenda 21 unter Punkt 27. Hier geht es um die „Stärkung nichtstaatlicher Organisationen" (*Non-governmental organizations* = NGOs) als „Partner für eine nachhaltige Entwicklung". Zunächst denkt man an so etwas wie das „Rote Kreuz". Richtig, aber im Windschatten segeln obskure Ökosekten wie Greenpeace, die Deutsche Umwelthilfe (DUH), der BUND, der Allgemeine Deutsche Fahrrad-Club e.V. (ADFC) und unzählige andere Geschaftlhuber-Vereine, die als Kettenhunde des Ökologismus die Bevölkerung disziplinieren. Die „Aktuelle Fassung der öffentlichen Liste über die Registrierung von Verbänden und deren Vertretern" des Deutschen Bundestags vom 13.12.2021 verzeichnet 54 Umwelt-Lobbyverbände, die weder demokratisch legitimiert sind noch ein politisches Mandat besitzen oder eine Fachkompetenz nachweisen müssen, aber de facto ein Mitspracherecht bei der Umweltgesetzgebung haben. Ganz im Sinne von Rio 92. *Dies ist nicht, wie es Willy Brandt einmal ausdrückte, „mehr Demokratie wagen", sondern weniger Demokratie unter Druck durchsetzen, denn bei Nabu, Greenpeace und BUND sind nur 2,1 % der Bevölkerung engagiert, die den Rest des Landes nach ihrer Pfeife tanzen lassen. Das scheint Spaß zu machen, denn im ökokranken Deutschland haben Umwelt-NOGOs mehr Mitglieder als die politischen Parteien.*

Rio 92 ist auch die Grundlage zweier Broschüren, in denen aufgezeigt wird, welche Orwell'sche Zukunft für die Menschheit vorgesehen ist. Die eine Druckschrift ist der „Gesellschaftsvertrag für eine „Große Transformation" vom WBGU[g] und die andere das Büchlein „Transformative Umweltpolitik: Ansätze zur Förderung des gesellschaftlichen Wandels" des Umweltbundesamts. Obwohl beide Broschüren im vornehmen akademischen Kathedralton abgefasst sind,

[g] WBGU = Wissenschaftlicher Beirat der Bundesregierung Globale Umweltveränderungen

skizzieren sie eine *undemokratische Dystopie* oder, wie der Tagesspiegel es ausdrückte, eine *jakobinische Ökodiktatur*.

Den Vorsitz der Gutachterkommission des WBGU hat Prof. Hans-Joachim Schellnhuber vom PIK[h]. Gestützt auf Computermodellierungen werden 2 °C als maximal zulässige Erderwärmung postuliert.[57] Schellnhuber spricht von einer „2°C-Klimaschutzplanke", deren Erfinder er auch ist. Dies setzt voraus, dass treibhausgasbasierte Klimamodelle richtige Aussagen machen (vgl. Bild 6 und weiter S. 20) und dass die in den Modellen angenommene Wasserdampfverstärkung real und nicht Fiktion ist (vgl. S. 264).

Damit das Klimaschutzziel von maximal 2 °C erreicht wird, muss der Lebensstil[58] geändert werden, der Fleischkonsum[59,61] eingeschränkt und ein starker „gestaltender Staat"[60] das Ruder übernehmen. Bei der CO_2-Bepreisung soll Deutschland eine Vorreiterrolle[62] übernehmen, und überhaupt soll die Bevölkerung der „reichen Länder" kräftig zur Kasse gebeten werden.[62] Als Millenniumsziel wird die Armutsbekämpfung genannt, zu deren Erreichung ein internationaler *„Gerechtigkeitsausgleich"* (!) stattfinden soll, dessen Federführung bei der UNO liegt.[63,64] Im Prinzip geht es um eine Krötenwanderung aus dem Portemonnaie der Bürger reicher Länder in die Taschen derer armer Länder – oder auf die Schweizer Nummernkonten der dort regierenden Kleptokraten (vgl. S. 337). Das kommt in Deutschland gut an, denn zahlen tun immer die anderen – die „Reichen" –, niemals man selbst. Das UN-Umweltprogramm (UNEP) ist nach dem Gutachten aufzuwerten und zu einer „Umweltsonderorganisation" umzubauen.[64] Die Errichtung einer „gerechten Weltordnung" soll durch den Weltsicherheitsrat geleistet werden, der erneuerten Vereinten Nationen 2.0.[65] Weiter heißt es: „Gemessen an den dargestellten Herausforderungen der Transformation spricht aus Sicht des WBGU vieles für einen noch sehr viel radikaleren Ansatz, der über die gegebene Organisation der Vereinten Nationen hinausreichen und diese grundlegend neu ordnen

[h] Zur Erinnerung: Das PIK = Potsdam Institut für Klimafolgenforschung e. V. 1992 wurde unter dem CDU-Kanzler Helmut Kohl eingerichtet.

muss."[65] Die Einrichtung einer „Weltkommission" für „klimagerechte Stadtentwicklung" erfordert die „Überwindung tradierter Souveränitäts-Strukturen", womit wohl gemeint ist, dass die einzelnen Länder in einem Weltstaat aufgehen.[66] Zur Lösung der „globalen „Gerechtigkeits- und Verteilungsfragen" sollen „Global-Governance-Theoretiker, Völkerrechtler, Kosmopoliten, Transnationalisten und Gerechtigkeitsphilosophen" beitragen.[66] Hatte Deutschland nicht mit Karl Marx bereits einen international renommierten Gerechtigkeitsphilosophen hervorgebracht, dessen Lehren sogar noch heute in Nordkorea geltende Staatsmaxime sind? Eigentum, wie beispielsweise an einem Haus oder einem Auto, ist egoistisch und böse. Hab und Gut sollen deshalb durch „Mieten, Leasing und Gemeinschaftsnutzen" ersetzt werden.[67] „Die Eigentumsrechte an den Gütern verbleiben beim Anbieter, der sich für eine effiziente Ressourcennutzung und Rückführung der Güter in den Recyclingkreislauf einsetzt."[68]

Auch die auf der Agenda 21 aufbauende Broschüre des Umweltbundesamt „Transformative Umweltpolitik" lässt es kräftig krachen. Da wird eine Verkehrs- und Mobilitätswende gefordert und vom Car-Sharing und Bike-Sharing geschwärmt.[56]

In einer „Visionsbildung für Mobilität" wird für „Tempo-30 als innerstädtische Regelgeschwindigkeit" plädiert.[69] Der Fleischkonsum wird angeprangert, weshalb sich die Essgewohnheiten der Bürger ändern müssen.[70] Zur Schonung der Umwelt sollen im Sinne der ersehnten Transformation Car-Sharing der neue Standard sein und Kleidertausch-Partys stattfinden.[71] Das Land, die Gesellschaft wird als „Reallabor" angesehen, mit dem man experimentieren kann.[72] Verbote und Eingriffe in das bisherige soziale Zusammenleben werden vornehm als „regulatorische Innovationszonen" umschrieben.[73] Das regulatorische Beenden „nicht-nachhaltiger Strukturen", wie beispielsweise das Glühbirnenverbot („Glühobst-Verbot"), wird als „Exnovation" bezeichnet.[74] Katastrophen, wie die von Fukushima, sind „Gelegenheitsfenster", die es Politikernden[i] ermöglicht trans-

---

[i] Genderspeak für Politiker und Politikerinnen

formative Umweltschutzmaßnahmen (i. d. Regel: Verbote) durchzusetzen.[75]

Die Transformationspolitik gehört zum Umfeld der Suffizienzpolitik. Sie ist der Rohrstock bessermenschlicher Volkspädagogen aus längst vergessenen Schulzeiten. Klaus Schwab, der Gründer des alljährlich in Davos für Milliardäre und Prominente inszenierten Weltwirtschaftsforums (WEF = „World Economic Forum“) ist einer der stärksten treibenden Kräfte dahinter. Zusammen mit Thierry Malleret hat der Multimillionär das Buch „Covid-19: Der große Umbruch“ verfasst. Darin nimmt er die „Tyrannei des BIP-Wachstums“ aufs Korn und will die Volkswirtschaften auf einen neuen Weg in eine gerechtere, grünere Zukunft führen.[83]

In seiner Kritik am Wirtschaftswachstum spricht Schwab vom „Degrowth“, von Wachstumsrücknahme oder Postwachstum. Ein neuer „Aktivismus" findet unter Jugendlichen weltweit immer mehr Anhänger. Der Klamauk, durch Social-Media-Kanäle hochgeschaukelt, mobilisiert zu einer nach 1945 für undenkbar gehaltenen freiwilligen Unterwerfung. Schwab nimmt verschiedenste Formen an, die von nicht institutionalisierter politischer Partizipation bis zu Demonstrationen und Protesten reichen. Er vermengt unterschiedlichste Themen wie Klimawandel, Wirtschaftsreformen, Geschlechtergleichheit und LGBTQ-Rechte. Hoffnungsvoll blickt Schwab auf die junge Generation, die mit Feuereifer am Ast sägt, auf dem sie sitzt. „Es bestehen nur wenige Zweifel, dass sie ein Katalysator des Wandels und eine entscheidende Quelle für den großen Umbruch sein wird.“[84] Da kann man Prof. Schwab nur zustimmen. Auch der Nationalsozialismus wurde begeistert von der Jugend getragen, denn geschickte Volkspädagogik zündete bei ihr immer.[85] Laut Schwab ist die Covid-19-Pandemie ein wahrer Segen, denn „mit der Pandemie hat die ‚digitale Transformation‘ begonnen, von der so viele Analysten seit Jahren sprechen, ohne genau zu wissen, was darunter zu verstehen ist, und ihren Impulsgeber gefunden“[86]. Dann präsentiert er ohne ärztliche Assistenz seine Zukunftsvisionen: „Dieser Übergang zu mehr Digitalität im Allgemeinen in unserem beruflichen und privaten Leben wird auch von den Regulierungsbehörden unterstützt und beschleunigt werden."[87] Das Handy erweist sich als Schlüsselkomponente, denn „Contact Tracing, Contact Tracking und Überwachung" sind „erfolgreiche Strategie(n) gegen Covid-19", weil die „Verfolgung der Bewegungen des Benutzers in Echtzeit die Möglichkeit bietet, einen Lockdown besser durchzusetzen". [88] Schwab befürchtet, nach der Pandemie könnten viele Unternehmensführungen anstreben, „den Neustart als Rückkehr zur alten Normalität zu interpretieren und zu versuchen, das wiederherzustellen, was in der Vergangenheit funktioniert hat: Traditionen, erprobte Verfahren und vertraute Vorgehensweisen – kurz gesagt, eine Rückkehr zum ‚Business as usual'. Das wird nicht passieren, weil es nicht passieren kann"[89]. Wieso kann etwas nicht passieren, wenn es möglich ist und von in Freiheit lebenden Bürgern gewollt wird? Schwab meint wohl, „weil es nicht passieren *darf*".

Tiefschürfende Gedanken macht sich der Multimillionär Schwab über die Ungleichheit und die sich vergrößernde Schere zwischen Arm und Reich. Dabei geht es ihm nicht um den Unterschied zwischen Einkommensmillionären und dem Rest der Arbeitnehmer, nein, der Durchschnittsverdiener in den Industrienationen ist gemeint, der sich gerne mal ein neues Auto oder teures Smartphone gönnt. Für diesen sieht er einen „Kipppunkt" kommen: „Als Reaktion darauf muss sich ein Wandel im Konsumverhalten zeigen. Wie könnte das aussehen? *Auffälliger Konsum könnte in Ungnade fallen. Das neueste, aktuellste Modell von was auch immer zu haben, wird möglicherweise nicht länger als Statussymbol angesehen, sondern im besten Fall als nicht mehr angesagt und im schlimmsten Fall als geradezu obszön.*"[90] „In der Welt nach der Corona-Pandemie werden Fragen der Gerechtigkeit und Fairness in den Vordergrund rücken, die von stagnierenden Realeinkommen für die große Mehrheit der Menschen bis zur Neudefinition unserer Gesellschaftsverträge reichen."[91]

Die „schöne neue Welt" wird nach Prof. Schwabs Vorstellungen mit dem Tod des „Neoliberalismus" eingeläutet. Nach seinen Überlegungen wird die Nach-Covid-19-Welt von „Nachhaltigkeit", „Gleichheit" und „Fairness" geprägt sein. Alle fallen sich um den Hals, denn diese Welt ist „weniger gespalten, weniger verschmutzend, weniger zerstörerisch, integrativer, gerechter und fairer".[91] Und dafür bekommt er von der Ex-Kanzlerin Angela Merkel heftigen Applaus: „Die gesamte Art des Wirtschaftens und des Lebens, wie wir es uns angewöhnt haben, werden wir in den nächsten 30 Jahren verlassen." Endlich wieder DDR – endlich wieder Gerechtigkeit! Deshalb sollen nach Schwab Güter und Dienstleistungen schon in wenigen Jahren nicht mehr gekauft, sondern nur noch gemietet werden. Werden seine Vorstellungen realisiert, handelt es sich um einen *Welt-Staatstreich* und der an sich positiv belegte Begriff der Nachhaltigkeit wird zum Synonym für mangelschaffenden und mangelverwaltenden Sozialismus.

Nach den Fiebervisionen des Weltwirtschaftsforums entsteht bis zum Jahr 2030 eine Welt ohne Privateigentum und Privatsphäre. Ein entlarvender Beitrag in *Forbes* trägt den Titel „Willkommen im Jahr 2030: Ich besitze nichts, habe keine Privatsphäre, und das Leben war noch nie besser".[92] Mit der beabsichtigten Abschaffung des Eigentums verstößt das Weltwirtschaftsforum gegen eine der wichtigsten Forderungen der Französischen Revolution von 1789, nämlich gegen das Recht auf Eigentum.[93] Zurück ins Voraufklärungszeitalter!

Für Schwab ist das Smartphone und überhaupt die Digitalisierung von unschätzbarem Wert. Den damit verbundenen Segen beschreibt er mit den Worten: *„Wenn sich die Fähigkeiten ... verbessern, wird die Versuchung für Strafverfolgungsbehörden und Gerichte zunehmen, Techniken einzusetzen, um die Wahrscheinlichkeit krimineller Aktivitäten zu bestimmen, Schuldgefühle zu bewerten oder möglicherweise sogar Erinnerungen direkt aus dem Gehirn der Menschen abzurufen. Selbst das Überschreiten einer nationalen Grenze könnte eines Tages einen detaillierten Gehirn-Scan erfordern, um das Sicherheitsrisiko einer Person zu bewerten. In der Tat haben einige von uns bereits das Gefühl, dass unsere Smartphones zu einer Erweiterung unserer selbst geworden sind. Die heutigen externen Geräte – von tragbaren Computern bis hin zu Virtual-Reality-Headsets – werden mit ziemlicher Sicherheit in unseren Körper und unser Gehirn implantiert."*[96]

In einem anderen Zusammenhang beschreibt der Historiker Sieferle den vom Rausch getragenen infantilen Eifer, mit dem Politikernde Konzepten wie der Digitalisierung und der *Agenda 21* hinterherhecheln als Ergebnis „einer umfassenden intellektuellen Verschnullerung im Namen des Ausgangs aus der selbstverschuldeten Unmündigkeit".[94] So ist es. In George Orwells Dystopie „1984" befindet sich der fiktive, totalitäre Staat Ozeanien in einem permanenten Krieg mit den anderen Supermächten Eurasien und Ostasien. Gegenwärtig führt das IPCC stellvertretend für Ozeanien einen erbitterten Kampf an der 2°C-Klimafront, gestützt auf eine wacklige Treibhausgashypothese und digitale Werkzeuge.

PRO DUMMHEIT – EINWANDERUNGSLAND DEUTSCHLAND

Eine buntschillernde „Rackete"[j] auf dem Feuerwerksjahrmarkt menschlicher Dummheiten lautet: Deutschland ist ein Einwanderungsland, ganz im Einklang mit dem UN-Migrationspakt. Dem ist zuzustimmen, insofern wir uns die Eingewanderten aussuchen dürfen so wie Kanada, die USA, Neuseeland oder Australien. Zwei Kommentare beschreiben das Problem der Migration recht gut. Der erste stammt vom Bevölkerungswissenschaftler Prof. Josef Schmid aus Bamberg: „Die Idee einiger fachfremder Intellektueller, den Kontinent (Europa, d. Verf.) zum Menschenrechtsparadies zu erklären, in dem sich anarchistisch friedlich die Kulturen tummeln, wird einer Tauglichkeitsprüfung nicht standhalten."[76] Der zweite Kommentar stammt von Irenäus Eibl-Eibesfeldt. Der ehemals an der Max-Planck-Gesellschaft in Andechs forschende Humanethnologe äußerste sich in einem *FOCUS*-Interview zum Migrantentaumel der Gutmenschen: „Die Leute, die so demonstrativ ihren Heiligenschein polieren, tun das nicht aus Nächstenliebe, sondern weil sie dadurch

[j] Carola Rackete ist Kapitänin der Seawatch 3, mit der von Gutmenschen professionell hochwillkommen geheißene afrikanische Flüchtlinge – vorwiegend junge Männer ohne Schulbildung – nach Europa geschleust werden. Weil sie mit ihrem Schiff die Landung in Italien erzwang, bezeichnete sie der damalige italienische Innenminister Salvini als „Gesetzlose, Komplizin von Schleppern, potentielle Mörderin, Kriminelle und Piratin".

hohes Ansehen, hohe Rangpositionen, also auch Macht, gewinnen können – früher als Held, heute als Tugendheld. Der Mensch kann alles pervertieren, auch Freundlichkeit oder Gastlichkeit, und wenn die Folgen sich als katastrophal erweisen, schleichen sich die Wohlmeinenden meist davon und sagen: Das haben wir nicht gewollt."[77] Genau so wird sich „Pro Asyl" eines Tages verhalten, deren 18.000 Mitglieder für nichts haften, aber das Land in moralische Geiselhaft genommen haben.

Zweifellos ist die Zuwanderung für Deutschland ein Gewinn. Vorausgesetzt, die Betreffenden integrieren sich, was u. a. bedeutet, dass sie Frauen wie Männer gleich achten, Deutsch lernen, das kleine Einmaleins beherrschen und ihren Lebensunterhalt nicht als Krypto-Apotheker mit dem Verkauf von psychotropen „Pharmawirkstoffen" aus dem BtM-Bereich bestreiten. Ohne Frage benötigt die Wirtschaft immer gut geschulte Arbeitskräfte, die nicht mehr hinreichend zur Verfügung stehen. Beispielsweise werden im Handwerksbereich händeringend Dachdecker gesucht. Hier und in vielen anderen Bereichen sind Migranten hochwillkommen.

Was wir nicht brauchen, sind herumlungernde Tagediebe – man muss es einmal so deutlich ausdrücken –, die aus Langweile ins Hallenbad gehen, dort im Becken onanieren und ihren Darm entleeren.[78] Was wir nicht brauchen, sind abgelehnte Asylbewerber wie Ali Bashar, der als 22-Jähriger die 14-jährige Susanna Feldmann in Wiesbaden vergewaltigte und zur Verdeckung der Straftat ermordete[79].[k] Was wir auch nicht brauchen, sind arabische Familienclans, die den „deutschen Staat um Unsummen erleichtern". Die BILD-Zeitung berichtet über den Erwerb einer Villa mit 17.000 qm in Kleinmachnow bei Potsdam, die der Sohn Ahmet des Clan-Bosses Arafat Abou-Chaker zum „Schnäppchen-Preis von 7,4 Millionen Euro" ersteigerte.[80] Ahmet Abou-Chaker, der als Student (Wie viele Klausuren hat der eigentlich geschrieben? Wie viele Prüfungen abgelegt?) keiner Erwerbsarbeit nachgeht, hinterlegte am Versteigerungstag

[k] Nach der Tat flüchtete der Geflüchtete in sein Heimatland Irak.

10 % des Mindestgebots bei Gericht. Was wir auch nicht brauchen, ist der Rammo-Clan, dessen Mitglieder Juwelen im Wert von 100 Millionen Euro aus dem Grünen Gewölbe (Dresden) stahlen. Urteil nach der Festnahme: 4½ bis 6½ Jahre satt. 1992 erschossen 2 Mitglieder dieses Clans einen Gastwirt. Ein anderes Mitglied verursachte 2008 einen tödlichen Verkehrsunfall mit Fahrerflucht. 2014 brach ein offensichtlich handwerklich begabter Angehöriger des Clans in eine Sparkasse ein. Solche Leute brauchen wir nicht!

Eine andere, das Land bereichernde Großfamilie ist der Al Zein-Clan. Ihr ehrwürdiges Oberhaupt Badia soll sich laut BILD-Zeitung „durch Sozialleistungen ein Luxus-Leben finanziert haben". Wegen Sozialbetrugs stand er mehrfach vor Gericht. Weil Zeugen schwiegen, gab es immer wieder Freisprüche.[80] Was Pro-Asyl dazu sagt, ist unbekannt.

MIT BIO STIRBT'S SICH GESÜNDER

Ein possierliches Tischfeuerwerk auf dem Jahrmarkt der Dummheiten sind Biolebensmittel. Allen Ernstes glauben Biokonsumenten, sie würden besser und länger leben, wenn sie nur noch „Gesundes" auf den Tisch bringen. Bio-Obst und -Gemüse enthalten keine Pflanzenschutzmittelrückstände! Die moderne Instrumentelle Analytik (s. S. 162) ist so empfindlich, dass man mühelos Ultraspuren irgendwelcher Substanzen im Sub-Krümelbereich messen kann. Mittels HPLC-MS-Kopplung kann man beispielsweise den Zuckergehalt im Bodensee (27 Milliarden m^3) bestimmen, wenn ein Stück Würfelzucker (4 g) darin aufgelöst wird. Die Konzentration ist:

0,000.000.000.000.15 g pro Liter.

Ist das jetzt für einen Schwimmer mit Diabetes ein Risiko oder nicht? Biolebensmittel-Apostel müssen mit „Ja" antworten. Bösmenschen mit gesundem Menschenverstand wissen, dass das vollkommen unbedeutend ist. Sie kennen das Prinzip der Dosis-Wirkungskurve (Bild 32) und winken müde ab.

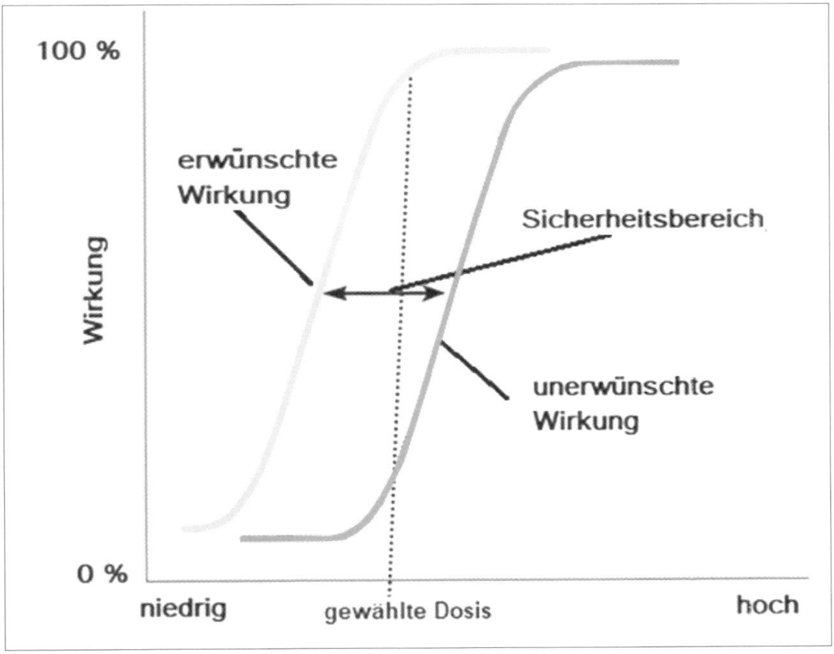

Bild 32: Dosis-Wirkungskurve

Die Dosis-Wirkungskurve stammt aus der Pharmakologie und beschreibt das Verhalten eines Wirkstoffs im Organismus. Ist die Stoffmenge (Dosis) sehr niedrig, so ist die Wirkung gleich Null. Steigert man die Stoffmenge, erhöht sich die erwünschte Wirkung. Bedauerlicherweise nimmt gleichzeitig die unerwünschte Wirkung zu. Das ist der Grund, weshalb Medikamente immer auch Nebenwirkungen haben. Es sei denn, es handelt sich um Globuli oder lächerliche Bachblüten.

Was bedeutet das für unsere Biolebensmittel? Nach der EU-Bioverordnung dürfen Pflanzenschutzmittelspuren im „Bio" enthalten sein, denn die Rückstände können von einem Nachbarfeld herrühren, dessen Bewirtschaftende[1] konventionellen Landbau betreiben.[81] Ist das gefährlich? Wenn es sich um die üblichen Ultraspuren

[1] „Bewirtschaftende" = lächerliches Genderspeak.

handelt, stellt das weder in Bioprodukten noch in konventionell hergestellten Produkten eine Gesundheitsgefährdung dar, denn die Dosis-Wirkungskurve gilt immer, es sei denn, der Konsument leidet am Angstzipperlein – einer in Deutschland weitverbreiteten Psychose. „Business & Partner“ haben das Geschäft mit der Angst längst entdeckt und betätigen sich als Psychotherapeuten, indem sie die ökokranke Kundschaft mit dem Sedativum „Bio“ versorgen.

Natürlich gab und gibt es Lebensmittelvergiftungen durch chemische Inhaltsstoffe, wie der chinesische Milchskandal von 2008 belegt. Dazu muss man wissen, dass der Proteingehalt von Milch stellvertretend über deren Stickstoffgehalt bestimmt wird. Gerissene Lebensmittelpanscher kamen nun auf die Idee, die angelieferte Milch zunächst durch Wasserzugabe profitvermehrend zu strecken. Damit der Proteingehalt – sprich Stickstoffgehalt – wieder stimmt, wurde die verwässerte Milch mit Melamin versetzt. Weil das Melaminmolekül zu zwei Dritteln aus Stickstoffatomen besteht, fiel die Panscherei zunächst nicht auf, denn der „Proteingehalt“ entsprach der Norm. An sich ist Melamin nicht besonders giftig, aber Kleinkinder können ernsthaft erkranken. In China erlitten 300.000 Säuglinge ein Nierenversagen. Sechs dieser Kinder starben.

Ein anderes Beispiel ist der Glykolwein-Skandal von 1985. Zur Veredlung ihres Weins gaben österreichische Winzer erlaubterweise nicht nur Zucker zu, sondern auch noch das süß schmeckende Diethylenglycol, das nicht so toxisch ist wie das Frostschutzmittel Monoethylenglykol, aber den Wein „ölig“ macht. Im Handumdrehen wurde aus einem sauren Bubbes eine gut vermarktbare Auslese.

POLITISCH-KORREKTE WIRRKÖPFE

Mit großem Gedöns explodiert auf dem Jahrmarkt der Dummheiten der politisch-korrekte Böller. Es handelt sich um eine Sprach- und Denkbevormundung, die ursprünglich auf einen amerikanischen Medien-Codex zurückgeht, der auf dortige Universitäten überschwappte.[95] Die USA haben zweifellos ein Rassenproblem, das beispielsweise im Mai 2020 kulminierte, als ein weißer Polizist den Afroamerikaner (Neusprech) George Perry Floyd bei der Festnahme unnötig so brutal misshandelte, dass dieser wenig später starb. Nicht zu vergessen die zahlreichen Rassenunruhen in den Sechzigerjahren. Per se waren die Bezeichnungen Neger oder Mohr in Deutschland niemals abwertend gemeint. Die Bezeichnung „Nigger" aber war damals und ist auch heute noch abwertend gemeint, wobei man nicht vergessen darf, dass Neger sich selbst als Nigger bezeichnen, wie leicht nachzulesen ist im Roman „Onkel Toms Hütte" von Harriet Beecher Stowe. Ich habe es nicht nachgezählt, aber sicher kommt das Wort „Nigger" ein paar hundertmal darin vor. Wird „Onkel Toms Hütte" künftig nur noch unter dem Ladentisch gehandelt, obwohl das Zeitdokument 1852 die weißen Amerikaner aufrüttelte durch Aufdecken der entsetzlichen Lebensumstände der Sklaven in den Südstaaten?

Bayerns Innenminister Joachim Herrmann äußerte 2015 über einen deutschen schwarzen Schlagersänger: „Roberto Blanco war immer ein wunderbarer Neger." In einem Interview daraufhin angesprochen antwortete Blanco: „Ja, und? Was wollen Sie hören?" Interviewer: „Vielleicht, dass Sie nach diesem Spruch empört waren?" Blanco: „In welcher Welt leben Sie eigentlich? ... Wenn jemand über mich sagt, Ich sei ein ´wunderbarer Neger´, soll ich beleidigt sein? Warum? Sagen Sie mir einen Grund, warum ich, Roberto Blanco, beleidigt sein sollte."[97] Ganz offensichtlich wird Roberto Blanco massiv vom normalen, gesunden Menschenverstand geplagt – anders als vom ungesunden Menschenverstand gepeinigten Gutmenschen (Orwells „Gutdenker"). Sie erleiden Schnappatmung!

Harmlose deutsche, uralte Alltagsbegriffe, die niemals abwertend gemeint waren, werden tabuisiert. Orwell bezeichnet die herkömmliche Alltagssprache als „Oldspeak" und würde die heutige Political Correctness als lupenreines „Newspeak" identifizieren. Das zeitigt zuweilen lächerliche Auswüchse: Da „Afroamerikaner" ihre Sklavenhalter respektvoll mit „Master" ansprachen, taufte das E-Mail-Programm Thunderbird (Version 91, 2022) die Schaltfläche „Master-Passwort" in „Hauptpasswort" um mit der Begründung, „Master-Passwort" stünde für „eine abwertende Sprache"!

Gutmenschen bezeichnen Political Correctness als „korrekte Wortwahl, die sein muss". Nein, das muss es nicht, denn in Wirklichkeit ist Political Correctness ein Euphemismus für bevormundendes, betreutes Denken. Es gibt unzählige weitere Beispiele von „Newspeak", mit denen man ein ganzes Buch füllen kann. So soll mir gegenüber niemand behaupten, Putin äußere sich politisch inkorrekt. Schließlich bezeichnete er den Überfall auf die Ukraine im Februar 2022 politisch korrekt als „Spezialoperation". Ist Ihnen auch aufgefallen, dass seit einiger Zeit im Rundfunk und Fernsehen nicht mehr von „Personen" oder „Leuten", sondern nur noch von „Menschen" gesprochen wird? Damit will man einer Diskriminierung Vorschub leisten, wenn beispielsweise 50 mit einem LKW ins Land geschmuggelte Personen am Rand einer Autobahn in Richtung der nächsten Stadt laufen. Alles nur noch Menschen – auch das ist politisch korrekt.

DER POLITISCH SYNTHETISIERTE ENERGIEMANGEL

Mit ohrenbetäubendem Knall detonierte 2022 auf dem Jahrmarkt der Dummheiten eine Granate mit der Aufschrift „Energiemangel". Der Ukrainekrieg zeigte, dass die deutsche Energieversorgung auf alternativ-fragilen Beinchen steht. Nichtsdestotrotz verteidigten Kernkraftgegner kämpferisch engagiert die Abschaltung deutscher Atomkraftwerke und hoffen bei winterlicher Dunkelflaute auf Atomstrom aus Frankreich oder Kohlestrom aus Polen. Spätestens dann dürften Kerzen das neue Klopapier werden.

Wären unsere typisch deutschen Ökojammertaler nicht, die bei jedem Angsttrompetenstoß zusammenzucken, könnten wir uns zumindest beim Erdgas ohne Einfuhren durch Fracking ein paar Jahre über Wasser halten. So aber befürchtet man, das Grundwasser würde durch Chemikalien verseucht und könne Methan enthalten.

Mit Paniktrompetenkonzerten lässt sich gutes Geld verdienen! Ein solches Musikstück ist der US-Dokumentarfilm „Gasland". Der Film zeigt, wie in einem Fracking-Gebiet aus dem Hahn fließendes Wasser so viel Erdgas enthält, dass es angezündet werden kann.

Die massenspektrometrische Untersuchung der $^{12}C/^{13}C$- und Deuterium-Isotopenverteilung belegt eindeutig, dass das im Wasser befindliche Gas biogenen Ursprungs war und nicht aus dem gefrackten Schiefergestein stammte.[100] Das wird den ÖkotanzbärInnen natürlich vornehm verschwiegen, damit sie nicht aus dem Takt kommen.

Konservativ geschätzt, kann sich Deutschland 10 Jahre mit heimischem Fracking-Gas versorgen. Dies könnte sogar wesentlich länger möglich sein! 2021 wurden 104 Milliarden Kubikmeter Erdgas verbraucht. Bei weiterhin vermuteten 2 Billionen Kubikmetern im deutschen Erdreich würde die durch Fracking gewinnbare Gasmenge sogar 25 Jahre reichen.[101]

Die „Nachrichten aus der Chemie" veröffentlichten in der Spalte „Pro und Contra" eine Diskussion. Der Hochschullehrer für Strömungstechnik Prof. Mohammed Amro äußert, Deutschland sei „bei Gas und Erdöl zu fast 90 bzw. 98 % von Importen abhängig". Weil das Verfahren sicher ist, dürfe das Land beim Fracking keine Zeit verlieren. „Die Lagerstätten liegen in der Regel tiefer als 1000 m und sind somit weit weg von grundwasserführenden Schichten. Sie weisen mit 50 bis 300 m ausreichend mächtige Deckschichten auf." Diese aus Ton und Salzgestein bestehenden Deckschichten sind vollkommen dicht. „Wäre dies nicht so, wäre das darunterliegende Erdöl und Erdgas in den Jahrmillionen seit der Lagerstättenentstehung bereits entwichen."[98] Sein Kontrahent Prof. Karsten Runge weist darauf hin, dass der „Ertrag der Einzelbohrungen in drei Jahren um 70 bis 95 % sinkt" und Frackdurchgänge neben der Raumbeanspruchung[m] sehr viel mehr Wasser verbrauchen als die konventionelle Förderung. Der Antransport und Umgang mit großen Mengen an Stützmitteln wie Quarzsand sei aus Gründen des Gesundheitsschutzes bedenklich. Viele Zusätze der Fracking-Flüssigkeit hätten ein „hohes human- und ökotoxikologisches Potential"[98].

Was ist dran? Das Fracking ist eine „uralte" Methode aus einer Zeit, als wir noch klar im Kopf waren. Seit seiner Einführung im

[m] Man rechnet mit 48.000 Bohrungen in Deutschland bei einer wiederrenaturierbaren Fläche von 9.300 qkm.

Jahr 1947 wurden rund eine Million Fracks durchgeführt darunter 360 in den norddeutschen Gasfeldern.[99]

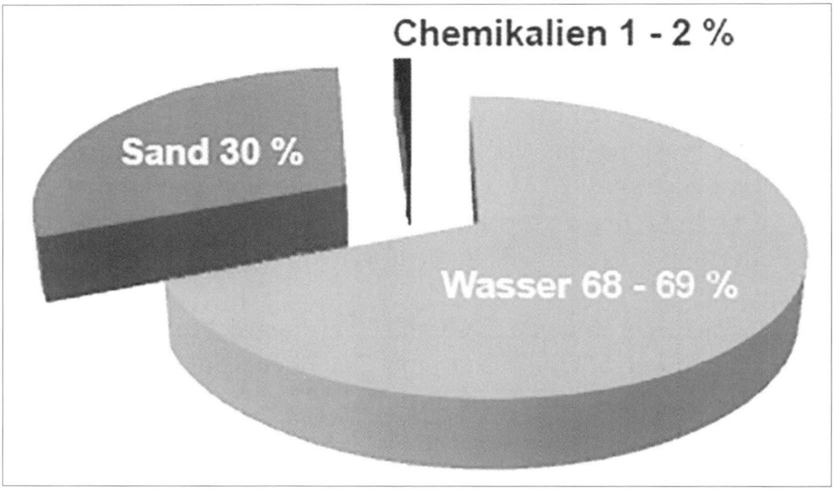

Bild 33: Typische Zusammensetzung einer Fracking-Flüssigkeit

Pro Bohrung werden 30.000 Kubikmeter Wasser benötigt. Die typische prozentuale Zusammensetzung einer Fracking-Flüssigkeit geht aus dem Bild 33 hervor. Neben den ca. 30 % Sand (Stützmittel) sind *1 - 2 % Chemikalien* enthalten. Die genaue Zusammensetzung wird den jeweiligen Bedingungen angepasst. Der Quarzsand dient dazu, die durch Fracking entstandenen Risse im Gestein offen zu halten und zu stabilisieren.

Was ist das für ein gefährlicher Chemikaliencocktail, von dem 1–2 % in der Fracking-Flüssigkeit enthalten sind?[99, 102]

- *Gele, Verdicker* (Guarkernmehl = Bestandteil von Speiseeis, Methylcellulose = Tapetenkleister)
- *Borsäure* dient als Vernetzer, wodurch die Gele noch zähflüssiger werden (Gemäß dem Vorsorgeprinzip werden Borsäure und ihre Verbindungen aufgrund von Hochdosistierversuchen in Deutschland (!) seit 2008 als fruchtschädigend bzw. die Fruchtbarkeit beeinflussend eingestuft.[103]) Ungeachtet dessen sind Borsäure und ihre Salze weiterhin in Lebens-

mitteln, Salben, Waschmitteln sowie Kosmetika zugelassen. Früher nutzte man 3 %iges Borwasser und Borsalbe als milde Desinfektionsmittel, ohne dass wir ausgestorben sind.
Die europäische Chemikalienagentur hat das Gefährdungspotential durch Borsäure in einem umfangreichen Report beschrieben. Untersucht wurden hochbelastete Arbeiter und Bewohner in Gegenden mit hoher natürlicher Borsäureexposition. Ergebnis: „Im Tierversuch beeinträchtigt Borsäure eindeutig die Fruchtbarkeit. Im Gegensatz hierzu lässt sich keinerlei Effekt auch bei hochbelasteten Menschen nachweisen.“ [105]

- *Breaker* (stark oxidierende Chemikalien wie Ammoniumpersulfat = Bleichmittel in Kosmetika) verflüssigen das eingepumpte Gel, so dass es nach dem Fracking-Prozessstart wieder zurückgeholt werden kann und Platz macht für Erdgas und Öl in der Förderleitung.
- *Ablagerungshemmer* (Ammoniumchlorid, Polyacrylate, Phosphonate): Ammoniumchlorid ist in Salmiakpastillen enthalten. Polyacrylate dienen im Haushalt als Klebstoffe. Phosphonate werden als Wasserenthärter verwendet und in der Medizin zur Behandlung von Knochenerkrankungen benötigt.
- *Eisenkontroller* bzw. *Eisenchelatoren wie Zitronensäure*: Nun ja, wenn Zitronensäure eine erhebliche Gefahr darstellt, dann ist man vollkommen vom gesunden Menschenverstand verlassen worden. Warum? Unter der Annahme, dass durch den Citratzyklus[n] im menschlichen Organismus täglich 1 kg Atem-CO_2 gebildet wird, lässt sich leicht berechnen, dass der menschliche Körper täglich 2 kg der hochgefährlichen Zitronensäure herstellt. Damit Ökozündhütchen sich nicht zu sehr aufregen, will ich nicht unterschlagen, dass statt Zitronensäure beim Fracking auch EDTA verwendet wird. Die Verbindung

[n] Der Citratzyklus bzw. Zitronensäure-Zyklus ist ein zentraler Vorgang in tierischen und menschlichen Zellen, bei dem formal aus Essigsäure durch zelluläre Veratmung zwei Moleküle CO_2 gebildet werden.

dient in vielen Waschmitteln und Reinigungsmitteln zur Bindung von Calcium- und Magnesiumionen.

- *Lösemittel* (= *Lösungsmittel*) wie Propanol, Isopropanol sind z. B. im Glasreiniger und Brillenputztüchern enthalten.
- *Schwefelwasserstofffänger*: Dies sind aromatische Aldehyde wie Benzaldehyd. Bittermandelöl, das zum Plätzchenbacken verwendet wird, enthält 95 % dieser gefährlichen Chemikalie.
- *Biozide* (Glutaraldehyd, Isothiazolinone, Clormethylisothiazolinon) bremsen das Bakterienwachstum und behindern die Biofilmbildung. Glutaraldehyd dient zur Sterilisierung von medizinischen und zahnmedizinischen Instrumenten, was Ökochonder mit fortgeschrittener kognitiver Dissonanz veranlasst, lieber zu sterben als sich in die Hand eines Mediziners zu begeben, der mit hochtoxischen Chemikalien hantiert. Isothiazolinone und Clormethylisothiazolinon sind Desinfektionsmittel, mit denen beispielsweise Klebstoffe und Farben vor bakterieller Zersetzung geschützt werden. Wegen ihrer hohen Toxizität auf Wasserorganismen dürfen die Stoffe nicht in Gewässer gelangen – ähnlich wie einige Pflanzenschutzmittel.

Wie gesagt, die Fracking-Flüssigkeit enthält 1 - 2 % einer Mischung und nicht etwa 1 - 2 % von jeder der aufgezählten Chemikalien.

VORWÄRTS – ZURÜCK INS ZEITALTER DER POSTKUTSCHE

Mit Zisch und Knall zündet auf dem Jahrmarkt der Dummheiten der Lithium-Cobaltdioxid-Akku in einem E-Auto.[o] Unter heftigen Verpuffungen flackert das Teil munter vor sich hin, ohne dass man den Brand mit Wasser löschen kann. Eine Vorbemerkung kann ich mir nicht verkneifen: Der *reine* PKW-Verkehr – ohne LKW – macht lediglich 16 % des gesamt emittierten CO_2 aus. Um diese 16% zu

---

[o] Die Bezeichnung „Batterie“ für den Lithium-Cobaltdioxid-Akkumulator ist nicht ganz korrekt, denn Batterien können im Gegensatz zu Akkus nicht wieder geladen werden.

reduzieren wird, der Agenda 21 (UNO!) gemäß ein elektromobiles Riesentrara veranstaltet.

Aber wie kommt es zu solchen Batteriebränden? Vollkommen harmlos sind diese Energiequellen nicht. Die U.S. Fire Administration berichtet von 195 Bränden, die zwischen 2009 und 2016 durch E-Zigaretten verursacht wurden, die mit Lithium-Cobaltdioxid-Akkus ausgerüstet waren.[106] Zur Erklärung muss man sich die Funktion genauer anschauen:
Der Lithium-Cobaltdioxid-Akku, umgangssprachlich „Batterie" genannt, besteht wie jede elektrochemische Stromquelle aus einem Anoden- und einem Kathodenraum. Im Anodenraum findet eine Oxidation statt – bekannt vom Feuermachen: Holz wird unter Flammenerscheinung *oxidiert*. Sauerstoff, der das Holz oxidiert, wird bei diesem Vorgang selbst *reduziert*. Bei einer Verbrennung findet also immer gleichzeitig (!) eine Oxidation und eine Reduktion statt. Genauso findet in einer herkömmlichen Taschenlampenbatterie als auch in einem Akku immer gleichzeitig eine Oxidation und eine Reduktion statt. Bei der Entladung gibt das Anodenmaterial Elektronen ab (Oxidation) und „drückt" diese in den Leitungsdraht des Stromkreises. Am anderen Ende des Stromkreises „saugt" die Kathode Elektronen aus dem Leitungsdraht (Reduktion). Ein Strom fließt. Anoden- und Kathodenraum sind durch einen Separator (z. B. eine Membran) getrennt. Der Tod eines solchen Akkus wird sowohl durch mechanische Einwirkung (Unfallcrash) als auch durch einen äußeren Kurzschluss im Stromkreis oder durch einen *inneren Kurzschluss* bzw. *Dendritbildung* (Bild 34) verursacht.

Die Dendritbildung ist ein ganz normaler Vorgang, der auch beim herkömmlichen Bleiakku nach vielen Lade- und Entladevorgängen auftritt und auch dort zum Tod des Akkus führt. Mit dem Unterschied: Im Bleiakku befindet sich nichtbrennbare Schwefelsäure als Elektrolytlösemittel, im Lithium-Cobaltdioxid-Akku sind brennbare Lösemittel[p] wie Propylencarbonat (Siedepunkt 242°C) als Elektrolytlösemittel enthalten.

---

[p] In der Chemie spricht man seit einigen Jahren von Lösemittel statt von Lösungsmittel.

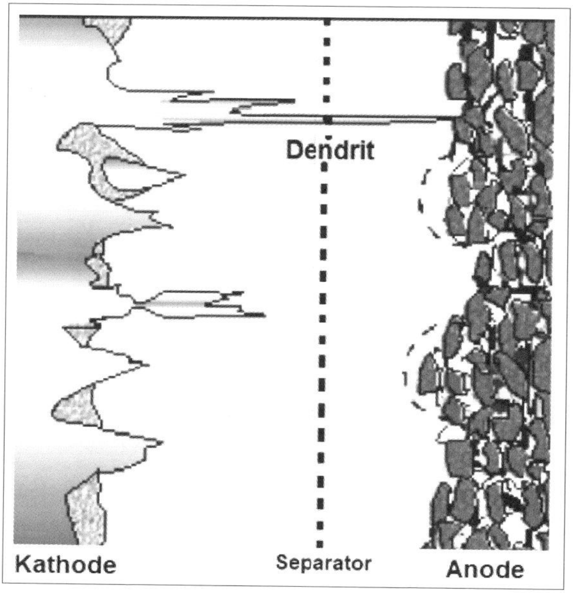

Bild 34: Tod eines Akkus

Die starke Erhitzung durch Kurzschluss infolge mechanischer Zerstörung oder auch durch inneren Kurzschluss führt zur Verdampfung des Elektrolytlösemittels. Infolge Druckanstieg zerplatzt das Batteriegehäuse, die brennbaren Lösemitteldämpfe entzünden sich – und ab geht die Post. Schon wieder ein Pedelec bzw. E-Bike oder E-Auto weniger. Ohne Zweifel ist der Preis von E-Autobatterien in den letzten Jahren erheblich gesunken. Mussten 2010 noch 600 Euro für die Speicherfähigkeit von 1 kWh gelöhnt werden, so sind es 2020 nur noch 111 Euro. Dennoch sind E-Autos momentan nur für gut Betuchte erschwinglich.

Professor Wellnitz von der THI berichtet:[107] „Würde Audi den A4 in großer Serie rein elektrisch bauen, müssten sie den halben Weltmarkt für Kobalt leerkaufen." Bei VW habe man einmal durchgerechnet mit dem Ergebnis, dass der Konzern für seine Produktion von E-Autos rund 130.000 t Kobalt benötigen würde. Derzeit beträgt die Weltproduktion 123.000 t. Das Fraunhofer-Institut prognostiziert für 2050 den Bedarf an diesem Element auf 150.000 bis 250.000 t.[108] Dabei stammen 60 % des weltweit abgebauten Kobalts aus dem Kongo und davon wiederum 15 bis 20 % aus dem Kleinbergbau unter hoher Umweltbelastung und mit Kinderarbeit.

Den globalen Lithium-Verbrauch beziffert das Fraunhofer-Institut auf 1 - 1,3 Millionen t. Das größte Vorkommen des Metalls befindet sich in der chilenischen Atacama-Wüste. Die Lithiumsalze in deren Boden werden im Grundwasser gelöst, heraufgepumpt, in Verdunstungs-Bassins geleitet und dort geerntet. Das heraufgepumpte und dann verdampfte Grundwasser verschwindet als Wasserdampf-Treibhausgas auf Nimmerwiedersehen in der Luft. Zurück bleiben ausgetrocknete Flüsse und verdorrte Wiesenflächen. Das Fraunhofer-Institut schreibt in seiner o. g. Studie: „Heute in Deutschland gekaufte E-Pkw weisen über ihre Nutzungsdauer eine deutlich positive Treibhausgasbilanz gegenüber konventionellen Pkw auf, wenn die Energiewende wie geplant voranschreitet."[108] Wenn, ja wenn!

Schaut man genauer hin, berichtet das gleiche Institut 2020, dass ein E-Auto mit einer 40 kWh-Batterie 72.000 km, ein solches mit einer 58 kWh-Batterie 100.000 km und ein mit einer 95 kWh-Batterie ausgerüsteter Audi e-tron 166.000 km fahren muss, um gegenüber einem Benziner eine positive CO_2-Bilanz aufzuweisen („Break Even Point").[109]

Der von der Fernsehsendung Terra-X her bekannte Physiker Prof. Harald Lesch rechnete einmal vor: Wenn eine Million E-Autos (1/54 des PKW-Bestandes) mit einer Ladeleistung von 350 kW zur selben Zeit ans Stromnetz angeschlossen würden, müsste das Stromnetz eine Leistung von 350 GW bereitstellen. Momentan liefert das deutsche Stromnetz 68,5 GW. D. h., die Elektroautos benötigen das Fünffache (!) der zur Verfügung stehenden Leistung. Leider hat Lesch nicht ganz Recht, denn die 350 GW beziehen sich auf Schnellladungen mit sehr hohem Strom. Der maximale Bedarf eines durchschnittlichen E-Autos liegt bei 120 - 150 kW. Nimmt man diesen Strombedarf, dann sind es immer noch mindestens 120 GW – also das Doppelte des zur Verfügung stehenden Stroms. Politik- und Sinnmacher rechnen mit Millionen Langsamladevorgängen mit maximal 3,4 - 6,4 kW. So viel wie etwa eine gut gehende Pizzeria benötigt.

Prof. Helmut Alt von der FH Aachen rechnet einmal anders: „Die Leute unterstellen bei Schnellladung so ungefähr 10 Minuten

– höchstens. Das bedeutet für einen großen TESLA mit 100 kWh-Batterie 600 kW Ladeleistung."[110] Davon ist zurzeit weit und breit nichts zu sehen!

Hier rentiert sich schon einmal eine andere Rechnung: Um mit einem kleinen E-Auto mit einem 20 kWh-Akku rund 70 km fahren zu können, werden ca. 8 Stunden Ladedauer benötigt, wenn die Steckdose bei 230 V einen Strom von 11 Ampere hergibt. Das entspricht einer Energie (E) von:

$$E = 230\ \text{V} \cdot 11\ \text{A} \cdot 8\ \text{h} = 20.240\ \text{Wh}$$

Diesel hat eine Energiedichte von 11.800 Wh/kg. Somit haben wir in diesen acht Stunden 1,7 kg Diesel entsprechend 2,1 Liter getankt. Die Energieabgabe der Stromquelle ist mit einer Tankstellenzapfsäule vergleichbar, die pro Minute 0,0044 Liter in den Tank füllt! Ja, ich weiß, der Wirkungsgrad eines E-Motors beträgt 80 %, während ein Dieselmotor nur auf 45 % kommt. Formal hat man also 80%/45% = 1,8mal so viel Diesel getankt, also 3,78 L. Die zum Vergleich herangezogene Zapfsäule müsste also pro Minute 0,0078 Liter in den Tank füllen.

E-Mobilisten müssen viel Geduld haben, besonders, wenn in der Ferienzeit 40 E-Autos vor den Ladesäulen einer Raststätte herumlungern. Auch ist nicht gerade eine Ladesäule zur Hand, wenn man sie braucht. Eine Ersatzladesäule ähnlich einem Ersatzkanister für Benzin gibt es schon gar nicht. Anders unsere Hohepriester von der hochheiligen Treibhausgas-Kirche. Als die Gutmenschenkarawane in Glasgow 2021 wieder mal ein Klima-Hochamt abfackelte und politisch-korrekt mit E-Autos vorfahren wollte, fanden sich nicht genügend Ladesäulen in der Stadt – wie peinlich. Hektisch wurden dieselbetriebene Generatoren herbeigeschafft, die extra aufgestellte Potemkin'sche Ladesäulen mit Strom versorgten. Heucheln ist halt soooo schön!

Auch das ist interessant: Ein E-Auto schleppt wegen des hohen Batteriegewichts mindestens 300 kg mehr mit sich herum als ein Verbrenner. Zu der Beschleunigung von 300 kg wird Energie gebraucht, die durch Rekuperation („Energierückgewinnung“) wegen der Entropie nicht zu 100 % kompensierbar ist. Ein weiterer Stich in den E-Mobilitäts-Luftballon ist der Vergleich der Energiedichten:

Energiequellen[111]	**Energiedichte verschiedener Akkus und Kraftstoffe in Wh/kg**
Herkömmlicher Blei-Säure-Akku	35
Nickel-Metallhybrid-Akku	90
Lithium-Cobaltdioxid-Akku, 2015	150
Lithium-Cobaltdioxid-Akku, 2020	200
Lithium-Cobaltdioxid-Akku (Zukunft)	310
Lithium/Schwefel-Akku (theoretisch maximal möglich)	2.600
Benzin	12.800
Diesel	11.800
Wasserstoff	800
Methanol (Methylalkohol)	6.370

Für die Lebensdauer einer Batterie ist die Entladetiefe entscheidend. Je geringer sie entladen wird, umso länger hält sie. Bei vollkommener Entladung sind nur 500 Lade-/Entladezyklen möglich. Bei 20 % Restladung sind über 3.000 und bei 30 % sogar bis zu 6.000 Zyklen möglich.[111] Eine neue E-Autobatterie kostet je Kilowattstunde zwischen 100 bis 200 Euro. Für eine neue Batterie sind also schon einmal 8.000 bis über 20.000 Euro zu blechen. 2021 sollte ein Finne zum zweiten Mal die Batterie seines Teslas Modell S für 20.000 Euro austauschen. Dazu kam es nicht. Kurz entschlossen jagte er die Öko-Karre mit einigen Kilogramm Dynamit in die Luft. Da ist es schon einmal interessant, wie weit man mit dem Nachfolger von Oma Ducks E-Mobil kommt?

Hersteller, Modell[112]	**Batteriekapazität in kWh**	**Reichweite in km**
Tesla S	60 - 100	334 – 508
BMW i3	22,33	129 - 183
Fiat 500e	24	140
Mercedes B-Class Electric	26	137

Alle Reichweiten verstehen sich bei sanfter Fahrweise ohne Klimaanlage im Sommer und Heizung im Winter. Der Tesla, der zum Schnäppchenpreis von 96.990 Euro aus dem Autosalon rollt, schießt den Reichweiten-Vogel ab.

Der Fiat 500 e wird für 23.560 Euro gedealt. Dafür muss man für eine 700 km weite Reise ins Heimatland des Flitzers schon einmal mindestens 7 Ladestopps einlegen, wenn man die Batterie nicht zu sehr auslutschen will. Nebenbei bemerkt kann 1 kWh schon einmal 80 cts. kosten. Umgerechnet auf den Benzinpreis sind das 12,80 Euro/Liter. Der Zeitvertreib beträgt an einer Schnellladesäule ½ bis 1 Stunde – zurück ins Postkutschenalter mit dem E-Mobil!

Fazit: Mit dem E-Auto wollen unsere Ökokraten offensichtlich das Rad neu erfinden, landen beim Vierkant und freuen sich wie ein Schneekönig, dass das Vierkant besser rollt als ein Dreikant.

DAS REGENBOGENTOLLHAUS

Mit regenbogenfarbigem Schweif und schrillem Kreischen steigt eine LGBTIQ-Rakete[q] spiralförmig mit in den Himmel. Auf dem Jahrmarkt der Dummheiten ist ein spätrömisches Tollhaus los!

Man stelle sich einmal vor, jemand hätte 1948 auf dem Verfassungskonvent auf Herrenchiemsee vorgeschlagen: „Die Ehe ist eine Lebensgemeinschaft zwischen Mann und Frau." Man hätte ihn für geistig asymmetrisch begabt gehalten, der Binsenweisheiten ins Grundgesetz schreiben wolle. Eines ist sicher, es gäbe heute keine Homo-Ehe, die zeitgeistverzerrt als neue Norm-Ehe präsentiert wird.

Zunächst einmal ist klar und deutlich hervorzuheben, dass jeder nach seiner sexuellen Façon glücklich leben soll. Niemand soll und darf über die sexuellen Vorlieben anderer die Nase rümpfen, denn im Gegensatz zu Tieren ist der Mensch einzigartig in seiner Erotikvielfalt. Homosexualität – warum nicht? Mancher lässt sich zum Vergnügen von einer Domina auspeitschen. Andere lieben Fetische

[q] LGBTIQ = Lesbian, Gay, Bisexual, Transsexual/Transgender, Queer. Daneben gibt es noch intersexuell und asexuell, so dass die komplette Abkürzung LGBTQIA+ lautet.

wie Damenstiefel, weibliche Haare, Seide, Pelze, Leder, Kleidung aus Gummi, Latex oder PVC-Folie. Sollen sie doch! Dafür müssen sie sich nicht schämen. Der Spaß hört auf bei pädophilen Übergriffen wie an der Odenwald-Schule oder ganz allgemein, wenn ein Offizialdelikt vorliegt. Der Spaß hört auch dann auf, wenn die Präsentierung sexueller Vorlieben als *politische Waffe missbraucht* wird wie beim Christopher-Street-Day, der als professioneller Gehirnwaschsalon links-permissive Gesellschaftspolitik als Norm etablieren will. Dann wird LGBTIQ zu einem bösartigen Instrument aus dem Baukasten totalitärer Systeme!

Unter dem Motto „Farbe bekennen, Flagge zeigen“, fordert ein bunter Trupp die gesellschaftliche Anerkennung der LGBTIQ-Minderheit, deren Schutz und Förderung. Als würde noch irgendwer in Deutschland gegen lesbische, schwule, bisexuelle, queere, transsexuelle und Transgender-Personen vorgehen. Allen Ernstes wird behauptet, diese 7,4 % der Bevölkerung würden benachteiligt. Längst hat die Political-Correctness-Diktatur dafür gesorgt, dass Stellenangebote o. ä. unter „m/w/d“ ausgeschrieben werden. Tatsächlich stößt die kämpferisch-engagierte LGBTIQ-Kultszene hierzulande mit dem Messer in geschmolzene Butter. Will man wirklich etwas gegen die Unterdrückung von Homosexuellen tun, müsste man einen Christopher-Street-Day in Teheran, Moskau, Peking oder Pjöngjang organisieren. Das wäre tatsächlich mutig! Hierzulande nervt diese Bewegung nur noch durch ihre stinkende Penetranz!

Das Brauchtum der Christopher-Street-Day-Beweihräucherung kommt wie fast alles Gutmenschliche aus den USA. In den Sechzigerjahren machten sich Nieten in Polizeiuniform regelmäßig einen Riesenspaß daraus, anlässlich von Razzien Schwule zu verprügeln. Am 28.6.1969 stürmten solche Proll-Polizisten die Schwulen-Bar „Stone Wall Inn“, Ecke Christopher-Street in New York. Statt auf eingeschüchterte Tucken trafen sie auf richtige Männer, die die „Ordnungshüter“ so lange kräftig verprügelten, bis ihnen der Kaugummi aus dem feisten Gesicht flog. Spiel, Satz und Sieg für die Tunten!

Die UNO, die für alles Gutmenschliche steht, wurde 1994 vom Australier Nicholas Toonen ins Spiel gebracht. Der Tasmanier klagte vor dem UNHCR mit Erfolg, die Gesetze seines Landes gegen Homosexualität aufzuheben. Seither ist die LGBTIQ-Bewegung ein heiß geliebtes UNO-Projekt.

Fröhlich beschwipst schunkelt die progressive Politszene mit, während der gesunde Menschenverstand mit Wucht in die Tonne getreten wird. Wegen des *totalitären* Auftretens der LGBTIQ-Szene postete der rheinland-pfälzische CDU-Chef Thomas Gerster im Juli 2022 folgenden Tweet gegen das Hissen der Regenbogenfahne: „Man hat schon einmal schwarz-rot-gold durch andere Farben ersetzt. Auch damals war das Ziel die Durchsetzung einer eigenen Weltanschauung. Spoiler: Es ging nicht gut." Die Formulierung beleuchtet treffend die Aggressivität der LGBTIQ-Szene, ist aber unglücklich gewählt, weil sich aus gutem Grund jeglicher Vergleich mit dem Naziterror verbietet. Deshalb musste sich Herr Gerster ähnlich wie ausgedeutete Reaktionäre unter Mao Tse-tung einer Selbstkritik unterwerfen.

Die indoktrinäre Gender-Erziehung beginnt bereits im Kindergarten und wird in der Schule fortgesetzt, so dass eine pubertierende 14-Jährige eines Tages dem völlig perplexen, alleinerziehenden Vater eröffnet, sie möchte kein Mädchen mehr sein. Seither verstellt sie ihre Stimme, so dass sie männlicher klingt, bindet sich die Brüste ab und kleidet sich wie ein Junge. Offensichtlich hat sie in der Schule aufgeschnappt, dass das Geschlecht ein soziales Konstrukt sei. Das entspricht glasklar den Vorstellungen der UNO, die in ihrem Report „FREE & EQUAL 2019" die Beliebigkeit des Geschlechts herausstellt.[115] Es handelt sich um eine von Durchschnittsbürgern unbemerkte, global organisierte, *totalitäre Kampagnen-Dampfwalze*, der sich eine Vielzahl der Länder unterworfen haben.[116,117] Da darf natürlich „Business & Partner" nicht weit sein. Das große Geschäft witternd, haben sich 270 Firmen dem Zeitgeist-Feldzug angeschlossen. [118]

Folgt man der Völkerrechtskommission der UN-Generalversammlung, ist die Legaldefinition des Begriffs „Geschlecht" als „weiblich" oder „männlich" *nicht mehr zeitgemäß*. Vielmehr sei dieser Begriff „sozial konstruiert"! Deshalb empfiehlt die UN-Kommission 2019 in ihrem Bericht die völlige Streichung des Artikels

7 Absatz 3 des „Römer Statuts des internationalen Strafgerichtshofs“ von 1998.[r] Eine solche Vorstellung kommt nicht von ungefähr, sondern entspricht der „Queer-Theorie“ der unter progressiven Linken hochverehrten Judith Butler, die als Zeitgeist-Spraydose der Intelligenzia an der Universität von Kalifornien lehrt. Mit ihrem Buch „Das Unbehagen der Geschlechter“ eröffnete sie 1990 die Gender-Diskussion. Ihrer Meinung nach ist die Einteilung „männlich“ und „weiblich“ nicht von der Natur vorgegeben. Vielmehr ist die „Binärität“ ein *soziokulturelles* Konstrukt, das sich durch stetige Wiederholung im Sprachgebrauch eingenistet hat. Auf ein solches Schnapsidee-Konstrukt muss man erst einmal kommen!

Der UNO-Originaltext geht darüber hinaus und berücksichtigt weitere weniger bekannte Folkloren: „Das weit verbreitete Akronym LGBT (lesbisch, schwul, bisexuell und trans) und die geschlechtsdefinierenden Begriffe wie queer, ‚fragend‘ und asexuell reflektieren sowohl *politische* als auch rechtliche Identitäten. Daneben betrifft es Personen, die aufgrund ihrer sexuellen Orientierung und ihrer Geschlechtsidentität von Gewalt und Diskriminierung bedroht sind. Das betrifft auch Personen, die sich auf eine andere Weise identifizieren, die nicht mit ihrem äußeren Geschlecht übereinstimmt. Einige Beispiele sind die Erfahrungsberichte von Zwei-Geist-Personen (Nordamerika), Muxen (Mexiko), Hijra (Indien), Kathoey (Thailand), Bakla (Philippinen), Travestis (Argentinien und Brasilien), Fa‘afafine (die samoanischen Inseln) und Leiti (Tonga). Diese Identitäten sind manchmal in Begriffen wie Geschlechtsidentität oder sexueller Orientierung enthalten, dennoch präsentieren sie sie ein anderes Geschlechtsverständnis, das nicht notwendigerweise mit den beiden genannten Kategorien übereinstimmt.“[119]

Da also die UNO die Queer-Theorie vollumfänglich unterstützt und das von spätrömisch-dekadenten Mitgliedsstaaten so exekutiert wird, soll jeder Mensch seine sexuelle Orientierung, sein Ge-

[r] Zum Verständnis muss man sich vor Augen halten, dass die UNO überall mitmischt. Im Original lautet der Absatz: „Im Sinne dieses Statuts bezieht sich der Ausdruck ‚Geschlecht‘ auf beide Geschlechter, das männliche und das weibliche, im gesellschaftlichen Zusammenhang. Er hat keine andere als die vorgenannte Bedeutung.“

schlecht selbst definieren können und die Gesellschaft hat das per ordre de Mufti zu akzeptieren. Eine Frau kann also ein Mann sein, der in einem Körper mit primären weiblichen Geschlechtsmerkmalen samt Eierstock gefangen ist. Wendet man diese Definition auf ein Auto an, so kann ein äußerlich als VW-Golf erkennbarer PKW in Wirklichkeit ein veganer Elektro-SUV sein, der im Körper eines Diesel-Kastenwagens gefangen ist.

Sowohl die UNO als auch die EU sind Bulldozer, die mit brutaler Energie jeden Politunfug durchdrücken. So auch die Genderpolitik und die Regenbogenfahne entgegen dem Widerstand weiter Teile der Bevölkerung. Dies betrifft vor allem massive Eingriffe in die Alltagssprache – Gendern als UN-Neusprech. So wurde die Deutsche Bahn erfolgreich von einer Person verklagt, die sich weder dem männlichen noch dem weiblichen Geschlecht zugehörig fühlte. Die DB musste 1.000 Euro Entschädigung zahlen, weil sie in ihrem Online-Buchungsportal als Anrede nur die Möglichkeit „Frau" oder „Herr" zuließ.[120]

Wie viel Personen sind eigentlich betroffen? *Nach einer Umfrage von 2019 haben bis dahin lediglich 20 Personen beantragt, ihren Geschlechtseintrag auf „divers" zu ändern.*[121] Es lebe die Demokratur! Ein paar Beispiele: In Lincoln (Nebraska) beschwerten sich 2014 hunderte Eltern, weil Lehrer ihre Kinder nicht mehr als Mädchen oder Jungen, sondern genderkorrekt als „Wildkatzen", „lilafarbene Pinguine" oder entsprechend den Vorlieben der Jugendlichen sie als „Milch", „Saft", „Fahrrad" oder „Skatboard" ansprachen.[123]

2015 gab es eine Umstellung in amerikanischen Comic-Heftchen. Die als Gegenspieler von Batman auftretende Comicfigur „Catwoman" wurde lesbisch bzw. bisexuell.[124]

Der Blutspendedienst des Roten Kreuzes bekam im Juni 2022 Ärger, weil im Fragebogen unter der Rubrik „Nur für Frauen" nach einer eventuell bestehenden Schwangerschaft gefragt wird. Die queere Community geriet ganz aus dem diversen Frauenhäuschen, ob man beim Blutspendedienst nicht wisse, dass es Personen gibt, „die ein Kind geboren haben, *ohne* sich dem weiblichen Geschlecht zuzuordnen?"[126]

Die Nobelpreisträgerin und Biologin Prof. Christiane Nüsslein-Volhard kommentiert am 23.8.2022 in der Bild-Zeitung die lächerliche Intellektuellen-Schrulle: „Die Erfindung eines dritten oder 'diversen' Geschlechts ist schlicht 'unwissenschaftlich'... Wer das behauptet, hat den Grundkurs in Biologie verpasst. Auch intersexuelle Menschen haben die Merkmale beider Geschlechter, sie sind kein drittes Geschlecht." Denn: „Menschen behalten lebenslang ihre Geschlechtszugehörigkeit."

Selbst wissenschaftliche Publikationen werden vom UN-Genderwahn nicht verschont. So wurde ein Artikel zurückgezogen, der auf der Internetseite der „Angewandten Chemie" publiziert wurde. Er solle „beleidigende Ansichten über Frauen und andere in der Wissenschaft unterrepräsentierte (diverse) Gruppen" enthalten.[125]

Im März 2021 genderte plötzlich die Mitgliederzeitschrift der „Gesellschaft Deutscher Chemiker". Die Bezeichnung Chemiker mache angeblich einen großen Teil „der Forschenden" unsichtbar, denn es gäbe auch Chemikerinnen. Genderkorrekt wäre Chemiker:innen oder Wissenschaftler:innen. Dies führte zu Protesten. Zur Beilegung des Streits wurde vorgeschlagen, die gültigen Regeln, wie sie vom „Rat für deutsche Rechtschreibung" festgeschrieben werden, zu verwenden. Dabei soll auf den Gebrauch nicht regelkonformer Schreibweisen mit Gender-Sonderzeichen wie Gender-Doppelpunkt („Chemiker:innen"), Gender-Sternchen („Kolleg*innen), Binnen-I („KundInnen"), Unterstrich (Zeug_innen) verzichtet werden.

Ein Chemiker mit Humor schrieb in einem Leserbrief: *„Seit ‚Seveso' und ‚Thalidomid' wurde die Chemie jahrzehntelang medial sehr erfolgreich als Synonym für Teufel, Tod und Siechtum präsentiert. Chemiefrei und ohne Zusatzstoffe garantiert ein langes Leben! Eventuell will die altehrwürdige GdCh sich nun lieb Kind machen, indem sie den neuesten Schlager der schrulligen Progressivindustrie aufgreift und mit einem Doppelpunkt ‚gendert'.*

Tatsächlich ist das moderne ‚Gendern' Ausfluss schweißtreibender Forschungen hochmotivierter Sozialwissenschaftler:innen, während die Chemie zu den bösen, den harten Naturwissenschaften zählt. Deshalb ist es höchste Zeit sich anzubiedern! Sollte es vielleicht in Bälde nicht mehr ‚der Benzolring', sondern ‚die Benzolring:in' heißen, frei nach der Gaia-Hypothese, wonach das Unbelebte belebt ist und sich folglich sexistisch benachteiligt fühlen könnte, wenn nicht das politisch korrekte Geschlecht angewandt wird? Halt! Satire abschalten und sachlich bleiben, auch wenn's schwerfällt.

Es sollte bekannt sein, dass 2019 die UN-Generalversammlung empfohlen hatte, die bisher im Völkerrecht verankerten Definitionen ‚weiblich' und ‚männlich' zu streichen und stattdessen das Verständnis des Begriffs ‚Geschlecht' als ‚sozial konstruiert' zu betrachten. Letztendlich folgt diese Empfehlung Vorschlägen amerikanischer Sozialwissenschaftler:innen und Philosophen:innen wie Judith Butler.

Man kann jetzt schon jede Wette eingehen: Das ‚Gendern' wird sich gemäß dem Top-down-Modell gesellschaftspolitisch durchsetzen. Zunächst erscheint es absurd, durch ständiges Wiederholen und Rückkoppeln wird es mehr und mehr akzeptiert, schließlich Gewohnheit und danach Pflicht. Wer sich widersetzt, wird ausgegrenzt. Es geht zu wie im Theaterstück von Eugène Ionesco. Zunächst verwandelt sich nur ein Mensch in ein Nashorn, dann immer mehr, bis schließlich die Menschheit nur noch aus Nashörnern besteht."

Der Mehrheit, nämlich 71 % der Bevölkerung, geht die Genderei gehörig auf den Senkel. Mit den Worten „Ich breche hiermit eine Lanze für das männliche Geschlecht" schreibt eine Leserin des Wiesbadener Kuriers: „Im Sinne des unsinnigen Genderns möchte ich Sie bitten, künftig folgende Bezeichnungen in Bezug auf Verdachtsfälle zu verwenden: Täter = Täternde, Einbrecher = Einbrechende, Enkel = Enkelnde, Betrüger = Betrügende… Bitte diskriminieren Sie die Männer der Schöpfung nicht weiter! Eine Lesende dankt es Ihnen."[126] Eine andere Abonnentin dieser Zeitung schreibt: „Ein Hoch auf die Ideologen… Zum Gendern ist alles gesagt. In der Bevölkerung herrscht Unverständnis und Ablehnung … Ich als Frau fühle mich übrigens durch einen Doppelpunkt und eine Silbe nicht angemessen vertreten, sondern – mit Verlaub – verarscht."[127]

RÄCHTSCHRAIBREVORM – LOB DER DUMMHEIT

Mit einem blödsinnigen Bumms explodierte 1996 die *Rechtschreibreform-Rakete*. Vorgeblich ging es um die Vereinfachung der Rechtschreibung im deutschsprachigen Raum. Tatsächlich sollte Menschen mit Migrationshintergrund der Zugang zur deutschen Sprache durch vereinfachte Orthographie und Grammatik erleichtert werden. Die politische Korrektheit verbot es den Betreibern des Reformklamauks dies klar und deutlich auszudrücken.

Ein großer Feind der Reformer war das „ß", weshalb die Konjunktion „daß" künftig wie in der Schweiz „dass" geschrieben werden soll. Mit dem durchschlagenden Erfolg, dass anstelle der Konjunktion „dass" immer häufiger das Pronomen „das" zu finden ist. Beispiel: „Er behauptet, das sein Auto schneller sei." Folgerichtig wurde der „Amboß" zu „Amboss". Wer ist eigentlich hier der Boss? Der Begriff „flötengehen" wurde zu „flöten gehen" (welches Lied wird da geflötet?). Mit dem Erfolg, dass viele Textsichere – deren Urgroßeltern schon einen deutschen Pass besaßen – zunehmend verunsichert werden und nicht mehr recht (Recht?) wissen, wie man etwas schreibt. Der an der TU Dortmund lehrende Statistikprofessor Walter Krämer gründete den „Verein Deutsche Sprache", der sich gegen den per ordre de Mufti Reformunfug wendete. Prompt wurden dem Verein von medialen Faschismus-Schnüfflern „nationalistische Tendenzen" angehängt.

Die Neusprech-Schreibweise sollte logischen Regeln folgen. So wurde „aufwendig" zu „aufwändig", weil es vom Aufwand kommt. Da frage ich mich, weshalb hat man dann die „Eltern" nicht zu „Ältern" gemacht? Sie sind doch eindeutig älter als ihre Kinder! Wo bleibt da die Logik?

Ein Mitglied des PEN hat den Politunfug mit der Sprachschöpfung „Ultradoitsh" auf den Punkt gebracht: „Die Rächtschaibrevorm zit die doitshe sprache durch den kakao und shlagt a ferainfachtes doitsh for, das ultradoitsh genannt wird – erst wird die ortografi fereinfacht, am ende auch die gramatik."

SCHLUSSWORT

Theorie ist gut – objektive Beurteilung der Resultate ist besser. Wenn es richtig ist, dass die empirische Auswertung sozialistischer Praxis nebst Unfreiheit, Verbieten, Bevormunden, Wegnehmen, Erzeugung von Mangel und verteilen desselben aufdeckt, dann ist die UNO ein sozialistisches Konstrukt. Zumindest drängt sie Politikernde zu solcher „Staatskunst" (vgl. „Agenda 21" und „Große Transformation" S. 366 ff). In diesem Zusammenhang sei an Frau Roosevelt (vgl. S. 358) erinnert und hervorgehoben, dass Frau Brundtland (vgl. S. 133) stellvertretende Vorsitzende der Sozialistischen Internationale war und der gegenwärtige UNO-Präsident Guterres Vorsitzender dieser Organisation war. Wenn es außerdem richtig ist, dass grüne Praxis Öko-Panik erzeugen und Schüren ökologistischer Hysterien ist (vgl. S. 80, dann ist die UNO eine grüne Organisation.

Dieser grün-sozialistische Staatenbund hat aber noch ein anderes Gesicht – ein Clowns-Gesicht. Denke ich an die Gender-Dampfwalze und das Christopher-Street-Day-Happening, kann ich mir die Bemerkung nicht verkneifen, dass die UNO testet, wieviel absurden Unfug sie den Bürgern noch zumuten kann. Je abgedrehter – desto besser.

Unter dem Ticket Minderheitenschutz wird an Konzepten gegen jede Art der Diskriminierung gearbeitet. Seither jagt ein Blödsinn den anderen. Die Mainzer Dachdeckerfirma „Neger" sollte auf Betreiben von im Kopf zerrütteten Rassismus-Jägern ihr Firmenlogo ändern, weil es eine Figur mit großen Ohrringen und Wulstlippen – also die Karikatur eines „Afroafrikaners" – zeigt.

Das Topangebot des lauteren und reinen Irrsinns war im August 2022 der Verkaufsstopp mehrerer Kinderbücher zum Film „Der junge Winnetou". Die Denknorm-Kontrolleure warfen dem Verlag vor, er bediene „verharmlosende Klischees". Den woken Betreibern eines solchen Klamauks sei dringend angeraten, einen Uhrmacher aufzusuchen. Solche Handwerker verstehen sich bestens auf das Anziehen lockerer Schrauben. Dieselben könnten auch Klimaaktivisten helfen, die sich 2022 aus Protest in der Münchner Pinakothek an einem Rubens-Gemälde festklebten und damit einen Millionenschaden verursachten. In einem Tweet stellten „Die Erleuchteten der letzten Tage" fest, im Gemälde würden Kleinkindern ihren Müttern entrissen und im Auftrag Herodes blutig ermordet: „Die Klimakatastrophe treffe alle elementar und könne zu Krieg führen, der auch Kunst vernichten würde." Sollte der Uhrmacher in diesem Fall nicht helfen, könnte auch ein Dachdecker gerufen werden, der sich auf die Beseitigung einschlägiger Schäden versteht.

Alle machen mit bei der Show des organisierten Massenwahns. Erst mutiert ein Mensch zu einem Nashorn, dann zwei, dann drei und vier bis schließlich die gesamten EinwohnerInnen eines Landes aus lauter NashörnernInnen – sprich MitläuferInnen besteht (vgl. S. 394). Politiker *parlamentarischer Demokratien*, die sich dem Humbug verweigern, werden mittels eines organisierten Shit-Storms mundtot gemacht. Wiederum Andere, die bei dem Irrsinns-Monopoly nicht mitmachen, verprügelt man mit der Faschismus-Klatsche.

Totalitäre Politik konnte sich stets nur mit Hilfe von „NashörnerInnen", sprich MitläuferInnen, etablieren – das braucht man in Deutschland ganz bestimmt nicht mehr zu erklären. Die gegenwärtige Folge ist, dass sich einmal gewählte parlamentarische Politiker mit Rückendeckung der UNO bzw. des IPCC wie Vier-Jahres-Duodezfürsten benehmen und beispielsweise die Wärmepumpe und die Ultranet-Stromtrasse gegen den Widerstand der Bürger durchdrücken. Wie kam es dazu?

Die Misere fing mit der **Wissenschaftsberatung** an, in deren Fänge sich die Politik begab, ganz wie von Margaret Mead im „Fogarty International Center" am 26. Oktober 1975 gewünscht. Fort mit dem gesunden Menschenverstand – die Wissenschaft weiß alles besser! Wenn's sein muss auch die Lottozahlen der nächsten Woche – sieben Tage später. Da unsäglich viele Köche – tausende Namen wären zu nennen – diesem Ökodiktatur-Brei anrührten, kann hier nur ein knapper, unvollständiger Abriss des skandalösen Ablaufs skizziert werden:

- Richard Nixon instrumentalisierte 1969 die NATO, um weltweit Umweltbehörden, Umweltministerien, Forschungsinstitute etc. aufzubauen.
- Margaret Mead (s. S. 80), die übrigens für eine rapide Begrenzung des Bevölkerungswachstums warb[143], organisierte die o.g. Konferenz zusammen mit dem Klimawissenschaftler William W. Kellogg (Think Tank RAND-Corporation, US-Atmosphärenforschungszentrum NCAR). Auf der Konferenz brachte Kellogg **Computermodellierungen** ins Öko-Spiel, obwohl er sich deren Komplexität der Klimaentwicklung (vgl. Chaostheorie) zu erfassen. Gleichzeitig betonte er, dass die Computer-Pieps-Show das einzige Werkzeuge sei, mit denen Politiker („policy makers") zum Handeln gedrängt werden könnten. Die Panik-Drehorgel wurde geölt und in Schwung gebracht.
- Zusammen mit Kellogg trat der bereits mehrfach erwähnte Klimaforschungskünstler Stephen H. Schneider auf, der damals die von der Industriegesellschaft verursachte „Neue Eiszeit" proklamierte. Der 2010 verstorbene Physiker, war von Anfang an Mitglied des Weltklimarates und Leitautor einschlägiger Sachstandsberichte. Nachdem es trotz weiterer Emissionen von die Sonne verdunkelnder Staubpartikel durch die Wohlstandsgesellschaft wärmer wurde, sattelte er flugs auf den Treibhausgas-Gaul um.
- Das Entsetzen über die Folgen der Atombombenabwürfe über Hiroshima und Nagasaki, tat ein Übriges: Atomenergie sollte künftig friedlichen Zwecken dienen. Der ehemalige US-Präsident Dwight Eisenhower prägte dazu den Begriff „Atoms for Peace", demgemäß Kernkraftwerke künftig eine wichtige Rolle bei der

Energieversorgung spielen sollten. Die Kernenergie-Lobby kam ins Öko-Spiel (vgl. S. 253) und heizte die Treibhausgas-Dampfmaschine kräftig an, denn Kernkraftwerke emittieren kein CO_2.

- Es geht weiter: Seit 1968 mischt der **„Club of Rome"** emsig mit. Der Öko-Gesangsverein wurde von Aurelio Peccei, einem sehr gut besoldeten Firmenleitungsmitglied von Olivetti und Fiat, ins Leben gerufen.

  In seiner Dissertation schreibt Friedemann Hahn über den Olivetti-Ökobär: „Peccei erkannte, dass die Probleme, mit denendie Menschheit in den nächsten Jahrzehnten konfrontiert sein würde, globale Ausmaße annehmen würden und miteinander vernetzt waren. Die Lösung sollte moderne, auch mit Computern arbeitende Wissenschaft liefern. Die geeignete Methode stellte Jay W. Forresters **Systemdynamik** dar: Mit ihrer Hilfe gelang es, die Welt als Modell darzustellen und den Zusammenhang der Problematiken untereinander zu verdeutlichen."[144] Dennis Meadows erstellte im Auftrag des Club of Rome eine rechnergestützte Simulation („Die Grenzen des Wachstums", vgl. S. 206).

  Im September 1969 trafen sich im österreichischen Alpbach ausgewählte Mitglieder des römischen Panik-Orchestrions mit Politikern. Weil diese äußerst beeindruckt waren, resultierten Kontakte zu höchsten politischen und diplomatischen Kreisen. „Während des Treffens wuchs der Club am Ende des Jahres 1969 auf ungefähr 30 Mitglieder an, darunter Eduard Pestel. Pestel war Professor für Mechanik an der Universität Hannover und 1966 deutscher Delegierter im NATO-Wissenschaftsausschuss."[145]
- Als ehemaliger Niedersächsischer Minister für Wissenschaft und Kunst (1977) bekleidete Pestel einen Posten im Kuratorium der Volkswagenstiftung, und in dieser Funktion versorgte er das römische Ökopanik-Kasino mit einer ordentlichen Finanzspritze. Pikanterweise distanzierte sich 2016 die Hannoversche Gottfried Wilhelm-Leibniz-Universität von Eduard Pestel wegen seiner Nazivergangenheit insbesondere von dessen antisemitischen Äußerungen zwischen 1933 und 1945.[146] 1975 gründete der Professor ein „Institut für angewandte Systemforschung und

Prognose (ISP)"[a] in Hannover, das im Auftrag der Bundesregierung ein **computergestütztes Modell** für die Zukunft der Bundesrepublik Deutschland („Das Deutschland-Modell") erstellen sollte.

Die Historikerin Elke Seefried schreibt: „Zur neuen Leitwissenschaft avancierte die Kybernetik, die sich der **computerunterstützten Systemanalyse** bediente. Entwickelt im Kontext der Rand Corporation und der frühen Informations- und Computertechnik, analysierte die **Kybernetik** die Nachrichtenübermittlung, die Kontrolle und die Steuerung in Systemen."[147] Und in genau dieser schrägen Rille spielt auch das 1972 gegründete *Internationale Institut für Angewandte Systemanalyse* (IIASA, International Institute for Applied Systems Analysis) in Laxenburg bei Wien, das ebenfalls von Pestel eine kräftige Anschubfinanzierung vermittelt bekam. Das heutige Leitungsgremium des Instituts ist mit elf Professorenstellen besetzt, u. a. mit Hermann Lotze-Campen vom PIK und der aus dem Fernsehen sattsam bekannten Energiefachfrau Claudia Kemfert, die immer etwas zum Besten gibt, wenn es um die „Nachhaltigkeit" geht. Eine Informationsschrift des IIASA listet allein 73 deutsche Forschungsinstitute auf, die schweißtreibend an der „Transformation der Industriegesellschaft und der nachhaltigen Zukunft" arbeiten. Dazu kommen 120 gut dotierte Doktorandenstellen an unterschiedlichen deutschen Hochschulen.

- „Die Grenzen des Wachstums" gaben den Startschuss zum heutigen bundesrepublikanischen Öko-Tollhaus. Besonderen Eindruck machten die „Grenzen" auf die progressive Haute-volee und ganz wesentlich auf einen linksliberalen Entscheidungsträger, dem damaligen FDP-Innenminister Hans-Dietrich Genscher. Er war es, der das Innenministerium auf „Öko" trimmte und sinnvolle Bestimmungen durchsetzte wie das Gesetz zum Schutz gegen Fluglärm 03.04.1971, das Benzin-Blei-Gesetz 08.08.1971, das Abfallbeseitigungsgesetz 11.6.1972 sowie weiterer Gesetze

[a] Heute: *Pestel-Institut für Systemforschung*

zur Reinhaltung der Luft und der Gewässer. Mit Verweis auf die besagte Studie, drang Genscher im Oktober 1972 auf ein Umwelt-Aktionsprogramm der Europäischen Gemeinschaft (EG)[148] Alle diese Maßnahmen basierten auf wissenschaftlicher Ökologie – vom Ökologismus, der mittels Ultraspuren (s. „Instrumentelle Analytik") nebst Computersimulationen, den Weltuntergang beschwört, war noch nicht die Rede.

- Dieser kam mit Genschers Staatssekretär Hartkopf und dessen Ministerialdirektor Menke-Glückert, die beide dem Ökologismus in der Bundesrepublik zu einem fulminanten Durchbruch verhalfen. Über Herrn Hartkopf muss nicht weiter berichtet werden (vgl. S. 81). Besonders interessant aber ist der im Hintergrund geräuschlos arbeitende Peter Menke-Glückert. Während eines USA-Aufenthalts kam er mit der dort aufkeimenden Umweltbewegung in Berührung und wurde prompt infiziert. Als erster wies er auf den zwischenzeitlich widerlegten Zusammenhang zwischen Waldsterben und menschlichen Handeln hin (vgl. Kap. 3). Außerdem bereitete er die Freiburger Thesen von 1971 vor, mit deren Hilfe die FDP bei den Bürgern Akzeptanz für umweltpolitische Maßnahmen durchsetzen wollte.

Hartkopf und Mencke-Glückert sorgten dafür, dass die aus internationaler Zusammenarbeit mit der WHO entstandene regulatorische Toxikologie zur Norm wurde, wenn über Schadstoffe berichtet wird. So hat man Grenzwerte festglegt, die 1/5000 bis 1/100 der Dosis entsprechen, bei der der empfindlichste Organismus **keinen** Schaden nimmt. Ökoreligiöse sowie Ahnungslose glauben, dass die zehnfache Überschreitung eines solchen Grenzwertes eine akute Gefahr darstellt, obwohl noch immer ein 10- bis 500-facher Sicherheitsfaktor vorliegt (vgl. S. 169 ff). Der Ökologismus legt Grenzwerte fest, die eher an den Möglichkeiten moderner Spurenanalytik orientiert sind als an potentiellen Gesundheits- und Umweltgefahren.

So verhält es sich auch mit den Abgasnormen für PKWs. Die Autoindustrie kann machen, was sie will, an der Öko-Garotte wird trotzdem weitergedreht. In Bälde dürfte die aktuelle Euro-

Norm 6 durch die Euro-Norm 7 abgelöst werden. Wenn diese gilt, machen sich Ökologismusgelehrte der EU an der Euro-Norm 8 usw. ...

Auch der ultraspurenbasierte Treibhausgaszauber aus dem Computerzylinder ist eine Frucht des Ökologismus, der von Margaret Mead angestoßen (s. S. 80) und in Deutschland von Günter Hartkopf und Peter Menke-Glückert zur Vollblüte gebracht wurde (s. Einleitung und Kap. 10).

- In einem Aufsatz informierte Menke-Glückert über einen **Weltlastenausgleich**, der 1974 auf einer von Maurice Strong (vgl. S.130) geleiten UNO-Konferenz im mexikanischen Städtchen Cocoyoc vorgeschlagen wurde. Mit Verweis auf die steigende Bevölkerungszahl in den ärmeren Ländern und der ungerechten Entlohnung in den Entwicklungsländern im Vergleich zu den Hochlohn-Industrienationen, wurde auf „wissenschaftlicher Grundlage" eine ausgleichende Umverteilung der Einkommen angeregt. [148,149]

Den bitteren Vorwürfen der Entwicklungsländer, die Ausbeutung durch Kolonialmächte, sei schuld an ihrem Elend entgegnete der US-UNO-Botschafter Moynihan: „Wir weisen die Anschuldigung zurück, wir hätten andere Länder ausgesaugt und geplündert und unser Reichtum habe darin seine Wurzel ... Wir leisten unseren Teil an der Schaffung einer neuen internationalen Ordnung nicht aus einem Schuldkomplex oder Wiedergutmachung ... Die USA erkennen eine Schuld nicht an." Anders Genscher auf dem FDP-Parteitag am 27.10.1975 in Mainz: „Wirksame Entwicklungspolitik kann es ohne realen Ressourcen-Transfer nicht geben. Wir können das nicht irgendwoher, sondern müssen das auch vom eigenen Sozialprodukt nehmen."

Da das Sozialprodukt, das ist, was in einem Land auf alle verteilt werden kann, sind hier wohl die Einkommen der Arbeitnehmer gefragt![b] An die humane Minderung künftiger Bedürfnisträger mittels Verhütung und Aufklärung in den Ländern der Dritten

[b] Zur Verteilung der Millionärs- und Milliardärseinkünfte, s. S. 338 ff

Welt, wurde überhaupt nicht gedacht. Eine Intelligenzbankrotterklärung des ach so intelligenten Homo sapiens sapiens!

Nirgendwo tritt der Unfug der Wissenschaftsberatung deutlicher zutage als in der Umweltpolitik. Im Gegensatz zur Behauptung die „Klimaleugner" würden von der Erdölindustrie gesponsert, macht sich eine politikgesäugte Multimilliarden-Beratungsindustrie breit. Im Allgemeinem setzen Politiker heute auf computerbasierter Wissenschaftsberatung.

Dem „Wissenschaftlichen Beirat der Bundesregierung Globale Umweltveränderungen" (WBGU) gehören gegenwärtig 9 Wissenschaftler an. Wie folgende Tabelle belegt, werden die Mitglieder alle vier Jahre neu berufen:

Berufungs-periode	1992 - 1996	1996 - 2000	2000 - 2004	2004 - 2008	2008 - 2013	2013 - 2016	2016 - 2020
Mitgliederzahl	12	12	9	9	9	9	10

Was der WBGU so alles von sich gibt, kann man auf S. 367 ff noch einmal genüsslich nachlesen.

Ein anderer „Wissenschaftlicher Beirat" ist der des Bundesministers für „Wirtschaft und Klimaschutz". Er besteht gegenwärtig aus 41 angeblich unabhängigen WissenschaftlerInnen. Man darf getrost davon ausgehen, dass niemand berufen wird, der nicht linientreu ist. So viel zur „Unabhängigkeit".

Die Räte-Durchseuchung der Politik lässt sich beliebig fortsetzen. So zählt der „Sachverständigenrat zur Begutachtung der wirtschaftlichen Entwicklung", die „Wirtschaftsweisen", 5 Ratsmitglieder, denen ein neunzehnköpfiger wissenschaftlicher Stab zugeordnet ist.

„Die Wirtschaftswissenschaftler Ulrich Fritsche und Jörg Döpke haben die Qualität von Konjunkturprognosen vor ein paar Jahren genauer untersucht. Demnach lagen die Herbstprognosen für das folgende Jahr um 1,4 Prozentpunkten daneben, die Frühjahrsprognosen für das laufende Jahr immerhin noch um 0,8 Prozentpunkte. Bei „tatsächlichen Wachstumsraten zwischen null und zwei Prozent muss man solche Abweichungen schon als erheblich einstufen."[150] Im Übrigen streichen sämtliche „unabhängigen" computergestützten Berater so nebenher ein bis zu fünfstelliges Monatssalär ein, wie mir ein befreundeter, ehemaliger Bundestagsabgeordneter einmal zusteckte.

Wer nun meint, Politiker wären dank „Wissenschaftlicher Beratung" informierter, könnten weltweite Entwicklungen besser beurteilen und vorhersehen als Otto Normalbürger mit seinem gesunden Menschenverstand, den muss ich enttäuschen. Weder sah die SPD den Zusammenbruch des DDR-Arbeiter- und Bauernparadieses binnen zweier Jahre voraus, als sie mit der SED 1987 unter herzlichen Um-den-Hals-fallen ein gemeinsames Strategiepapier[c] veröffentlichte, noch ahnte Bill Clinton, was er anrichtete, als er in den 1990er Jahre ein aufwändiges Wohnungsbauprogramm für Schwarze und Hispanics auflegte. Die „Subprime Mortgage Crisis" mit Bankencrash, Arbeitslosigkeit und Rezession war die Folge, nachdem „Business & Partner" Familien mit geringem Einkommen ein 500.000-Dollar-Häuschen aufschwatzten, das diese nicht mehr finanzieren konnten, als plötzlich die Zinsen geringfügig anstiegen.

Wozu gehen wir eigentlich noch wählen, wenn PolitikerInnen sich überwiegend auf hochdotierte Wissenschaftsberatung ohne Gewähr stützen, statt ihren gesunden Menschenverstand zu nutzen? Alles meint man mittels Digitalisierung nebst künstlicher Intelligenz lösen zu können – selbst politische Probleme. Ganz offensichtlich basiert dieser Hype auf dem Erfolg des „Weltmodells", das der „Club of Rome" 1972 vom Stapel ließ. Tatsächlich gibt es ein ganz anderes, drückenderes Problem, zu dem Computermodelle keine Lösung bieten.

Nach Jean Paul Sartre ist das Leben an sich sinnlos. Deshalb ist auch die Fortpflanzung nicht der Sinn des Lebens. Jeder Mensch ist einfach da und ein Leben lang zur Freiheit verurteilt. Immer muss er entscheiden. Weshalb also, lassen wir uns diese Entscheidungen von demokratisch nicht gewählten Institutionen nehmen? Weshalb

---

[c] "Der Streit der Ideologien und die gemeinsame Sicherheit"

lassen wir uns bevormunden und entmündigen? Entscheiden wir selbst, wie wir leben wollen! Und ein solches Leben ist: komfortabel frei in Frieden leben und gut mit allen Gütern versorgt. Da die Ressourcen der Erde endlich sind, geht das nur mit weniger Bedürfnisträgern – und genau da geschieht nichts! Selbst Al Gore hat eindringlich Empfängnisverhütung, Familienplanung und Geburtenkontrolle angemahnt.[138] Er schreibt: „Das erste strategische Ziel sollte die Stabilisierung der Weltbevölkerung sein; dazu muss die Politik in allen Ländern der Welt die Voraussetzung für den sogenannten demographischen Wandel schaffen…"[139]

In Anbetracht der „Fridays for Future"-Bewegung, von PETA- und Klimaaktivisten kann ich mich des Eindrucks nicht erwehren, das Zeitalter der Aufklärung ist vorbei und/oder vollkommen für die Katz gewesen. Die alte Knechtschaft unter der Knute von Kaiser, Königen und Fürsten wird gegen einen grünen Neo-Feudalismus mit Vier-Jahres-Duodezfürsten nebst Denk- und Sprechverboten eingetauscht. Deshalb ist das Buch dem unbekannten Journalisten gewidmet, der nicht den Mumm hat, sich gegen die politisch inszenierten Ökogespenster aufzulehnen, obwohl, er mit gesundem Menschenverstand ausgestattet, den Spuk durchschaut. Es möchte jenen Abgeordneten Mut machen, die mit geballter Faust in der Tasche nicht wagen, gegen die Fraktionsdisziplin aufzustehen. Das Buch wendet sich auch an alle Bürger, die trotz dröhnender Ökosprechtüten erkennen, dass etwas faul im Staate ist. Ihnen möchte ich zurufen: „Sie sind nicht allein. Andere denken und empfinden genau so". Alle seien an Immanuel Kant erinnert: „Aufklärung ist der Ausgang des Menschen aus einer selbst verschuldeten Unmündigkeit. Unmündigkeit ist das Unvermögen sich seines Verstandes ohne Leitung eines anderen zu bedienen. Selbst verschuldet ist diese Unmündigkeit, wenn die Ursache derselben nicht aus Mangel des Verstands, sondern der Entschließung und des Mutes liegt, sich seiner ohne Leitung eines anderen zu bedienen. Sapere aude! Habe Mut, dich deines Verstands zu bedienen."

Diesen Mut, kann man auch beweisen, wenn man das Handy sparsamer nutzt und sich nicht von „Social Media-Gruppen" verdummen lässt, wenn man konsequent den Fernseher abschaltet, sollten Volkspädagogen mal wieder Öko-Unterrichtsstündchen abhalten oder eine politisch-korrekte, sozialpädagogische Seelenmassage verabreichen wollen. Macht man das nicht und hängt den Pfaffen der Ökokirche weiter an den Lippen, werden wir unweigerlich in einem dystopischen Staat landen, wie er von Georg Orwell („1984") und Aldous Huxley („Schöne neue Welt") beschrieben wurde.

Abkürzungen

Da nicht alle Abkürzungen geläufig sein dürften, werden einige hier vorgestellt.

FAS = Frankfurter Allgemeine Sonntagszeitung
FR = Frankfurter Rundschau
SZ = Süddeutsche Zeitung
NZ = Neue Züricher Zeitung
WamS = Welt am Sonntag
WAZ = Westdeutsche Allgemeine Zeitung
WK = Wiesbadener Kurier
CR = Chemische Rundschau
PCN = Pest Contol News
BdW = Bild der Wissenschaft
CLB = Chemie in Labor und Biotechnik
ChiuZ = Chemie in unserer Zeit
MNU = Der Mathematische und naturwissenschaftliche Unterricht
Nachr. a. d. Chem. = Nachrichten aus der Chemie, der Technik und dem Laboratorium („Blaue Blätter“, mehrfach umbenannte Mitgliederzeitschrift der Gesellschaft deutscher Chemiker)
Nachr. Chem. Tech. Lab. = Nachrichten aus der Chemie („Blaue Blätter“, mehrfach umbenannte Mitgliederzeitschrift der Gesellschaft deutscher Chemiker)
PhiuZ = Pharmazie in unserer Zeit
Spektr. d. Wiss. = Spektrum der Wissenschaft

Literaturverzeichnis

Es ist zwar wissenschaftlich unüblich, dennoch habe ich Bücher, die in einem vorhergehenden Kapitel genannt waren und im *Folgekapitel* wiederum auftauchen nicht mit „a. a. o." gekennzeichnet sondern neu benannt. Denn nichts ist lästiger, als in einem Literaturverzeichnis nach „a. a. o." zu suchen, wenn die Stelle viele Seiten vorher angeführt war. Sollte ich mich selbst zitiert haben, dann handelt es sich um Bücher oder Veröffentlichungen, in denen eine Aussage genauer und umfangreicher belegt wird.

Einleitung

1. *FAZ* vom 02.05.2022, S. 6, Nr. 101 *"Grenzen des Wachstums"*
2. R. Wilson et al. *Quaternary Science Reviews* **134** (2016) 1-18
3. H. v. Storch, K. Hasselmann, Climate Change and Ocean Forecasting, Hamburg, 1996
4. K. Hasselmann, *Tellus B*, (2013) 1-16
5. KUNGL.VETENSKAPS-AKADEMIEN, The Nobel Price in Physics 2021
6. G. Hegerl et al., *Environment Research Letters* **6**(4):044025
7. *Spiegel* vom 02.07.2014
8. J. Cook *Environ. Res. Lett.* 8 (2013) 024024
9. P. T. Doran et al. *Eos*, Vol. 90, No. 3, 20 January 2009
10. Cook et al. *Environ. Res. Lett.* 11 (2016) 04002
11. Mauritsen, T., et al. (2012), Tuning the climate of a global model, *J. Adv. Model. Earth Syst.* 4, M00A01
12. Stephen Moore im – konservativen – „*Rasmussen Repor*t" vom 18.12.2018
13. Natalie Burg „*Means & Mattern -Stories of Money and Sustainability*", April 20th 2022
14. *Wirtschaftswoche* vom 13.08.2007
15. www.tagesanzeiger.ch vom 06.05.2013
16. *Wirtschaftswoche* vom 02.09.2010

17. Susan J. Crockford, „The state oft he Polar Bear 2021“, *The Global Warming Policy Foundation* (2022)
18. Roy Spencer (Blog): *An Earth Day Reminder: "Global Warming" is Only ~50% of What Models Predict* (Roy Spencer ist Forschungsleiter an der „University of Alabama“ in Huntsville und arbeite vor seiner Hochschullehrertätigkeit am „NASA Marshall Space Flight Center“. U. a. vergleicht er von Satelliten gemessenen Temperaturen mit den Ergebnissen von Klimamodellierungen.
19. Joseph Goebbels, *Börsen-Zeitung* vom 5. Dezember 1937
20. Aldous Huxley, *Schöne neue Welt*, Vorwort Fischer Bücherei 1953, S. 7
21. *FAZ* vom 24.03.2010: „Weitere Kommission in ´Climatgate´- Affäre“
22. *Nachr. a. d. Chem.*, **69** (2021) 31
23. *Weltwoche* 21.03.2019
24. ECMWF 2020, Copernicus Climate Change Service, CLARA-A2.1 CDR & ICDR. Credit: EUMETSAT CM SAF

Präludium

1. *FAZ* 26.11.2004
2. *WK* 15.11.2002
3. D. Hiller in *Wiesbaden extra*, Mitgliederzeitschrift des CDU-Kreisverbands Wiesbaden 11/1997, S. 15
4. *WK*, 22.1.2001
5. *FAZ* 14.1.2003
6. *FAZ* 30.12.2002
7. *FAZ* 17.3.2003
8. Jutta Ditfurth, *Das waren die Grünen; Abschied von einer Hoffnung*, Econ Taschenbuchverlag 2000, S. 207

Kap. 1: Volkspädagogen, Hexenwahn und Ökologismus

1. Roland Emmerich, *SZ*, Interview 26.5.2004
2. *Damals*, 1/1974, S. 34
3. Golo Mann, August Nitschke (Hrsg.), *Weltgeschichte; Eine Universalgeschichte*, Bd. 5, S. 502 ff und S. 532 ff
4. Otto v. Corvin, *Paffenspiegel*, Verlag Hubert Freistühler, Schwerte/Ruhr, S. 141
5. Golo Mann, August Nitschke, a. a. o., Summa Historica, S. 428
6. Otto v. Corvin, a. a. o., S. 166
7. Siegfried Obermeier, *Die unheiligen Väter; Gottes Stellvertreter zwischen Machtgier und Frömmigkeit*, Scherz Verlag, Bern, München, Wien, 1995, S. 216 ff
8. *Damals*, 6/2002, S. 14
9. *Damals*, 5/1977, S. 459
10. Hans-Peter Schwarz, *Das Gesicht des Jahrhunderts; Monster, Retter, Mediokritäten*, Siedler Verlag, 1998, S. 614

11. Hans-Peter Schwarz a. a. o., S. 606
12. Hans-Peter Schwarz a. a. o., S. 612
13. *Spiegel* 17/1988
14. Hans-Peter Schwarz a. a. o., S. 618
15. James R. Huntley, *Das Atlantische Bündnis und die Umweltkrise*, NATO Informationsabteilung, 110 Brüssel, 1971, S. 7
16. E. Gärtner, *CR*, 13/2002, S. 14
17. James R. Huntley a. a. o., S. 9
18. James R. Huntley a. a. o., S. 12
19. VDI nachrichten, 30. 4. 1999
20. *NATO-Brief* 12/1969
21. *NATO-Brief* 1/1970
22. *NATO-Brief* 9/1969
23. *NATO-Brief* 6/1969
24. *NATO-Brief* 5/1970
25. James R. Huntley a. a. o., S.
26. *BdW* 2/1978, S. 107
27. Ernst v. Aster, *Geschichte der Philosophie*, Alfred Kröner Verlag, Stuttgart, 1949, S. 216
28. Hans Joachim Störig, *Kleine Weltgeschichte der Philosophie*, Knauer Taschenbuch 1963, S. 405 ff
29. Ernst v. Aster a. a. o., S. 136
30. B. Emil König, *Geschichte der Hexenprozesse*, Bechtermünz Verlag, Eltville am Rhein, 1989, S. 42
31. Kurt Baschwitz, *Hexen und Hexenprozesse*, dtv, 1966, S. 348
32. James R. Huntley a. a. o., S. 33
33. *BdW* 11/1976, S. 130
34. *BdW* 1/1975, S. 65
35. Kurt Baschwitz a. a. o., S. 134
36. Alfred Zänker, *Die vielen Gesichter der Dummheit*, MUT-Verlag, Asendorf, 2001, S. 86
37. Mannheimer Morgen, 29. 4. 1987, zitiert nach Heinrich Eilingsfeld, Der sanfte Wahn, Südwestdeutsche Verlagsanstalt, Mannheim, 1989, S. 98
38. Hans Erich Stier, *Deutsche Geschichte im Rahmen der Weltgeschichte*, Deutsche Buchgemeinschaft, Berlin/Darmstadt/Wien, 1958, S. 472
39. Kurt Baschwitz a. a. o., S. 86
40. Rüdiger Glaser, *Klimageschichte Mitteleuropas*; 1000 Jahre Wetter, Klima, Katastrophen, Primus Verlag, 2001, S. 91
41. *FAZ* 21. 12. 1983
42. *FAS* 22. 8. 2004
43. *PCN*, Sept. 1999, S. 28
44. ARD/ZDF-Videotext 07-99, S. 141
45. Karen Green, John Bigelow, *Philosophy*, Bd. 73, Heft 248 (1998)
46. *Umwelt*, a3-Verlag, 3-4/1996, S. 19

47. Heinz Hug, *Der tägliche Ökohorror – so werden wir manipuliert*, Wirtschaftsverlag Langen Müller/Herbig, 1997, S. 42
48. Dietrich Schwanitz, *Bildung; Alles, was man wissen muss*, Eichborn Lexikon, Eichborn Frankfurt am Main 1999, S. 482
49. Heinz Hug a. a. o., S. 235
50. *WK* 19. 10. 1994
51. Heinrich Röck, *Eiswissen und Lernkurve*, Verlag Alois Erdl OHG, Trostberg 1998, S. 23
52. *Umwelt*, a3-Verlag, 10/1994, S. 97
53. Dirk Maxeiner und Michael Miersch, *Die Zukunft und ihre Feinde*, Eichborn AG, Frankfurt am Main, 2002, S. 211
54. *Damals*, 11/1992, S. 2
55. *FAS* 11.5.2003
56. *NZ* 4.2.2002
57. *NZ* 26.1.2001
58. St. Schneider et al., „Neglecting the Complexities" in *Scientific American* 1/2002, p. 61-72
59. Bookreview von Stuart Pimm und Jeff Harvey in *Nature*, Vol. 414, (2001), 149
60. Pressemitteilung, Dänisches Institut für Umweltforschung v. 17.12.2003
61. *FOCUS* 40, 1997
62. H. L. Byrden, H. R. Lonworth, S. A. Cubbungham, *Nature*, Vol. 438 (2005), S. 655
63. Referat Dr. Günter Keil, AgPU-Klausurtagung 25./26. August 2005, Kloster Maurach/Birnau (Bodensee)

Kap. 2: Panik-Kapellmeister, Dom-Pérignon-Society, Ökotanzgruppen

1. *NATO-Brief* 5/1971
2. Margaret Mead in *The Atmosphere: Endangered and Endangering*, The National Institute of Environmental Health Sci-ences , 1975, DHEW Publication (NIH) 77-1065, pp. XIX
3. James R. Huntley, *Das Atlantische Bündnis und die Umweltkrise*, NATO Informationsabteilung, 110 Brüssel, 1971
4. *BdW*, 5/1978, S. 138
5. Staatsekretär Dr. Günter Hartkopf, Umweltverantwortung – eine organisatorische Herausforderung, Redeprotokoll Bad Kissingen, 8.1.1986
6. Franz Alt in *BdW* 4/1976, S. 94
7. *FAZ* 10.6.2002
8. *FOCUS* 40/1996
9. M. Dietrich Kley, Aktuelle Perspektiven der industriellen Energie- und Kraftwirtschaft 1992, Redeprotokoll VIK-Tagung Essen, 30.10.1992
10. Leonard C. Lewin, *Verdammter Friede*, Scherz-Verlag, Bern, München, Wien, 1968, S. 107

11. Leonard C. Lewin a. a. o., S. 102
12. Leonard C. Lewin a. a. o., S. 106
13. Leonard C. Lewin a. a. o., S. 105
14. Leonard C. Lewin a. a. o., S. 103
15. Alexander King, Bertrand Schneider, *The First Global Revolution*, Pantheon books, New York, S. 115
16. *NATO-Brief* 12/1970
17. *NATO-Brief* 2/1970
18. James R. Huntley a. a. o., S. 37
19. *FAZ* 11.9.2001
20. *WWF-Journal* §/1996, S. 44
21. *FAZ* 13.12.2004
22. Dirk Maxeiner und Michael Miersch, *Die Zukunft und ihre Feinde*, Eichborn AG, Frankfurt am Main, 2002, S. 143
23. BdW, 3/1977, S. 62
24. *Die Welt*, 21.7.2004
25. vgl. a. Heinz Hug, *Der tägliche Ökohorror – so werden wir manipuliert*, Wirtschaftsverlag Langen Müller/Herbig, 1997, S. 85
26. Wirtschaftwoche, 47/2002
27. Burkhard Müller-Ullrich, *Medienmärchen*, Blessing Verlag, München, 1996, S. 27
28. Heinz Hug a. a. o., S. 243 ff
29. Ivar A. Aune, Nikolaus Graf Prachma, *Greenpeace : Umweltschutz ohne Gewähr*, J. Neumann-Neudamm Verwaltungsgesellschaft Edition Aktuell mbH (i.G.), Melsungen, 1996, S. 93 ff
30. Spiegel 38/1991
31. *NOVO* Nr. 42, 11-12/1999
32. WK 24.9.1997
33. *Die Ereignisse um Brent Spar*, Deutsche Shell AG (Hrsg.), Hamburg 1995, S. 266
34. *CLB* **50** (1999) Heft 12, S. 448
35. Heinz Hug a. a. o., S. 246
36. *FAZ* 17.12.1997
37. *FAZ* 3.9.1999
38. *FAZ* 17.12.1997
39. *FAZ* 21.2.1997
40. Dirk Maxeiner und Michael Miersch in *Die Welt* 26.1.2005
41. *NOVO* Nr. 46, 5-6/2000
42. Heinz Hug, a a. o., S. 155
43. *FAS* 4.7.1999
44. *Die Welt*, 17.7.1999
45. *WK* 5.12.1998
46. *WK* 13.1.2004
47. *Die Welt* 29.9.2004

48. *FOCUS* 44/1995, S. 94
49. *FAZ* 25.2.1998
50. *FAZ*.6.1998
51. *FAZ 10.1.2003*
52. *FAS* 29.12.1996
53. *FAZ* 1.4.2003
54. Hans-Hermann Hoppe, *Demokratie – Der Gott, der keiner ist*, Manuscriptum Verlagsbuchhandlung Thomas Hoof KG, Waltrop und Leipzig, 2003, S.7
55. *FAZ* 23.7.1997
56. *FAZ* 29.8.1997
57. *FAZ* 17.9. 1997
58. *Hessische Wirtschaft* 8/1994
59. *FAZ* 14.1.2003
60. Aldous Huxley, *Schöne neue Welt*, Fischer Bücherei, 1953, S. 14 ff
61. *FAZ* 9.9.2004
62. *FAZ* 14.11.2001
63. *FAZ* 26.5.2004
64. *FAZ* 6.4.2001
65. *FOCUS* 40/1997
66. Aldous Huxley a. a. o., S. 41
67. Aldous Huxley, S. 18
68. Heinz Hug, a.a.o., S. 15 ff

Kap. 3: Das Waldsterbenselend

1. Heinrich Röck, *Eiswissen und Lernkurve*, Verlag Alois Erdl OHG, Trostberg 1998, S. 71
2. *Spiegel* 35/1981; 36/1981 und 37/1981
3. M. Krieter, K. Haberer, *Vom Wasser*, Bd. 64 (1985) 219
4. M. Krieter, Im Wald bald nur noch tote Baumskelette, *FAZ-Beilage* 8, 12.1.1985
5. *Römpp Lexikon Chemie*, CD-Version 2.0, a.a.o.
6. J. Rubin, *Ruhr-Universität Bochum, Naturwissenschaften* 1/1998
7. Claus Bliefert, *Umweltchemie*, VCH-Wiley, Weinheim 1997, S. 149
8. BdW 12/1982, S. 109
9. Björn Lomborg, *Apocalypse No*!, zu Klampen Verlag Lüneburg, 2002, S. 212
10. *Umwelt*, a3-Verlag, 10/1994, S. 97
11. O. Kandler, *Naturwiss. Rundsch.* **47** (1994), 419
12. E. D. Schulze, O. L. Lange, *ChiuZ* **24** (1985) 117
13. J. P. Vité, W. Francke, *ChiuZ* **19** (1985) 11
14. H. Mohr *Spektr. d. Wiss.* 1/1994, S. 48
15. L. O. Hedin, G. E. Likens, *Spektr. d. Wiss.* 4/1997, S. 52
16. T. E. Graedel, Paul J. Crutzen, *Chemie der Atmosphäre*, Spektrum Akademischer Verlag Heidelberg, Berlin, Oxford, 1993, S. 160

17. *CLB* **50** (1999) Heft 12, S. 475
18. J. Winkler et al., *J. Atmosph. Chem.* **42** (2002), 465
19. Th. Hofner, D. Klockow, *ChiuZ* **32** (1998) 182
20. *Angew. Chem.* **111** (1999) 1742
21. Heinz Hug, *Der tägliche Ökohorror – so werden wir manipuliert*, Wirtschaftsverlag Langen Müller/Herbig, 1997, S. 306
22. *CLB* **49** (1998) Heft 2, S. 65
23. Aaron Wildavsky, *But is it true?*, Cambridge, Massachusetts, and London, England, 1996, S. 290 ff
24. *VDI nachrichten* 31.1.2003
25. *FAZ* 29.1.2002
26. Rudi Holzberger, *Das sogenannte Waldsterben*, Verlag Wilfried Eppe, Bergatreute, 1995, S. 252
27. Heinrich Röck, *Eiswissen und Lernkurve*, Verlag Alois Erdl OHG, Trostberg 1998, S. 73
28. *FAZ* 18.12.2001
29. Daten zur Umwelt 1990/91, S. 143
30. WamS 7.11.2004
31. Udo Ulfkotte, *So lügen Journalisten*, Bertelsmann Verlag, München, 2001, S. 110
32. *Die Zeit* 9.1.2004
33. Referat Dr. Günter Keil, AGPU Klausurtagung 25./26. August 2005, Kloster Maurach/Birnau (Bodensee)

Kap. 4: Die DDT-Paniktrompeter

1. Stefan Böschen, *Risikogenese*, Leske + Budrich Verlag, Opladen, 2000, S. 105 ff
2. D. A. Ratcliff, *Nature*, Vol. 224, (1996), 47
3. Fr. Graham jr., *Seit dem stummen Frühling*, Biederstein, München, 1971, S. 125 ff
4. Fr. Graham jr. a. a. o., S. 59
5. J. Gordon Edwards, *21st Century Sience & Technology*, 2/1992, S. 41
6. *Römpp Lexikon Chemie*, CD-Version 2.0, a. a. o.
7. Frederick Coulston, Regulatory Toxicology and Pharmacology **5**, (1985) 329
8. Aaron Wildavsky, *But is it true?*, Cambridge, Massachusetts, and London, England, 1996, S. 56
9. Fred H. Tschirley, *Spektr. d Wiss.*, 4/1986, S. 38
10. Aaron Wildavsky a. a. o., S. 69
11. R. G. Heath, *Nature*, Vol. 224 (1969), 47
12. Fr. Graham jr. a. a. o., S. 115
13. Bruno Streit, *Lexikon Ökotoxikolgie*, VCH-Wiley, Zweite Auflage, Weinheim, 1994, S. 230
14. Aaron Wildavsky a. a. o., S. 70
15. Frederick Coulston a. a. o. S. 352 ff

16. R. Tarjan, T. Kemeni, Food and Cosmetics Toxicolgy, **7** (1969), 215
17. Aaron Wildavsky a. a. o., S. 17
18. M. F. Ortelee, AMA Arch. Ind. Health, **18** (1958), 440
19. H. Greim, W. Hillesheim, H. Sterzl-Eckert, *„Biologische Bedeutung synthe tischer und natürlicher endokrinologisch wirksamer Stoff – Auswirkung auf die menschliche Gesundheit“* Sachstandsbericht Bundesumweltamt 1997
20. D. Law et al., Arch. Environm. Health, **15** (Decembe 1967), 774
21. Qualitätssicherung in der Umweltmedizin, Hrsg. Berliner Ärztekammer und Kassenärztliche Vereinigung, Berlin 1997
22. Aaron Wildavsky a. a. o., S. 61
23. WHO 1993 (nach Herbert Obenland, ARGUK-Umweltlabor, Oberursel, 1999)
24. Wolfgang Forth, Dietrich Henschler, Walter Rummel, Klaus Starke, *Allgemeine und spezielle Pharmakologie und Toxikologie*, 6., völlig neu bearbeitete Auflage, BI Wissenschaftsverlag, Mannheim, Leipzig, Wien, Zürich, 1992, S. 786
25. Walter Braun, Axel Dönhardt, Vergiftungsregister, Haushalts- und Laborchemikalien, Arzneimittel – Symptomatologie und Therapie, 3. überarbeitete und erweiterte Auflage, Gearg Thieme Verlag, Stuttgart, New York, 1982, S. 128
26. Aaron Wildavsky a. a. o., S. 77
27. s. a. Frederick Coulston, a. a. o., p. 330
28. Aaron Wildavsky a. a. o., S. 78
29. Frederick Coulston, a. a. o., p. 333
30. William D. Ruckelshaus, *„Consolidated DDT Hearings: Opinion and Order of the Administrator“*, Federal Register 37 (July 7th, 1972
31. Dixie Lee Ray with Lou Guzzo, „Environmental Overkill, Whatever Happened to Common Sense?“, Regnery Publishing, Inc., 1993, S. 165
32. http://www.epa.gov/history/admin/agency/ruckelshaus.htm
33. Christian Simon, *DDT – Kulturgeschichte einer chemischen Verbindung*, Christoph Merian Verlag, 1999, S. 101 und S. 165
34. *Chemie mit Chlor*, Bayer AG Konzernzentrale Öffentlichkeitsarbeit, Leverkusen 1995, S. 50 ff
35. http://w3.whosea.org/malaria/srilanka.htm
36. New York Times 8.1.2005

Kap. 5: Im Sozialismus ist noch ein Öko-Himmelbett frei

1. Dirk Maxeiner und Michael Miersch, *Die Zukunft und ihre Feinde*, Eichborn AG, Frankfurt am Main, 2002, S. 142
2. *FAZ* 29.11.2004
3. *FAZ* 23.8.2004
4. *Reformierte Nachrichten* 18.6.1999
5. Maurice Strong, Interview mit Jim Johnston, *British Columbia Report* v. 18.5.1992, Vol. 3, Nr 37, S. 22

6. Dixie Lee Ray, Environmental Overkill, Regency Publishing, INC., Washington D.C. 1993, S. 11
7. Ronald Bailey, „Who is Mairice Strong?", *The New Republic* 1.9.1997
8. Elaine Dewar, *„Cloak of Green"*, Larimar & Co., Toronto Ontario, 1995, S. 254
9. Dyan Machan in *Forbes* 12.1.1998
10. Mary Abdoo auf: www.bacapoa.org/poa/bacahistory.html (offizielle Webseite der Baca Ranch)
11. Dixie Lee Ray a. a. o., S. 5
12. *Römpp Lexikon Chemie*, CD-Version 2.0 a. a. o.
13. BdW 5/1979, S. 138
14. Dirk Maxeiner und Michael Miersch a. a. o., S. 49
15. H. Elingsfeld, *MELLIAND TEXTILBERICHTE*, 3/1992, S. 211
16. Hoechst informiert, Öffentlichkeitsarbeit, April 1993
17. Tel.-Auskunft, Öffentlichkeitsarbeit Sanofi-Aventis vom 15.2.2005
18. *FAZ* 27.11.2004
19. *FAS* 16.3.2003
20. Niklas Luhmann, *Die Gesellschaft der Gesellschaft*, Suhrkamp, Frankfurt, 1998, S.1092
21. *Time* 28.7.2003, S. 40 ff
22. Dirk Maxeiner und Michael Miersch a. a. o., S. 47
23. Aaron Wildavsky, *But is it true?*, Cambridge, Massachusetts, and London, England, 1996, S. 429
24. Marshall I. Goldmann in Manfred Glagow (Hrsg.) Umweltgefährdung und Gesellschaftssystem, R. Piper & Co. Verlag, München 1972, S. 90 ff
25. Gerhard Kade in Manfred Glagow (Hrsg.) Umweltgefährdung und Gesellschaftssystem, R. Piper & Co. Verlag, München 1972, S. 140 ff
26. BverWG 4. Senat AZ54.56, Entscheidung vom 16. Juli 1965, Betr.: WG § 34 Abs. 2
27. Hans-Jürgen Quadbeck-Seeger (Hrsg.) Chemie – Rekorde; Menschen, Märkte Moleküle, Wiley-VCH, Weinheim/New York/Chichester/Brisbane/Singapore/Toronto 1997, S. 258
28. http://www.antifa-duisburg.de/dummheit.htm
29. Gary E. Marchant, Kenneth E. Mossman, *Arbitrary Capricious – The Precautionary Principle in the European Courts*, Interational Policy Press, London, S. 31 ff.

Kap. 6: Das Giftpandämonium

1. Heinz Hug, *Der tägliche Ökohorror – so werden wir manipuliert*, Wirtschaftsverlag Langen Müller/Herbig, 1997, S. 108
2. *FAZ* 11.09.1990
3. *WK* 18.7.1998
4. *FAZ* 2.9.1998
5. *Höchster Kreisblatt* 1.3.1999

6. *FAZ* 20.11.1997
7. *FAZ* 2.9.1998
8. *FAZ* 7.4.1999
9. *FAZ* 24.3.1998
10. *WK* 29.1.1998
11. U. Heudorf, M. Peters, J. Angerer, *Umweltmed Forsch Prax* **4** (4) (1999) 202
12. *FR* 19.12.1997
13. *Bundesarbeitsgemeinschaft, Mehr Sicherheit für Kinder e.V.*, Bonn 1999
14. *FAZ* 2.9.1998
15. *FR* 6.5.1998
16. *Nature*, Vol. 395, (1009), 338
17. E. Anastassiades, R. Wilson, J. S. Stewart, G. D. Perkin, *Br. Med. J*, **287** (1983) 1181
18. *FAZ* 26.11.2004
19. *ChiuZ* **26** (1992) 8
20. *WK* 30.11.2004
21. Wolfgang Forth, Dietrich Henschler, Walter Rummel, Klaus Starke, Allgemei*ne und spezielle Pharmakologie & Toxikologie*, 6., völlig neu bearbeitete Auflage, BI Wissenschaftsverlag, Mannheim, Leipzig, Wien, Zürich, 1992, S. 749
22. Bruno Streit, *Lexikon Ökotoxikolgie*, VCH-Wiley, Zweite Auflage, Weinheim, 1994
23. Karlheinz Lohs, Dieter Martinez, *Gift, Magie, Nutzen und Verderben*, Callwey, München 1986
24. Müfit Bahadir, ChiuZ **25** (1991) 239
25. Hans-Jürgen Quadbeck-Seeger (Hrsg.), *Chemie Rekorde, Menschen, Märkte, Moleküle*, Wiley-VCH, Weinheim, New York, Chichester, Brisbane, Singapore, Toronto, 1997, S. 143
26. Karlheinz Lohs, Dieter Martinez a. a. o., S. 80
27. *Thüringer Landeszeitung* 9.11.1996
28. Arbeitskreis Chemische Industrie und Katalyse (Hrsg.), *Gift, Macht und Geld*, Köln 1986, S. 88
29. Wolfgang Dekant, Spiro Vamvakas, *Toxikologie für Chemiker und Biologen*, Spektrum Akademischer Verlag, Heidelberg, Berlin, Oxford, 1994, S. 196
30. Hans-Jürgen Quadbeck-Seeger (Hrsg.), *Chemie Rekorde, Menschen, Märkte, Moleküle*, a. a. o.
31. Industrieverband Agara e. V., Frankfurt (Hrsg), *Wirkstoffe im Pflanzen schutz und Schädlingsbekämpfungsmittel*, BLV Verlagsgesellschaft mbH, München, Wien, Zürich, 1990
32. Claus Bliefert, *Umweltchemie*, VCH-Wiley, Weinheim 1997, S. 26
33. Bruce N. Ames, Louis Swirsky Gold, *Angew. Chem.*, 102 (1990) 1233
34. Walter Braun, Axel Dönhardt, Vergiftungsregister, Haushalts- und Laborchemikalien, Arzneimittel – Symptomatologie und Therapie, 3. überarbeitete und erweiterte Auflage, Georg Thieme Verlag, Stuttgart, New York, 1982, S. 388

35. *FAZ* 29.1.2003
36. Claus Bliefert a. a. o., S. 61
37. Wolfgang Forth, Dietrich Henschler, Walter Rummel, Klaus Starke, a. a. o., S. 260
38. W. W. Kilgard et al., *Calif Agric* **35** (1981) 6
39. C. D. Warren, *Chem. Eng. News* **61** (1983), Nr. 24, S. 588
40. Wolfgang Dekant, Spiro Vamvakas, a. a. o., S. 33 ff
41. Heinz Hug, *Der tägliche Ökohorror*, Wirtschaftsverlag Langen Müller/ Herbig, München 1997 S. 176 - 183
42. *Nachr. a. d. Chem.*, **49** (2001) 145
43. *WK* 4.8.2002
44. *Nachr. Chem. Tech. Lab.* **47** (1999) 295
45. *WK* 3.1.1998
46. T. E. Graedel, Paul J. Crutzen, *Chemie der Atmosphäre*, Spektrum Akademischer Verlag Heidelberg, Berlin, Oxford, 1993, S. 417
47. *Qualitätssicherung in der Umweltmedizin*, Hrsg. Berliner Ärztekammer und Kassenärztliche Vereinigung, Berlin 1997
48. *CLB* 1/2000, S. 31
49. *FAZ* 19.11.2004
50. Jürgen Thorwald, *Das Jahrhundert der Detektive*, Bd. 3, S. 54 ff, Droemer Knauer 1972
51. Jürgen Thorwald a. a. o., Bd. 3, S. 20 ff
52. Daniel C. Harris, Lehrbuch der Quantitativen Analyse, Vieweg, Braunschweig, Wiesbaden, 1997, S, S. 766
53. Ursula Wintermeyer, *Die Wurzeln der Chromatographie, Historischer Abriss von den Anfängen bis zur Dünnschichtchromatographie*, GIT Verlag, Darmstadt, 1989, S. 69 ff
54. G. Damköhler, G. Theile, *Angew. Chem.*, **56** (1943) 354
55. W. Gerhard Pohl, *CHEMKON* **5**, 1/1998, S. 7
56. Fritz Prior, *CHEMKON* **5**, 1/1998, S. 9
57. *Nachr. Chem. Tech. Lab.* **36** (1988) 985
58. Daniel C. Harris, a. a. o., S. 835
59. CLB **50**, 5/1999, S. 168
60. J. Rubin, *Ruhr-Universität Bochum, Naturwissenschaften* 1/1998
61. CLB **54**, 2/2003, S. 54
62. *Nachr. a. d. Chem.*, **51** (2003) 93
63. Douglas A. Skoog. James J. Leary, *Instrumentelle Analytik, Grundlagen – Geräte – Anwendungen*, Springer-Verlag, Berlin, Heidelberg, New York, 1996, S. 242
64. Douglas A. Skoog. James J. Leary a. a. o., 265
65. Karl Cammann (Hrsg.), *Instrumentelle Analytische Chemie, Verfahren, Anwendungen und Qualitätssicherung*, Spektrum Akademischer Verlag GmbH, Heidelberg, Berlin, 2001, S. 5-74 ff
66. *BdW*, 6/1979, S. 64

67. *Nachr. Chem. Tech. Lab.* **45** (1997) 1090
68. *WK* 27.8.2002
69. R. Weber, *ChiuZ*, 17 (1983) 146
70. Dt. Ärzteblatt **90** (1993) S. A1-708
71. Otfried Strubelt, *Gifte in unserer Umwelt*, DVA, Stuttgart 1989, S. 197 ff
72. Industrieverband Agara e. V., Frankfurt (Hrsg), Wirkstoffe *im Pflanzen schutz und Schädlingsbekämpfungsmittel*, a. a. o., S. 370
73. *FAZ* 7.4.1999, S. N2
74. *PCN*, Jan. 2002, S. 33
75. *PCN*, Dez. 2000, S. 28
76. *PCN*, Nov. 2001, S. 38
77. *PCN*, Dez. 2000, S. 21
78. *PCN*, März. 1999, S. 5
79. *FAZ* 15.9.1999
80. *FAZ* 13.9.1999
81. Peter Janich, Peter C. Thieme, Nikolaos Psarros (Hrsg.), Chemische Grenzwerte – Eine Standortbestimmung von Chemikern, Juristen, Soziologen und Philosophen, Wiley-VCH Verlag GmbH, Weinheim, New York, Chichester, Brisbane, Singapore, Toronto, 1999, S. 67
82. *CLB* **44** (1993) 87
83. H. Elingsfeld, *MELLIAND TEXTILBERICHTE*, 3/1992, S. 211
84. Peter Janich, Peter C. Thieme, Nikolaos Psarros (Hrsg.), a. a. o., S. 33
85. *FAZ* 29.11.2004
86. Mr. J. Marsh, *On a new method of distinguishing Arsen from Antimnony, in cases of suspected poisining by the former substances*, Edinburgh philosophical magazine *and* journal *of science*, Vol. 15, 1839, p. 282
87. Heinz Hug, *Instrumentelle Analytik – Theorie und Praxis*, Verlag Europa Lehrmittel, Haan-Gruiten, 4. Aufl. 2020, S. 395 - 412

Kap. 7: Die Krebsposaune

1. B. M. Rothschild et al., *Naturwissenschaften*, **90**, 11/2003, S. 495
2. *BdW*, News 22.10.2003
3. Udo Ulfkotte, *So lügen Journalisten*, Bertelsmann Verlag, München, 2001, S. 152
4. Walter Krämer, Gerald Mackenthun, *Die Panik-Macher*, Piper Verlag, München, Zürcih, 2001, S. 201
5. *BdW* 5/1979, S. 138
6. Hanswerner Mackwitz, Babara Köszegi, Zeitbombe Chemie – Strategien zur Entgiftung unserer Welt, ORAC Verlag, Wien, 1983, 2. Auflage, S. 242
7. „Insights Chemical Carcinogens and Cancer in Perspective". *The Texas Institute for Advancement of Chemical Technology*, Vol. 1 (No. 1), 1989. S. 1 – 28 (Abbildung befindet sich auf S. 3)
8. R. Vogelsang, *MNU* 6/1980, S. 328

9. Wolfgang Forth, Dietrich Henschler, Walter Rummel, Klaus Starke, *Allgemeine und spezielle Pharmakologie und Toxikologie*, 6., neu bearbeitete Auflage BI Wissenschaftsverlag, Mannheim/Leipzig/Wien/Zürich, 1992, S. 754
10. *FUTURE*, Das Aventis-Magazin, 1/2003, S. 10 und S. 40
11. J. Knöpnadel, L. Altenhofen, G. Altenhofen, G. Brenner, *Der Internist*, **44** (2003) 268
12. A. Eickhoff, C. Maar, B. Birkner, J. F. Riemann, *Der Internist*, **44** (2003) 278
13. H-O. Adami, D, Trichopoulos, *N. Engl. J. Med.* **348**; 17 (2003) 1623
14. *FAZ* 11.11.1998 (S. N2)
15. *Bundestagsdrucksache* 12/4817 v. 28.4.1993
16. M. Krautter, A. Schlumberger, *Pestizide – vom Acker frisch auf den Tisch*, Greenpeace Deutschland v. 25.9.2003
17. *FAZ* 4.4.2003
18. *FAZ* 24.4.2003
19. *PhiuZ* **14** (1985) 1
20. *Ökotest* 1.11.1999
21. *BgVV, Lebensmittelmonitoring 1995*
22. *Römpp Lexikon Chemie*, CD-Version 2.0, a. a. o
23. *NEW ZEALAND Agrichemical Manual*, P O Box 11 092 Wellington, APISTAN, Insectizide, New Product
24. *FUTURE* a. a. o., S. 25
25. *New Eng. Journ. Med.*, Vol. 347 (2002) 1645
26. *s. a. Spiegel*, 49/2002, S. 208
27. *FAZ* 4.11.1998
28. *CLB* **49** (1998) Heft 3, S. 109
29. *WK* 14.12.2004
30. Otfried Strubelt, *Gifte in unserer Umwelt, Toxische Gefahren von Arsen bis Zyankali*, DVA, Stuttgart, 1989, S. 100
31. *BdW*, Aktuelle Wissenschaft, 8/1979, S. 2
32. *Deutsche Forschungsgemeinschaft, MAK- und BAT-Werte-Liste 2002*, Wiley-VCH, Weinheim 2002, S. 122
33. *BdW* 12/1981, S. 111
34. A. Nahrstedt, *PhiuZ*, **6** (1977) 150
35. *Qualitätssicherung in der Umweltmedizin*, Hrsg. Berliner Ärztekammer und Kassenärztliche Vereinigung, Berlin 1997 a. a. o.
36. *Medical Tribune* 11.6.1997
37. *NZ* 25.10.2004
38. Klaus Naumann, *ChiuZ*, **27** (1993) 33
39. Bruce N. Ames, Louis Swirsky Gold, *Angew. Chem.*, 102 (1990) 1233, a. a. o.
40. Dixie Lee Ray with Lou Guzzo, „Environmental Overkill, Whatever Happened to Common Sense?", Regnery Publishing, Inc., 1993, a. a. o., S. 161
41. H. R. Glatt, R. Kahl, R. J. Laib, *BdW*, 12/1981, S. 112
42. C. J. Estler (Hrsg.), Pharmakologie und Toxikologie, 5. überarbeitete und erweiterte Auflage, Schattauer Verlag, Stuttgart, New York, 2000, S. 806

43. B. N. Ames, *Free Radical. Res. Commu.* **14** (1989) 121
44. C. G. Fraga et al., Proc. Natl. Acad. Sci. USA, **87** (1990) 4533
45. M. K. Shigenaga et al., Proc. Natl. Acad. Sci. USA, **86** (1989) 9697
46. Heinrich Eilingsfeld, Der sanfte Wahn, Südwestdeutsche Verlagsanstalt, Mannheim, a. a. o., 1989, S. 176
47. *FUTURE* a. a. o., S. 36
48. *FUTURE* a. a. o., S. 29
49. *Science*, Vol. 300 (2003) 949
50. Otfried Strubelt a. a. o., S. 83 ff
51. Wolfgang Forth, Dietrich Henschler, Walter Rummel, Klaus Starke a. a. o., S. 717
52. Wolfgang Dekant, Spiro Vamvakas, *Toxikologie für Chemiker und Biologen*, Spektrum Akademischer Verlag, Heidelberg, Berlin, Oxford, 1994, S. 370
53. Wolfgang Forth, Dietrich Henschler, Walter Rummel, Klaus Starke, a a. o., S. 794
54. CHEMKON **2**, 3/1994, S. 158
55. Verband der chemischen Industrie e.V., *Chemiemärkte weltweit*, Juli 2022
56. Doll R., Peto R. The causes of cancer: Quantitative estimates of avoidable risks of cancer in the United States today, J Natl Cancer Inst 1981; 66 (6): 1191-1308
57. Jutta Ditfurth, *Das waren die Grünen – Abschied von einer Hoffnung*, Econ Taschenbuchverlag, 2. Aufl. München 2000, S. 248 ff

Kap. 8: Die Säulenheiligen der Öko-Quisition

1. M. Kremer, CHEMKON, **5**, 3/1998, S. 165
2. P. Mocarelli, P. Brambilla, P. M. Gerthoux, D. G. Patterson, Jr., L. L. Needham, *Lancet, 348*, (1996), 409
3. W. J. Rogan, B. C. Gladen, Y.-L. Leon Guo, Ch.-CH.- Hsu, *Lancet, 352*, (1999), 206
4. *Nachr. Chem. Tech. Lab.* **47** (1999), 313
5. H. Hug, *Nachr. Chem. Tech. Lab.* **47** (1999), 694
6. D. Schrenk, *Nachr. Chem. Tech. Lab.* **47** (1999), 694
7. Dirk Maxeiner, Michael Miersch, *Ökooptimismus*, Metropoliton Verlag, Düsseldorf, 1997, S. 49
8. Hans-Peter Beck-Bornholt, Hans-Hermann Dubben, *Der Hund, der Eier legt – Erkennen von Fehlinformation durch Querdenken*, Rowolth Taschenbuch-verlag GmbH, Reinbeck bei Hamburg, 1997, S. 37
9. http://cdl.niedersachsen.de.de/blob/images/C6555513_L20.pdf (die offi zielle Regierungsseite mit dem hochinteressanten Dokument wurde aus nicht näher genannten Gründen wieder gelöscht). Information durch Ludwig Lindner, Marl
10. Hans R. Christen, Günter Baars, *Chemie*, Verlag Sauerländer, Aarau, Frankfurt/M., Salzburg, Diesterweg Verlag Frankfurt/M., 1. Auflage, 1997, S. 166

11. Peter W. Atkins, *Physikalische Chemie*, VCH, Weinheim, New York, Basel, Cambridge, Tokyo, 2. Auflage, 1996, S. 2
12. T. E. Graedel, Paul J. Crutzen, *Chemie d. Atmosphäre*, Spektrum Akademischer Verlag Heidelberg, Berlin, Oxford, 1993, S. 335
13. Heinrich Röck, *Eiswissen und Lernkurve*, Verlag Alois Erdl OHG, Trostberg 1998, S. 16
14. Ulrich Cubasch, *Phys. Bl.* **51** (1995) 269
15. T. E. Graedel, Paul J. Crutzen a. a. o., 336
16. R. Bryson, *Environmental Conservation,* **20** (1993) 339
17. James R. Huntley, *Das Atlantische Bündnis und die Umweltkrise*, NATO Informationsabteilung, 110 Brüssel, 1971, S. 51
18. Kontroversen: Hat die Zukunftsforschung noch eine Zukunft?, *BdW*, 6/1976, S. 98
19. *Nachr. Chem. Tech. Lab.* **51** (2003), 788
20. Dennis Meadows, Donella Meadows, Erich Zahn, Peter Milling, *Die Grenzen Des Wachstums, Bericht des Club of Rome zur Lage der Menschheit*, dva, Stuttgart 1972, S. 15
21. Dennis Meadows, Donella Meadows, Erich Zahn, Peter Milling, a. a. o., S. 47
22. Dennis Meadows, Donella Meadows, Erich Zahn, Peter Milling, a. a. o., S. 61
23. *FAZ* 28.5.1998
24. Kernenergie – Basiswissen, *Informationskreis Kernenergie*, Bonn, 1999, S. 21
25. *FAZ* 23.3.2003
26. *SZ* 4.10.1975
27. *Stern* 22/1974
28. J. Oeppen, J. Vaupel, *Science*, 296 (2002) 1029
29. B. Schrader, *Nachr. Chem. Tech. Lab.* **47** (1999) 1019
30. *BdW* 5/1976, S. 70
31. Heinrich Röck, a. a. o., S. 12
32. *WK* 15.1.2000
33. Kernenergie – Basiswissen, a. a. o., S. 98
34. Dennis Meadows, Donella Meadows, Erich Zahn, Peter Milling, a.a.o., S. 113
35. Elisabeth Ströker, Einführung in die Wissenschaftstheorie, 2. Aufl., Darmstadt 1977, S. 88 ff.
36. Karl Popper, Logik der Forschung, Tübingen 1976, S. 8 und S. 54
37. Rundgespräche der Kommission für Ökologie, Klimawandel im 20. und 21. Jahrhundert: „Welche Rolle spielen Kohlendioxid, Wasser und Treibhausgase wirklich?" Verlag Dr. Friedrich Pfeil, München 2005, S. 125

Kap. 9: Öko-Potpourri

1. M. Angrick, D. Rewicki, ChiuZ **14** (1980) 149
2. W. Grosch, ChiuZ **24** (1990) 82
3. *Römpp Lexikon Chemie*, CD-Version 2.0 a. a.o.

4. Udo Pollmer in EU.L.E.N-Spiegel 4/2002
5. *CHEMKON* **10**, 1/2003, S. 51
6. FAZ 26.4.2002
7. *FAZ* 24.12.2002 (S. N1)
8. *FAS* 15.12.2002
9. *WK* 2.12.2002
10. *FAZ* 4.12.2002
11. James R. Huntley, *Das Atlantische Bündnis und die Umweltkrise*, NATO-Informationsabteilung, 110 Brüssel, 1971, S. 11
12. Björn Lomborg, *Apocalypse No!*, zu Klampen Verlag Lüneburg, 2002, S.249
13. Dirk Maxeiner, Michael Miersch, *Lexikon der Ökoirrtümer, Überraschende Fakten zu Energie, Gentechnik, Gesundheit, Klima, Ozon, Wald und vielen anderen Umweltthemen*, Eichborn, Frankfurt am Main, 1998, S. 277
14. *FAZ* 12.9.2003
15. *FAZ* 17.6.1999
16. Aaron Wildavsky, *But is it true?*, Cambridge, Massachusetts, and London, England, 1996, S. 186 ff
17. W.E. Cook, Brit. *J. Indust. Med.*, **11** (1927) 1024
18. J. E. Allemann, B. T. Mossmann, *Spektr. d. Wiss.*, 11/1997, S. 86
19. Dt. Ärztebl. **90** (1993) S. A1 - 708
20. G. Asplund, A. Grimvall, C. Peterson, *The Science of the Total Environment*, 81/82 (1989) 239
21. R.D. Agostino, Jr., R. Wilson, *The Hazard Risk and Public Policy*, in K. R. Forster, D. E. Bernstein, P. Walter (Hrsg.): „Phantom Risk; Scientific Interference an the Law", MIT Press, Cambridge Massachusetts, 1993
22. *Dt. Ärzteblatt*, **88** (1996) S. A-2402
23. *FAZ* 13.3.2002 („Blut und Boden – Paradigmenwechsel im Künast Ministerium ersetzt Wissenschaft durch Okkultismus")
24. *FAZ* 20.3.2002 (kritischer Leserbrief des Göttinger Agrarökonoms Prof. Schaefer-Kehnert zu Lit. 23)
25. *FAZ* 16.1.2003
26. *FAZ* 17.1.2003
27. http://www.verbraucherministerium.de/index-000AF 232926C1DDCBC 3D01A5C0A8E066.html
28. *FAZ* 6.2.2003
29. *FAZ* 24.1.2003
30. S. Bhakdi, J.R.E.Bohl, *Pharm. Ztg.* vom 21. März 2002, S. 42
31. *FAZ* 2.9.1999
32. *Spiegel* 11/2000
33. European Commission, *Report on the Monitoring and Testing of Ruminants for the Presence of Transmissible Spongioform Encephalopathy* (TSE) in 2002, June 2003
34. A. Krüger, *Berliner Heilpraktiker Nachrichten* 4/1994
35. *ChiuZ*, **31** (1997) 314

36. *Nachr. a. d. Chem.*, **49** (2001) 454
37. *CR* 21/2003, S. 45
38. „Die BSE-Krise in Deutschland und Europa – Umdenken in Sachen Verbraucherschutz?", *Aktualitätendienst,* Klett Verlag 2001
39. *Nachr. a. d. Chem.*, **49** (2001) 158
40. *FAZ* 2.12.2000
41. *FAZ* 30.11.2000
42. *PCN* 4/2001, S.4
43. *FAZ* 12.1.2001
44. *FAZ* 13.8.2001
45. *FAS* 4.1.2004
46. *FAZ* 8.1.2004
47. N J Andrews, H J T Ward, S N Cousens, P G Smith, A M Molesworth, RSG Knight, R G Will *Lancet, 361*, (2003), 751
48. Deutsche Alzheimer Gesellschaft, *Die Alzheimer Krankheit – Das Wichtigste,* Mitteilung 22.12.2003
49. *FAZ* 29.1.2001
50. http://www.vwd.de/vwd/news.htm?id=20867250&navi=home&sektion=branchen (*Vereinigte Wirtschaftsdienste GmbH, Information v. 1.10.2003*)
51. *FAZ* 20.12.2001
52. *FAZ* 6.1.1998
53. s. Lit 34 Kap. 4, (die Fakten finden sich auf S. 17 der Literaturstelle)
54. ChiuZ, **27** (1993) 33
55. A. Rehorek, Inst. f. Anlagen- und Verfahrenstechnik, Fachhochschule Köln, Skript: *Chemie für Rescue Engineering*, S. 20
56. Hans-Jürgen Quadbeck-Seeger (Hrsg.), *Chemie Rekorde, Menschen, Märkte, Moleküle*, Wiley-VCH, Weinheim, New York, Chichester, Brisbane, Singapore, Toronto, 1997, S. 162, a. a. o.
57. s. Lit. 38 in Kap. 7
58. *FOCUS* 17/1996
59. Kölnische Rundschau 17.4.1996
60. Deutscher Bundestag, 13. Wahlperiode, Drucksache 13/4729 v. 23.5.1996
61. *7 überraschende Wahrheiten zu PVC,* Arbeitsgemeinschaft PVC und Umwelt e. V. 1995
62. *WAZ* 25.4.1996
63. *Ruhr Nachrichten* 25.4.1996
64. nach *DIN* 53436
65. M. Engelmann, J. Skura, *Gummi Fasern u. Kunststoffe*, **49** (1996) 554
66. *Unabhängige Sachverständigenkommission beim Ministerpräsidenten des Landes Nordrhein-Westfalen zur Prüfung der Konsequenzen aus dem Brand auf dem Rhein-Ruhr-Flughafen Düsseldorf vom 14. April 1997*, S. 2 – 55
67. *FAZ* 11.4.1997
68. *Unabhängige Sachverständigenkommission beim Ministerpräsidenten des Landes Nordrhein-Westfalen*, a. a. o., S. 2-27 ff

69. E.-J. Spindler, Chem. Technik, **49**, 4/1997, S. 193
70. *Greenpeace Nachrichten* 2/1986, S. 14
71. *Greenpeace Nachrichten* 2/1989, S. 18
72. *ChiuZ* **20** (1986) 165
73. s. Lit. 4, Kap. 8
74. Fred H. Tschirley, *Spektr. d. Wiss.* 4/1986, S. 38
75. H. Thoma, *Chemospehere* **17** (1988) 1369
76. Privatmitteilung, Dr. Heinrich Röck, ehemals Vorstand, SKW Trostberg
77. *Dt. Ärzteblatt*, **101** (2004) S. C 2777
78. Wolfgang Forth, Dietrich Henschler, Walter Rummel, Klaus Starke, *Allgemeine und spezielle Pharmakologie & Toxikologie*, 6., völlig neu bearbeitete Auflage, BI Wissenschaftsverlag, Mannheim, Leipzig, Wien, Zürich, 1992, S. 794
79. *Ärzte Ztg.* v. 16.12.2004
80. Dioxin – der aktuelle Wissensstand, Boehringer Ingelheim (Hrsg.) 1994
81. M. G. Ott, A. Zober, *Occup. Environ. Med.* **53** (1996) 606
82. WHO, IARC Monographs on the Evaluation of Carcinogenic Risk to Humans, *„Polychlorinated Dibenzo-para-dioxins and Polychlorinated Dibenzofurans"*, Vol. 69, 4-11 Febr. 1997
83. W. Sandermann, *Deutsche Apotheker-Zeitung* **124** (1984) 1268
84. W. Sandermann, *Naturwiss. Rdsch.*, 37 5/1984, S. 173
85. *Deutsches Ärzteblatt online*, 13.12.2004
86. *FAZ* 13.12.2004
87. *Oberösterreichische Nachrichten*, 11.12.2004
88. Otfried Strubelt, *Gifte in unserer Umwelt, Toxische Gefahren von Arsen bis Zyankali*, DVA, Stuttgart, 1989, S. 175
89. Spektr. d. Wiss. 4/1986, S. 38
90. Heinz Hug, *Der tägliche Ökohorror*, Wirtschaftsverlag Langen Müller/ Herbig, München, 1997, S. 270
91. The New Yorker, February 8, 1999
92. *taz* 15.9.1994
93. H. Greim, W. Hillesheim, H. Sterzl-Eckert, *„Biologische Bedeutung synthetischer und natürlicher endokrinologisch wirksamer Stoff – Auswirkung auf die menschliche Gesundheit"* Sachstandsbericht Bundesumweltamt 1997
94. *Pesticides News*, No 43, March 1999, p 20-21
95. *Nachr. a. d. Chem.*, **49** (2001) 145
96. *Nachr. Chem. Tech. Lab.* **47** (1999) 295
97. *Die Welt*, 5.7.1999
98. A. Cockburn, *Nature*, **399** (1999) 407
99. L. E. B. Kruuk, et al., *Nature*, **399** (1999) 459
100. H. Greim, W. Hillesheim, H. Sterzl-Eckert, a. a. o.
101. N. E. Skakkebaek, R. M. Sharp, *Lancet*, *341*, (1993), 1392
102. E. Gärtner, *BdW*, 2/1997, S. 60
103. S. F. Arnold, D. M. Klotz, P. H. Vornier, J. R. Guilett, J. A. McLachlan, *Science*, **272** (1996) 1489

104. K. W. Gaido et al., *CIIT Activities*, 17 (1997) 1
105. J. A. McLachlan, Science, **277** (1997) 459
106. Angaben der Universitätsfrauenklinik „Das Hormonlabor der Frauenenklinik Heidelberg“ vom 9.1.2994
107. nach N. Scholz, „Arbeitskreis PVC-Fakten, Workshop v. 10.12.2003“: *Weichmacher, Legislative und Marktentwicklung*
108. *VDI nachrichten* v. 18.7.2003
109. Heike Trombach, Diplom-Arbeit, „*Langfristige Trends in der Spermienproduktion von Bullen? Retrospektive Analyse einiger Spermienparameter zwischen 1972 und 1997*“, Veterinärmedizinisches Institut der Universität München, Wintersemester 1999/2000
110. Strahlenschutzkommission 75 Sitzung vom 20. Februar 1987
111. http://www.umweltinstitut.org/frames/all/m228.htm
112. *SZ* vom 18.04.1996
113. James R. Huntley, a a. o., S. 34
114. Bundesministerium für Umwelt, Naturschutz und Reaktorsicherheit, *Umweltpolitik – Agenda 21*, 1997, S. 22 ff und 212 ff
115. Heinz Hug, *Der tägliche Ökohorror – So werden wir manipuliert*, a. a. o., S. 196
116. FAZ 24.2.2003
117. B. Müller-Ullrich, *Technische Mitteilungen*, **92** (1999), Heft 3, S. 116
118. *FAZ* 18.2.2000
119. Stellungnahme der Wiesbadener Stadtkämmerei zur Mag.- Vorlage Nr. 95/70/023 vom 15.11.1995
120. Schreiben der Entsorgungsbetrieb der Landeshauptstadt Wiesbaden an die Hauseigentümer vom Januar 1998
121. *FAZ* 21.8.1997
122. Vorlage an die Betriebskommission der Landeshauptstadt Wiesbaden am 14.12.1999, Vorlage-Nr.: 29/99
123. Nach Kaltschmitt M., Reinhardt G.A. (eds.) (1997). *Nachwachsende Energieträger: Grundlagen, Verfahren, ökologische Bilanzierung*. Vieweg Verlag, Braunschweig/Wiesbaden beträgt der Dieselverbrauch eines LKW-Zuges mit 20,5 t bei einem Massenauslastungsgrad von 100 % Hin und 0 % Rück- 23,9 g/(t km). Da für den Hin- und Rückweg nach Misrerode 446 km zu fahren waren, mussten 213 kg Dieselsprit dabei verbraucht werden. Rechnet man mit einem CH_2-Inkrement von 14 g/mol, dann resultieren 670 kg CO_2 für jede Fahrt im Dienste des nachhaltigen Umweltschutzes.
124. Vorlage an die Betriebskommission der Landeshauptstadt Wiesbaden am 27.09.2000, Vorlage-Nr.: 30/2000
125. *Umwelt* 1/1999, S. 30
126. E. Gärtner, „Materialeinsparung durch Intelligenzvergeudung“ in *CR*, 11/2002, S. 16
127. Online-Nachrichtendienst, *medienbüro.sohn*, 53123 Bonn vom 12.11.2003, Gunnar Sohn: „Würzburger Verpackungsordnung“ schlachtet heilige Kühe: Wettbewerb, „Grau in Gelb“ und der große Wurf der Entsorgungswirtschaft

128. Information durch Dr. Rüdiger Baunemann, *Verband der Chemischen Industrie*, VCI, Karlstr. 21, 60329 Frankfurt am Main
129. *FAZ* 30.12.2003
130. *FAZ* 25.2.2003 (S. T1)
131. *BdW* 3/1976, S. 66
132. F. S. Rowland, M. Molina, *Nature*, Vol. 249, (1974), 810
133. T. E. Graedel, Paul J. Crutzen, *Chemie der Atmosphäre*, Spektrum Akademischer Verlag Heidelberg, Berlin, Oxford, 1993, S. 150
134. F. Zabel, *ChiuZ* **21** (1987) 141
135. *Römpp Lexikon Chemie*, CD-Version, a. a. o.
136. Paul J. Crutzen, Mein Leben mit O_3, NOx und YZOx-Verbindungen (Nobel-Vortrag), *Angew. Chem.* **1996**, *108*, 1878-1898
137. T. E. Graedel, Paul J. Crutzen, a a. o., S. 409
138. T. E. Graedel, Paul J. Crutzen, a a. o., S. 480
139. G. Cario, Nature 3082, Vol. 122, (1928), 810
140. S. Rosseland,, Nature 3092, Vol. 123, (1929), 207
141. R. Wood, Nature 3104, Vol. 123, (1929), 644
142. E. Tönsberg, F. W. P. Götz, *Die Naturwissenschaft*, 22/1935, S. 357
143. *Nachr. Chem. Tech. Lab.*, **45** (1997), 383
144. T. E. Graedel, Paul J. Crutzen, a a. o., S. 410
145. Hans Rudolf Christen, Fritz Vögtle, *Grundlagen der organischen Chemie*, Otto Salle Verlag, Frankfurt am Main, Verlag Sauerländer, Aarau, Frankfurt am Main, Salzburg, 1. Auflage 1989, S. 305
146. *FAZ* 27.11.1999
147. *MNU* 3/2000, S. 188
148. *FAZ* 25.9.2002
149. *FAZ* 31.3.1999
150. Fengsheng He, Shaoguang Wang, Lihui Liu, Shuyang Chen, Zuowen Zhang, and Jinxiu Sun, *Arch Toxicol* (1989) 63: 54-58
151. F He, J Sun, K Han, Y Wu, P Yao, S. Wang, L Liu, *Br. J. Indust. Med.* 1988; **45**: 548-551
152. *Health Effects of Permetrhrin-Impregnated Army Battle-Dress Uniforms*, Subcommittee to Review Permethrin Toxicity from Military Uniform, Committee on Toxicology, Board on Environmental Studies and Toxicology, Commission on Life Sciences, National Research Council, National Academic Press, Washington, D. C. 1994, pp 2
153. *BdW* 1/1996, S. 62
154. *BdW* 1/1996, S. 64
155. *Wortprotokoll Fachveröffentlichung Anhörung „Pyrethroide"* am 29.03.1995 im Bundesinstitut für gesundheitlichen Verbraucherschutz und Veterinärmedizin, Thielallee 88-92, 14195 Berlin, S. 74
156. *Wortprotokoll Fachveröffentlichung Anhörung „Pyrethroide"*, a. a. o., S. 75
157. P. van der Gathen et al., *Nature Communication* **12**, Art. numb. 3886 (2021)
158. *The Washington Times*, 20.10.2019

159. Susan. J. Crockford, *State oft the Polar Bear Report 2019*, The Global Warming Foundation, Report 39
160. 160. N. R. Adams, J. Anim. Sci., 73(5), (1995), S. 1509
161. REACH-Magazin für moderne Chemie, Juli 2004, Hrsg. Bundesministerium für Umwelt, Naturschutz und Reaktorsicherheit, S. 7
162. Umweltmed. Forsch. Prax. 7(5), S. 288 (2002)
163. https://heartland.org/opinion/mouse-that-cost-economy-100-million-may-never-have-existed/

Kap. 10: Nachhaltigkeits-Fieberträume im Klimagas-Treibhaus

1. http://www.unsystem.org/ (Stand Februar 2003)
2. James R. Huntley, *Das Atlantische Bündnis und die Umweltkrise*, NATO Informationsabteilung, 110 Brüssel, 1971, S. 11
3. R. A. Houghton, G. M. Woodwell, *Spektr. d. Wiss.* 6/1989, S. 106
4. U. Riebesell, D. Wolf-Glandrow, *Spektr. d. Wiss.* 7/1992, S. 28
5. *SZ-Magazin* v. 23.6.2000, S. 23
6. *HEIDELBERG APPELL to the Heads of States and Governments*, Michel Salomon, M.D., Paris, June 22nd 1992
7. IPCC, *Climate Change 2001*, Chap. 1.2.1 Natural Forcing of the Climate System
8. J. T. Kiehl, K. E. Trendberth, *Bull. Amer. Meteor. Soc.*, **78** (1997) 197
9. Gary E. Thomas and Knut Stamnes, *Radiative Transfer in the Atmosphere and Ocean*, Cambridge University Press, 1999, S. 128
10. R. A. Hanel, *J. Geophys. Res.*, **77** (1972) 2629
11. V. G. Kunde et al., *J. Geophys. Res.*, **79** (1974) 777
12. Privatmitteilung Prof. Raschke, ehemals GKS, Forschungszentrum Geesthacht
13. N. D. Coggeshell, E. L. Sailer, *J. Chem. Phys.* **1947**, *15*, 65
14. H. Hug, *CHEMKON* **7**, 1/2000, S. 6
15. H. Hug, *GIT Laborfachzeitschrift*, 5/2002, S. 548
16. Christian Schönwiese, *Klimaänderungen*, Springer-Verlag, Berlin, Heidelberg, New York 1995, S. 13
17. E. Raschke, R. Hollmann, *Strahlungsübertragung in der Atmosphäre: Modellierung und Messung*, Preprint zum CO_2-Kolloquium der DE CHEMA in Frankfurt/Main am 11. Oktober 2001
18. Heinz Hug, *Der tägliche Ökohorror – So werden wir manipuliert*, Wirtschaftsverlag Langen Müller/Herbig, München, 1997 S. 277
19. Schaut man beispielsweise in der deutschen Ausgabe des *Scientific American*, dem *Spektrum der Wissenschaft* nach, so findet man zwischen 1982 (R. Revelle, *Weltklima: Wärmer und feuchter durch Kohlendioxid?* Heft 10, S. 16) und 2000 (H. Herzog et al., *Die Entsorgung von Treibhausgasen*, Heft 5, S. 48) mehr als *fünfundfünfzig* größere Artikel, die sich alle mit der Klimaänderung durch anthropogene Einflüsse befassen. Obwohl in vielen

dieser Aufsätze sehr ausführlich überkomplexe Details berichtet wird, findet man keinen einzigen, in dem der atmosphärische Strahlungstransport und sein Zusammenhang mit dem Treibhauseffekt erläutert wird. Geschweige denn, etwas über den spektroskopischen Sättigungscharakter des Phänomens berichtet wird. Dies ist zumindest bemerkenswert.

20. H. Flohn, *Nachr. Chem. Tech. Lab.* **32** (1984) 305
21. J. Barrett, *Spectrochimica Acta Part* A (1995) 415
22. Bernhard Schrader (ed.), *Infrared and Raman Spectroscopy*, VCH Weinheim, New York, Basel, Cambridge, Tokyo, 1995, S. 668
23. Helmut Günzler, H. Michael Heise, *IR-Spektroskopie, Eine Einführung*, VCH Weinheim, New York, Basel, Cambridge, Tokyo, 1996, S. 58
24. H. Hug *CR*, 4/1998, S. 9
25. IPCC, *Climate Change 2001*, Working Group I: The Scientific Basis, Chap. 6.3.5
26. T. E. Graedel, Paul J. Crutzen, *Chemie der Atmosphäre*, Spektrum Akademischer Verlag Heidelberg, Berlin, Oxford, 1993, S. 414
27. IPCC, *Climate Change 1994*, Radiative Forcing of Climate Change and Evaluation of the IPCC IS92 Emission Scenarios, Cambridge University Press, S. 174
28. Bernhard Schrader, a. a. o., S. 256
29. Helmut Günzler, H. Michael Heise, a. a. o., S. 18 ff
30. *Wirtschaftswoche* 16/1998, S. 16
31. *FOCUS* 47/1997, S. 210
32. E. Raschke, *CR*, 19/1998, S. 9
33. H. Hug, *CR*, 4/1999, S. 17
34. H. Hug, *CR*, 5/1999, S. 10
35. H. Hinzpeter, *promet*, **15**, Heft 2/3 (1985), S. 49
36. Dies schreibt der amerikanische Meteorologe Richard S. Lindzen in einem Artikel in der FAZ vom 27. 12. 1989. Lindzen ist nicht irgendwer sondern „Alfred P. Sloan Professor of Meteorology at the Massachusetts Institute of Technology", dem MIT. Da der Forscher international anerkannt ist, stellt er für die Treibhaus-Ökoquisition ein besonderes Ärgernis dar mit seinen Einwendungen gegen die Klimakatastrophe. In einer Anhörung vor der Enquete Kommission des deutschen Bundestages wurde er von einem der führenden deutschen Professoren als Idiot bezeichnet, der immer noch Zweifel habe.
37. IPCC, *Climate Change 2001*, Working Group I: The Scientific Basis. Contribution of Working Group I to the Third Assessment Report of the Intergovernmental Panal on Climate Change, Chap. 7.2.1.1
38. H. Flohn, *BdW* 12/1978, S. 132
39. Sv. Arrhenius, *The Philosophical Magazine*, Series 5, Vol. 41, no. 251, April 1896, nach TISGLOW vol. 3 no. 1, 1992 (Nachdruck)
40. P. A. Cox, *The Elements on Earth*, Oxford University Press, 1986
41. C. C. Wallén, *Environment. Int.*, **2** (1979) 351
42. G. S. Callendar, *Q. J. R. met. Soc.*, *64* (138), 223
43. G. S. Callendar, *Tellus* **10** (1958) 243

44. *Spektr. d. Wiss.* 6/1993, S. 522
45. Peter Dietze, offzieller Reviewer des dritten Berichts des IPCC in: *Mitwissen – Mittun*, 13/2003
46. Al Gore, *Wege zum Gleichgewicht*, Fischer Verlag, 1995, S. 17
47. Hans H. J. Labohm, *Energy & Environment,* 1 July 2002, vol. 13, no. 3, pp. 341-352(12)
48. Eine ausführlich Beschreibung findet sich auch bei Richard S. Courtney: *Global Warming : How it all began*: http://www.john-daly.com/history.htm
49. G. N. Plass, *J. opt. Soc. Americ.*, **42** (1952) 677
50. G. N. Plass, *J. Royal Meteorological Soc.*, **82** (1956) 310
51. *Nachr. a. d. Chem.*, **51** (2003) 786
52. D. K. Edwards, *J. Opt. Soc. Am.*, **50** (1960) 617
53. L. S. Rothman et al., The HITRAN database: 1986 edition, *Appl. Opt.*, **26** (1987) 4058
54. L. S. Rothman et al., The HITRAN molecular database: editions of 1991 and 1992, *J Quant. Spectrosc. Radiat. Transfer*, **48** (1992) 469
55. H. Hinzpeter, a. a. o., S. 1
56. G. N. Plass, Daniel J. Fivel, *J. Meteor.*, **12** (1955) 191
57. W. D. Sellers, *J. Appl. Meteor.*, **8** (1969) 392
58. S. Manabe, R. T. Wetherald, *J. Atmos. Sci.*, **32** (1975) 3
59. Aaron Wildavsky, *but is it true?* Cambridge, Massachusetts, and London, England, 1996, S. 442
60. S. Schneider, S. Rasol, *Science* **173** (1971) 138
61. *FAZ* 25.2.1977
62. Udo Ulfkotte, *So lügen Journalisten*, Bertelsmann Verlag, München, 2001, S. 116
63. Aaron Wildavsky, a a. o., S. 342
64. Heinrich Röck, *Eiswissen und Lernkurve*, Verlag Alois Erdl OHG, Trostberg 1998, S. 16 ff
65. Björn Lomborg, *Apocalypse No!*, zu Klampen Verlag Lüneburg, 2002, S. 310 ff
66. IPCC 1997, *An Introduction to Simple Climate Modells used in the IPCC Second Assement Report*, IPCC Technical Paper II
67. K. Hasselmann, *Phys. Bl.* **55** (1999) 27
68. Ulrich Cubasch, *Phys. Bl.* **51** (1995) 269
69. *Nachr. Chem. Tech. Lab.* **47** (1999) 790
70. *FAS* 11.5.2003
71. L. Bengtsson, E. Roeckner, M. Stendel, *J. Geophys. Res.*, 104 (1999), 3865-3876
72. J. Hansen et al., *J. Geophys. Res.*, **93** (1988) 9341
73. R. D. Cess et al., *Science*, 262 (1993) 1252
74. R. D. Cess, *J. Geophys. Res.*, **101** (1996) 12791
75. E. R. Lippincott et al., *Science*, **164** (1969) 1482
76. „Die Geschichte vom Polywasser", M. Herberhold, *ChiuZ* **5**, 1971, 154
77. Prof. Graßl in *FOCUS* 1/1977
78. J. M. Barnola, D. Raynaud, Y. S. Korotkevich, C. Lorius, *Nature,* **329** (1987) 408

79. H. Fischer et al., *Science,* 283 (1999) 1712
80. B. P. Flower, *Nature,* **399** (1999) 313
81. U. Berner, Hj. Streif, *Klimafakten*, Schweizerbart'sche Verlagsbuchhandlung, Stuttgart 2000, S. 172
82. VDI nachrichten, 19.1.2001
83. Z. Jaworowski, *21st Century*, 12 (1999-2000) 64
84. U. Berner, Hj. Streif, a. a. o., S. 82
85. U. Berner, Hj. Streif, a. a. o., S. 213
86. BdW 12/1997, S. 42
87. *IPCC 2001, TAR*, Bd. 1, S. 134
88. *IPCC 2001, TAR*, Bd. 1, S. 248
89. M Mann, *Geophys. Res. Let.*, **26** (1999) 759
90. Christian Schönwiese, a. a. o., S. 79 ff
91. E. Raschke, *Fresenius J. Anal. Chem.*, **371** (2001) 791
92. E. Andren, T. Andren, G. Sohlenius, *Boreas*, **29** (2000) 233
93. A. Hiller, T. Boettger, C. Kremenetsi, *The Holocene*, **11** (2001) 491
94. G. Mikalsen, H. P. Sejrup, I. Aarseth, *The Holocene*, **11** (2001) 437
95. A. Nesje, S. O. Dahl, J. A. Matthews, M. S. Berrisford, *J. of Paleolimnolgy*, **25** (2001) 329
96. S. J. Brooks, H. J. B. Birks, *Quarter. Science Rev*, **20** (2001) 1723
97. F. McDermott et al., *Quarter. Science Rev*, **18** (1999) 1021
98. S. Niggeman et al., *Quarter. Science Rev*, **21** (2003) 555
99. L. Bodri, V. Cermak, *Global and Planetarx Change*, **21** (1999) 225
100. M. L. Filippi et al., *J. of Paleolimnolgy*, **21** (1999) 19
101. W. Soon, S. Baliunas, *Climate Research*, **23** (2003) 89
102. St. McIntyre, R. McKitrick, *Energy & Environment*, 1.11.2003, vol. 14, no. 6, pp. 751-771(21)
103. *The Wall Street Journal*, 31.7.2003
104. *FAZ* 18.7.2001
105. R. A. Kerr, *Science*, **276** (1997) 1040
106. H. Hug, eigene Überschlagsrechnung der Enthalpie der Weltmeere bis zu einer Tiefe von 10 m unter der Annahme, dass nach der Hypothese (!) die Weltmeere (Fläche 361 Millionen Quadratkilometer) von –18 °C auf + 15°C durch Treibhausgase erwärmt werden. Verwendet wurden die üblichen kalorischen Größen (spezifische Schmelzwärme, spezifische Wärmekapazität von Eis und Wasser bzw. Meerwasser). Die Unterscheidung, ob man mit Meerwasser oder mit Süßwasser rechnet, ändert am Ergebnis nur wenig. *Z. Jaworowski, 21 Century*, 12 (1999-2000), S. 64
107. Bernhard Schrader (ed.), *Infrared and Raman Spectroscopy*, a. a. o., S. 141
108. J. Lean, *Geophys. Res. Let.*, **16** (2000) 2425
109. M. Fligge, S. K. Solanki, *Geophys. Res. Let.*, **14** (2000) 215
110. U. Berner, Hj. Streif, *Klimafakten*, a. a. o., S. 29
111. H. Svensmark, E. Friis-Christensen, *J. Atmos. Solar. Ter. Phys.*, **59** (1997) 1225
112. S. V. Veretenenko, M. I. Pudovic, *J. Geomagn. Aeronomy*, 4/2001, S. 1

113. Th. Landscheidt, 1st Solar & Space Weather Euroconference, *The Solar Cycle and Terrestrial Climate*, S. 135
114. Th. Landscheidt, a. a. o., S. 497
115. Th Landscheidt, *J. Coast. Res. Spec. Iss*, S. 371-382
116. Th. Landscheidt, *Energy & Environment,* 1 May 2003, vol. 14, no. 2-3, pp. 327-350(24)
117. N. J. Shaviv, J. Veizer, *GSA Today*, Vol. 13, No. 7 (2003), 4-10
118. Die *Zeit*, 10.7.2003
119. *VDI nachrichten* 25.7.2003
120. *VDI nachrichten* 19.1.2001
121. Informationsdienst Wissenschaft vom 24. 10. 2003, Potsdaminstitut für Klimafolgenforschung
122. Ruhr-Universität Bochum, Presseinfo 334 vom 31.10.2003
123. Sv. Björck, *Geology*, December 2001, Vol. 29, No. 12, p. 1107 („High-resolution analyses of an early Holocene climate event may imply decreased solar forcing as an important climate trigger")
124. I. G. Usoskin, S. K. Solanki, M. Schüssler, K. Mursula, K. Alanako, *Phys. Rev. Let.*, 91 (2003) 211101-1
125. *FAZ* 29.10.2003 (S. N1)
126. *WamS* 4.1.2004
127. M Lockwood, R. Stamper, M. N. Wild, *Nature*, **399** (1999) 437
128. U. Berner, Hj. Streif, a. a. o., S. 20
129. S. Solanki, M Schüssler, M Fligge, *Nature*, **408** (2000) 445
130. P. Reimers, *Nature*, **433** (2005) 403
131. *Geo* 10/2004, S. 193
132. D. A. Stainfoth et al., Nature, **433** (2005) 403
133. Vortragstagung vom 15.5.2004, Friedrich-Naumann-Stiftung und Rudolf v. Benningsen-Stiftung, Göttingen
134. Frederick Seitz, *The Wall Street Journal*, 12.6.1996
135. *FAS* 1.12.2002
136. St. J. DeCanio, R. B. Howard, A. H. Sansted, St. H. Schneider, St. L. Thomson, *New Directions in the Economics and Integrated Assesment of Global Climate Change*, Pew Center, October 2000
137. *FAZ* 17.9.2003 (S. N1)
138. *Spiegel* 41/2004
139. Schönwiese, Klimaänderungen, a. a. o., S. 135
140. K. Ya. Kondratjew und N. I. Moskalenko in J. T. Houghton (ed), *The Global Climate*, Cambridge University Press 1984, S. 226
141. K. Ya. Kondratjew und N. I. Moskalenko, *Thermal Emission of Planets*, Leningrad, Gidrometeozidat, 1977 (in Russisch), S. 263
142. R. Löw, *ChiuZ*, **13** (1979) 82
143. Thomas S. Kuhn, Die *Entstehung des Neuen*, Suhrkamptaschenbuch Wissenschaft, Frankfurt, 1978, S. 421
144. S. Fred Singer in Michael Gough (ed.), *Politicizing Science – The Alchemy of*

Policymaking, Hoover Institution Press, Stanford University, Stanford California, 2003, S. 283
145. S. F. Singer, C. Starr, R. Revelle, *Cosmos*, 1 (1991) 28
146. s. Lit. 52, Kap. 1
147. M. Linz (Koordination), u. a., *Von nichts zu viel – Suffizienz gehört zur Zukunftsfähigkeit*, Wuppertal Papers, Nr. 125, Dez. 2002, S. 39
148. M. Linz (Koordination), u. a., a a. o., S. 63
149. S.M. Rapoport, *Medizinische Biochemie, VEB-Verlag Volk und Gesundheit Berlin 1977*, S. 831
150. *BdW*, 2/1980, S. 40 (Cesare Marchetti fragt: „Wieviel Öl kostet unser tägliches Brot?" Eine wahrhaftig interessante Frage, denn die Ökoquistion geht davon aus, dass die Deckung der schieren menschlichen Grundbedürfnisse, wie Essen, Trinken, Einkleiden usw. klima- und ökoneutral ist.)
151. Dritte Welt Haus Bielefeld, BUND, Misereor (Hrsg.), *Entwicklungsland BRD – ein Schaubilderbuch*, Peter Hammer Verlage, Wuppertal, 1997, S. 170
152. Bundesministerium für Umwelt, Naturschutz und Reaktorsicherheit, *Umweltpolitik – Agenda 21*, 1997, S. 47
153. *FAZ* 20.10.1998
154. Umweltbundesamt, *Nachhaltiges Deutschland*, 2. durchgesehene Auflage, Erich Schmidt Verlag, 1997, S. 243
155. Umweltbundesamt, *Nachhaltiges Deutschland*, a. a. o., S. 245
156. Umweltbundesamt, *Nachhaltiges Deutschland*, a. a. o., S. 169
157. Umweltbundesamt, *Nachhaltiges Deutschland*, a. a. o., S. 167
158. Umweltbundesamt, *Nachhaltiges Deutschland*, a. a. o., S. 171
159. Herbert Gruhl, *Ein Planet wird geplündert*, S. Fischer Verlag, Frankfurt/Main 1975, S. 307
160. Joschka Fischer, *Der Umbau der Industriegesellschaft*, Eichborn, Frankfurt am Main, 1989, S. 108
161. *FAS* 13.7.2003
162. Claus Bliefert, *Umweltchemie*, VCH-Wiley, Weinheim 1997, S. 146
163. Josef Goebbels zitiert nach: H. Huber, A. Müller (Hrsg.), *Das Dritte Reich, seine Geschichte in Bildern und Dokumenten*, Verlag Kurt Desch, München, Wien, Basel, 1969, Band 1, S. 117
164. Michael Müller, Peter Hennicke, *Wohlstand durch Vermeiden*, Wissenschaftliche Buchgesellschaft, Darmstadt, 1994, S. 129
165. Programmentwurf der PDS vom 7. Mai 2001
166. *Criticon* 176, Winter 2002/03, S. 12
167. *FR* 17.6.1997
168. *FAZ* 10.9.1998
169. Beschluss C83 des CDU-Parteitages, Karlsruhe 1995
170. *FAZ* 7.4.1998, S.1
171. *FAZ* 7.4.1998, S.3
172. Vorlesungsskript, Prof. Bösnecker, FH-München, Energie und Umwelt, Teil 2, Sommersemester 2002

173. Vortrag Prof. Alt, RWE Rhein-Ruhr AG, *„Energiewirtschaftliche Bedeutung der Windenergie im liberalisierten Strommarkt“*, vom 2.10.2003
174. *VDI nachrichten* 1. 9. 1999
175. Ferdinand Cap, *Energieversorgung – Probleme und Ressourcen*, B.G. Teubner Verlag, Stuttgart, 1981, S. 57
176. FAZ 19.12.1998
177. Bundesministerium für Umwelt, Naturschutz und Reaktorsicherheit (Hrsg.), *Umweltpolitik – Erneuerbare Energien in Zahlen* – Stand: März 2003, Berlin 2003, S. 9
178. Alfred Voß, *Erneuerbare Energien und nachhaltige Energieversorgung*, DECHEMA-Vortrag vom 14. 11. 2002 in Frankfurt
179. FAZ 25.3.2003 (S. T1)
180. FAZ 3.2.2003
181. Bundesministerium für Umwelt, Naturschutz und Reaktorsicherheit (Hrsg.), *Umweltpolitik – Erneuerbare Energien in Zahlen*, a. a. o.
182. *Spiegel*, 4/2005
183. *Die Woche*, 16.3.2001
184. *FAZ* 27.11.2001
185. *t-online, Themen* vom 3.6.2004
186. MdB Marco Bülow, Pressemitteilung vom 12.8.2003
187. T. Wigley, *Geophys. Res. Let.*, **25** (1998) 2285
188. J. L. Johnston, *Regulation*, Vol. 21, No. 4, 1998, p. 19
189. *The Moscow Times.com* vom 1.10.2003, S. 3
190. Presseerklärung der russischen Regierung, Wirtschaftsberater N. Illarionov vom 3.10.2003
191. *Memphis Commercial Appeal*, 5.8.1990
192. *FAZ* 23.10.2004
193. Hermann Flohn, *CO_2-induzierte Warmzeit gefährlicher als Kernenergie*, UMSCHAU 80, Heft 4 (1980), S. 114
194. Carl-Friedrich Frh. von Weizsäcker, *Die Kernenergie als wichtigste Energiequelle für die letzten Jahrzehnte unseres Jahrhunderts*, Heidelberg, Univ.-Verlag. 1969
195. Wolf Häfele, *Paths to a Sustainable Future* (Vol 1) *(Energy in a Finite World)*, HarperCollins Distribution Services (1981)
196. 22. Januar 1986 Warnung der DPG vor der drohenden Klimaatastrophe – Presseinformation von Heinloth
197. 22. Januar 1987 Elefantenrunde: Strauß argumentiert mit dem Treibhauseffekt – Rau bestreitet das entschieden
198. Carl Friedrich von Weizsäcker (Hrsg.), *Die offene Zukunft der Kernenergie. Bedingungen und Prognosen von zur friedlichen Nutzung der Kernenergie*, GRIN Verlag; 1. Edition (8.1.2021)
199. Arrhenius und die Erderwärmung. Eine angemessene Würdigung, Dr. Dieter Kunz, Vortrag am 01.07.2022 in Karlsruhe, Auf der Vortragstagung der Fachgruppe Geschichte der Chemie der GDCh

200. Schönwiese, Klimaänderungen, a. a. o., S. 204
201. *Tagesschau* 11.10.2019
202. Wolf Häfele, *Langfristige Strategien zur Energieversorgung,* Chem.-Ing.-Techn. **51**, 1111 (1979)
203. *FAZ* 08.12.2020
204. Dr. Ing. Franz Lawaczek, Nationalsozialistische Bibliothek, Heft 38, *Technik und Wirtschaft im Dritten Reich – Ein Arbeitsbeschaffungsprogramm*, 3. Aufl., 1933, S. 49 und S. 57 ff.
205. Privatmitteilung, Dipl.-Meteorologe Klaus-Eckardt Puls, Ehemaliger Leiter der Wetterämter Essen und Leipzig, Ltd., Regierungs-Direktor a.D.
206. Paul Davies, *Prinzip Chaos – Die neue Ordnung des Kosmos*, C. Bertelsmann Verlag GmbH München 1988, S. 56 ff, 120 ff
207. Pierre-Simon (Marquis de) Laplace, *Essai philosophique surles probabilités* (1814)
208. John Briggs, F. David Peat, Die Entdeckung des Chaos, Cartl Hanser Verlag 1990, S. 31, S. 80, S. 229
209. Ilya Prigognine, *Gesetze des Chaos*, Insel Taschenbuch, 1998, S. 22 ff
210. Paul Davies, a.a.o, S.56, S. 127 ff
211. Quelle*:* Kunkel, K. 2022. Updated version of Figure 2.3 in: CCSP (U.S. Climate Change Science Program). 2008. Synthesis and Assessment Product 3.3: Weather and climate extremes in a changing climate
212. HESSISCHER LANDTAG Drucksache 20/5904 vom 08.06.2023
213. Klaus Maier (Dipl.-Ing. Elektrotechnik, Buchautor), Gutachterliche Stellungnahme zum Hessischen Wasserstoffzukunftsgesetz zur technischen und wirtschaftlichen Einschätzung des Gesetzesvorhabens von Beauftragt vom Hessischen Landtag, S. 6
214. Klaus Maier a. a. o., S. 46
215. Klaus Maier a. a. o., S. 24 ff
216. Klaus Maier a. a. o., S. 58

Kap. 11: Horch, was explodiert denn da?
Kap. 12: Die Explosionen des Guten
Schlusswort

1. *Greenpeace Nachrichten*, 16.03.2013: *Grenzwerte für Pestizide erhöht.*
2. *VERORDNUNG (EU) 2021/155 DER KOMMISSION* vom 9.02.2021
3. I. Asimow, *Die exakten Geheimnisse unserer Welt*, Band II, Bausteine des Lebens, München 1988, S. 272
4. *Spektrum der Wissenschaft* 11/1989, S. 48
5. D. Meadows, D. Meadows, E. Zahn, P. Milling, *Die Grenzen des Wachstums, Berichts des Club of Rome zur Lage der Menschheit*, Stuttgart 1972
6. *Damals*, 10/1995, S. 36
7. *Daten zur Umwelt* 1990/91, a.a.O., S. 143

8. Bundesministerium für Verkehr und digitale Infrastruktur, *Verkehr in Zahlen 2020/2021, 49. Jg.*
9. D. Kalusche, *Ökologie in Zahlen*, a.a.O., S. 353
10. *Der Fischer Weltalmanach*, a.a.O., S. 919 ff
11. *Fakten zur Chemiediskussion, Bundesarbeitsgeberverband Chemie e.V.*, März 1994, Nr. 22
12. H. Eilingsfeld, *Der sanfte Wahn*, a.a.O., S. 365
13. *FAZ* v. 16.02.1996
14. *Spektrum der Wissenschaft* 11/1989, S. 128
15. Erich Wiedemann, Die Ängste der Welt, S. 215
16. E. U. von Weizsäcker, A. B. Lovins, L. H. Lovins, *Faktor vier. Der neue Bericht an den Club of Rome*, München 1995, S. 307
17. *FOCUS* 46/1995, S. 46
18. Erich Wiedemann, *Die Ängste der Welt*, Ullstein GmbH, Frankfurt/ Main, Berlin 1992, S. 214
19. *Greenpeace Magazin* 1/93, S. 20
20. S. M. Rapoport, *Medizinische Biochemie*, VEB Verlag Volk und Gesundheit, Berlin 1977, S. 659
21. Hans-Peter Schwarz, Das *Gesicht des Jahrhunderts; Monster, Retter, Mediokritäten*, Siedler Verlag, 1998, S. 442 - 456
22. Roberts, Geoffrey (Fall 2007). „Stalin at the Teheran, Yalta, and Potsdam Conferences". *Journal of Cold War Studies*. **9**: 6-40
23. Maria Arena, Domenica Auteri, Stefania Barmaz, Giulia Bellisai, Alba Brancato: *Peer review of the pesticide risk assessment of the active substance chlorothalonil*. In: *EFSA Journal*. Band 16, Nr. 1, 2018, S. e05126
24. Industrieverband Agar e. V., Frankfurt (Hrsg), *Wirkstoffe im Pflanzenschutz und Schädlingsbekämpfungsmittel*, BLV Verlagsgesellschaft mbH, München, Wien, Zürich, 1990
25. W. Blank, T.M. Roberts und R.A. Skeffington, *Nature* **336**, p. 27-30 (1988)
26. *BVEG, Bundesverband Erdgas, Erdöl und Geoenergie e.V.*, Pressemitteilung 23.12.2021
27. *WK*, 14.10.2021
28. Thorsten Schleif, *Urteil: Ungerecht*, rivaverlag 2020, S. 157
29. *Nachr. Chem. Tech. Lab.* **62** (2014), 9
30. Robert B. Fetter, John D, Thompson, *A Decision Model for the Design and Operation of a Progressive Patient Care Hospital*, Medical Care, November 1969, Vol. VII, No. 8, pp. 450–462
31. Jan Fleischhauer, *Unter Linken – von einem der aus Versehen konservativ wurde*,Rowohlt Verlag GmbH, 2009, 6. Aufl., S. 225
32. Jan Fleischhauer, a, a,o., S. 228
33. *WK*, 16. September 2020
34. Thomas Wieczorek, *Die verblödete Republik*, Knauer 2009, S. 80
35. ArbG Duisburg, 1 Ca 272/14
36. *WK*, Pfingsten 2022

37. *WK*, 19. September 2019
38. Freda Utley, *Kostspielige Rache*, H.H. Nölke Verlag, Hamburg (1952), S. 225 ff
39. Peter Dreier, Yes!-Magazin vom 25. 01. 2013
40. Otto Zierer, *Die Neue Welt*, Verlag Sebastian Lux, Murnau, München, Innsbruck, Olten, 1957, Band 4, S. 67 ff
41. Forbes Billionaires 2020
42. Taylor Nicole Rogers, Juliana Kaplan, *Insider*, Nov.. 2nd, 2020
43. *WK*, 28.06.2022
44. *WK*, 13.07.2022
45. *dlh nachrichten*, März 1998, S. 9
46. *FAZ*, 10.09.1998
47. *FAZ*, 24.10.1996
48. *Die Zeit*, 4/2001
49. *WK*, 10.06.2022
50. *Spiegel Jahresvorschau* 28. Dezember 2018: Wer wird 2019 im Ausland wichtig?
51. *Neue Zürcher Zeitung*, 21. 02 .2021
52. *Pressekodex*, Richtlinie 12.1 – Berichterstattung über Straftaten (gültig seit 22.03.2017)
53. *Agenda 21 (deutsche Fassung)*, Teil 1 und Teil 2
54. *Agenda 21*, S.53
55. *Agenda 21*, S.206
56. UBA, Umweltbundesamt, *Transformative Umweltpolitik: Ansätze zur Förderung des gesellschaftlichen Wandels*, S. 18
57. Hauptgutachten *WBGU, Wissenschaftlicher Beirat der Bundesregierung – Globale Umweltveränderung*, S. 1
58. Hauptgutachten a.a.o., S.5
59. Hauptgutachten a.a.o. S.4
60. Hauptgutachten a.a.o. S.10
61. Hauptgutachten a.a.o. S.15
62. Hauptgutachten a.a.o., S.13
63. Hauptgutachten a.a.o, S.17
64. Hauptgutachten a.a.o., S.19
65. Hauptgutachten a.a.o., S. 20
66. Hauptgutachten a.a.o., S. 21
67. Hauptgutachten a.a.o., S. 181
68. *FOCUS online*, 30.12.2021
69. UBA, a.a.o., S. 19
70. UBA, a.a.o., S. 38 ff.
71. UBA, a.a.o., S. 48
72. UBA, a.a.o., S. 48, 56,69
73. UBA, a.a.o., S. 49, 63
74. UBA, a.a.o., S. 49
75. UBA, a.a.o., S. 52

76. *FAZ*, 19.12.1994
77. *FOCUS*, 21 (1996), S. 76
78. *BILD*, 22.01.2016
79. *EPOCH TIMES* 27.03.2019
80. *BILD* 20.06.2022
81. EU-Bioverordnung (EU) Nr. 2018/848
82. *WK*, 16.07.2022
83. Klaus Schwab, Thierry Malleret *„Covid-19: Der große Umbruch"*, S. 45, S. 47
84. Klaus Schwab, Thierry Malleret, a.a. o., S. 76
85. *Die Welt*, 30.11.2016
86. Klaus Schwab, Thierry Malleret, a.a. o., S. 113
87. Klaus Schwab, Thierry Malleret, a.a. o., S.114
88. Klaus Schwab, Thierry Malleret, a.a. o., S. 117
89. Klaus Schwab, Thierry Malleret, a.a. o., S. 118
90. Klaus Schwab, Thierry Malleret, a.a. o., S. 176
91. Klaus Schwab, Thierry Malleret, a.a. o., S. 181
92. *Forbes*, 10. 11. 2016
93. Richard Nürnberger in *Weltgeschichte – eine Universalgeschichte*, Hrsg. Golo Mann, Prisma Verlag 1980, Bd. 8, S. 74
94. Rolf Peter Sieferle, *FINIS GERMANIA*, Verlag Antaios ,2017, S. 76
95. Katrin, Auer „Political Correctness" – ideologischer Code, Feindbild und Stigmawort der Rechten
96. *Deutsche Wirtschaftsnachrichten*, 10.12.2020
97. *WK*, 04.06.2022
98. *Nachr. Chem. Tech. Lab.*, **63** (2015) 26
99. *Nachr. Chem. Tech. Lab.*, **62** (2014) 607
100. T. Saba, *Oil & Gas Journal*, 1. Juli 2013, S. 58 – 68
101. *WK*, 15.07.2022
102. *Bundesverband Geothermie*, 15.072022
103. *Begründung zu Borsäure und Natriumborate in TRGS 900*, Ausgabe: Januar 2006 zuletzt geändert und ergänzt: März 2007
104. *Tichys Einblicke* 24.08.2020
105. CLH Report for Boric Acid, Based on Regulation (EC) No 1272/2008 (CLP Regulation), Annex VI, Part 2
106. *U. S. Fire Administration 2017*, Electronic Cigarette Fires and Explosions in the United States 2009 – 2016
107. *INGOLDSTADT-TODAY*, ein Angebot des DONAUKURIER, 07.01.2019
108. Axel Thielmann et al., *Batterien für Elektroautos: Faktencheck und Handlungsbedarf*, Fraunhofer-Institut, Karlsruhe 2020
109. Martin Wietschel, Ein Update zur Klimabilanz von Elektrofahrzeugen, Working Paper Sustainability and Inovation No. 01/2020, Fraunhofer-Institut, Karlsruhe 2020
110. Privatmittelung, Prof. Helmut Alt
111. IKT für Elektromobilität, Technologieprogramm der Bundesregierung, 2015

112. George E. Blomgren,, *Journal of The Electrochemical Society*, 164 (1) A5019-A5025 (2017)
113. *BILD* 25. 10. 2021
114. *WK*, 28. 07. 2022
115. *FREE & EQUAL* – United Nations for LGBTI Equality
116. *FREE & EQUAL* a.a.o,, S. 6
117. *FREE & EQUAL* a.a.o,, S. 15
118. *FREE & EQUAL* a.a.o,, S.
119. *Resolution of the United Nations General Assembly*, 2019, A74/10, S. 45
120. *WK* 22.06.2022
121. aerzteblatt.de, 19. 050.2019
122. *WK* 11. 06. 2022
123. *FAZ* 13. 10. 2014
124. *WK* 02. 03. 2015
125. *T. Hudlicky*, Organic Synthesis-Where now?, *Angewandte Chemie*, 4.6.2022 (doi.org/10.1002/anie.202006717)
126. *WK* 08. 06. 2022
127. *WK* 14. 06. 2022
128. ZDF-Politbarometer, 16.07.2021
129. Helmut Schoeck, *Der Neid und die Gesellschaft*, Herderbücherei, 5. Aufl. 1977, S. 21
130. Helmut Schoeck, a. a. o., S.223
131. Helmut Schoeck, „Die Lust am schlechten Gerwissen", Herderbücherei 3. Aufl. 1973, S. 86
132. *BILD*, 02.03.2016
133. Karl Steinbuch, *ja zur Wirklichkeit*, Wilhelm Heyne Verlag, München 1975, S. 60
134. Karl Steinbuch, a. a. o., S. 11
135. Karl Steinbuch, a. a. o., S. 39
136. Welt-Internetportal, *„Archivfund bestätigt Sicht der Russen bei NATO-Osterweiterung"*, veröffentlicht am 18.02.2022
137. Al Gore, *„Wege zum Gleichgewicht, Ein Marsallplan für die Erde"* Fischer Taschenbuchverlag Februar 1995, S. 26
138. Al Gore a. a. o, S. 286 ff
139. Al Gore a. a. o, S. 308
140. Erich Wiedemann, a.a.o. S. 208
141. E. U. Weizsäcker a.a.o., S. 256
142. G. Sohn, Die Ökopharisäer, Berlin 1995, S. 237
143. Margaret Mead, „World Population: World Responsibility," Science, Sept. 27, 1974 (editorial), Vol. 185, No. 4157
144. Friedemann Hahn: „Von Unsinn bis Untergang: Rezeption des Club of Rome und der Grenzen des Wachstums in der Bundesrepublik der frühen 1970er Jahre", Inaugural-Dissertation zur Erlangung der Doktorwürde der Philosophischen Fakultät der Albert-Ludwigs-Universität, Freiburg i. Br., WS 2005/2006, S. 236

145. Friedemann Hahn, a.a. o., S. 47
146. „Gemeinsame Erklärung der Gottfried Wilhelm Leibniz Universität Hannover und der Deutschen Technion-Gesellschaft e.V. zu Eduard Pestel“ vom 19.11.2016
147. Elke Seefried. FAZ 2.05.2022
148. „Activities with member Countries, IIASA Germany", IIASA Info Sheet 2019/12
149. Peter Menke-Glückert, Weltlastenausgleich?, Merkur 12/1975, S. 1095
150. Südkurier, 01. Januar 2017

STICHWORTVERZEICHNIS